教育部人文社会科学重点研究基地重大项目"中国德育数据库建设"（18JJD880002）

中国儿童道德发展报告2020

孙彩平　周亚文　司马合强◎著

科学出版社
北京

内 容 简 介

　　本书是新时代中国儿童道德发展的第二次调查报告，是对第一次调查的横截面动态跟踪研究。调查采用分组分层混合取样的方法，在全国七大行政区选取代表性省市县（区）4～12年级的近8万名在校学生作为调查对象，深入了解新时代儿童的价值观、道德情感、道德理性、道德行为、德育方式和心理环境六个方面的人口学特征，系统全面地反映当前儿童道德发展的整体状况，并通过与第一次调查数据的对照分析，呈现儿童三年间（2016—2019年）各项指标及整体状况的动态变化趋势。

　　本书可为国家宏观德育政策的制定、德育课程教材编写、一线教师的课堂教学及德育理论研究提供一定的数据支持。

图书在版编目（CIP）数据

中国儿童道德发展报告2020 / 孙彩平，周亚文，司马合强著. —北京：科学出版社，2022.9
　ISBN 978-7-03-073226-2

　Ⅰ.①中…　Ⅱ.①孙…　②周…　③司…　Ⅲ.①儿童教育–德育–研究报告–中国–2020　Ⅳ.①G631

中国版本图书馆CIP数据核字（2022）第175724号

责任编辑：朱丽娜　高丽丽 / 责任校对：杨　然
责任印制：李　彤 / 封面设计：润一文化

科学出版社 出版
北京东黄城根北街16号
邮政编码：100717
http://www.sciencep.com

北京中石油彩色印刷有限责任公司 印刷
科学出版社发行　各地新华书店经销
*
2022年9月第　一　版　　开本：720×1000　1/16
2022年9月第一次印刷　　印张：23 1/2
字数：350 000

定价：**128.00元**
（如有印装质量问题，我社负责调换）

前　　言

　　本书是中国儿童道德发展的第二次调查报告，分析的数据采集于2019年9—12月，是中国德育数据库建设课题组关于中国儿童道德发展的第一次横截面动态跟踪。这是一个协同合作的研究项目，数据的收集得到了沈阳师范大学、河南师范大学、宁夏大学、四川师范大学、湖北省教育科学研究院、海南省教育科学研究院、江苏省教育科学研究院、杭州市基础教育研究室、南京市教育科学研究所、丹阳市教师进修学校、深圳市光明区未成年人心理健康辅导站等众多单位的大力协助，在此特别表示感谢！数据收集完成后，新冠肺炎疫情突然来袭，导致本次数据分析工作迟滞。

　　本书的体例采纳了科学出版社朱丽娜编辑的建议，在《中国儿童道德发展报告（2017）》的基础上做了较大的调整。全书共包括七章，第一章是总论，说明了研究的方法论、研究的整体设计、整体结论及使用建议；第二章至第七章对应调查的六个二级指标，分别是儿童的价值观念、道德情感、道德理性、道德行为、德育方式和儿童道德成长的心理环境。每章的结构如下：从该项研究的文献梳理开始，然后基于调查数据对相关结论进行逐项分析，继而提出发现的问题及基本的教育建议。

　　本项研究于2016年启动，之后在南京师范大学教育科学学院副院长邵泽斌教授及其他相关领导的关心和支持下逐步推进。2017 年 5 月，在北京召开了第一次中国儿童道德发展报告及专家咨询会，2018 年作为教育部人文社会科学重点研究基地的重大招标项目立项。至今，教育部人文社会科学重点研究基地重大招标项目"中国德育数据库建设"（18JJD880002）已陆续出版全国和九省市儿童道德发展调查报告 10 本，发表了一系列相关论文，形成了中国儿童道德发展数据库、中国儿童心理品质数据库、中国儿童德育课程与教学数据库以及儿童疫情心理–道德体验专题数据库，建立了国内目前唯一的德育数据开发中心。

这是一个处于发展与完善中的项目。本次报告是 2017 年调查报告的接续和完善，也是未来研究的起点。科学出版社的编辑朱丽娜、高丽丽为书稿的审校付出了巨大的心血，提供了耐心的指导，在此一并表示感谢！感谢所有朋友的支持，并衷心希望这项研究能够在大家的支持下走得更远！

孙彩平

2022 年 2 月 20 日

目　　录

前言

图目录

表目录

第一章　总论 ……………………………………………………………… 1

　　第一节　方法论：突破中国德育研究认识论困境的经验研究 ………… 2

　　第二节　中国儿童道德发展调查的整体设计 ……………………… 13

　　第三节　整体结论与解读建议 ……………………………………… 20

第二章　儿童价值观动态及问题 …………………………………… 29

　　第一节　中国儿童社会主义核心价值观研究 …………………… 30

　　第二节　儿童传统美德观念研究 ………………………………… 74

　　第三节　儿童公共道德研究 ……………………………………… 86

　　第四节　儿童个人修养观念研究 ………………………………… 97

第三章　儿童道德情感动态及问题 ………………………………… 107

　　第一节　儿童道德情感发展动态 ………………………………… 108

　　第二节　儿童爱国情感发展动态 ………………………………… 116

　　第三节　儿童集体责任感发展动态 ……………………………… 124

第四节　儿童关爱情感发展动态 ················· 135

第五节　儿童自尊感发展动态 ··················· 144

第六节　儿童羞耻感发展动态 ··················· 152

第七节　儿童道德情感发展的问题与教育建议 ········· 160

第四章　儿童道德理性动态及问题 ··············· 167

第一节　儿童道德判断的调查背景 ················· 168

第二节　儿童"亲情–法律"冲突中的道德判断 ········· 173

第三节　儿童"友谊–职责"冲突中的道德判断 ········· 195

第四节　儿童"法理–人情"冲突中的道德判断 ········· 213

第五节　儿童道德行为理由 ····················· 220

第六节　儿童道德理性发展的问题与教育建议 ········· 226

第五章　儿童道德行为动态及问题 ··············· 233

第一节　儿童道德行为整体动态 ················· 234

第二节　儿童诚信行为动态 ····················· 242

第三节　儿童家庭感恩回报行为动态 ··············· 250

第四节　儿童同伴错误提醒行为动态 ··············· 256

第五节　儿童公共道德行为动态 ················· 262

第六节　儿童道德行为发展特征与教育建议 ··········· 269

第六章　儿童喜欢的德育方式及教育建议 ··········· 275

第一节　儿童德育方式的研究背景 ················· 276

第二节　儿童喜欢的德育方式的选择特征 ············· 279

第三节　德育方式的选择与教育建议 ··············· 289

第七章　儿童道德成长的心理环境 ··············· 293

第一节　儿童道德成长心理环境的研究背景 ··········· 294

第二节　儿童生活满意度状况 ··················· 296

第三节　儿童道德成长心理环境的结论与教育建议 ······· 331

参考文献 ································· 334

后记 ··································· 348

图 目 录

图 1-1　中国儿童道德发展调查内容 ………………………………………14

图 1-2　全国七大行政区分组分层抽样图 …………………………………17

图 2-1　儿童国家层面的社会主义核心价值观认同频次图 ………………35

图 2-2　儿童国家层面的社会主义核心价值观认同的年龄变化趋势图 ……37

图 2-3　儿童社会层面的社会主义核心价值观认同频次图 ………………42

图 2-4　儿童社会层面的社会主义核心价值观认同的年龄变化趋势图 ……46

图 2-5　儿童个人层面的社会主义核心价值观认同频次图 ………………49

图 2-6　儿童个人层面社会主义核心价值观认同的年龄变化趋势图 ………52

图 2-7　儿童眼中落实较好的国家层面社会主义核心价值观百分比图 ……57

图 2-8　儿童眼中落实较好的国家层面社会主义核心价值观年龄
　　　　变化趋势图 ……………………………………………………59

图 2-9　儿童眼中落实得最好的社会层面社会主义核心价值观人数
　　　　百分比图 …………………………………………………………60

图 2-10　儿童眼中落实较好的社会层面社会主义核心价值观年龄
　　　　 变化趋势图 ……………………………………………………62

图 2-11　儿童眼中落实较好的个人层面社会主义核心价值观人数
　　　　 百分比图 ………………………………………………………63

图 2-12　儿童眼中落实较好的个人层面社会主义核心价值观年龄
　　　　 变化趋势图 ……………………………………………………65

图 2-13　儿童眼中有待提升的国家层面社会主义核心价值观人数
　　　　 百分比图 ………………………………………………………66

图 2-14　儿童眼中有待提升的国家层面社会主义核心价值观年龄
　　　　 变化趋势图 ……………………………………………………68

图 2-15　儿童眼中有待提升的社会层面社会主义核心价值观人数
　　　　 百分比图 ………………………………………………………69

图 2-16 儿童眼中有待提升的社会层面社会主义核心价值观年龄
变化趋势图 ·· 70
图 2-17 儿童眼中有待提升的个人层面社会主义核心价值观人数
百分比图 ··· 71
图 2-18 儿童眼中有待提升的个人层面社会主义核心价值观年龄
变化趋势图 ·· 72
图 2-19 儿童最看重的传统美德人数百分比图 ······························· 78
图 2-20 儿童最看重的传统美德年龄变化趋势图 ··························· 82
图 2-21 儿童最看重的公共道德人数百分比图 ······························· 90
图 2-22 儿童最看重的公共道德年龄变化趋势图 ··························· 92
图 2-23 儿童最看重的个人修养人数百分比图 ······························· 99
图 2-24 儿童最看重的个人修养年龄变化趋势图 ························· 102
图 3-1 儿童各项道德情感均分柱状图 ·· 111
图 3-2 儿童道德情感各项得分的年龄变化趋势图 ······················ 112
图 3-3 儿童爱国情感水平的年龄变化趋势图 ····························· 119
图 3-4 儿童集体责任感水平的年龄变化趋势图 ·························· 128
图 3-5 儿童关爱情感的年龄变化趋势图 ···································· 138
图 3-6 儿童自尊感的年龄变化趋势图 ·· 147
图 3-7 儿童羞耻感年龄变化趋势图 ··· 156
图 4-1 "亲情-法律"冲突中儿童道德判断倾向频次图 ··············· 174
图 4-2 "亲情-法律"冲突中儿童肯定性道德判断倾向频次图 ······· 175
图 4-3 "亲情-法律"冲突中儿童否定性道德判断倾向频次图 ······· 176
图 4-4 "亲情-法律"冲突中儿童两难道德判断倾向频次图 ·········· 177
图 4-5 "亲情-法律"冲突中儿童涉身性道德判断频次图 ············· 177
图 4-6 "亲情-法律"冲突中儿童整体道德判断与生活满意度交叉分析
柱状图 ··· 179
图 4-7 "亲情-法律"冲突中儿童整体道德判断与性别交叉分析柱状图 ··· 179
图 4-8 "亲情-法律"冲突中儿童整体道德判断与年龄交叉分析折线图 ··· 180
图 4-9 "亲情-法律"冲突中儿童整体道德判断与学段交叉分析柱状图 ··· 180
图 4-10 "亲情-法律"冲突中儿童肯定性道德判断与学段交叉分析
柱状图 ··· 182

图 4-11 "亲情–法律"冲突中儿童肯定性道德判断与年龄交叉分析
折线图 ··· 183

图 4-12 "亲情–法律"冲突中儿童肯定性道德判断与区域交叉分析
柱状图 ··· 183

图 4-13 "亲情–法律"冲突中儿童肯定性道德判断与生活满意度交叉
分析柱状图 ··· 184

图 4-14 "亲情–法律"冲突中儿童否定性道德判断与学段交叉分析
柱状图 ··· 185

图 4-15 "亲情–法律"冲突中儿童否定性道德判断与学业成绩交叉
分析柱状图 ··· 186

图 4-16 "亲情–法律"冲突中儿童否定性道德判断与性别交叉分析
柱状图 ··· 187

图 4-17 "亲情–法律"冲突中儿童否定性道德判断与年龄交叉分析
折线图 ··· 187

图 4-18 "亲情–法律"冲突中儿童否定性道德判断与区域交叉分析
柱状图 ··· 188

图 4-19 "亲情–法律"冲突中儿童否定性道德判断与城乡交叉分析
柱状图 ··· 189

图 4-20 "亲情–法律"冲突中儿童否定性道德判断与父亲受教育程度
交叉分析柱状图 ··· 189

图 4-21 "亲情–法律"冲突中儿童道德困惑理由与性别交叉分析
柱状图 ··· 191

图 4-22 "亲情–法律"冲突中儿童道德困惑理由与学段交叉分析
柱状图 ··· 191

图 4-23 "亲情–法律"冲突中儿童涉身性道德判断与年龄交叉分析
折线图 ··· 193

图 4-24 "亲情–法律"冲突中儿童涉身性道德判断与学段交叉分析
柱状图 ··· 193

图 4-25 "亲情–法律"冲突中儿童涉身性道德判断与生活满意度交叉
分析柱状图 ··· 194

图 4-26 "亲情–法律"冲突中儿童涉身性道德判断与区域交叉分析
柱状图 ·· 194

图 4-27 "亲情–法律"冲突中儿童涉身性道德判断与家庭生活方式交叉
分析柱状图 ··· 195

图 4-28 "友谊–职责"冲突中儿童道德判断倾向的人数频次图 ········· 196

图 4-29 "友谊–职责"冲突中儿童肯定性道德判断倾向的人数频次图 ····· 197

图 4-30 "友谊–职责"冲突中儿童否定性道德判断倾向的人数频次图 ····· 198

图 4-31 "友谊–职责"冲突中儿童涉身性道德判断倾向的人数频次图 ····· 199

图 4-32 "友谊–职责"冲突中儿童的道德判断倾向与"最了解我的人"
交叉分析柱状图 ·· 200

图 4-33 "友谊–职责"冲突中儿童的道德判断倾向与"最关心我的人"
交叉分析柱状图 ·· 201

图 4-34 "友谊–职责"冲突中儿童道德判断倾向与生活满意度交叉
分析柱状图 ··· 201

图 4-35 "友谊–职责"冲突中儿童道德判断倾向与性别交叉分析
柱状图 ·· 202

图 4-36 "友谊–职责"冲突中儿童的道德判断倾向与年龄交叉分析
折线图 ·· 203

图 4-37 "友谊–职责"冲突中儿童肯定性道德判断倾向与性别交叉
分析柱状图 ··· 204

图 4-38 "友谊–职责"冲突中儿童肯定性道德判断倾向与"最关心
我的人"交叉分析柱状图 ·· 205

图 4-39 "友谊–职责"冲突中儿童肯定性道德判断倾向与"最了解
我的人"交叉分析柱状图 ·· 206

图 4-40 "友谊–职责"冲突中儿童肯定性道德判断倾向与学段交叉
分析柱状图 ··· 206

图 4-41 "友谊–职责"冲突中儿童道德判断倾向与"最关心我的人"
交叉分析柱状图 ·· 208

图 4-42 "友谊–职责"冲突中儿童道德判断倾向与"最了解我的人"
交叉分析柱状图 ·· 209

图 4-43 "友谊–职责"冲突中儿童否定性道德判断倾向与生活满意度
交叉分析柱状图 ··· 209

图 4-44 "友谊–职责"冲突中儿童否定性道德判断倾向与学段交叉
分析柱状图 ·· 210

图 4-45 "友谊–职责"冲突中儿童涉身性道德判断倾向与生活满意度
交叉分析柱状图 ··· 211

图 4-46 "友谊–职责"冲突中儿童涉身性道德判断倾向与年龄变化
交叉分析折线图 ··· 212

图 4-47 "友谊–职责"冲突中儿童涉身性道德判断倾向与学段交叉
分析柱状图 ·· 212

图 4-48 "法理–人情"冲突中儿童道德判断倾向频次图 ············· 214

图 4-49 "法理–人情"冲突中儿童道德判断与"最关心我的人"
交叉分析柱状图 ··· 215

图 4-50 "法理–人情"冲突中儿童道德判断与"最了解我的人"
交叉分析柱状图 ··· 216

图 4-51 "法理–人情"冲突中儿童道德判断与生活满意度交叉
分析柱状图 ·· 216

图 4-52 "法理–人情"冲突中儿童道德判断与性别交叉分析柱状图 ······ 217

图 4-53 "法理–人情"冲突中儿童道德判断与年龄变化趋势图 ·········· 218

图 4-54 "法理–人情"冲突中儿童道德判断与学段交叉分析柱状图 ······ 219

图 4-55 "法理–人情"冲突中儿童道德判断与城乡交叉分析柱状图 ······ 219

图 4-56 道德行为理由的人数频次图 ······························· 221

图 4-57 儿童道德行为理由与"最关心我的人"交叉分析柱状图 ······ 222

图 4-58 儿童道德行为理由与"最了解我的人"交叉分析柱状图 ······ 223

图 4-59 儿童道德行为理由与生活满意度交叉分析柱状图 ············ 223

图 4-60 儿童道德行为理由与性别交叉分析柱状图 ··················· 224

图 4-61 儿童道德行为理由与学业成绩交叉分析柱状图 ·············· 224

图 4-62 儿童道德行为理由与区域交叉分析柱状图 ··················· 225

图 5-1 两次调查中儿童道德行为水平平均值对照图 ················· 236

图 5-2 两次调查中儿童道德行为水平均值的年龄变化趋势对照图 ······· 237

图 5-3 两次调查中儿童诚信行为水平均值的年龄变化趋势对照图 ······· 244

图 5-4 两次调查中儿童家庭感恩回报行为水平均值的年龄变化趋势
　　　对照图 ··· 252

图 5-5 两次调查中儿童同伴错误提醒行为水平均值变化图 ·············· 258

图 5-6 儿童公共道德行为水平均值的年龄变化趋势图 ·················· 264

图 6-1 儿童愿意接受的德育方式频次图 ································· 280

图 6-2 儿童最想采用的德育方式排序图 ································· 281

图 6-3 儿童愿意接受的德育方式的年龄变化趋势分布图 ·············· 285

图 6-4 儿童最想采取的德育方式性别排序图 ·························· 288

图 6-5 儿童最想采取的德育方式学段排序图 ·························· 288

图 7-1 儿童生活满意度的年龄变化趋势图 ····························· 299

图 7-2 儿童家庭生活困扰频次图 ······································· 304

图 7-3 儿童家庭生活困扰与生活满意度交叉分析柱状图 ·············· 306

图 7-4 儿童家庭生活困扰与学段交叉分析柱状图 ····················· 307

图 7-5 儿童家庭生活困扰的年龄变化趋势图 ·························· 307

图 7-6 儿童家庭生活困扰与学业成绩交叉分析柱状图 ················· 309

图 7-7 儿童家庭生活困扰与家庭生活方式交叉分析柱状图 ············ 310

图 7-8 儿童家庭生活困扰与性别交叉分析柱状图 ····················· 310

图 7-9 儿童家庭生活困扰与城乡交叉分析柱状图 ····················· 311

图 7-10 儿童学校生活困扰的频次图 ···································· 313

图 7-11 儿童学校生活困扰与生活满意度交叉分析柱状图 ············· 315

图 7-12 儿童学校生活困扰与学段的交叉分析柱状图 ················· 315

图 7-13 儿童学校生活困扰的年龄变化趋势图 ························· 316

图 7-14 儿童学校生活困扰与家庭生活方式交叉分析柱状图 ··········· 317

图 7-15 儿童学校生活困扰与学业成绩交叉分析柱状图 ··············· 317

图 7-16 儿童学校生活困扰与城乡交叉分析柱状图 ··················· 319

图 7-17 儿童学校生活困扰与性别交叉分析柱状图 ··················· 319

图 7-18 儿童学校生活困扰与区域交叉分析柱状图 ··················· 320

图 7-19 儿童心中"最关心我的人"频次图 ··························· 321

图 7-20 儿童心中"最关心我的人"与生活满意度交叉分析柱状图 ····· 322

图 7-21 儿童心中"最关心我的人"与学段的交叉分析柱状图 ·········· 323

图 7-22 儿童心中"最关心我的人"的年龄变化趋势图 ················· 323

图 7-23　儿童心中"最了解我的人"频次图……………………………… 326

图 7-24　儿童心中"最了解我的人"与生活满意度交叉分析柱状图……… 327

图 7-25　儿童心中的"最了解我的人"与学段的交叉分析柱状图………… 328

图 7-26　儿童心中的"最了解我的人"的年龄变化趋势图………………… 328

图 7-27　儿童心中"最了解我的人"与性别交叉分析柱状图……………… 329

图 7-28　儿童心中"最了解我的人"与家庭生活方式的交叉分析

　　　　柱状图………………………………………………………… 330

图 7-29　儿童心中"最了解我的人"与区域交叉分析柱状图…………… 330

表 目 录

表 1-1 KMO 和 Bartlett 检验表 ························· 15

表 1-2 因子载荷系数表 ························· 15

表 1-3 验证性因素分析拟合指数表 ························· 16

表 1-4 信度系数表 ························· 16

表 1-5 样本分布表 ························· 17

表 2-1 两次调查儿童认同的国家层面的社会主义核心价值观对比表 ······· 36

表 2-2 儿童国家层面的社会主义核心价值观认同的影响因素排序表 ······· 36

表 2-3 学段与儿童国家层面的社会主义核心价值观认同频次的差异性
检验表 ························· 37

表 2-4 性别与儿童国家层面的社会主义核心价值观认同频次的差异性
检验表 ························· 38

表 2-5 生活满意度与儿童国家层面的社会主义核心价值观认同频次的
差异性检验表 ························· 39

表 2-6 区域、学业成绩、父亲受教育程度与儿童国家层面的社会主义
核心价值观认同频次的差异性检验表 ························· 39

表 2-7 城乡、母亲受教育程度、家庭生活方式与儿童国家层面的社会
主义核心价值观认同频次的差异性检验表 ························· 40

表 2-8 两次调查儿童认同的社会层面的社会主义核心价值观对比表 ······· 43

表 2-9 社会层面的社会主义核心价值观认同的影响因素排序表 ········· 43

表 2-10 性别与儿童社会层面的社会主义核心价值观认同频次的差异性
检验表 ························· 44

表 2-11 生活满意度与儿童社会层面的社会主义核心价值观认同频次的
差异性检验表 ························· 44

表 2-12 学段与儿童社会层面的社会主义核心价值观认同频次的差异性
检验表 ························· 45

表 2-13　学业成绩、区域、父亲受教育程度与儿童社会层面的社会主义
　　　　　核心价值观认同频次的差异性检验表 ……………………………46

表 2-14　母亲受教育程度、家庭生活方式、城乡与儿童社会层面的社会
　　　　　主义核心价值观认同频次的差异性检验表 ……………………47

表 2-15　两次调查儿童认同的个人层面的社会主义核心价值观对比表……50

表 2-16　个人层面的社会主义核心价值观认同的影响因素排序表…………50

表 2-17　生活满意度与儿童个人层面社会主义核心价值观认同频次的
　　　　　差异性检验表 …………………………………………………………51

表 2-18　性别与儿童个人层面社会主义核心价值观认同频次的差异性
　　　　　检验表 …………………………………………………………………51

表 2-19　学段与儿童个人层面社会主义核心价值观认同频次的差异性
　　　　　检验表 …………………………………………………………………52

表 2-20　区域、学业成绩、家庭生活方式与儿童个人层面社会主义核心
　　　　　价值观认同频次的差异性检验表 …………………………………53

表 2-21　父母受教育程度、城乡与儿童个人层面社会主义核心价值观
　　　　　认同频次的差异性检验表 …………………………………………54

表 2-22　儿童眼中落实较好的国家层面社会主义核心价值观影响因素
　　　　　排序表 …………………………………………………………………57

表 2-23　学段与儿童眼中落实较好的国家层面社会主义核心价值观
　　　　　差异性检验表 …………………………………………………………58

表 2-24　生活满意度与儿童眼中落实较好的国家层面社会主义核心
　　　　　价值观差异性检验表 ………………………………………………59

表 2-25　儿童眼中落实较好的社会层面社会主义核心价值观影响因素
　　　　　排序表 …………………………………………………………………60

表 2-26　学段与儿童眼中落实较好的社会层面社会主义核心价值观
　　　　　差异性检验表 …………………………………………………………61

表 2-27　生活满意度与儿童眼中落实较好的社会层面社会主义核心
　　　　　价值观差异性检验表 ………………………………………………62

表 2-28　儿童眼中落实较好的个人层面社会主义核心价值观影响因素
　　　　　排序表 …………………………………………………………………63

表 2-29　生活满意度与儿童眼中落实较好的个人层面社会主义核心价值观差异性检验表 ……………………………………………… 64

表 2-30　学段与儿童眼中落实较好的个人层面社会主义核心价值观差异性检验表 …………………………………………………………… 64

表 2-31　儿童眼中有待提升的国家层面社会主义核心价值观影响因素排序表 …………………………………………………………………… 66

表 2-32　学段与儿童眼中有待提升的国家层面社会主义核心价值观差异性检验表 ……………………………………………………………… 67

表 2-33　性别与儿童眼中有待提升的国家层面社会主义核心价值观差异性检验表 ……………………………………………………………… 67

表 2-34　儿童眼中有待提升的社会层面社会主义核心价值观影响因素排序表 …………………………………………………………………… 69

表 2-35　生活满意度与儿童眼中有待提升的社会层面社会主义核心价值观差异性检验表 ……………………………………………………… 70

表 2-36　儿童眼中有待提升的个人层面社会主义核心价值观影响因素排序表 …………………………………………………………………… 71

表 2-37　两次调查中儿童传统美德认同情况对比表 ………………… 78

表 2-38　儿童传统美德认同的影响因素排序表 ……………………… 78

表 2-39　生活满意度与儿童传统美德认同的差异性检验表 ………… 79

表 2-40　学业成绩与儿童传统美德认同的差异性检验表 …………… 80

表 2-41　父母受教育程度与儿童传统美德认同的差异性检验表 …… 81

表 2-42　性别与儿童传统美德认同的差异性检验表 ………………… 81

表 2-43　学段、区域、城乡、家庭生活方式与儿童传统美德认同的差异性检验表 ……………………………………………………… 83

表 2-44　两次调查儿童公共道德认同对比表 ………………………… 90

表 2-45　儿童公共道德认同的影响因素排序表 ……………………… 90

表 2-46　生活满意度与儿童公共道德认同的差异性检验表 ………… 91

表 2-47　学业成绩与儿童公共道德认同的差异性检验表 …………… 92

表 2-48　区域、学段、性别与儿童公共道德认同的差异性检验表 … 93

表 2-49　父母受教育程度、城乡、家庭生活方式与儿童公共道德认同的差异性检验表 …………………………………………………… 94

表 2-50 两次调查个人修养认同对比表·····························99

表 2-51 儿童个人修养认同的影响因素排序表·····················100

表 2-52 学段与儿童个人修养认同的差异性检验表···············100

表 2-53 生活满意度与儿童个人修养认同的差异性检验表··········101

表 2-54 学业成绩与儿童个人修养认同的差异性检验表···········102

表 2-55 区域与儿童个人修养认同的差异性检验表···············103

表 2-56 性别与儿童个人修养认同的差异性检验表···············103

表 2-57 家庭生活方式、城乡、父母受教育程度与儿童个人修养认同的
差异性检验表··104

表 3-1 儿童道德情感整体发展状况的描述统计表 ···············111

表 3-2 儿童道德情感两次调查结果的差异性检验及效应量表 ·····111

表 3-3 儿童道德情感与各人口学变量间的相关性分析表 ··········112

表 3-4 儿童道德情感与年龄的差异性检验表 ···················113

表 3-5 儿童道德情感与年龄差异分析效应量表 ·················113

表 3-6 儿童道德情感与性别的差异性检验及效应量表 ···········114

表 3-7 儿童道德情感水平与生活满意度的差异性检验及效应量表···114

表 3-8 儿童道德发展水平与家庭类因素的差异性检验及效应量表···114

表 3-9 儿童道德情感水平与教育类因素的差异性检验及效应量表···115

表 3-10 儿童道德情感水平与空间类因素的差异性检验及效应量表···116

表 3-11 两次调查中儿童爱国情感水平差异性检验及效应量表···········119

表 3-12 儿童爱国情感水平与各人口学变量间的相关性分析表·········120

表 3-13 儿童爱国情感水平的年龄差异性检验表················120

表 3-14 年龄与儿童爱国情感水平的差异分析及效应量表··········121

表 3-15 性别与儿童爱国情感水平的差异性检验及效应量表········121

表 3-16 生活满意度与儿童爱国情感水平的差异性检验及效应量表·····122

表 3-17 "最了解我的人"与儿童爱国情感水平的差异性检验及
效应量表··122

表 3-18 家庭类因素与儿童爱国情感水平的差异性检验及效应量表·····122

表 3-19 教育类因素与儿童爱国情感水平的差异性检验及效应量表·····123

表 3-20 空间类因素与儿童爱国情感水平的差异性检验及效应量表·····124

表 3-21 儿童集体责任感与各人口学变量间的相关性分析表···········129

表 3-22　年龄与儿童集体责任感水平的差异性检验表························ 129

表 3-23　年龄与儿童集体责任感水平的差异分析及效应量表················ 130

表 3-24　性别与儿童集体责任感水平的差异性检验及效应量表·········· 130

表 3-25　生活满意度与儿童集体责任感水平的差异性检验及效应量表···· 131

表 3-26　"最关心我的人""最了解我的人"与儿童集体责任感水平的

　　　　差异性检验及效应量表··· 132

表 3-27　家庭类因素与儿童集体责任感水平的差异性检验及效应量表····· 133

表 3-28　教育类因素与儿童集体责任感水平的差异性检验及效应量表····· 134

表 3-29　空间类因素与儿童集体责任感水平的差异性检验及效应量表····· 134

表 3-30　儿童关爱情感选项频次表··· 138

表 3-31　儿童关爱情感水平与各人口学变量间的相关性分析表············ 138

表 3-32　年龄与儿童关爱情感水平的差异性检验表························· 139

表 3-33　年龄与儿童关爱情感水平的差异性检验及效应量表··············· 140

表 3-34　性别与儿童关爱情感水平的差异性检验及效应量表··············· 140

表 3-35　生活满意度与儿童关爱情感水平的差异性检验及效应量表······ 141

表 3-36　"最关心我的人""最了解我的人"与儿童关爱情感水平的

　　　　差异性检验及效应量表··· 141

表 3-37　家庭类因素与儿童关爱情感水平的差异性检验及效应量表······ 142

表 3-38　教育类因素与儿童关爱情感水平的差异性检验及效应量表······ 143

表 3-39　空间类因素与儿童关爱情感水平的差异性检验及效应量表······ 144

表 3-40　儿童自尊感水平与各人口学变量间的相关性分析表·············· 148

表 3-41　年龄与儿童自尊感水平的差异性检验表·························· 148

表 3-42　年龄与儿童自尊感水平的差异检验及效应量表···················· 149

表 3-43　性别与儿童自尊感水平的差异性检验及效应量表················· 149

表 3-44　生活满意度与儿童自尊感水平的差异性检验及效应量表········ 150

表 3-45　"最了解我的人"与儿童自尊感水平的差异性检验及

　　　　效应量表··· 150

表 3-46　家庭类因素与儿童自尊感水平的差异性检验及效应量表········ 151

表 3-47　教育类因素与儿童自尊感水平的差异性检验及效应量表········ 151

表 3-48　空间类因素与儿童自尊感水平的差异性检验及效应量表········ 152

表 3-49　两次调查中儿童羞耻感水平的差异检验及效应量表·············· 155

表 3-50 儿童羞耻感水平与各人口学变量间的相关性分析表 ⋯⋯⋯⋯⋯ 156

表 3-51 年龄与儿童羞耻感水平的差异性检验表 ⋯⋯⋯⋯⋯⋯⋯⋯⋯ 157

表 3-52 年龄与儿童羞耻感水平的差异性检验及效应量表 ⋯⋯⋯⋯⋯ 157

表 3-53 性别与儿童羞耻感水平的差异性检验及效应量表 ⋯⋯⋯⋯⋯ 158

表 3-54 生活满意度与儿童羞耻感水平的差异性检验及效应量表 ⋯⋯ 158

表 3-55 家庭类因素与儿童羞耻感水平的差异性检验及效应量表 ⋯⋯ 158

表 3-56 教育类因素与儿童羞耻感水平的差异性检验及效应量表 ⋯⋯ 159

表 3-57 空间类因素与儿童羞耻感水平的差异性检验及效应量表 ⋯⋯ 160

表 4-1 本研究与科尔伯格的道德发展三水平六阶段对应表 ⋯⋯⋯⋯ 171

表 4-2 "亲情–法律"冲突中道德判断的选项理由及其对应阶段 ⋯⋯⋯ 172

表 4-3 "友谊–职责"冲突中道德判断的选项理由及其对应阶段 ⋯⋯⋯ 172

表 4-4 "亲情–法律"冲突中儿童整体道德判断影响因素排序表 ⋯⋯⋯ 178

表 4-5 "亲情–法律"冲突中儿童肯定性道德判断影响因素排序表 ⋯⋯ 181

表 4-6 "亲情–法律"冲突中儿童否定性道德判断影响因素排序表 ⋯⋯ 184

表 4-7 "亲情–法律"冲突中儿童陷入道德判断困境影响因素排序表 ⋯⋯ 190

表 4-8 "亲情–法律"冲突中儿童涉身性道德判断理由影响因素
     排序表 ⋯⋯⋯⋯⋯⋯⋯⋯⋯⋯⋯⋯⋯⋯⋯⋯⋯⋯⋯⋯⋯⋯ 192

表 4-9 "友谊–职责"总体道德判断影响因素排序表 ⋯⋯⋯⋯⋯⋯⋯⋯ 199

表 4-10 "友谊–职责"冲突中儿童肯定性道德判断影响因素排序表 ⋯⋯ 203

表 4-11 "友谊–职责"冲突中儿童否定性道德判断影响因素排序表 ⋯⋯ 207

表 4-12 "友谊–职责"冲突中儿童涉身性道德判断影响因素排序表 ⋯⋯ 210

表 4-13 "法理–人情"冲突中儿童道德判断影响因素排序表 ⋯⋯⋯⋯⋯ 214

表 4-14 "法理–人情"冲突中儿童道德判断与年龄交叉分布表 ⋯⋯⋯⋯ 218

表 4-15 儿童道德行为理由影响因素排序表 ⋯⋯⋯⋯⋯⋯⋯⋯⋯⋯⋯ 221

表 5-1 儿童道德行为与各人口学变量间的相关性分析表 ⋯⋯⋯⋯⋯ 237

表 5-2 年龄与儿童道德行为的差异性检验表 ⋯⋯⋯⋯⋯⋯⋯⋯⋯⋯ 238

表 5-3 年龄与儿童道德行为的差异性分析及效应量表 ⋯⋯⋯⋯⋯⋯ 238

表 5-4 性别与儿童道德行为的差异性检验及效应量表 ⋯⋯⋯⋯⋯⋯ 239

表 5-5 生活满意度与儿童道德行为的差异性检验及效应量表 ⋯⋯⋯ 240

表 5-6 家庭类因素与儿童道德行为的差异性检验及效应量表 ⋯⋯⋯ 240

表 5-7 教育类因素与儿童道德行为的差异性检验及效应量表 ⋯⋯⋯ 241

表 5-8　空间类因素与儿童道德行为的差异性检验及效应量表 ············· 241

表 5-9　儿童诚信行为与各人口学变量间的相关性分析表 ············· 245

表 5-10　年龄与儿童诚信行为的差异性检验表 ···················· 245

表 5-11　年龄与儿童诚信行为的差异性检验及效应量表 ················ 245

表 5-12　性别与儿童诚信行为的差异性检验及效应量表 ················ 246

表 5-13　生活满意度与儿童诚信行为的差异性检验及效应量表 ······· 247

表 5-14　心理类因素与儿童诚信行为的差异性检验及效应量表 ······· 247

表 5-15　家庭类因素与儿童诚信行为的差异性检验及效应量表 ······· 248

表 5-16　教育类因素与儿童诚信行为的差异性检验及效应量表 ······· 249

表 5-17　空间类因素与儿童诚信行为的差异性检验及效应量表 ······· 250

表 5-18　儿童家庭感恩回报行为与各人口学变量间的相关性分析表 ······ 253

表 5-19　年龄与儿童家庭感恩回报行为的差异性检验表 ············· 253

表 5-20　年龄与儿童家庭感恩回报行为的差异性检验及效应量表 ······· 253

表 5-21　生活满意度与儿童家庭感恩回报行为的差异性检验及
　　　　　效应量表 ·· 254

表 5-22　家庭类因素与儿童家庭感恩回报行为的差异性检验及
　　　　　效应量表 ·· 255

表 5-23　教育类因素与儿童家庭感恩回报行为的差异性检验及
　　　　　效应量表 ·· 255

表 5-24　空间类因素与儿童家庭感恩回报行为的差异性检验及
　　　　　效应量表 ·· 256

表 5-25　儿童同伴错误提醒行为与各人口学变量间的相关性分析表 ······ 258

表 5-26　年龄与儿童同伴错误提醒行为的差异性检验表 ··············· 259

表 5-27　年龄与儿童同伴错误提醒行为的差异性检验及效应量表 ······· 259

表 5-28　性别与儿童同伴错误提醒行为的差异性检验及效应量表 ······· 260

表 5-29　生活满意度与儿童同伴错误提醒行为的差异性检验及
　　　　　效应量表 ·· 260

表 5-30　家庭生活方式与儿童同伴错误提醒行为的差异性检验及
　　　　　效应量表 ·· 261

表 5-31　教育类因素与儿童同伴错误提醒行为的差异性检验及
　　　　　效应量表 ·· 261

表 5-32 区域与儿童同伴错误提醒行为的差异性检验及效应量表………… 262

表 5-33 儿童公共道德行为与各人口学变量的相关性分析表…………… 264

表 5-34 年龄与儿童公共道德行为的差异性检验表……………………… 265

表 5-35 年龄与儿童公共道德行为的差异性检验及效应量表…………… 265

表 5-36 性别与儿童公共道德行为的差异性检验及效应量表…………… 266

表 5-37 生活满意度与儿童公共道德行为的差异性检验及效应量表…… 266

表 5-38 "最关心我的人""最了解我的人"与儿童公共道德行为的
差异性检验及效应量表 ………………………………………… 267

表 5-39 家庭类因素与儿童公共道德行为的差异性检验及效应量表…… 268

表 5-40 教育类因素与儿童公共道德行为的差异性检验及效应量表…… 269

表 5-41 空间类因素与儿童公共道德行为的差异性检验及效应量表…… 269

表 6-1 德育方式的影响因素排序表 ……………………………………… 279

表 6-2 不同学段儿童愿意接受的德育方式的差异性检验表…………… 283

表 6-3 不同性别儿童最愿意接受的德育方式的差异性检验表………… 284

表 6-4 生活满意度与儿童愿意接受的德育方式的差异性检验表……… 284

表 6-5 不同区域儿童愿意接受的德育方式的差异性检验表…………… 286

表 6-6 学业成绩不同儿童愿意接受的德育方式的差异性检验表……… 287

表 7-1 儿童生活满意度的影响因素排序表 …………………………… 297

表 7-2 两次调查儿童生活满意度对比表 ……………………………… 297

表 7-3 学段与生活满意度的差异性检验及效应量表 ………………… 298

表 7-4 学业成绩与生活满意度的差异性检验表 ……………………… 300

表 7-5 家庭生活方式与生活满意度的差异性检验表 ………………… 300

表 7-6 父母受教育程度与生活满意度的差异性检验表 ……………… 301

表 7-7 区域与生活满意度差异性检验表 ……………………………… 302

表 7-8 性别、城乡与儿童生活满意度的差异性检验及效应量表……… 302

表 7-9 儿童家庭生活困扰的影响因素排序表 ………………………… 303

表 7-10 两次调查儿童家庭生活困扰对比表………………………… 305

表 7-11 父母受教育程度与儿童家庭生活困扰的差异性检验
及效应量表 …………………………………………………… 308

表 7-12 区域与儿童家庭生活困扰的差异性检验及效应量表……… 311

表 7-13 儿童学校生活困扰的影响因素排序表……………………… 312

表 7-14　两次调查儿童学校生活困扰对比表……………………………… 314

表 7-15　父母受教育程度与儿童学校生活困扰的差异性检验及
　　　　　效应量表 ……………………………………………………… 318

表 7-16　儿童心中"最关心我的人"影响因素排序表…………………… 321

表 7-17　诸因素与儿童心中"最关心我的人"的差异性检验及
　　　　　效应量表 ……………………………………………………… 324

表 7-18　儿童心中"最了解我的人"影响因素排序表…………………… 325

表 7-19　诸因素与儿童心中"最了解我的人"的差异性检验及
　　　　　效应量表 ……………………………………………………… 330

第一章 总 论

　　儿童道德发展一直是发展心理学的重要研究内容。20 世纪的儿童道德心理学研究取得了长足进展，诞生了至今仍影响着世界德育理论与实践的经典理论。心理学领域的儿童道德发展研究普遍采用实证方法，形成了经验研究的范式，相对而言，国内关于教育领域的德育研究是否适合采用经验研究方法，一直争论不下，整体上研究者持否定态度。"没有调查就没有发言权！"[①]缺少经验研究的基础，德育理论的视野可能会局限于个人经验和个案分析，德育决策会缺乏针对性，德育课程与教材的设计也难以接近儿童道德成长中的核心问题。

　　为了了解儿童道德状况的动态变化趋势，以 2016 年的第一轮中国儿童道德发展状况调查为基础，课题组于 2019 年秋冬开展了第二轮全国范围的调查。调查的整体设计与 2016 年基本保持一致，并根据第一轮调查的情况对问卷进行了修订与完善，对数据分析的方法做了更为严谨的改进。本章作为总论，阐明经验研究对新时代德育研究的独特方法论意义，并说明本书研究的整体设计和整体结论，同时对研究结论给出整体解读建议。

---

① 毛泽东. 毛泽东选集（第 1 卷）[M]. 北京：人民出版社，1991：109.

第一节 方法论：突破中国德育研究认识论 困境的经验研究[①]

　　知识是人类意识的一种形态，也是影响现代社会运行的重要力量。如果认识者对自己的认识活动缺少认识论的敏感，就缺少了自我反思的自觉性。德育研究与教育研究甚至更广泛的人文社会科学研究、自然科学研究一样，都是研究人类的认识活动，必然以某种认识论为基础，以增进人类对自身及其所在世界的理解。

　　德育研究的认识论不同于道德认识论和教育认识论，尽管它们有些关联。道德认识论关注的是道德认识的独特性，以及道德认识何以可能的问题，它作为认识论的一个分支，早在 20 多年前就在国内引起了关注，其中以廖小平的《道德认识论引论》（湖南教育出版社，1996 年）为主要代表，但后续的专门研究非常少见，多杂糅在对哲学家、伦理学家思想的研究中。在英文文献中，齐默曼（Zimmerman）是一个重要贡献者，他出版了以《道德认识论》为名的专著[②]，还在劳特利奇（Routledge）出版社出版了关于道德认识论的研究手册[③]。教育认识论研究属于比较高冷的话题，一直是少数学者的兴趣[④]，侧重对教育知识生产的社会性、科学性以及教育研究的方法论基础进行研究。但德育研究的属概念既不是道德也不是教育，而是研

---

　　① 本节内容以"中国德育研究的认识论困境及突围路向"为题，发表于《齐鲁学刊》2022 年第 1 期，作者孙彩平，行文略有修改。

　　② Zimmerman A. Moral Epistemology（New Problems of Philosophy）[M]. London：Routledge，2010.

　　③ Zimmerman A. The Routledge Handbook of Moral Epistemology[M]. London：Routledge，2018.

　　④ 21 世纪以来，此问题引起很多学者的思考与关注，相关研究如下：康永久. 超主体的教育认识论[J]. 教育研究与实验，2005（3）：1-4；康永久. 教育研究的认识论视野[J]. 教育学报，2005（5）：29-33；雷云. 教育认识论的危机——论雅斯贝尔斯的"生存论"教育哲学[J]. 四川师范大学学报（社会科学版），2011（5）：72-76；朱新卓. 知识与生存——教育认识论新论[J]. 高等教育研究，2015（9）：26-35；金生鈜. 教育研究的逻辑[M]. 北京：教育科学出版社，2015：3；薛晓阳. 从希望哲学看道德教育的超验本质——基于对经验主义道德哲学的批判[J]. 陕西师范大学学报（哲学社会科学版），2018（4）：147-156.

究，是以生成由概念、命题构成的知识体系为使命、以德育经验为对象的认识活动。

迄今为止，国内德育研究中的概念体系基本上是以教育学为摹本的，德育学的基本框架也与教育学大同小异。这一方面说明了德育研究作为教育研究的一个次级学科的知识依赖性；另一方面也说明了德育研究本身在认识论自觉方面的不足。认识论作为德育研究展开的哲学基础，为德育研究提供了理论合法性辩护，同时也规范着德育知识立论的基础、生产的过程、方法与原则，为德育知识表述提供指导性原则与规范。认识论自觉是当下德育研究急需提升的一个方面，也是当下德育研究从方向到方法急需明确的一个问题。

一、中国德育研究的认识论困境

从认识论视角看，由于文化和历史原因，当前中国德育研究深陷认识论困境。困境或者说危机有不同的表现形式。突发性的危机常常横空出世，生活世界因之旦夕惊变。这种危机带来的断裂具有震撼性，容易吸引反思性的目光。另一种危机却在不知不觉间、以日积月累的方式进入和改变世界。在走向这种困境的途中，人们甚至是满怀着欣喜和期待的，以为在走向进步与美好，浑然不知路的尽头可能是断崖或深渊。德育研究的认识论困境，在今天看来是后一种，是一种日积月累、多重因素交织而成的深层危机。

（一）先天不足

按照李泽厚的说法，中国哲学基本上是伦理哲学，这是中国德育研究的一笔丰厚文化遗产。[①]以伦理为中心的中国文化，包含对人生、社会与世界的深刻洞察，形成了一套家国天下的伦理思想体系。这一思想体系表现出对生活本身或者说伦理实践的强烈关注，在思与行之间建立起亲密的关系，形成了由思至行和由行至思的双向认识通道。然而，对于思本身之思略显薄弱。

---

① 李泽厚. 中国哲学在某种意义上主要是伦理学. http://www.chinanews.com/cul/2014/06-03/6237113.shtml[2022-10-10].

中国文化采用"道出结论"的方式，即直接讲出自己思考的结论，并不关注这个结论的获得过程。在思的类型上推崇类比、打比方，所谓"善喻者，以一言明数理"，以适合、仿效、类推、交感为基本思维路径，以相似性作为推论的依据，属于福柯（M. Foucault）所说的相似性知识型。①这种由相似性获得知识的方式，更多的是一种直观明察，而非逻辑证明和推理。因为直观是直接获取式，几乎没有过程，所以对知识获取本身的思考一直没有成为这个文化体系关注的问题，尽管也有触及思。耳熟能详的庄子的"子非我，安知我不知鱼之乐？"的反问，可以说非常精要，可惜只是触及，对"知"或"安知"本身缺少更深入的思。到宋明理学，张载开始区分"德性所知"和"见闻之知"，触及了伦理之知的特殊性②，非常可贵，但依然没能形成对伦理之知的体系化思考。有深刻的洞察，却没有对洞察本身的洞察，缺少对思本身的系统思考。至今，我国几乎还没有学者从知识论视角解释中国伦理体系绵延不绝的原因，甚至这一思路本身也尚待开启。

（二）后发劣势

作为后发现代化国家的中国，可以借鉴先发现代化国家的诸多已有成果，享受先发的溢出（spillover）效应。在理论上，这可能会避免先行者的试误过程，少走弯路，节省时间，即常说的后发优势。但实际上也存在后发劣势：失去了自己选择的可能。中国文化领域的现代化深受西方现代化的影响，现在看来，孕育现代西方文化的理论体系在认识论上存在根本性的缺陷，批判与弥补这一根本性缺陷，构成了 20 世纪西方哲学的主题。

其实，20 世纪，以叔本华（A. Schopenhauer）和尼采（F. Nietzsche)为代表的西方哲学家就已经开始对二元对立的现代理性主义认识论进行深刻反思，后来胡塞尔（E. Husserl）直接用"危机"定义了近代西方科学与哲学状况。在胡塞尔看来，近代哲学中的实证主义将科学的理念还原为纯粹事实的科学，走上了单纯追求客观化、精致化、逻辑化的道路，使其在根基处丧失了对生活的意义支撑，"单纯注重事实的科学，造就单纯注意事实的人"③，

---

① [法]米歇尔·福柯. 词与物：人文科学考古学[M]. 莫伟民译. 上海：上海三联书店，2001：23-25.

② 张载. 张载集[M]. 章锡琛点校. 北京：中华书局，1978：24.

③ 胡塞尔. 欧洲科学的危机与超越论的现象学[M]. 王炳文译. 北京：商务印书馆，2017：18.

放逐了人的精神家园。胡塞尔提出了一个被大家忽视的认识论问题——直观的意义：西方近代以来的科学主义的认识论无法抵达生活意义，生活意义有不同的认识论路径。前者依赖逻辑实证提供可靠性保证，后者却由先天直观形式通达本质。在胡塞尔之后，海德格尔（M. Heidegger）继续以时间性为切入点，深入阐明了在世"操心"着的此在何以组建意义世界的日常生活环节，将"澄清存在的意义理解为自己的基本任务"①，舍勒（M. Scheler）则明确将"直观明察"作为伦理认识的独特方式，并将先天直观从纯粹形式扩展到质料，"打破了观念对象只局限于理智理性的知识论模式，而指明了观念对象可以作为价值质料在情感的感受活动和明察性体验中自行呈现和自身给予"②。这是现象学派拯救近代西方哲学和认识论危机的接续努力。

几乎是在同一时期，大西洋彼岸的杜威也深刻认识到了西方哲学传统的内在局限，努力通过"经验"实现理性与实践之间的贯通。他将经验解释为主动与被动的独特结合：尝试（trying，这一点在实验中清晰可见）与承受（undergoing，承担尝试的结果），提出认识就是在人对物有所行动、同时承受物因人对其行动而产生的反作用这一人与物的交互作用过程中发生的③，尝试以知与行、理论与实践的关系为切入点，实现西方哲学困境的突破，并自诩为真正的哥白尼式的革命。④ 稍后，在瑞士，皮亚杰（Piaget）带领发生认识论国际研究中心进行了跨学科的探索，从发生学的视角证明了建构主义认识论，强调认识结构"既不是预先形成于可能性的理念王国之中，也不是预先形成于客体之中，又不是预先形成于主体之中"，实际上"不能归结为一组初始条件的状态"⑤，以此突破了西方文化中的唯理论、机械经验论和主观先验论传统，明确"认识起因于主客体之间的相互作用，这种作用发生在主体和客体之间的中途，因而同时既包含着主体又包含着客体"⑥。不

---

① 马丁·海德格尔. 存在与时间[M]. 陈嘉映，王庆节译. 北京：生活·读书·新知三联书店，2012：13.

② 转引自：邓安庆. 现象学伦理学对于我们为什么如此重要？[J]. 现代哲学，2016（6）：55-61.

③ Dewey J. Democracy and Education[M]. State College：The Pennsylvania State University，2001：145.

④ 约翰·杜威. 杜威全集·晚期著作（1925—1953）·第四卷[M]. 傅统先译，童世骏译校. 上海：华东师范大学出版社，2013：186.

⑤ 皮亚杰. 发生认识论原理[M]. 王宪钿等译，胡世襄等校. 北京：商务印书馆，1981：104.

⑥ 皮亚杰. 发生认识论原理[M]. 王宪钿等译，胡世襄等校. 北京：商务印书馆，1981：21.

同于皮亚杰将"活动"作为认识发生的起点，芭拉德（Barad）以量子力学经典实验为基础，超越玻尔（Bohr）把"现象"而非具有内在边界的独立客体作为最基本的本体论单位，从物理学这一经典科学体系内部提出了弥合现代科学认识论之主客二分的能动实在论（agential realism）。[①] 20 世纪后半叶，席卷欧美的后现代主义思潮更是将对现代哲学的批判与重建推进到所有领域，在此基础上延伸出来的"后–主义"（post-ism，如后人本主义、后基础主义等），无一不是西方现代思想家为了突破西方文化内在困境的努力结果。更有一批西方的思想家深感在西方文化内部实现超越这一思路本身存在局限，提出"迂回式"的文化研究思路，将目光转向古老的东方哲学，以研究异域文化为方法，"借一个新的起点，把自己从种种因为身在其中而无从辨析的理论纷争之中解放出来"[②]。

福柯说"真理史上的现代是从唯有知识才使人达至真理的时期开始的"[③]，这意味着主体无法通过获得真理而回到他自身、改变其自身的精神世界。福柯一语道破了现代知识论观念下知识与人的精神性之间的分裂、知识的获得和人的精神性成长之间的分裂、真理与主体之间的分裂。这其实也是我们已经深刻感受到的知识与德性的分裂问题：一个人可能有广博的知识，但其德行或精神世界不一定崇高和丰富。在福柯看来，这种局面就是真理的现代性困境，在教育中体现为知识学习与包含德性在内的人的全面成长的分离、教书与育人的分离。我们要真正在基础教育中全面落实立德树人的根本任务，必须要先纠教育的现代认识论之偏，只是目前还有一些人无法意识到这一问题的根源在于现代认识论。

二、中国德育研究认识论的突围路向

20 世纪前后，面对日益技术化、工具化的科学主义认识论带给西方/欧洲世界的文化和哲学危机，胡塞尔重新发现了"直观"的认识论意义，以

---

① Barad K. Meeting the Universe Halfway: Quantum Physics and the Entanglement of Matter and Meaning[M]. Durham: Duke University Press, 2007: 97-139.

② 弗朗索瓦·于连. 道德奠基：孟子与启蒙哲人的对话[M]. 宋刚译. 北京：北京大学出版社，2002: 前言6.

③ 米歇尔·福柯. 主体解释学[M]. 佘碧平译. 上海：上海人民出版社，2005: 18.

"回到实事本身"、悬置科学主义认识为突破口,提出了对 20 世纪西方哲学重建影响深远的现象学理论体系;面对西方文化的现代困境,某些法国文化学家则将视线转向东方文化,希望通过"迂回"到中国这一西方文化的外部实现自身的一种"进入"。这些智慧给我们的认识论突围带来了启发:置身世界中,对自身的文化和存在的问题进行深入研究。

(一)接续和深化传统

面对教育研究的现状,刘铁芳感慨地说:"我们的研究根本上就陌生于我们自身的文化传统与价值理路。"[①]回到中国经验,回到中国自身的问题,其实首先包括回到中国传统自身。这是一个异常艰难的转身,因为回到传统的本质不是停留于了解,而是要接续和深化。这需要做中国德育的考古学、谱系学和解释学研究。

之所以说艰难,首先是因为上文所说的文化"殖民"导致当下中国德育学者与自身传统的疏离。这种疏离不只是情感上的冷淡,而且是认识上的不了解,是文化上的深层断裂。对于当下的一些人而言,古汉语俨然成为另一门语言。一些中国古籍文库目前还不能做到关键词检索,甚至很多还没有初步的句读划分。即使受过高等教育的人也不一定能直接阅读中国古典文献,甚至不认为中国人有自己的理解世界的方式,这导致我们不能在学术的意义上理解中国文化和哲学传统。"不识庐山真面目"的原因,一方面在于置身其间而缺少旁观者之眼带来的澄明,另一方面更在于根本上对庐山本身的知之缺乏。

裂痕越深,接续越难。如果要研究中国德育,不理解自身所在的文化传统,就无法以历史的眼光理解中国德育的很多问题,也无法以文化的视角解释中国德育的很多现象。中国教育日常概念中有"校风""班风""学风"的说法,但"风"如何成了中国描述教育和学习风格、氛围、理想的文化标签?为什么不是"雨""雷""电"等其他概念?它是否隐藏着一种中国式的思维?对于"风"的说法,不只是在教育中,包括国风、民风等,我们对这种说法习以为常,所以很难激发我们的思考,也难以增强我们的教育问题意识。赵伟黎(W. L. Zhao)在异域文化中沉浸多年,以他者之镜反观中国教

[①] 刘铁芳. 教育研究的中国立场[J]. 湖南师范大学教育科学学报,2020(1):1-7.

育现象，捕捉到了中国教育这一"风"景，进而通过对《周易》中的"风"卦的考古式研究，发掘出中国传统中"风"与孔子之"教"的内在关联，探索了中国特有的"风"教文化与思维方式①，引起国际教育研究领域的关注。这样的研究是不易的，不仅需要对捕捉中国问题有高度的学术敏感性，需要具有古汉语方面的阅读能力，深入追溯中国古典文献，还要有教育研究的专业视野，特别需要耐得住在故纸堆中搜寻的寂寞，才可能唤醒沉睡的中国教育宝藏。

可喜的是，这一努力已经开启。2019年，全国教育基本理论学术年会以"发现'中国教育学'的文化逻辑"为题，深入讨论了现代化进程中中国教育的使命。在本土化与国际化两个路向的讨论中，文化视域得以凸显，与会学者基本认同"中国文化基础上的中国话语是构建与展示中国教育学文化特征的历史之根，也是分析和解决中国教育问题的智慧之魂，更是生成与培育中国教育学学科的知识奠基"②。2019年，受中国文化领域深厚的"回顾与前瞻"氛围的影响，笔者尝试了"回顾与前瞻"的时间现象学考察，以期为中国德育传统对"反省"的衷情进行理论探索③；2021年，基于两次全国大样本调查中中国儿童"缺格局"的现实问题，笔者追溯了"格局"作为中国文化伦理图示的理论意义，揭示了空间直观思维在中国伦理传统中的独特意义④。点滴努力，愿与同人一起汇小流以成中国德育话语研究之江海。

（二）回到中国德育经验

回归自身问题的第二步，就德育研究而言，是回到中国德育经验：通过经验研究走近中国儿童和中国的德育实践，准确把握中国儿童道德发展的整体现实状况，了解他们在道德成长过程中遇到的困难与障碍；深入地走进中国德育的田野，实事求是地面对中国德育当下的问题，分析这些问题产生的

---

① Zhao W L. China's Education，Curriculum Knowledge and Cultural Inscriptions：Dancing with the Wind[M]. New York：Routledge，2019：97-121.

② 刘铁芳，李明达. 发现"中国教育学"的"文化逻辑"——全国教育基本理论第十七届学术年会综述[J]. 中国教育科学，2021（2）：142-143.

③ 孙彩平. 回顾与前瞻：意义世界的时间现象及其德育意涵[J]. 高等教育研究，2019（8）：18-26.

④ 孙彩平，周亚文. 追寻格局：中国文化伦理图式敞开与德育路向[J]. 教育研究，2021（8）：69-77.

原因，讨论解决问题的可能路径。在回到中国德育自身问题的前提下，从对中国文化与社会发展的关切出发，走向问题和现象的深处。笔者以扎根现实的方式，界定中国德育问题，提炼中国德育概念，提出有本土生命力的命题，包括有本土实践可能的问题解决路径。这是走出当前德育认识论困境必须迈出的一步。

实际上，关注中国问题、服务中国社会一直是中国德育研究的一个努力方向。随着改革开放的深化，针对当时整个教育研究中出现的新的全盘西化、简单移植的研究倾向，鲁洁教授提出了教育研究的本土化问题，把它当作关系到我国学术发展前途的一个十分重大的课题。① 德育学人以高度的学术敏感性和深刻的社会洞察力反思中国社会的商品/市场经济、产业化、全球化等问题带给德育的可能与挑战，构成了不同时期中国德育研究的热点问题，使得德育研究与中国社会保持着同步发展。

当然，德育研究回归自身，并非只关注中国社会的发展中出现的德育问题与挑战就可以了，更深层、前提式地回到自身是回到德育研究自身。改革开放伊始，针对前期德育研究过度意识形态化的倾向，以胡守棻、鲁洁、王逢贤、班华等为代表的德育学人开启了德育研究的科学性的探讨，通过对德育目标、内容、功能、方法的重新界定，将德育研究从话语到思维、从价值论到方法论转回到学术研究本身。② 这是一项艰巨的任务，也是德育研究要不断追求和捍卫的认识论立场。只有回到德育研究本身，依靠学术逻辑建构起德育的科学范畴和规则方法，才能保障德育研究生产的是可靠和可信的知识。学术逻辑要求德育研究保持研究的独立性，拒绝为学术之外的种种"立场"背书，但并不排斥研究的社会和实践关怀，恰恰相反，而是要推动社会和实践发展构成高品质德育研究的人文底色。

上述研究多是思辨性研究，基于基本逻辑对教育现象发表看法、提出主张、呼吁或捍卫一种德育立场，常常为中国德育提供方向性指引或发出警示性告诫，成为一段时间内德育研究的核心命题。宽泛而言，这些研究基本属于规范性研究。"规范性研究与知识的指示性涉及教育世界应然的理想、价值取向、行动方式与目的，涉及教育实践的'好'、正当性，等等，它们是

---

① 鲁洁. 试论中国教育学的本土化[J]. 高等教育研究，1993（1）：35-37.
② 鲁洁，班华. 德育理论在科学化轨道上前进[J]. 教育研究，1988（12）：31-37.

在正价值方向上提出'应然'的，因而具有唤醒积极行动态度的意义。"①也正是这些规范性研究在 20 世纪 80—90 年代承担起德育学科重建的任务，并在社会伦理的迅速转型中保持理智的声音。

规范性德育研究作为一种价值主张和洞察，多数情况下由研究者个体独立完成，但好的规范性研究并不表达个人化的意见，而是基于理性审视提出具有普遍性的教育原则和立场，这是规范性研究者的超越个体化的问题。康德对普遍性知识何以可能的回答是知识源于纯粹理性的"先天逻辑"能力，但他同样重视经验在知识构成中的重要作用，《纯粹理性批判》导言的开篇即讲一切知识都从经验开始。② 他提出知识是由形式和内容两部分构成的，先天逻辑是知识的形式，这一形式通过经验得以充实，经验为知识提供了内容。好的规范性研究需要以广泛与深入的经验材料为支撑。个人经验显而易见的有限性与知识的普遍性间存在着内在张力，尽量以广泛的经验材料（数据）为依据成为好的规范性研究的另一必要条件。

在某种意义上，正是研究者的中国德育经验局限，使得多数思辨研究失去了其普遍性视野，成为个人意见的表达。同时，由于缺少对现实德育问题形成原因、机制的深入探索，在一定程度上使德育研究的知识生产流于空洞的观念传播，所提的建议缺少现实的针对性和实践的可能性，止于学术圈的自说自话，陷入知识的社会信任困境。③ 所以，一方面，要坚守规范研究的逻辑性，使德育研究遵循知识生产的基本规则，保障其学术合理性，这是德育研究的底线；另一方面，规范研究要建立在广泛的经验研究的基础上，以对中国德育经验的深入分析为依托，使得逻辑思维扎根中国德育的田野，研究中国问题，提炼中国经验。关于这一点，叶澜老师领衔的"新基础教育"研究可谓典范。

（三）做有思想、有价值的经验研究

相较于思辨的研究形式，德育领域高品质的经验研究并不多，特别是在 21 世纪质性研究热潮来临之前。在德育甚至更广泛的研究领域，存在着一种观点，认为"经验研究或者事实研究描述事物，给出的知识都是信息性

---

① 金生鈜. 教育研究的逻辑[M]. 北京：教育科学出版社，2015：22-23.
② 康德. 纯粹理性批判[M]. 邓晓芒译，杨祖陶校. 北京：人民出版社，2017：1.
③ 雷云. 教育知识的社会镜像[M]. 北京：中国社会科学出版社，2017：21-23.

的"①。与其说这是对经验研究本身的批判，不如说是对现有经验研究的批评。当下的经验研究，特别是实证研究多限于关注数据的来源和分析方法，也存在为了体现科学性而过度追求更为复杂的数学呈现方式的倾向，的确存在着碎片化、技术化的问题，停留在对教育问题事实的浅层关注上，一定程度上出现了对实证和数据的偏执与盲信。但这并非经验研究本身的局限性，而是具体研究的局限性。审视迄今影响着人类知识生产乃至日常生活的重要知识体系，19 世纪马克思的社会发展理论和达尔文的进化论、20 世纪的系统科学理论，包括方兴未艾的量子哲学，无一不是以经验研究为基础提出的。所以，并不是经验研究只能提供信息，好的经验研究能提供深刻的思想和有解释力的理论。在强调当下实证研究对推进教育研究科学化的意义时，袁振国说："思想是实证研究的灵魂，没有思想的实证研究如同稻草人徒有人形。"② 任何有深度的研究都是以思想为指导的，也是为了生产思想而进行的，经验研究同样如此。超越碎片化、技术化，走向基于思想、表达思想和追求思想的经验研究，正是立足中国经验的德育研究要努力突破的方法论瓶颈。也只有在这一思路的基础上，才能将实证研究理解为"首先是一种思想，一种精神"的原因。

有人认为经验研究只能局限于事实与信息，可以将其称为对经验研究的思想性偏见。在德育领域，经验研究遇冷的另一观念障碍是认为道德及价值问题排斥精确计量，这可以被称为对经验研究的价值性偏见。教育是培养人的实践活动，道德是一种实践智慧。在《尼各马可伦理学》中，亚里士多德曾明确讲，"实践的逻各斯只能是粗略的、不很精确的"，"实践与便利问题就像健康问题一样，并不包含什么确定不变的东西"。③ 德育具有实践性，是一种与价值密切相关的活动，这是毫无疑问的，但以此为依据，认为德育研究排斥精确性，不适于采用实证和经验研究的方法，则是以研究对象的特性来限制研究方法的一种误会。事实上，所有的科学在本质上都是人类文化，都是观念的生产，即使自然科学知识也并非与人无涉的客观，而是具有个人性（迈克尔·波兰尼）、价值性（进化论和日心说与宗教的冲突既是观

---

① 金生鈜. 教育研究的逻辑[M]. 北京：教育科学出版社，2015：20.

② 袁振国. 实证研究是教育学走向科学的必要途径[J]. 华东师范大学学报（教育科学版），2017（3）：4-17，168.

③ 亚里士多德. 尼各马可伦理学[M]. 廖申白译注. 北京：商务印书馆，2003：38.

念的冲突，更是价值的对抗）。在人文社会科学领域，如人类学、社会学，就研究对象而言，都是人类的生活实践，都具有价值性和实践性，但它们并没有因为研究对象本身的这一特点而拒绝经验研究的方法。相反，以不同民族文化经验收集为基本研究资料的民族志研究方法成为文化人类学最经典的研究方法，实证主义研究构成了社会学最重要的研究传统，当下社会学中流行的以扎根理论为基础的定性研究，也是以进入某一社会现场收集相关材料（数据）展开的，也是经验研究。日本的社会学家作田启一以自己的《价值社会学》①中的研究，向世人说明价值问题是社会学研究的重要范畴，是需要并完全可以通过实证研究展开的。由人类学和社会学研究可见，德育研究不能因为研究对象的价值性与实践性而将经验研究拒之门外，作为一个知识生产领域，德育研究要遵循的是科学研究的规范。理解社会学的重要代表人物阿尔弗雷德·舒茨（A. Schütz）认为，"科学永远是一种客观的意义脉络，所有关于社会世界的科学论题（das Thema aller Wissenschaften von der Sozialwelt）都是针对一般的或特定的主观意义脉络去构作客观的意义脉络。所以每一门社会科学的问题都可简述如下：关于主观意义脉络的科学是如何可能的"②。沿着舒茨的说法，德育研究面临的问题，是采用科学研究的方法，包括历史的逻辑的方法、经验的实证的方法，探寻儿童/人的德性发生和引导的方向、路径、过程与结果，发现以上诸环节的问题，研究这些解决问题的可能。如果说德育本身是实践的，是价值性的，德育研究就是要探索这一价值性实践本身存在的普遍性问题，形成人类关于德育的客观意义脉络。

以有思想的经验研究突破了中国德育研究的认识论危机，发现中国德育问题，探索中国德育问题的解决方案，这正是本书研究的初衷与意义。

---

① 作田启一. 价值社会学[M]. 宋金文，边静译. 北京：商务印书馆，2004.

② 阿尔弗雷德·冯·舒茨. 社会世界的意义构成[M]. 游淙祺译. 北京：商务印书馆，2012：316-317.

第二节　中国儿童道德发展调查的整体设计

为全面了解中国儿童道德发展状况，在教育部人文社会科学重点研究基地南京师范大学道德教育研究所和南京师范大学立德树人协同创新中心的大力支持下，我们启动了面向全国儿童的价值观、道德情感、道德判断、道德行为和德育方式、生活困扰的调查，出版了《中国儿童道德发展报告（2017）》。之后，我们进行了深入的反思与讨论，并继续就部分问题进行了深入研究，根据调查情况对问卷进行了局部的修订与完善。按照研究计划，2019 年秋开展了第二轮大样本全国儿童道德发展状况调查，以定期收集中国儿童道德发展的横截面数据，实现对中国儿童道德状况的动态跟踪。

一、中国儿童道德发展调查的问卷修订与施测

（一）中国儿童道德发展状况问卷的修订情况

本次调查使用的儿童道德发展状况问卷是在 2017 年调查报告问卷基础上修订而成的。出于更为严格和深入的数据分析需要，同时也是为了弥补初次调查中的不足，对本次调查问卷的人口学变量和主体问卷部分都略做了调整。在人口学变量部分，根据需要增加了父亲受教育程度、母亲受教育程度、学业成绩 3 个变量。同时，对另外两个变量做了调整。一是为了更准确地反映儿童道德的发展性特征，将原来的年级数据修改为年龄数据；二是在家庭生活方式变量中增加了住校和寄养两种情况，家庭生活方式的统计分为与家人一起生活、住校生和与亲戚一起生活三大类，在与家人一起生活的类型中，再依照 2017 年问卷设计进行细致的划分。这样的修改使选项更贴近学生生活的实际情况。

对于问卷主体部分，在整体不变的情况下，依据前期研究结果和出于深

化研究的需要，本次调查做了以下三处修改：一是社会主义核心价值观的调查，基于社会主义核心价值观已经落实了几年的现实情况，增加了社会主义核心价值观践行评价的调查，以了解儿童心中落实得最好的价值观与最需要提升的价值观；在个人修养类的价值观中，根据 2017 年的调查结果，增加了"向上"选项；二是道德理性部分，根据课题组成员张馨萌 2017—2018 年做的关于全国 90 个样本的访谈研究结果，在保持"亲情–法律"两难内容的基础上，增加了"友谊–职责""法理–人情"的两难冲突判断，并在前两个两难困境中增加了涉身性（如果你是……）情境的调查，以考察儿童作为旁观者的道德判断与作为当事人的道德判断的变化情况，"道德–职责"的判断以涉身性的方式进行；三是儿童心理环境部分，增加了两项儿童心理支持状态（最关心我的人……和最了解我的人……）的调查。

本次问卷依然以选择题为主、扩展填空题为辅，共 29 道题，涵盖儿童价值观、道德情感、道德理性、道德行为、德育方式、心理环境 6 个指标，具体内容如图 1-1 所示。

问卷内容修订完成后，2019 年 1—3 月，课题组先后在江苏、安徽、山东范围内邀请小学四年级到高中三年级学生各 5～10 人试填写了问卷，根据试测结果和反馈，对各年段的问卷进行了文字调整。

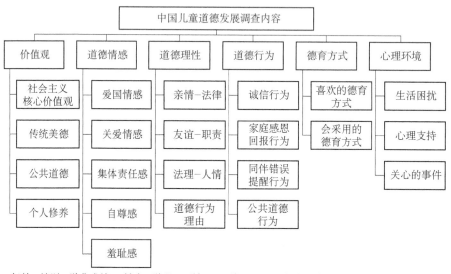

图 1-1 中国儿童道德发展调查内容

（二）中国儿童道德发展状况问卷的信、效度

课题组按照随机取样原则，在 12 个省份中，每个省份抽取 100 个样本，共计 1200 个样本用于问卷的信、效度检测。由于问卷主体中的"价值观""德育方式""生活困扰"3 个指标的问题设计为客观事实情况描述题，不适合进行信、效度检测，因此只对问卷主体部分关于道德情感、道德理性和道德行为的 15 道题进行信、效度分析。

1. 问卷的结构效度分析

用 SPSS22.0 统计软件工具计算每个项目与问卷总分的相关系数，经统计筛查，所有项目与问卷总分的相关系数均大于 0.3（0.3 为要求值），在此基础上用 SPSS22.0、AMOS22.0 统计软件对 15 道题进行了信、效度检测，结果如表 1-1 所示。

表 1-1　KMO 和 Bartlett 检验表

KMO 度量		0.878
Bartlett 球形度检验	χ^2	2457.218
	df	45
	p	<0.001

表 1-1 的数据显示，该问卷各因子的 KMO 值为 0.878，Bartlett 球形度检验值小于 0.001，因此检测的 15 道题适合做因子分析。[①]进一步进行因子分析，发现所测题目因子载荷系数均大于 0.4（0.3 为参照的最低标准），具体情况如表 1-2 所示。

表 1-2　因子载荷系数表

项目	道德行为	道德情感	道德理性
项目 1	0.405		
项目 2	0.465		
项目 3	0.577		
项目 4	0.544		
项目 5	0.715		
项目 6		0.580	

---

① 根据 Kaiser 给出的常用的 KMO 度量标准，当 KMO＞0.8 且 Bartlett 球形度检验值小于 0.05 时，意味着各个变量之间具有较大的相关性，变量之间适合做因子分析。

续表

项目	道德行为	道德情感	道德理性
项目 7		0.719	
项目 8		0.769	
项目 9		0.705	
项目 10		0.551	
项目 11			0.660
项目 12			0.775
项目 13			0.849
项目 14			0.690
项目 15			0.745

通过模型的拟合指数检验可以看到，CFI（0.958）和 TLI（0.944）均大于 0.9，RMSEA（0.048）小于 0.05，达到严格标准，表示模型的拟合度较好。但此项调查样本量巨大，$df > 2$，卡方检验的 $p < 0.05$（$p < 0.001$），具体如表 1-3 所示。

表 1-3　验证性因素分析拟合指数表

χ^2	df	p	χ^2/df	CFI	TLI	RMSEA
152.607	34	<0.001	4.488	0.958	0.944	0.048

2. 问卷的信度分析

表 1-1～表 1-3 和表 1-4 的数据显示，该问卷各因子间的 KMO=0.878，且 Bartlett 球形度检验值小于 0.001，公共因子的累计方差贡献率为 61.781%（45%为参照的最低标准），每道题的因子载荷均大于 0.4，CFI=0.958＞0.9，TLI=0.944＞0.9，χ^2/df=4.488＜5，RMSEA=0.048＜0.05，问卷的总信度和各个维度的信度均大于 0.7，说明问卷中各个项目之间的一致性良好，信、效度较高，可以作为研究的测评工具。

表 1-4　信度系数表

维度	克龙巴赫 α 系数
道德行为	0.770
道德情感	0.712
道德理性	0.733
总信度	0.781

二、中国儿童道德发展调查的取样、施测及数据处理方法

（一）取样设计与被试分布

为了使样本具有更好的代表性，本次调查沿用 2017 年的研究思路，采用分组分层混合取样的方式。以中国七大行政区①，即东北、西北、华北、华中、华东、西南、华南为分组范围；每个组选择一个省级单位作为一层样本；在所选省级单位中选择一个地级市作为二层样本；在所选各市选择城市中心区（城市）、城市新兴区（城乡交错带）作为城市样本，一个周边县作为农村样本，即三层样本；在所选各区（县）选择优质、普通及薄弱小学、初中、高中各 1 所作为四层样本；在所选各学校以年级为单位进行采样，以 7 个班为年级班数上限，作为五层样本。按照以上设计，本次调查样本总量涵盖 7 个省份、21 个区（县）、189 所学校，对象为小学四年级到高中三年级学生，对应 9～18 岁儿童群体。具体如图 1-2 所示。

样本在性别、年龄、民族、学段、学校所属区域、城乡、父母受教育程度、学业成绩、生活满意度、家庭生活方式诸人口学变量上的分布情况如表 1-5 所示。

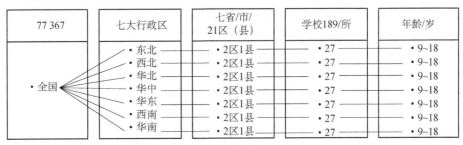

图 1-2　全国七大行政区分组分层抽样图

表 1-5　样本分布表

人口学变量		n	百分比/%
性别	男性	39 707	51.30
	女性	37 660	48.70

① 不包含港澳台的数据，下同。

人口学变量		n	百分比/%
年龄/岁	9	4 836	6.30
	10	10 840	14.00
	11	12 266	15.90
	12	12 768	16.50
	13	10 729	13.90
	14	8 547	11.00
	15	7 695	9.90
	16	4 930	6.40
	17	3 407	4.40
	18	1 349	1.70
民族	汉族	67 271	87.00
	少数民族	10 096	13.00
学段	小学	35 187	45.50
	初中	28 566	36.90
	高中	13 614	17.60
学校所属区域	东部	47 229	61.00
	中部	20 795	26.90
	西部	9 343	12.10
城乡	大中城市	28 026	36.20
	小城市	17 868	23.10
	县城	15 299	19.80
	农村乡镇	16 174	20.90
父亲受教育程度	小学及以下	8 775	11.30
	中学	46 424	60.00
	大学及以上	22 168	28.70
母亲受教育程度	小学及以下	11 749	15.20
	中学	45 287	58.50
	大学及以上	20 331	26.30
学业成绩	有待提高	8 659	11.20
	一般	50 848	65.70
	优良	17 860	23.10
生活满意度	很满意	39 878	51.50
	基本满意	33 512	43.30
	不满意	3 977	5.10

续表

人口学变量		n	百分比/%
家庭生活方式	和家人一起生活	70 649	91.30
	住校生	5 927	7.70
	和亲戚一起生活	791	1.00

注：因四舍五入，个别数据之和不等于100，下同

（二）施测

正式施测是在2019年6—12月完成，是通过网络问卷与纸质问卷发放相结合的方式进行的。在相关省份师范大学教育科学学院、省（市）教育厅（局）、教育科学研究院（教研室）的大力协助下，共回收纸质问卷858份，有79 207名儿童参与网络问卷填写。通过缺失值、异常值筛查，剔除无效问卷2698份，得到有效问卷77 367份，有效问卷回收率为96.6%。

（三）数据处理方法

课题组采用SPSS22.0数据分析软件进行数据分析。在数据处理时，依据问卷设计方式，将全部主体内容分为计分题和非计分题两类。在差异显著性检验分析中，非计分题采用列联表分析的卡方检验，为了在一定程度上校正卡方检验本身受被试样本量影响较大的问题，差异分析结合效应量 ES 值进行，以 χ^2、p、φ 及 v 作为差异显著性指标；对计分题的数据分析先进行变量之间的相关性分析，对具有显著性相关的变量采用独立样本 t 检验、单因素方差分析（one-way analysis of variance，one-way ANOVA）、最小显著差数（least significant difference，LSD）检验、Welch检验、效应量 ES 的方法，以 F、t、p、d 及 r（$d \approx 2r$）作为差异显著性指标。在进行独立样本 t 检验前，课题组先对数据进行了正态分布检验（以偏度系数<1、峰度系数<3为标准）。在进行单因素方差分析前，对数据进行了方差齐性检验：对方差齐性的数据，以 p、ES 值为差异显著性指标；对方差不齐的数据进行Welch检验，以Welch值作为差异显著性指标。

卢谢峰等认为，效应量大小的判定并不存在一个放之四海而皆准的神圣法则，需要兼顾研究主题的特殊性、已有理论背景、研究设计类型、实证操

控过程的有效性、估计指标的使用前提等，以综合权衡结果的实际意义。[①]根据他们在《效应量：估计、报告和解释》中的建议及本书研究的大样本量的实际情况，本书对效应量数据判定采用如下标准[②]：对非计分题，在差异性检验的基础上辅以 φ 值和 v 值来观测其差异程度，当 $p<0.001$、$v<0.05$ 时，变量之间虽有统计学意义上的差异，但差异程度微弱；当 $p<0.001$、$0.05 \leqslant v<0.1$ 时，变量之间存在统计学意义上的差异，差异程度中等；当 $p<0.001$、$0.1 \leqslant v$ 时，变量之间存在统计学意义上的差异，且差异程度较大。对于计分题，在差异性检验的基础上辅以 d 值和 r 值说明差异程度，当 $p<0.001$、$d<0.1$ 时，变量之间虽有统计学意义上的差异，但差异程度微弱；当 $p<0.001$、$0.1 \leqslant d<0.2$ 时，变量之间存在统计意义上的差异，差异程度中等；当 $p<0.001$、$d \geqslant 0.2$ 时，变量之间存在统计意义上的差异，且差异程度较大。为了更直观地标示差异程度，正文中差异程度的效应量表以星号做了标记：中等程度的差异用一颗星标示，较高程度的差异用两颗星标示。

同时，为了对影响儿童道德发展的因素进行类型化分析，我们把调查所涉及的人口学变量按属性进行分类：年龄、性别为生理类变量；生活满意度为心理类变量；学段、学业成绩为教育类变量；区域和城乡为空间类变量；父母受教育程度和家庭生活方式为家庭类变量。以此为基础，以差异检验和效应量值为依据，探索影响儿童道德发展因素的类型特征。

第三节　整体结论与解读建议

作为 2017 年调查的动态跟踪研究，整体结论包括两个方面的内容：一

[①] 卢谢峰，唐源鸿，曾凡梅. 效应量：估计、报告和解释[J]. 心理学探新，2011（3）：260-264.

[②] φ、v、d 值及 r 均是效应量的表示方式，本书研究将 φ、v 用于非计分题中效应量的表征，将 d 值、r 用于计分题中效应量的表征，且 $d \approx 2r$，即 $d<0.2$ 表示差异程度弱，$0.2<d<0.4$ 表示差异程度中等，$d>0.4$ 表示差异程度高。

是 2017—2020 年儿童道德发展的动态变化趋势；二是儿童道德的整体价值倾向、发展趋势与影响因素。

一、十大主要发现

在对各项数据进行深入分析的基础上，与第一次调查报告的各项结论相对照，我们将儿童各项道德发展指标的变化情况与整体情况总结为以下十大发现。

（一）儿童各项道德发展指标变化情况

1）儿童在价值观认同中整体上保持着有传统、爱国家、尚正义、重勤奋的积极倾向，认为文明、公正、诚信是社会主义核心价值观落实中最需要提升的三个方面。和谐、平等和诚信分别是社会主义核心价值观中国家、社会、个人三个层面最受关注的价值观，孝敬父母在传统美德中得到普遍认同，正义依然是儿童最关注的公共道德，勤奋在个人修养的关注度中依然保持首位。

在三个层次的社会主义核心价值观践行情况上，儿童认为我们做得最好的分别为文明、平等和爱国，除文明外，公正和诚信是儿童认为最需要提升的社会主义核心价值观。年龄、性别和生活满意度是影响儿童价值观认同的三个主要因素。

2）中国儿童道德情感发展整体良好，爱国情感、集体责任感和自尊感均有所提升。本次调查数据显示，儿童五种道德情感的得分从高到低依次是自尊感（3.69）、集体责任感（3.52）、关爱情感（3.45）、爱国情感（3.41）、羞耻感（3.28）（参见第三章）。同时，不同道德情感发展的年龄趋势并不完全相同，关爱情感、集体责任感、自尊感和羞耻感的发展在年龄上呈现先上升、后下降的趋势；儿童的爱国情感的发展呈现"M"形（参见第三章）。

3）中国儿童的道德判断表现出很强的规范认同和个体功利主义的倾向。综合来看，法律是各年龄段儿童道德判断的底线，工具相对主义是肯定性道德判断的主流，两者均表现出跨年龄的普遍化倾向。与上次调查结果相比，工具相对主义作为道德判断的主要理由有向各年龄段扩展的趋势。

在亲情–法律的两难判断中，有 1/5 左右的 11～16 岁儿童在工具相对主义与普遍道德原则之间犹豫不决，无法做出判断。肯定性道德判断理由没有明显的年龄差异，工具相对主义（39.27%）成为主流（相当于阶段 2），处于阶段 5 的"社会契约定向"排在第二位（21.72%），否定性道德判断依据集中于"维护法律与秩序"（83.38%），相当于阶段 4（参见第四章）。

在友谊–职责的两难判断中，绝大多数儿童能做出明确的道德判断。肯定性道德判断中相当于阶段 3 的"好朋友"角色为最主要的判断理由（45.85%），其次为维护法律与秩序定向的阶段 4（26.98%）；否定性道德判断的理由集中于社会契约定向的阶段 5（66.49%）（参见第四章）。

在亲情–法律和友谊–职责维度上，非涉身性情境（他人故事判断）与涉身性情境（如果我是当事人）判断的理由都具有较高的一致性，在前者中，更多儿童支持遵守法律，在后者中，更多儿童支持变通法律规定。

在法理–人情的两难判断中，约 2/3（67.25%）的儿童选择"李德违反法律，但事出有因，酌情减轻处罚"，倾向于在职责范围内兼顾道德；约 1/4（24.97%）的儿童明确"按照法律规定处罚"，坚持法律刚性原则；少数儿童（7.78%）选择为了道德忽视职责要求，对李德免除处罚（参见第四章）。

在道德行为理由选择中，约 3/4（75.26%）的儿童认可社会规范，相比第一次报告数据（67.16%）有所提高，其次是权威（教师和爸妈）告知（11.23%），排在第三位的是榜样的力量（6.97%）。儿童道德行为理由的选择表现出性别差异，更多女生以社会规范作为行为理由（参见第四章）。

4）儿童道德行为水平整体有所提高，感恩行为水平出现下降。在所调查的五项道德行为中，儿童诚信行为（2.92）、同伴错误提醒行为（2.76）、制止欺负行为（2.53）水平较高，相对前一次调查水平都有所提高，但家庭感恩回报行为（2.15）出现下滑，遵守规则行为（2.28）基本保持不变，水平有待提高（参见第五章）。学段、区域、学业成绩和生活满意度对儿童上述道德行为存在显著影响。

5）说理教育法超过实践锻炼法成为儿童最愿意接受的德育方式。相比第一次调查结果，通过故事、寓言或真实事例来讲道理的德育方式被儿童接受的比例有 10% 的增长，同时实践锻炼的德育方式的接受比例略有下降，说理教育法超过实践锻炼法成为儿童最愿意接受的德育方式。"以身作则、言传身教、从我做起""言语说服、告诉、提醒"是儿童自己最想采用的排在前两位的德育方式。

6）儿童道德成长的心理环境有所改善，报告受家庭困扰的儿童比例下降，关心社会大事的儿童比例有所上升。相比第一次调查结果，报告有家庭生活困扰的儿童降低了2.65个百分点，主要表现为家庭关系紧张困扰比例（9.85%）的降低，学业压力依然是儿童最主要的家庭生活困扰（26.42%）（参见第七章）。有60.86%的儿童报告受到来自学校生活的困扰，比第一次报告的数据降低了4.3个百分点，老师上课无趣（19.88%）依然是儿童最主要的学校生活困扰，然后依次是同学关系（15.72%）、学校处理事情不公平（10.91%）和学习环境问题（10.83%）（参见第七章）。

相比第一次报告数据，关心社会大事的儿童比例提高了7.68个百分点。中华人民共和国成立七十周年庆祝活动、香港问题、中美贸易战是儿童关注的排在前三位的社会大事。

儿童普遍把家人看作是最关心自己（82.96%）和最了解自己（64.04%）的人，有20.52%的儿童认为朋友是最了解自己的人。14岁后，有4%的儿童认为没人关心自己，6.90%的儿童认为没人了解自己。

（二）儿童道德成长的整体特征

1）功利倾向有随年龄增长逐渐增强的趋势。这一趋势在价值观念、道德情感、道德判断及道德行为方面都有表现，成为贯穿儿童整体道德品质发展的价值倾向，而且这一倾向得到了两次调查数据的支持。

2）中学阶段是儿童道德发展的关键时期。儿童的公共价值、集体情感及社会责任在中学阶段后面临严峻挑战，出现了一定程度的退行性变化。中学阶段儿童道德成长出现明显分化，是儿童道德成长的关键期。这一情况在两次调查中都得到了证实。

3）年龄、生活满意度是儿童道德成长的一级影响因素，学业成绩、性别、区域是二级影响因素。年龄、生活满意度对儿童的价值观念、道德情感、道德判断及道德行为4项指标表现的影响都达到了显著水平，差异达到了可接受程度，可视为对儿童道德成长的一级影响因素；学业成绩、区域和家庭生活方式对儿童的道德情感有着显著的影响，达到了可接受程度；性别和区域对儿童的道德判断影响显著，达到了可接受程度，视为对儿童道德成长的二级影响因素。

4）缺格局是当前儿童道德成长面临的关键问题。格局是中国文化传统中用来描述有视野、高志向、广胸襟的人格概念，其背后是我-家-国-天下的四阶价值排序。[①]大爱、大德、大情怀是大格局人格的时代表达。儿童道德成长理想是随着年龄和学段的增长，各道德因素及其内在一致性发生一定程度的改进：在价值追求上趋向超越个体的公共福祉，在道德情感上通达他人与共同体的荣辱处境，在道德判断中倾向于以普遍善为准则，且以上三者能够在道德行为中得到更好的实现，此为朝向大格局人格的发展。但两次数据分析发现，9~18 岁儿童的道德成长没有按照上述理想型前进，以上 4 项指标的水平中学阶段后出现了不同程度的下降，儿童的格局随着年龄的增长而变小。这是我们急需关注的儿童道德发展问题。

二、解读建议

作为全国样本的第二次调查报告，课题组在第一次调查的研究上从调查工具到数据分析方法都进行了完善和提升，但由于问卷调查本身的局限，我们依然对调查结果本身保持应有的审慎。因此，课题组重申如下报告解读建议。

第一，本次调查报告呈现的是中国儿童道德发展的整体状况，不适用于对个体道德状况的诊断。由于道德发展本身的社会情境性、长期性以及道德动机的内隐性特征，道德测评至今在理论上与现实中都还是难题。

小样本的个案跟踪可以对个案的道德发展进程进行深入、细致的分析，发现道德成长的特殊文化机制与困境，有望对个体道德发展状况做较准确的判断，但也因其个体化特征，无法依其对群体的整体状况做出推断。大样本的问卷调查（如本次调查）则难以为个体道德成长提供深入、具体的数据，但在了解当代中国儿童道德发展的整体特征以及发展趋势上有着其他方法不能比拟的优势，也可以呈现不同群体间的整体差异与变化，如高中、初中和

---

① 孙彩平，周亚文. 追寻格局：中国文化伦理图式敞开与德育路向[J]. 教育研究，2021（8）：69-77.

小学生的道德发展差异，不同家庭生活方式的儿童群体（如留守儿童与跟父母一起生活的儿童）之间道德成长的整体差异等。只有把握整体情况与群体差异及整体趋势与倾向，才可能超越个体经验与个案的视野，制定有依据的宏观的整体德育政策，同时也可能为在道德成长中的处境不利儿童群体提供有针对性的特殊关怀。

本此调查报告属于大样本的问卷调查，结论只具有统计学意义。因此，它适宜以此了解儿童道德发展的整体情况与趋势，不能作为判断个体道德成长的依据；可以以此了解不同群体儿童道德发展的整体状况，但也要注意避免将其中的结论当作特定群体的道德标签。例如，调查发现，留守儿童群体在道德发展上面临更大的困境，是当前道德发展的弱势群体。这个结论意味着相比和父母一起生活的儿童，整体上感受到成长困扰的留守儿童比例更高，在更多方面表现出值得关注的道德发展倾向，但不意味着每个留守儿童都是如此，也不意味着所有留守儿童在道德成长上都处于弱势状态。多数留守儿童在道德成长上是健康的，只是这样的儿童在留守儿童中的比例明显低于与父母一起生活的儿童的比例。因而，不可以以此为个体或者留守儿童群体贴上道德成长欠佳的标签，但了解到此情况，国家和相关区域才可能采取相应的针对性策略，与学校一起帮助更多的留守儿童走出困扰，实现道德健康成长。

第二，道德是一种综合性极强的实践智慧，对道德发展状况的理解必须是整体性的、综合性的，不能只考虑单一因素或者将各因素简单相加。出于理论研究的需要，研究者通常将品德分为知、情、行三个因素或者知、情、意、行四个因素，同时强调这些因素间是相互影响、相互制约的内在关系。道德发展状况的研究也特别关注几个因素间的内在联系和一致性，长期以来，知行脱离或者知行不一被当作道德教育要解决的难题。为了了解儿童道德发展的多因素状况，本次调查内容涉及儿童的价值观、道德情感、道德理性以及道德行为等几个方面。结果发现，知行不一的问题，并非儿童道德成长中的普遍状况。在某些方面，儿童的价值观、情感与行为表现出高度的内在统一性，如孝敬和诚信，既在观念上有较高的认同度，也在行为上表现出跨越年龄的高度普遍性；对规则的认可，也在道德判断与道德行为中有着较突出的一致性。由此可见，孝敬、诚信和守规则是儿童较为稳定的道德品质。然而，另一些品质，如关心他人方面，90%以上的儿童对弱势群体有着关怀的情感，但只有不到一半的儿童会真的伸出援手，另一半儿童仅限于同情，在行为上，一方面寄希望于有好心人去帮助他们，另一方面担心自己惹上麻烦而选择观望或者避开。可见，在关心他人的品质上，儿童存在着某种程度的情感与行为间的不一致性，说明这一品质在儿童身上还不稳定，或者由于多方面条件的限制，还有较大的提升空间。综合地考察儿童道德发展的各个因素，特别是注意各个因素间的一致性状况，从而发现儿童的道德品质的薄弱环节或层面，特别是发现不同年龄儿童道德成长的特殊问题，才能制订有针对性的学习内容和培养方案。

第三，道德是一种"中庸"的状况，"持续增长"的发展观念不适用于理解儿童的道德发展。受现代发展观的影响，很多人已经习惯把"增长"看作是发展的表现，将"下降"理解为退步的象征，这一点在道德发展问题中并不完全适用。中西方传统哲学有很多差异，但亚里士多德和孔子都将"中庸"作为德性的特点。孔子强调"过犹不及""君子中庸"，亚里士多德则说"德性是适度"，这是道德品质的特殊性。依据这样的观念，道德情感过度强烈与不彰都不是美德的内在要求，与美德相宜的是"中"，是恰到好处。适度的内容及表现，是德育理论研究的重要课题。依据儿童道德发展报告的结果，儿童的爱国情感、集体责任感、恻隐之心、自尊感以及羞耻感都在不同程度上表现出随年龄的增长而下降的趋势，但不能由此简单地认为这是一种道德发展的下滑或者退后的标志。年龄小的儿童思维简单，情感表现单纯强烈，容易出现冲动的行为反应，从道德是一种慎思后的表现以及中庸的视角来看，这并非道德成熟或水平较高的表现。进一步的数据分析可以印证这一点。道德情感的强度是由于加入了不同的原因（理性或者思虑）而表现出消减，如将国际比赛中的成绩归因于个人荣誉比例的小幅上升导致了爱国情感随年龄的增长的小幅下降；将当众批评归因为他人过错比例的上升导致了羞耻感普遍性的明显下滑。同时，也要注意一些细微的内在变化，如虽然整体上恻隐之心的比例没有出现随着年龄的增长明显下降，但儿童的内心感受却发生了微妙的变化：随着年龄的增长，更多儿童停留在有同情的感受，寄希望于好心人对弱势者进行帮助，而非自己亲自伸出援手，看上去是同情的强度发生了变化，或者处理同情心的方式发生了变化。这种变化部分源于基于现实情况的慎思：多数儿童在经济上不独立，直接助人的能力有限，当然，另一部分可能源于个体功利的道德倾向。总之，对儿童道德发展的评价，要切忌采用简单的"增长"思维。

第四,儿童的道德成长既具有文化社会性,也具有时代性。儿童的道德发展是普遍性的,还是具有文化和社会的特殊性的?这在理论上依然是有争议的话题。到目前为止,国际范围内尚没有普遍公认的儿童道德发展常模,也没有较为权威的整体道德发展量表。本次调查发现,在道德认知发展上,中国9~18岁儿童表现出完全不同于西方经典理论〔科尔伯格(L. Kohlberg)的道德认知发展的三水平六阶段理论〕的发展模式。中国儿童的道德认知判断理由是由不分化状态走向分化状态的,肯定性道德判断表现出明显的工具相对主义倾向,而否定性道德判断则表现出强烈的习俗(法律和规则)定向特征,而非线性上升的模式。这一结果为儿童道德发展的文化和社会的特殊性论断提供了佐证,提醒中国的教育理论与实践要对中国儿童道德成长的文化特殊性保持足够的敏感度,努力研究中国儿童发展的特点、问题与趋势,不可完全用其他文化、社会情境中儿童发展的模式来思考中国儿童的道德成长问题,更不能把其他国家儿童发展中的问题简单地当作当代中国儿童发展的问题。

儿童道德成长的文化性与社会性的另一个佐证,是中国传统道德观在儿童身上的明显印迹,最为典型的是孝敬。前文提到,在儿童身上,孝敬的美德从观念到行为保持着高度的内在一致性,这是其他文化中的儿童所没有的。如果说道德认知判断发展模式的不同体现的是道德发展形式上的文化特殊性,孝敬这一中国文化的特有内涵在中国儿童身上的烙印则是在内容上体现了中国儿童道德发展的特色。自然,选择对哪些中国传统道德文化通过教育的途径加以传承,是当前发展中国文化要解决的重大问题之一。

中国儿童道德发展的特殊性还表现在其发展倾向上。调查结果表明,儿童在肯定性道德判断分化后,更普遍地把个体功利作为肯定性道德判断的理由,把规则与法律作为否定性道德判断的理由;在责任承担上,随着年龄的增长,普遍地有"自扫门前雪"的心态与行为,这虽然也是一种承担责任的形式,但显然与中国传统的天下格局的君子人格相背离,与集体或者公共责任的联系不够紧密,也是与德育目的及民族复兴的大任担当不一致的。规则与法律的规范性功能凸显,可能是当下规则与法律的禁令倾向明显、权利保障略显不足的现实在儿童观念与思维方式上的反映。这些都是中国社会的特殊性,也是时代性的体现,是值得国家、社会与学校关注的儿童道德成长倾向。这提示我们，应该从顶层设计出发，通过课程与学校活动，包括社会媒体的舆论导向，对儿童道德成长中的以上偏向进行分阶段、有针对性的引导，同时通过不同层次的法治建设活动，调整规则与法律的禁令性倾向，引导儿童健康成长。

第二章 儿童价值观动态及问题

儿童价值观的变化有着时代性，会成就一个民族的未来精神气象。本章从多个角度了解儿童的价值观状况，发现值得注意的问题与发展趋势，分析影响儿童价值观的因素，有望为国家德育宏观决策和学校德育实践提供可靠的数据依据。本次儿童价值观的调查依然从社会主义核心价值观、传统价值观、公共道德和个人修养四个维度展开，以期通过国家、传统、公共和个人四个侧面勾勒当代儿童价值观的立体图像，同时也特别关注儿童各类价值观念在2017—2020 年的动态变化。

第一节 中国儿童社会主义核心价值观研究

　　价值观是人们判断是非、善恶、得失的信念系统，它不但引导着我们追寻自己的理想，还决定了每个人在生活中的各种选择。[1]自改革开放和发展社会主义市场经济以来，国内意识形态领域呈现多元思想文化交流激荡的态势，效率至上、利益至上、个人主义、自由主义、虚无主义等各种思潮抬头，集体主义等社会主义核心价值观念面临前所未有的挑战。从国际局势来看，1991 年苏联解体后，国际社会主义运动纷纷解构倒戈，国际敌对势力加紧对社会主义国家进行文化渗透，思想领域出现了较明显的"西化"倾向。网络技术的发展加速了世界多元价值观的交流、交融和交锋，价值观的冲突、对立日益明显，中华民族精神面临着时代重建和巩固团结的双重压力，凝聚社会共识，保持文化传统和民族特性，开创中国精神文明的新时代，为实现中华民族伟大复兴的中国梦提供源源不断的思想动能，成为社会主义核心价值观建设工程的国家使命。

　　社会主义核心价值观是现代中国社会核心价值体系的内核，是社会主义核心价值体系的高度凝练和集中表达[2]，是中国社会走向现代的精神指向，也是现代中国努力实现的精神建设目标。当代儿童对社会主义核心价值观的认同情况，为社会主义核心价值观的落实与践行工作了提供数据支撑。同时，可以通过对社会主义核心价值观落实情况的评价和调查，看到儿童心中的理想的国家精神样貌，了解儿童的国家价值期待。

　　2006 年 10 月，党的十六届六中全会提出"建设社会主义核心价值体系"的重大命题和战略任务[3]，后经过多年酝酿，2012 年 11 月党的十八大报告中明确提出，"倡导富强、民主、文明、和谐，倡导自由、平等、公

---

　　① 黄希庭. 探究人格奥秘[M]. 北京：商务印书馆，2014：4.

　　② 中共中央办公厅印发关于培育和践行社会主义核心价值观的意见[EB/OL]. http://www.gov.cn/zhengce/2013-12/23/content_5407875.htm[2013-12-23].

　　③ 雒树刚. 建设社会主义核心价值体系[EB/OL]. http://www.npc.gov.cn/npc/c222/200611/7b4c2d7875784aae8b05e52bcbe54cf6.shtml[2006-11-16].

正、法治，倡导爱国、敬业、诚信、友善，积极培育和践行社会主义核心价值观"，此后，国家、社会和个人三个层面的社会主义核心价值观成为新时代中国精神文明建设的核心内容。

一、社会主义核心价值观研究背景

2006 年是学界的社会主义核心价值观研究元年，以"社会主义核心价值观"为关键词在中国知网（CNKI）进行文献检索（时间为 2021 年 8 月）发现，社会主义核心价值观的研究在开启后迅速成为热点话题，学者从基础理论、现实状况、培育践行、应用落实多方面进行了思考与探索。

1. 社会主义核心价值观的基础理论研究

对社会主义核心价值观的本质及其衍生规律的思考中包括先验论的、经验论的立场，但马克思主义的辩证唯物论立场是主流。王淑芹认为，社会主义核心价值观是对自然、社会、人本性的"自然法"的一种凝结，它不仅合乎本民族和国家的文化传统、信仰，而且根源于宇宙万物、人与社会发展的客观规律。[①]侯松涛从社会经验论出发，以历史事实为依据，认为社会主义核心价值观无论是原则性向度还是基础性维度，都是中国共产党回应不同历史时期时代主题的结果。[②]管晓婧等以马克思的"三种规定"为分析方法，认为社会主义核心价值观是基于社会主义社会存在而产生的价值意识，是基于中国共产党的领导而建构的价值自觉，是基于中华优秀传统文化而发展的价值标识。[③]杨秀婷等则认为，社会主义核心价值观是以优秀传统价值观为"根"、以马克思主义为"魂"、以全人类的共同价值为"源"的立体化内容。[④]综上所述，社会主义核心价值观的理论研究是一个新的课题，目前虽然有一些突破，整体上受马克思主义哲学、政治动向、政策文本的影响较

---

① 王淑芹. 论社会主义核心价值观建设的原则[J]. 哲学研究，2019（5）：26-32.
② 侯松涛. 中国共产党百年历程与社会价值观的历史演进[J]. 北京联合大学学报（人文社会科学版），2021（1）：39-45.
③ 管晓婧，任志锋. 社会主义核心价值观的本质意涵与培育路径——基于马克思主义"三种规定"的分析[J]. 湖南农业大学学报（社会科学版），2020（6）：8-14，28.
④ 杨秀婷，邱吉. 社会主义核心价值观的包容性研究[J]. 社会主义核心价值观研究，2020（4）：31-38.

大，多学科的专业学术研究还有待深化。

2. 社会主义核心价值观的现实状况研究

对社会主义核心价值观现实状况的研究主要通过调查研究方法进行，基本可分成两类。第一类以了解青年群体对社会主义核心价值观的认同情况、发现其中可能存在的问题为研究目的。郭曰铎等的调查发现，男生、农村、高年级、非民主型教育家庭、非党员干部大学生群体的社会主义核心价值观认同度和践行意愿相对较低。[①] 依据中国社会情况综合调查 2013 年和 2019 年的数据，李炜发现青年世代较其他年长世代而言对"爱国""和谐"的认同度低。[②] 田丰的调查发现，大学生对中西方文化及价值观的本质区别认知模糊，社会主义核心价值观的"知"与"行"相脱节。[③] 第二类研究以探析社会主义核心价值观的影响因素为关注点。徐浙宁通过对"90 后"的问卷调查发现，家庭物质经济条件、亲子关系、生活安全感及青少年自我评价等因素对社会主义核心价值观的认同的影响显著。[④] 魏晓文等的调查研究发现，社会环境、网络舆情、教师引导等对大学生的价值观有显著影响并呈正向相关。[⑤] 从目前来看，社会主义核心价值观的调查研究的内容还有待丰富，而且多以青年大学生为样本，对未成年人群体的社会主义核心价值观状况的大样本研究还不多见。了解未成年人的社会主义核心价值观的认同状况，发现新生代群体对当代中国主流价值观的态度与看法，有利于更好地落实和有效地推动新时代中国精神文明建设，这是本次调查中将社会主义核心价值观列为重要调查维度的主要原因。

3. 社会主义核心价值观的培育研究

相对于理论研究与现状调查，从数量上看，关于社会主义核心价值观的培育的思考相对较多，而且学科视野较广泛，涉及哲学、心理学、神经科学等领域。有学者从哲学概念中的"意义世界"受到启发，认为作为意义系统

① 郭曰铎，张荣华. 大学生社会主义核心价值观认同度与践行意愿影响因素调研[J]. 理论学刊，2016（1）：108-114.

② 李炜. 青年社会主义核心价值观认同变化和差异[J]. 青年研究，2021（3）：16-30，94.

③ 田丰. 优秀文化记忆与大学生社会主义核心价值观培育[J]. 中国青年社会科学，2020（3）：79-86.

④ 徐浙宁."90 后"对社会主义核心价值观的认同及其影响因素[J]. 当代青年研究，2017（2）：24-30.

⑤ 魏晓文，修新路. 大学生社会主义核心价值观认同的影响因素与培育对策[J]. 大连理工大学学报（社会科学版），2018（5）：96-104.

的价值观念想要真正发挥效用，必须与个体的生活经验相结合。王雅丽等认为，社会主义核心价值观的培育重点应放在"关系"的搭建上，不断增强这些生活经验的道德属性，重视对学习者"关系思维"的培养。① 陈艳飞认为，大学"思想道德修养与法律基础"课需要走向深度教学、介入学生个体的意义世界、建构和优化学生的思维系统，只有如此才能扭转学生的逆反情绪。② 有学者从心理学研究中受到启发，运用实验来探析价值观教育的有效路径。王洪等通过对大学生的单类内隐联想测验发现，可以从记忆加工、思维加工、自我情感加工和核心自我加工四个层面促进民众对社会主义核心价值观的认同和践行。③ 岳童等受认知神经研究证据的启发，认为可以从认知认同、情感认同和自我认同三个方面共同发力，以道义主义原则建构社会主义核心价值观，与人们的自我概念相互融合。④ 还有学者从价值观教育的方法、过程、评价出发，尝试构建一整套合理有效的价值教育模式。陈庆国提倡建构内容标准、需要标准和实践标准"三大基本标准"，设置"培育实效""践行实效"两大板块的考评内容，以提升价值观教育的实效性。⑤ 综上所述，社会主义核心价值观的培育是研究热点，不仅数量多而且已经形成了多学科、多领域交叉的研究态势。

4. 社会主义核心价值观的应用研究

价值观虽然属于意识形态，是观念领域，但终究会指导现实生活、发挥实际效用。相对而言，社会主义核心价值观的应用研究起步较晚，主要集中于以下两个领域。一是法律领域。付子堂等基于对 299 部地方性法规的实证分析发现，必须坚持价值内容的次序性，充分发挥目的条款的价值宣示功能、原则条款的概括指引功能、规则条款的刚性约束功能，才能将社会主义

① 王雅丽，鞠玉翠. 社会主义核心价值观融入中小学德育课程的隐性视角探索[J]. 中国电化教育，2021（3）：58-63.

② 陈艳飞. "基础"课讲清社会主义核心价值观的逻辑构思及实践路向[J]. 湖北社会科学，2021（4）：163-168.

③ 王洪，岳童，符明秋. 从情感认同到自我认同：价值观认同的内隐实验研究[J]. 广东社会科学，2021（5）：64-73.

④ 岳童，黄希庭，吴娜. 价值观的认知神经研究对社会主义核心价值观培育的启示[J]. 苏州大学学报（教育科学版），2021（3）：65-72.

⑤ 陈庆国. 大学生培育和践行社会主义核心价值观实效评价体系研究[J]. 江苏高教，2021（2）：103-107.

核心价值观落实至地方立法的全过程中。① 杨彩霞等认为增强核心价值观裁判说理的论证性，把握核心价值观适用顺序的次序性，丰富核心价值观融入进路的多样性，是完善核心价值观融入刑事裁判的重要路径。② 二是社会治理领域。刘蕊等认为要从价值理念实践、权威结构调适、社会培育教化、责任保障集成等多重维度推进，破解社会主义核心价值观融入基层社会治理的现实困境。③ 柏路提出构建"权力-议题-话语"三位一体的制度创新体系，充分发挥社会主义核心价值观在网络舆论空间中的价值引领作用。④ 从社会主义核心价值观的应用研究来看，目前社会主义核心价值观的应用研究已经开启，但关注领域仍较有限。

通过上述文献的梳理可以发现，党的十八大以来，社会主义核心价值观的研究可谓蓬勃发展，但从目前来看还存在以下问题：①调查研究多以大学生为对象，很少涉及基础教育阶段的中小学生群体；②研究受政治政策话语的影响较大，专业学术水平还有待提升；③理论研究视角较为单一，多学科、多理论视角的研究尚待拓展。为了了解当代儿童群体的社会主义核心价值观的认同状况及新生代对当代中国精神的期待，本次研究对 9～18 岁儿童的价值观进行横截面的动态跟踪调查。

二、儿童社会主义核心价值观的认同情况和问题

依据本次调查的数据分析，当代儿童对社会主义核心价值观的认同与理解较为多元，2017—2020 年，儿童认同的价值序列发生了一定程度的改变，说明从目前来看，未成年人群体对社会主义核心价值观还没有形成稳定的观念认同；从影响因素的分析来看，生理类因素、心理类因素和教育类因素对社会主义核心价值观认同的影响较大。需要说明的是，4305 名学生选择

---

① 付子堂，李东. 社会主义核心价值观融入地方立法的优化路径——基于 299 部地方性法规的实证分析[J]. 山东大学学报（哲学社会科学版），2021（2）：35-42.
② 杨彩霞，张立波. 社会主义核心价值观融入刑事裁判文书的适用研究——基于 2014—2019 年刑事裁判文书的实证分析[J]. 法律适用，2020（16）：105-117.
③ 刘蕊，方雷. 社会主义核心价值观融入基层社会治理的机制创新[J]. 学习与探索，2021（8）：68-72.
④ 柏路. 社会主义核心价值观引领网络舆论治理制度化建设[J]. 探索，2021（1）：164-175.

了"不了解社会主义核心价值观",因此跳过了与社会主义核心价值观相关的所有题目,实际有效样本为 73 062 人。

(一)儿童对国家层面社会主义核心价值观的认同

在国家层面的社会主义核心价值观中,儿童对"和谐"与"富强"两项价值观的认同度较高。学段、年龄、性别、生活满意度对社会主义核心价值观认同的影响较大。其中,高中对生活不满意的儿童对"富强"与"民主"的重视程度高于其他儿童群体;随着年龄的增长,儿童对"文明"与"和谐"的重视程度有所下滑;男生更看重"富强",女生更看重"和谐"。

1. 认同度排序

数据显示,当问及儿童最看重的国家层面的社会主义核心价值观有哪些时,30.70%的儿童选择了"和谐",30.38%的儿童选择了"富强",20.16%的儿童选择了"文明",17.58%的儿童选择了"民主",有1.19%的儿童选择了"没有"(图 2-1)。

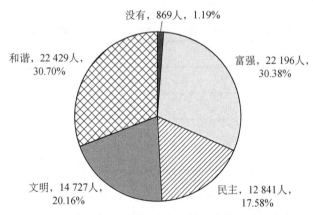

没有,869人,1.19%

和谐,22 429人,30.70%

富强,22 196人,30.38%

文明,14 727人,20.16%

民主,12 841人,17.58%

图 2-1　儿童国家层面的社会主义核心价值观认同频次图

相较而言,本次调查中更多儿童将"和谐"视为最重要的价值观,代替了 2017 年的"文明",儿童的价值观念在统计意义上发生了结构性变化。与 2017 年的报告结果相比,看重"富强"的人数占比上涨了约 18%,说明儿童对"富强"的重视程度在三年内有快速的提升;相反,看重"文明"的人数占比下降了约 14%(表 2-1)。从价值观结构上看,2017 年报告中儿童国家层面的社会主义核心价值观的频次从高到低排列为文明>和谐>民主>富强，本次调查结果变为和谐＞富强＞文明＞民主，对"富强"价值观的认同明显提升。

表 2-1　两次调查儿童认同的国家层面的社会主义核心价值观对比表　单位：%

价值观	2017 年	2020 年	变化率
富强	12.53	30.38	17.85
民主	16.98	17.58	0.60
文明	34.57	20.16	−14.41
和谐	32.85	30.70	−2.15

2. 主要影响因素

从人口学变量与儿童国家层面的社会主义核心价值观价值认同频次的差异检验结果来看（表 2-2），学段、年龄、性别、生活满意度对儿童国家层面的社会主义核心价值观认同的影响显著，效应量值达到较高程度（$v >$ 0.05），可见，儿童对国家层面社会主义核心价值观的认同主要受到生理类因素、心理类因素和教育类因素的影响。

表 2-2　儿童国家层面的社会主义核心价值观认同的影响因素排序表

排序	变量	变量类别	v	φ
1	学段	教育	0.105**	0.148
2	年龄	生理	0.083*	0.165
3	性别	生理	0.078*	0.078
4	生活满意度	心理	0.061*	0.086
5	区域	空间	0.043	0.061
6	学业成绩	教育	0.033	0.047
7	父亲受教育程度	家庭	0.032	0.046
8	城乡	空间	0.027	0.046
9	母亲受教育程度	家庭	0.026	0.037
10	家庭生活方式	家庭	0.024	0.047

1）学段是影响儿童对国家层面社会主义核心价值观认同的首要因素。学段是影响儿童对国家层面社会主义核心价值观认同的首要因素（$p <$

0.001，$v=0.105>0.05$），高中生对"富强""民主"的重视程度高于其他学段的儿童。数据分析表明，35.59%的小学生将"和谐"视作最重要的价值观，占比最高。初中生与高中生则将"富强"视作最重要的价值观，占比最高。随着学段的逐级升高，看重"富强""民主"的人数占比不断攀升，看重"和谐""文明"的人数占比逐渐降低（表2-3）。这说明受教育程度影响了儿童对社会主义核心价值观的理解与认知，"富强""民主"的价值观随着学段的升高而受到进一步的重视。

表2-3　学段与儿童国家层面的社会主义核心价值观认同频次的差异性检验表

项目		没有	富强	民主	文明	和谐	χ^2	p	φ	v
小学	人数/人	343	9 364	4 070	7 225	11 605				
	占比/%	1.05	28.72	12.48	22.16	35.59				
初中	人数/人	351	8 245	5 869	5 220	7 529	1 603.462***	<0.001	0.148	0.105**
	占比/%	1.29	30.30	21.57	19.18	27.67				
高中	人数/人	175	4 587	2 902	2 282	3 295				
	占比/%	1.32	34.64	21.92	17.23	24.88				

2）年龄是影响儿童对国家层面社会主义核心价值观认同的次要因素。年龄是影响儿童对国家层面社会主义核心价值观认同的次要因素（$p<0.001$，$v=0.083>0.05$），儿童对"文明""和谐"的重视程度随年龄的增长有所下降。从趋势图来看（图2-2），在14岁之前，看重"民主"的人数占比在稳

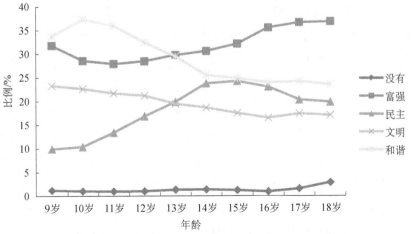

图2-2　儿童国家层面的社会主义核心价值观认同的年龄变化趋势图

步攀升，14 岁后开始缓慢降低；看重"文明""和谐"的人数占比随着年龄的增长一直呈现衰减态势；看重"富强"的人数占比则随着年龄的增长表现出先缓慢降低再缓慢上升的过程。

3）性别是影响儿童对国家层面社会主义核心价值观认同的第三因素。性别是影响儿童对国家层面社会主义核心价值观认同的第三因素（$p<0.001$，$v=0.078>0.05$），男生更看重"富强"，女生更看重"和谐"。数据分析显示，男生中有 32.39%的人将"富强"视为最重要的价值观，占比最高；18.60%的人将"民主"视为最重要的价值观，占比最低。女生则表现出不同的价值观倾向，女生中有 33.48%的人将"和谐"视为最重要的价值观，占比最高；16.52%的人将"民主"视为最重要的价值观，占比最低（表 2-4）。以上数据说明，"民主"价值观在男生和女生中受重视的程度都比较低，男生对"富强"的重视程度更高，有更强的奋进意识、民族意识；女生则更看重"和谐"，有更强的平等意识、关爱意识。

表 2-4　性别与儿童国家层面的社会主义核心价值观认同频次的差异性检验表

项目		没有	富强	民主	文明	和谐	χ^2	p	φ	v
男生	人数/人	591	12 038	6 912	7 217	10 413	445.331***	<0.001	0.078	0.078*
	占比/%	1.59	32.39	18.60	19.42	28.01				
女生	人数/人	278	10 158	5 929	7 510	12 016				
	占比/%	0.77	28.30	16.52	20.92	33.48				

4）生活满意度是影响儿童对国家层面社会主义核心价值观认同的第四因素。生活满意度是影响儿童对国家层面社会主义核心价值观认同的第四因素（$p<0.001$，$v=0.061>0.05$），生活不满意儿童对"富强""民主"的重视程度高于其他儿童。数据分析显示（表 2-5），对生活不满意的儿童中有 32.14%的人将"富强"视为最重要的价值观，占比最高，这可能意味着经济因素是生活满意度的重要构成指标；17.72%的人将"文明"视为最重要的价值观，占比最低。对生活很满意的儿童则表现出不同的价值观倾向，32.30%的人将"和谐"视为最重要的价值观，占比最高，15.15%的人将"民主"视为最重要的价值观，占比最低。同时，随着生活满意度的逐级降低，看重"富强""民主"的人数占比有所升高，看重"文明""和谐"的人数占比在逐渐降低。

表 2-5 生活满意度与儿童国家层面的社会主义核心价值观认同频次的差异性检验表

项目		没有	富强	民主	文明	和谐	χ^2	p	φ	v
很满意	人数/人	371	11 458	5 741	8 085	12 240				
	占比/%	0.98	30.24	15.15	21.34	32.30				
基本满意	人数/人	389	9 610	6 321	6 020	9 317	543.46***	<0.001	0.086	0.061*
	占比/%	1.23	30.36	19.97	19.02	29.43				
不满意	人数/人	109	1 128	779	622	872				
	占比/%	3.11	32.14	22.19	17.72	24.84				

5）区域、学业成绩、父母受教育程度、城乡、家庭生活方式对儿童国家层面的社会主义核心价值观认同的影响程度不大。通过卡方检验及效应量计算发现，区域、学业成绩、父亲受教育程度、城乡、母亲受教育程度、家庭生活方式 6 个变量对儿童的社会主义核心价值观认同存在影响，但程度较小（$v<0.05$）（表 2-6、表 2-7）。这说明上述以人口学变量划分的儿童群体在国家层面的社会主义核心价值观的认同上存在差异，但差异程度不大。

表 2-6 区域、学业成绩、父亲受教育程度与儿童国家层面的社会主义核心价值观认同频次的差异性检验表

项目			没有	富强	民主	文明	和谐	χ^2	p	φ	v
区域	东部	人数/人	570	13 148	8 263	9 150	13 385	274.549***	<0.001	0.061	0.043
		占比/%	1.28	29.54	18.56	20.55	30.07				
	中部	人数/人	175	6 265	2 864	3 911	6 566				
		占比/%	0.88	31.67	14.48	19.77	33.19				
	西部	人数/人	124	2 783	1 714	1 666	2 478				
		占比/%	1.41	31.75	19.56	19.01	28.27				
学业成绩	有待提高	人数/人	186	2 397	1 390	1 587	2 285	163.741***	<0.001	0.047	0.033
		占比/%	2.37	30.55	17.72	20.23	29.13				
	一般	人数/人	504	14 449	8 222	9 802	15 134				
		占比/%	1.05	30.03	17.09	20.37	31.46				
	优良	人数/人	179	5 350	3 229	3 338	5 010				
		占比/%	1.05	31.28	18.88	19.51	29.29				
父亲受教育程度	小学及以下	人数/人	172	2 203	1 331	1 765	2 553	152.788***	<0.001	0.046	0.032
		占比/%	2.14	27.46	16.59	22.00	31.82				
	中学	人数/人	456	13 128	7 809	8 790	13 540				
		占比/%	1.04	30.03	17.86	20.10	30.97				

续表

项目			没有	富强	民主	文明	和谐	χ^2	p	φ	v
父亲受教育程度	大学及以上	人数/人	241	6 865	3 701	4 172	6 336	152.788***	<0.001	0.046	0.032
		占比/%	1.13	32.21	17.36	19.57	29.73				

表2-7　城乡、母亲受教育程度、家庭生活方式与儿童国家层面的社会主义核心价值观认同频次的差异性检验表

项目			没有	富强	民主	文明	和谐	χ^2	p	φ	v
城乡	大中城市	人数/人	281	8 797	4 953	5 238	7 961	156.308***	<0.001	0.046	0.027
		占比/%	1.03	32.31	18.19	19.24	29.24				
	小城市	人数/人	218	5 256	2 876	3 459	5 337				
		占比/%	1.27	30.65	16.77	20.17	31.13				
	县城	人数/人	184	4 024	2 596	3 008	4 493				
		占比/%	1.29	28.13	18.15	21.03	31.41				
	农村乡镇	人数/人	186	4 119	2 416	3 022	4 638				
		占比/%	1.29	28.64	16.80	21.01	32.25				
母亲受教育程度	小学及以下	人数/人	188	3 035	1 886	2 311	3 446	98.983***	<0.001	0.037	0.026
		占比/%	1.73	27.93	17.36	21.27	31.71				
	中学	人数/人	455	12 897	7 634	8 493	13 201				
		占比/%	1.07	30.22	17.89	19.90	30.93				
	大学及以上	人数/人	226	6 264	3 321	3 923	5 782				
		占比/%	1.16	32.10	17.02	20.10	29.63				
家庭生活方式	和家人一起生活	人数/人	785	20 331	11 509	13 569	20 579	71.579***	<0.001	0.047	0.024
		占比/%	1.18	30.45	17.24	20.32	30.82				
	住校生	人数/人	75	1 675	1 198	1 015	1 650				
		占比/%	1.34	29.84	21.34	18.08	29.40				
	和亲戚一起生活	人数/人	9	190	134	143	200				
		占比/%	1.33	28.11	19.82	21.15	29.59				

3. 儿童国家层面的社会主义核心价值观认同值得关注的问题

（1）高中生对精神文明的重视程度较低

一般而言，"富强"指国家财富充裕、力量强大，内涵上侧重物质文明范畴。"文明"指的是符合人类精神追求、能被绝大多数人认可和接受的人

文精神、发明创造以及公序良俗的总和，偏向精神文明范畴。调查发现，"富强""文明"的认同在儿童心中呈现出此起彼伏的发展态势，随着年龄的增长与学段的升高，看重"富强"的儿童人数占比有所上升，而看重"文明"的儿童占比有明显的下降趋势。到高中时，仅有17.23%的儿童看重"文明"，约为看重"富强"的儿童数量的一半。

物质文明与精神文明虽然不属于同一范畴，却不是非此即彼、对立分割的。过度偏重物质文明、忽视精神文明的做法可能会导致物质繁荣的同时精神荒芜。无论对于国家还是个人而言，物质文明与精神文明彼此交融、相互促进、优化共享是共同的美好理想，所以要求教育关注儿童价值观的结构状态，既要教给儿童创造物质财富的能力与本领，又要培养其人文情怀与道德情操，提升精神境界与思想高度，兼顾物质与精神两个向度。从发展的视角来看，精神总是由较低级需要的关注上升到较高级需要的关注，从关注自身到关注更为普遍的实体，这也应该是教育导向的逻辑。高中生处于从未成年人到成年人的过渡阶段，把握物质与精神的平衡，超越物质而朝向精神价值追求是其应有的价值面貌。从目前的调查结果来看，这是当下高中生社会主义核心价值观教育要面对的重要问题。

（2）生活不满意的儿童对"文明""和谐"有所忽视

调查发现，对生活不满意的儿童更看重"民主""富强"的价值观，随着生活满意度的逐级提升，儿童会越来越看重"文明""和谐"。也就是说，生活满意度较低的儿童对社会制度与物质层面的价值观的认同度更高，而非道德精神层面。从人的需要层次理论分析，说明儿童对生活满意度的感受目前与物质需求等基础需要的相关更高，这可能与中国社会目前的整体发展水平有关系，意味着我们生活的幸福感对物质的依赖程度还比较高，这可能是限制人的价值观追求层次的一个原因。

基于以上情况，教育者要多关注对生活不满意儿童的价值观引导。除从需要层次理论的角度进行分析外，实际上生活满意度较低儿童的价值观偏差产生的原因是多方面的，优化他们的价值结构，是一项整体的、系统的、全方位的立体工程。首先，社会要确立公平公正的社会服务体系，通过实际有效的措施改善他们的生活处境，切实提高其物质生活质量，提升他们的生活幸福感，助力他们实现对基础需要的超越；其次，学校应该敏锐地察觉到不同的学生群体有不同的"道德问题"，在道德教育上也要坚持因材施教的原则。同样的社会主义核心价值观教育却导致不同的儿童群体产生了不同的价值倾向，这一事实说明只有了解儿童的价值观特点，放弃僵化、教条的高标价值观教育方式，引导儿童在自己现有的生活土壤中充实价值观念，才能提高价值观教育的实效性。

（二）儿童对社会层面社会主义核心价值观的认同

就社会层面的社会主义核心价值观而言，儿童对"平等"的认同度最高，对"自由"的认同度最低。性别、生活满意度、学段对儿童社会层面的社会主义核心价值观认同的影响较大。其中，高中生与对生活不满意的儿童对"自由"的重视程度高于其他儿童；男生更看重"自由"，女生更看重"公正"；儿童社会层面的社会主义核心价值观念的认同没有随年龄的增长发生结构性变化。

1. 认同度排序

当问及儿童在社会层面最看重的社会主义核心价值观是什么时，37.00%的儿童选择了"平等"，29.30%的儿童选择了"公正"，18.96%的儿童选择了"法治"，13.55%的儿童选择了"自由"，有1.18%的儿童选择了"没有"（图 2-3）。

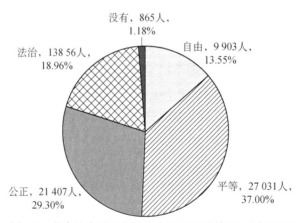

图 2-3　儿童社会层面的社会主义核心价值观认同频次图

在两次调查中，儿童都将"平等"视为最重要的社会层面的社会主义核心价值观。与 2017 年的报告数据相比，看重"平等"的人数占比变化不大，而看重"自由"的人数下降了约 13 个百分点，看重"法治"的人数上升了约 8 个百分点（表 2-8），这可能跟近几年法治教育的大力推进有关。2017 年报告中儿童社会层面社会主义核心价值观认同从高到低排序为平等＞自由＞公正＞法治，本次调查结果显示的相应排序变为平等＞公正＞法治＞自由，"自由"变成了认同度最低的价值观。

表 2-8　两次调查儿童认同的社会层面的社会主义核心价值观对比表

单位：%

价值观	2017 年	2020 年	变化率
自由	26.13	13.55	−12.58
平等	35.63	37.00	1.37
公正	25.08	29.30	4.22
法治	10.52	18.96	8.44

2. 主要影响因素

人口学变量与儿童社会层面的社会主义核心价值观认同频次的差异检验数据表明（表 2-9），性别、生活满意度、学段等因素对儿童社会层面的社会主义核心价值观认同的影响程度较大（$v > 0.05$），说明除生理类因素、心理类因素外，教育类因素也是影响儿童社会层面社会主义核心价值观认同的主要因素。

表 2-9　社会层面的社会主义核心价值观认同的影响因素排序表

排序	变量	变量类别	v	φ
1	性别	生理	0.090*	0.090
2	生活满意度	心理	0.061*	0.086
3	学段	教育	0.054*	0.076
4	年龄	生理	0.047	0.094
5	学业成绩	教育	0.040	0.057
6	区域	空间	0.029	0.040
7	父亲受教育程度	家庭	0.029	0.041
8	母亲受教育程度	家庭	0.028	0.039
9	家庭生活方式	家庭	0.027	0.054
10	城乡	空间	0.022	0.038

1）性别是影响儿童对社会层面的社会主义核心价值观认同的首要因

素。性别是影响儿童对社会层面的社会主义核心价值观认同的首要因素（$p<$ 0.001，$v=0.090>0.05$），男生比女生更看重"自由"。数据分析显示，男生与女生都将"平等"视为最重要的价值观，占比均超过了35%。看重"自由"的人数占比最低，男女生占比均低于17%。其中，女生看重"自由"的比例仅为10.82%，低于男生将近6个百分点；相反，女生看重"公正"的人数占比为31.36%，高于男生约4个百分点（表2-10）。这说明男生与女生在社会层面的社会主义核心价值观认同上存在显著差异，男生对"自由"的认同度更高。

表 2-10　性别与儿童社会层面的社会主义核心价值观认同频次的差异性检验表

项目		没有	自由	平等	公正	法治	χ^2	p	φ	v
男生	人数/人	572	6 021	13 663	10 150	6 765	597.897***	<0.001	0.090	0.090*
	占比/%	1.54	16.20	36.76	27.31	18.20				
女生	人数/人	293	3 882	13 368	11 257	7 091				
	占比/%	0.82	10.82	37.25	31.36	19.76				

2）生活满意度是影响儿童对社会层面社会主义核心价值观认同的次要因素。生活满意度是影响儿童对社会层面社会主义核心价值观认同的次要因素（$p<0.001$，$v=0.061>0.05$），生活满意度较低的儿童对"自由"的重视程度高于其他儿童。数据分析显示，生活很满意、基本满意、不满意的儿童都将"平等"视为最重要的价值观，占比均超过了33%；对生活很满意的儿童最不在乎的价值观是"自由"，占比仅为12.00%，对生活不满意的儿童最不在乎的价值观是"法治"，占比为16.24%（表2-11）。对生活很满意的儿童与对生活不满意的儿童在价值观认同方面存在着显著差异，随着生活满意度的降低，看重"自由"的儿童占比明显上升，看重"公正""法治"的儿童占比明显下降。

表 2-11　生活满意度与儿童社会层面的社会主义核心价值观认同频次的差异性检验表

项目		没有	自由	平等	公正	法治	χ^2	p	φ	v
很满意	人数/人	382	4 547	14 098	11 395	7 473	542.892***	<0.001	0.086	0.061*
	占比/%	1.01	12.00	37.20	30.07	19.72				
基本满意	人数/人	354	4 586	11 770	9 134	5 813				
	占比/%	1.12	14.49	37.18	28.85	18.36				

续表

项目		没有	自由	平等	公正	法治	χ^2	p	φ	v
不满意	人数/人	129	770	1 163	878	570	542.892***	<0.001	0.086	0.061*
	占比/%	3.68	21.94	33.13	25.01	16.24				

3）学段是影响儿童对社会层面的社会主义核心价值观认同的第三因素。学段是影响儿童对社会层面的社会主义核心价值观认同的第三因素（$p<0.001$，$v=0.054>0.05$），高中生比其他学段的儿童更看重"自由"。数据分析显示，小学生、初中生、高中生都将"平等"视为社会层面最重要的社会主义核心价值观，占比均超过了32%；将"自由"视为最不重要的价值观，占比均低于17%（表2-12）。但是，随着学段的升高，看重"自由"的人数占比明显增加，认同"公正"的人数占比有所下降。

表2-12　学段与儿童社会层面的社会主义核心价值观认同频次的差异性检验表

项目		没有	自由	平等	公正	法治	χ^2	p	φ	v
小学	人数/人	329	4 052	11 931	10 076	6 219	419.734***	<0.001	0.076	0.054*
	占比/%	1.01	12.43	36.59	30.90	19.07				
初中	人数/人	346	3 700	10 780	7 712	4 676				
	占比/%	1.27	13.60	39.61	28.34	17.18				
高中	人数/人	190	2 151	4 320	3 619	2 961				
	占比/%	1.43	16.24	32.63	27.33	22.36				

4）儿童的价值观念没有随年龄的增长发生结构性变化。年龄对儿童社会层面的社会主义核心价值观认同的影响程度较小（$p<0.001$，$v=0.047<0.05$）。从趋势图来看（图2-4），随着年龄的增长，四条折线虽有起伏，但其排序未发生实质性的变化，"平等"始终位于最上端，其次是"公正"，再次是"法治"，最后是"自由"。

5）学业成绩、区域、父母受教育程度、家庭生活方式、城乡对儿童社会层面的社会主义核心价值观认同的影响程度微弱。通过对诸人口学变量与儿童社会层面的社会主义核心价值观认同频次的卡方检验及效应量计算发现（表2-13、表2-14），学业成绩、区域、父亲受教育程度、母亲受教育程度、家庭生活方式、城乡6个变量对儿童社会层面的社会主义核心价值观的认同影响程度较小（$v<0.05$）。这说明在上述人口学变量上，尽管不同的儿童群

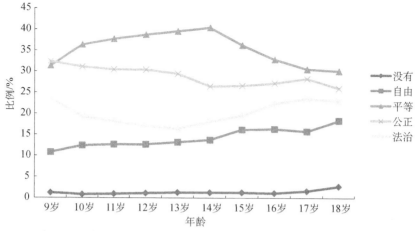

图 2-4　儿童社会层面的社会主义核心价值观认同的年龄变化趋势图

体在社会层面的社会主义核心价值观认同上存在差异，但差异较小。

表 2-13　学业成绩、区域、父亲受教育程度与儿童社会层面的社会主义核心价值观认同
频次的差异性检验表

项目			没有	自由	平等	公正	法治	χ^2	p	φ	v
学业成绩	有待提高	人数/人	190	1 270	2 825	2 119	1 441	239.051***	<0.001	0.057	0.040
		占比/%	2.42	16.19	36.01	27.01	18.37				
	一般	人数/人	475	6 154	18 200	14 232	9 050				
		占比/%	0.99	12.79	37.83	29.58	18.81				
	优良	人数/人	200	2 479	6 006	5 056	3 365				
		占比/%	1.17	14.49	35.11	29.56	19.67				
区域	东部	人数/人	579	6 273	16 395	13 031	8 238	119.334***	<0.001	0.040	0.029
		占比/%	1.30	14.09	36.83	29.27	18.51				
	中部	人数/人	150	2 377	7 424	5 947	3 883				
		占比/%	0.76	12.02	37.53	30.06	19.63				
	西部	人数/人	136	1 253	3 212	2 429	1 735				
		占比/%	1.55	14.30	36.65	27.71	19.79				
父亲受教育程度	小学及以下	人数/人	166	1 096	2 994	2 302	1 466	123.71***	<0.001	0.041	0.029
		占比/%	2.07	13.66	37.31	28.69	18.27				
	中学	人数/人	469	5 673	16 518	12 844	8 219				
		占比/%	1.07	12.97	37.78	29.38	18.80				

续表

项目			没有	自由	平等	公正	法治	χ^2	p	φ	v
父亲受教育程度	大学及以上	人数/人	230	3 134	7 519	6 261	4 171	123.71***	<0.001	0.041	0.029
		占比/%	1.08	14.70	35.28	29.37	19.57				

表2-14 母亲受教育程度、家庭生活方式、城乡与儿童社会层面的社会主义核心价值观认同频次的差异性检验表

项目			没有	自由	平等	公正	法治	χ^2	p	φ	v
母亲受教育程度	小学及以下	人数/人	199	1 488	4 064	3 077	2 038	110.794***	<0.001	0.039	0.028
		占比/%	1.83	13.69	37.40	28.32	18.76				
	中学	人数/人	461	5 521	16 069	12 631	7 998				
		占比/%	1.08	12.94	37.65	29.59	18.74				
	大学及以上	人数/人	205	2 894	6 898	5 699	3 820				
		占比/%	1.05	14.83	35.35	29.20	19.57				
家庭生活方式	和家人一起生活	人数/人	761	8 969	24 775	19 658	12 610	47.06***	<0.001	0.054	0.027
		占比/%	1.14	13.43	37.10	29.44	18.88				
	住校生	人数/人	88	855	1 982	1 560	1 128				
		占比/%	1.57	15.23	35.31	27.79	20.10				
	和亲戚一起生活	人数/人	16	79	274	189	118				
		占比/%	2.37	11.69	40.53	27.96	17.46				
城乡	大中城市	人数/人	278	4 083	9 767	7 917	5 185	106.448***	<0.001	0.038	0.022
		占比/%	1.02	14.99	35.87	29.07	19.04				
	小城市	人数/人	197	2 248	6 398	5 080	3 223				
		占比/%	1.15	13.11	37.31	29.63	18.80				
	县城	人数/人	180	1 799	5 361	4 249	2 716				
		占比/%	1.26	12.58	37.48	29.70	18.99				
	农村乡镇	人数/人	210	1 773	5 505	4 161	2 732				
		占比/%	1.46	12.33	38.28	28.93	19.00				

3. 儿童的社会层面的社会主义核心价值观认同中值得关注的问题

（1）儿童对"自由"的认同度较低

"自由"是指人的意志自由、存在和发展的自由。从人与共同体的关系出发，人类的存在状态可以分为三个阶段：第一阶段为自然共同体状态，此

阶段的人需要依赖他人而活；第二阶段为抽象共同体阶段，虽然此阶段的人身依附关系解除了，却要依赖抽象的物质符号而活；第三阶段为真正的共同体阶段，每个人在全面自由发展的前提下重新联合为共同体，在这种共同体中实现了个性与共性的统一。①自由是马克思主义思想中人类解放的最终目标，也是人类的终极价值追求。

从数据分析的结果来看，当下儿童对社会层面的社会主义核心价值观中的"自由"认同度相对较低，其中女生的认同度低于男生。这种状况值得引起教育理论研究者和实践者的注意。首先，"自由"作为社会层面最为重要的价值观，应该贯穿于教育的整体设计之中，将引导儿童积极主动地追求自由价值作为教育的重要目标和内容。同时，在教育的整体设计中，要给儿童自主成长的空间，使儿童的自由成长成为可能，以此培育儿童的创新意识和自由精神。"双减"政策为儿童的自由成长提供了政策保障。老师与家长应该尊重儿童的性格特点、兴趣与意见，尊重儿童的独创性观念，放弃一元化的强迫性的教育模式，让儿童在切身感受中加强对自由价值的珍视。同时，教育者也要帮助学生树立正确的自由观。数据显示，随着学段的升高，儿童对"自由"认同的人数逐渐增加，说明自由价值的认同与儿童的理性能力有关。但是，"自由"不同于青春期的叛逆，更不同于为所欲为，欲望超出了理性的范围，会导致人被欲望控制而失去自由。②这说明自由不能突破一切束缚与规则，而是在理性的引导下实现天性与规范的统一。

（2）生活满意度较低的儿童对"公正""平等"的认同度也较低

调查发现，随着生活满意度的降低，认同"公正""平等"的儿童人数占比也逐步下滑，对"自由"的认同度有明显上升。对生活不满意的儿童看重"自由"的人数占比升至 21.94%，比平均值 13.55% 高出约 8 个百分点。这说明生活满意度影响了儿童社会层面的社会主义核心价值观的认同。实际上，"自由"与"公正""平等"之间是相互依存、互为补充的，只讲"自由"不讲"公正"是动物般的野蛮自由，只讲"公正"不讲"自由"有可能会使弱势群体的人权受到侵犯，如不劳无获的公正带来的可能是无劳动能力的人丧失生命。相对于"自由"，"公正""平等"是涉及他人与自己关系的

---

① 刘光顺，顾玉平. 人的自由全面发展是"四个全面"的最终价值依归[J]. 理论月刊，2015（12）：11-15.

② 于伟. 天性、理性与自由——洛克儿童自由教育思想论析[J]. 教育研究，2021（11）：48-58.

价值观，对这两种价值观的忽视可能意味着儿童正陷于对个人自我的关注中。所以对生活满意度低的儿童的价值观的引导，可以从引导他们走出自我、走向他人和更广阔的生活空间入手，将他们安放在与他人和社会群体、公共生活中，实现对自我的扩展，也有利于对其"公正""平等"价值观的培育。

（三）儿童个人层面社会主义核心价值观的认同

就个人层面的社会主义核心价值观而言，儿童对"诚信"的认同度最高，其次是"爱国"，对"敬业"的认同度最低。生活满意度、性别、学段对个人层面的社会主义核心价值观认同的影响程度较大。其中，对生活很满意的儿童更看重"爱国"，对生活不满意的儿童更看重"诚信"；男生更重视"爱国"，女生更重视"诚信"；小学生更看重"爱国"，初中生与高中生则更看重"诚信"。

1. 认同度排序

调查发现，当问及儿童最看重的个人层面的社会主义核心价值观是哪些时，39.99%的儿童选择了"诚信"，37.19%的儿童选择了"爱国"，16.77%的儿童选择了"友善"，4.84%的儿童选择了"敬业"，1.20%的儿童选择了"没有"（图2-5）。

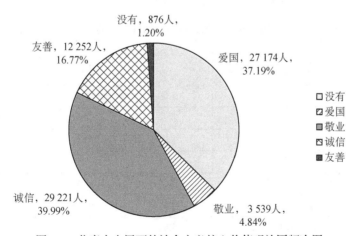

图2-5　儿童个人层面的社会主义核心价值观认同频次图

两次调查中，"诚信"都被儿童视为个人层面最重要的社会主义核心价值观。但相比之下，本次调查中选择"诚信"的儿童人数下降了约 18 个百分点，导致"诚信"价值观的首位度大大下降；看重"友善"的儿童人数下降了约 8 个百分点。与此同时，看重"爱国"的儿童人数占比上升了约 32 个百分点，三年内儿童对"爱国"有了更高水平的认同（表 2-15）。"敬业"依旧是儿童心中排位最低的价值观。从结构上来看，2017 年报告中儿童个人层面社会主义核心价值观的排序为诚信＞友善＞敬业＞爱国，本次调查变化为诚信＞爱国＞友善＞敬业。

表 2-15　两次调查儿童认同的个人层面的社会主义核心价值观对比表

单位：%

价值观	2017 年	2020 年	变化率
爱国	5.51	37.19	31.68
敬业	9.05	4.84	−4.21
诚信	57.98	39.99	−17.99
友善	24.65	16.77	−7.88

2. 主要影响因素

从诸人口学变量与儿童个人层面的社会主义核心价值观认同频次的差异性检验数据来看（表 2-16），生活满意度、性别、学段等因素对儿童个人层面的社会主义核心价值观认同的影响程度较大（$v > 0.05$），说明心理类因素、生理类因素以及教育类因素是其主要影响因素。

表 2-16　个人层面的社会主义核心价值观认同的影响因素排序表

排序	变量	变量类别	v	φ
1	生活满意度	心理	0.088*	0.125
2	性别	生理	0.062*	0.062
3	学段	教育	0.062*	0.088
4	年龄	生理	0.049	0.098
5	区域	空间	0.041	0.058
6	学业成绩	教育	0.037	0.052
7	家庭生活方式	家庭	0.035	0.069
8	父亲受教育程度	家庭	0.030	0.042
9	城乡	空间	0.024	0.042
10	母亲受教育程度	家庭	0.022	0.032

1）生活满意度是影响儿童个人层面的社会主义核心价值观认同的首要因素。生活满意度是影响儿童个人层面的社会主义核心价值观认同的首要因素（$p<0.001$，$v=0.088>0.05$），对生活很满意的儿童更看重"爱国"，对生活不满意的儿童更看重"诚信"。数据分析显示，41.28%的对生活很满意的儿童将"爱国"视为最重要的价值观，占比最高；对生活基本满意和对生活不满意的儿童则将"诚信"视为最重要的价值观。不同生活满意度的儿童看重"敬业"的人数占比均最低，未超过8%。随着生活满意度的降低，看重"爱国"的儿童占比从41.28%降至29.23%，看重"友善"的儿童占比则从14.27%升至23.28%（表2-17）。这说明生活满意度与儿童对"爱国"价值观的认同有着同向变化关系。

表 2-17　生活满意度与儿童个人层面社会主义核心价值观认同频次的差异性检验表

项目		没有	爱国	敬业	诚信	友善	χ^2	p	φ	v
很满意	人数/人	338	15 644	1 698	14 808	5 407				
	占比/%	0.89	41.28	4.48	39.08	14.27				
基本满意	人数/人	380	10 504	1 590	13 155	6 028	1 137.136***	<0.001	0.125	0.088*
	占比/%	1.20	33.18	5.02	41.55	19.04				
不满意	人数/人	158	1 026	251	1 258	817				
	占比/%	4.50	29.23	7.15	35.84	23.28				

2）性别是影响儿童个人层面的社会主义核心价值观认同的次要因素。性别是影响儿童对个人层面社会主义核心价值观认同的次要因素（$p<0.001$，$v=0.062>0.05$），女生比男生更看重"诚信"。数据分析显示（表2-18），对于男生而言，"爱国""诚信"是比较重要的价值观，占比分别为38.67%与38.69%，几乎不相上下。对于女生而言，"诚信"是更为重要的价值观，占比为41.35%，认同"爱国"的儿童占比为35.66%，低了约5个百分点。相同的是，男女生对"敬业"都有所忽视，占比均未超过6%。

表 2-18　性别与儿童个人层面社会主义核心价值观认同频次的差异性检验表

项目		没有	爱国	敬业	诚信	友善	χ^2	p	φ	v
男生	人数/人	578	14 374	2 033	14 380	5 806				
	占比/%	1.55	38.67	5.47	38.69	15.62	277.51***	<0.001	0.062	0.062*
女生	人数/人	298	12 800	1 506	14 841	6 446				
	占比/%	0.83	35.66	4.20	41.35	17.96				

3）学段是影响儿童个人层面的社会主义核心价值观认同的第三因素。学段是影响儿童对社会主义核心价值观认同的第三因素（$p<0.001$，$v=0.062>0.05$），小学生更看重"爱国"，初中生与高中生更看重"诚信"。数据分析显示（表 2-19），41.26% 的小学生将"爱国"视作最重要的价值观，占比最高；但是对于初中生与高中生而言，"诚信"是最被看重的价值观，"爱国"退居第二。相同的是，"敬业"被所有学段的学生忽视，只有不到 5% 的儿童把"敬业"当作自己最看重的价值观。

表 2-19　学段与儿童个人层面社会主义核心价值观认同频次的差异性检验表

项目		没有	爱国	敬业	诚信	友善	χ^2	p	φ	v
小学	人数/人	305	13 455	1 577	12 072	5 198				
	占比/%	0.94	41.26	4.84	37.02	15.94				
初中	人数/人	361	9 120	1 305	11 959	4 469	561.043***	<0.001	0.088	0.062*
	占比/%	1.33	33.51	4.80	43.94	16.42				
高中	人数/人	210	4 599	657	5 190	2 585				
	占比/%	1.59	34.73	4.96	39.20	19.52				

4）年龄对儿童个人层面的社会主义核心价值观认同的影响程度较小。年龄对儿童个人层面的社会主义核心价值观认同的影响程度微弱（$p<0.001$，$v=0.049<0.05$），儿童对"爱国""诚信"的重视程度随年龄的变化稍有起伏。从趋势图来看（图 2-6），随着年龄的增长，看重"敬业""友善"的儿

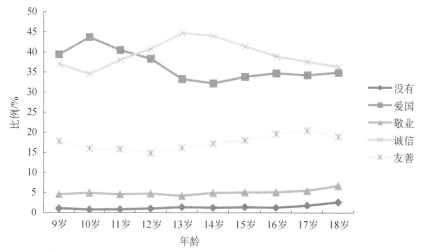

图 2-6　儿童个人层面社会主义核心价值观认同的年龄变化趋势图

童比例始终保持平稳状态，没有明显的起伏。看重"爱国""诚信"的两条
折线则呈现出剪刀状，以 11 岁为节点发生交叉，11 岁以前的儿童看重"爱
国"价值观的比例要高于看重"诚信"价值观的比例，11 岁以后两者情况
出现反转，但总体来看起伏不大。

5）区域、学业成绩、家庭生活方式、父亲受教育程度、母亲受教育程
度、城乡对儿童个人层面的社会主义核心价值观的认同影响不大。通过卡方
检验及效应量计算发现（表 2-20、表 2-21），区域、学业成绩、家庭生活方
式、父亲受教育程度、城乡、母亲受教育程度 6 个变量对儿童个人层面的社
会主义核心价值观的认同影响程度较小（$v < 0.05$）。这说明上述人口学变量
不同的儿童群体在个人层面的社会主义核心价值观认同上的差异不大。

表 2-20　区域、学业成绩、家庭生活方式与儿童个人层面社会主义核心价值观
认同频次的差异性检验表

	项目		没有	爱国	敬业	诚信	友善	χ^2	p	φ	v
区域	东部	人数/人	596	16 223	1 982	18 012	7 703	245.292***	<0.001	0.058	0.041
		占比/%	1.34	36.44	4.45	40.46	17.30				
	中部	人数/人	153	7 635	897	7 852	3 244				
		占比/%	0.77	38.60	4.53	39.69	16.40				
	西部	人数/人	127	3 316	660	3 357	1 305				
		占比/%	1.45	37.83	7.53	38.30	14.89				
学业成绩	有待提高	人数/人	175	2 711	471	2 951	1 537	196.95***	<0.001	0.052	0.037
		占比/%	2.23	34.56	6.00	37.62	19.59				
	一般	人数/人	480	17 886	2 282	19 426	8 037				
		占比/%	1.00	37.18	4.74	40.38	16.71				
	优良	人数/人	221	6 577	786	6 844	2 678				
		占比/%	1.29	38.45	4.59	40.01	15.66				
家庭生活方式	和家人一起生活	人数/人	772	24 970	3 271	26 729	11 031	62.408***	<0.001	0.069	0.035
		占比/%	1.16	37.40	4.90	40.03	16.52				
	住校生	人数/人	86	1 967	234	2 227	1 099				
		占比/%	1.53	35.04	4.17	39.68	19.58				
	和亲戚一起生活	人数/人	18	237	34	265	122				
		占比/%	2.66	35.06	5.03	39.20	18.05				

表 2-21 父母受教育程度、城乡与儿童个人层面社会主义核心价值观认同频次的差异性检验表

项目			没有	爱国	敬业	诚信	友善	χ^2	p	φ	v
父亲受教育程度	小学及以下	人数/人	137	3 139	511	2 890	1 347	131.127***	<0.001	0.042	0.030
		占比/%	1.71	39.12	6.37	36.02	16.79				
	中学	人数/人	484	15 891	2 060	17 851	7 437				
		占比/%	1.11	36.34	4.71	40.83	17.01				
	大学及以上	人数/人	255	8 144	968	8 480	3 468				
		占比/%	1.20	38.21	4.54	39.78	16.27				
城乡	大中城市	人数/人	326	9 947	1 194	10 970	4 793	128.477***	<0.001	0.042	0.024
		占比/%	1.20	36.53	4.38	40.29	17.60				
	小城市	人数/人	195	6 491	776	6 889	2 795				
		占比/%	1.14	37.86	4.53	40.18	16.30				
	县城	人数/人	171	5 545	659	5 685	2 245				
		占比/%	1.20	38.76	4.61	39.74	15.69				
	农村乡镇	人数/人	184	5 191	910	5 677	2 419				
		占比/%	1.28	36.10	6.33	39.48	16.82				
母亲受教育程度	小学及以下	人数/人	188	4 106	615	4 153	1 804	73.017***	<0.001	0.032	0.022
		占比/%	1.73	37.79	5.66	38.22	16.60				
	中学	人数/人	460	15 660	2 014	17 254	7 292				
		占比/%	1.08	36.69	4.72	40.43	17.09				
	大学及以上	人数/人	228	7 408	910	7 814	3 156				
		占比/%	1.17	37.96	4.66	40.04	16.17				

3. 儿童个人层面的社会主义核心价值观认同值得关注的问题

（1）对生活越满意的儿童越认同"爱国"

数据显示，对生活很满意的儿童最看重的个人层面的价值观是"爱国"，随着生活满意度的逐渐下降，看重"爱国"的儿童占比从 41.28% 下降至 29.23%，对生活基本满意与不满意的儿童最看重的个人层面的价值观是"诚信"。这说明生活满意度影响了儿童对国家的认同观念，提升生活满意度可以成为改变儿童国家观念的重要突破口。

首先，教师可以引导学生的生活理解和感受评价。虽然教育不是万能的，教师更不是万能的，但是一个有师德、爱学生的教师是可以唤起学生对

生活的热爱之情的。为学生创造一个友爱互助的班集体，解答学生成长的烦恼，关心学生的生活，利用社会福利资源切实改善学生的困境，都可以提升学生的生活满意度。其次，教师要注意对学生的价值归因指导。导致儿童生活满意度下降的因素是多方面的，我们不否认物质生活等客观情况是影响儿童生活满意度的客观外在因素，而对物质生活和外在环境的评价、归因是影响儿童生活满意度的内在心理因素。尽管当下的现实生活中还存在许多问题，但相较改革开放之前，我们的生活质量实现了质的飞跃，社会法治也有了一定的进步，文化生活更加多元繁荣。在教育中，老师要引导学生全面认识自己生存的时代背景，感受到国家的变化和全社会的努力，引导学生看到进步，对未来充满希望，这都有助于降低儿童的生活不满意程度，从而提升其对"爱国"价值观的认同。

（2）小学生比中学生对"爱国"价值观的认同度更高

如上所述，小学生最看重的价值观是"爱国"，而初中生与高中生更看重的是"诚信"，学段影响了儿童价值观的结构序列。中学生对"爱国"价值认同的相对降低是一个复杂的问题，不能简单地认为它是一个消极的信号。

托克维尔认为，爱国心可以分为自然的爱国心与理智的爱国心，自然的爱国心是基于民族自豪感与对故土的依恋感而产生的，而理智的爱国心则是在参与国家公共事务中养成的理性辩证精神。[①]托克维尔的爱国理论对于如何开展爱国主义教育而言是有一定价值的。小学生的理性能力尚未成熟，多基于自然情感热爱祖国，但是这种热爱是不够稳定的，很容易受到其他东西诱惑而动摇。因此，学校应该为小学生打开参与公共生活的多样渠道，通过理性协商、公事探讨、担权履责来培养他们理智的爱国心。对于高中生而言，学业负担较重，要防止爱国主义教育形式化、教条化、考试化的倾向，学校应该为学生创造实践机会，通过情理交融的方式来培育学生的爱国心。

（3）"敬业"的认同度偏低

整体而言，"敬业"是最不被看重的个人层面的社会主义核心价值观，这是值得教育者关注的问题。李克强总理在 2016 年政府工作报告中说："要

---

① 托克维尔. 论美国的民主[M]. 董果良译. 北京：商务印书馆，2017：288.

培育精益求精的工匠精神。"① 工匠精神就是一种认真负责、追求极致的敬业精神。"敬业"不仅是个人幸福美好生活的前提，也是国家和社会不竭的发展动力。敬业精神与工作职业有关，似乎与离儿童生活较远，这可能是导致儿童对"敬业"的认同度不高的原因，同时也暴露了价值观教育中的一个贴近儿童生活的误区：只教与当下儿童生活相关的内容。生活论德育的重点在于教儿童过好真实的生活，这一生活是有时间向度的，不只是当下，而是要为儿童的整个人生奠基。"敬业"作为儿童幸福生活的必备价值观，要从小养成，与儿童的生活关联，从儿童之"业"入手，引导儿童养成敬学习之业、敬探索之业、敬平凡之业的精神品质。在高中阶段，教师可结合通用技术课程，培养学生基本的职业能力与精神，在提升技术与能力的同时，鼓励学生攻坚克难、锤炼意志品质，在劳动教育中培育学生的责任意识、钻研精神，在技术学习中激发学生的职业兴趣，使其在实践中体验敬业的价值。

三、儿童对社会主义核心价值观落实情况的评价

人的价值观认同与其对事物的评价密切相关，但并不完全一致。对价值观的高认同往往伴随着高期待，因而导致主体对现实中相关事物的评价偏低。儿童对当下社会主义核心价值观落实情况的评价，一方面能反映其价值观认同情况，另一方面也从侧面反映出儿童对当下社会主义核心价值观落实情况的期待。本次研究设计了儿童对社会主义核心价值观落实情况的评价调查，可以直观地了解儿童眼中的社会主义核心价值观的践行情况，也可以从另一侧面了解儿童对社会主义核心价值观的认同情况。

（一）儿童眼中落实较好的社会主义核心价值观

从调查结果来看，"文明""平等""爱国"分别是儿童眼中在国家、社会和个人层面落实最好的社会主义核心价值观。心理类因素、生理类因素、教育类因素对儿童对社会主义核心价值观落实情况评价的影响较大。

---

① 李克强. 政府工作报告——2016 年 3 月 5 日在第十二届全国人民代表大会第四次会议上[EB/OL].
http://country.cnr.cn/gundong/20160305/t20160305_521542305.shtml [2022-08-30].

1. 儿童眼中落实较好的国家层面的社会主义核心价值观

在国家层面的社会主义核心价值观中，儿童认为"文明""和谐"落实得较好，"民主"落实得相对较差。学段、年龄、生活满意度在较大程度上影响了儿童对国家层面社会主义核心价值观落实情况的评价。对生活不满意的儿童和高中生对"文明""和谐"落实情况的积极评价较同组其他儿童更少；14岁是儿童对国家层面社会主义核心价值观落实情况评价的转折点。

（1）儿童眼中落实较好的国家层面的社会主义核心价值观排序

当问及国家层面落实得较好的社会主义核心价值观时，28.46%的儿童选择了"文明"，25.95%的儿童选择了"和谐"，23.08%的儿童选择了"富强"，20.48%的儿童选择了"民主"，2.03%的儿童选择了"没有"（图2-7）。

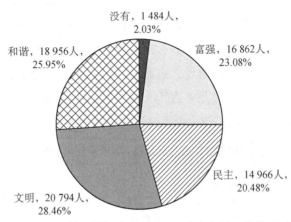

图2-7 儿童眼中落实较好的国家层面社会主义核心价值观百分比图

（2）主要影响因素

从影响儿童对社会主义核心价值观落实情况正面评价的因素来看（表2-22），学段、年龄、生活满意度对儿童对国家层面社会主义核心价值观落实情况评价的影响较大（$v > 0.05$），说明心理类因素、生理类因素和教育类因素是其主要影响因素。

表2-22 儿童眼中落实较好的国家层面社会主义核心价值观影响因素排序表

排序	变量	变量类别	v	φ
1	学段	教育	0.130**	0.184
2	年龄	生理	0.098*	0.195
3	生活满意度	心理	0.092*	0.130

排序	变量	变量类别	v	φ
4	区域	空间	0.044	0.062
5	学业成绩	教育	0.040	0.056
6	城乡	空间	0.038	0.065
7	父亲受教育程度	家庭	0.037	0.052
8	母亲受教育程度	家庭	0.036	0.051
9	家庭生活方式	家庭	0.034	0.069
10	性别	生理	0.031	0.031

1）学段是影响儿童对社会主义核心价值观落实情况正面评价的首要因素（$p<0.001$，$v=0.130>0.05$），高中生对"文明""和谐"落实情况的正面评价较其他学段的儿童更低。数据分析显示，小学生、初中生认为"文明"是我们落实得最好的价值观，占比最高；但是 30.96% 的高中生认为"民主"是我们落实得最好的价值观，占比最高（表 2-23）。随着学段的升高，认为"民主"落实得最好的儿童占比大幅增长，但认为"文明""和谐"落实得最好的儿童占比出现了较大幅度的下滑。

表 2-23　学段与儿童眼中落实较好的国家层面社会主义核心价值观差异性检验表

项目		没有	富强	民主	文明	和谐	χ^2	p	φ	v
小学	人数/人	487	7 229	4 566	10 839	9 486	2 482.519***	<0.001	0.184	0.130**
	占比/%	1.49	22.17	14.00	33.24	29.09				
初中	人数/人	591	6 421	6 300	7 312	6 590				
	占比/%	2.17	23.59	23.15	26.87	24.22				
高中	人数/人	406	3 212	4 100	2 643	2 880				
	占比/%	3.07	24.26	30.96	19.96	21.75				

2）年龄是影响儿童对社会主义核心价值观落实情况正面评价的次要因素（$p<0.001$，$v=0.098>0.05$），14 岁是儿童对社会主义核心价值观落实情况正面评价的转折点。从趋势图来看（图 2-8），随着儿童年龄的增长，选择"文明""和谐"的人数占比总体而言在逐渐降低；选择"民主"的人数占比在随着年龄的增长逐步升高，16 岁之后开始降低；选择"富强"的人数占比基本保持平稳。14 岁是儿童对社会主义核心价值观落实情况评价的转折点，是多元交错的集结时间。

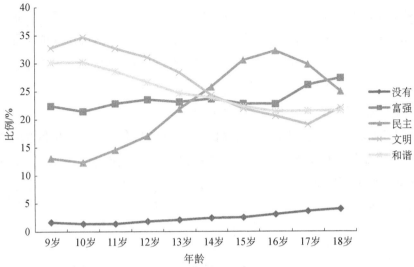

图 2-8　儿童眼中落实较好的国家层面社会主义核心价值观年龄变化趋势图

3）生活满意度是影响儿童对国家层面社会主义核心价值观落实情况评价的第三因素（$p<0.001$，$v=0.092>0.05$），生活不满意儿童对"文明""和谐"落实情况的正面评价较其他儿童更低。数据分析显示，对生活很满意与对生活基本满意的儿童均认为"文明"是我们落实得最好的价值观；对生活不满意的儿童认为"民主"是落实得最好的价值观（表 2-24）。随着生活满意度的降低，认为"文明""和谐"落实得最好的儿童占比有所下降，认为"民主""富强"落实得最好的儿童占比有所上升。

表 2-24　生活满意度与儿童眼中落实较好的国家层面社会主义核心价值观差异性检验表

项目		没有	富强	民主	文明	和谐	χ^2	p	φ	v
很满意	人数/人	485	8 710	6 712	11 817	10 171				
	占比/%	1.28	22.98	17.71	31.18	26.84				
基本满意	人数/人	727	7 323	7 416	8 214	7 977	1 232.279***	<0.001	0.130	0.092*
	占比/%	2.30	23.13	23.43	25.95	25.20				
不满意	人数/人	272	829	838	763	808				
	占比/%	7.75	23.62	23.87	21.74	23.02				

2. 儿童眼中社会层面落实较好的社会主义核心价值观

就社会层面的社会主义核心价值观而言，儿童认为"平等""法治"两项落实得较好，"自由"价值观的落实有待提升。学段、生活满意度、年龄是影响儿童对社会层面社会主义核心价值观落实情况评价的主要因素。其中，对生活不满意的儿童与高中生对"平等""公正"落实情况的正面评价低于其他儿童群体；儿童对"法治"落实情况的积极评价随年龄的增长而逐步上升。

（1）儿童眼中社会层面落实较好的社会主义核心价值观排序

调查发现，当问及儿童社会层面落实较好的社会主义核心价值观是哪些时，28.58%的儿童选择了"平等"，26.07%的儿童选择了"公正"，26.54%的儿童选择了"法治"，15.97%的儿童选择了"自由"，2.84%的儿童选择了"没有"（图 2-9）。

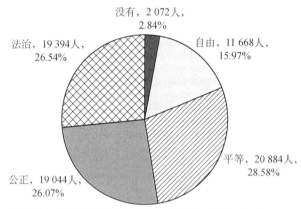

图 2-9　儿童眼中落实得最好的社会层面社会主义核心价值观人数百分比图

（2）主要影响因素

通过人口学变量与儿童对社会层面社会主义核心价值观落实情况正面评价的差异性检验数据来看（表 2-25），学段、生活满意度、年龄对儿童社会层面社会主义核心价值观落实情况积极评价的影响程度较大（$v > 0.05$），说明除心理类因素、生理类因素外，教育类因素是其主要影响因素，而且从排位看，教育类因素是第一影响因素。

表 2-25　儿童眼中落实较好的社会层面社会主义核心价值观影响因素排序表

排序	变量	变量类别	v	φ
1	学段	教育	0.151**	0.107
2	生活满意度	心理	0.105**	0.149
3	年龄	生理	0.076*	0.152
4	区域	空间	0.039	0.055

续表

排序	变量	变量类别	v	φ
5	学业成绩	教育	0.037	0.052
6	性别	生理	0.032	0.032
7	城乡	空间	0.031	0.054
8	家庭生活方式	家庭	0.030	0.061
9	母亲受教育程度	家庭	0.024	0.033
10	父亲受教育程度	家庭	0.020	0.028

1）学段是影响儿童对社会层面社会主义核心价值观落实情况正面评价的首要因素（$p<0.001$，$v=0.151>0.05$），高中生对"平等""公正"落实情况的正面评价低于其他学段的学生。数据分析显示（表 2-26），小学生、初中生认为"平等"是落实得最好的价值观，而高中生认为"法治"是落实得最好的价值观。随着学段的升高，认为"法治"落实得最好的儿童占比大幅增长，认为"平等""公正"落实得最好的儿童占比有所下降。

表 2-26　学段与儿童眼中落实较好的社会层面社会主义核心价值观差异性检验表

项目		没有	自由	平等	公正	法治	χ^2	p	φ	v
小学	人数/人	652	4 969	10 135	9 618	7 233				
	占比/%	2.00	15.24	31.08	29.50	22.18				
初中	人数/人	806	4 185	7 748	7 013	7 462	1 660.562***	<0.001	0.107	0.151**
	占比/%	2.96	15.38	28.47	25.77	27.42				
高中	人数/人	614	2 514	3 001	2 413	4 699				
	占比/%	4.64	18.99	22.66	18.22	35.49				

2）生活满意度是影响儿童对社会层面社会主义核心价值观落实情况正面评价的次要因素（$p<0.001$，$v=0.105>0.05$），对生活不满意的儿童对"平等""公正"落实情况的正面评价较其他儿童更低。数据分析显示，30.83%的对生活很满意的儿童认为"平等"是落实得最好的价值观，占比最高；对生活基本满意与对生活不满意的儿童认为"法治"是落实得最好的价值观，占比最高（表 2-27）。随着生活满意度的降低，认为"平等""公正"是落实得最好的价值观的儿童占比有所下降，认为"法治""自由"是落实得最好的价值观的儿童占比有所上升。

表 2-27　生活满意度与儿童眼中落实较好的社会层面社会主义核心价值观差异性检验表

项目		没有	自由	平等	公正	法治	χ^2	p	φ	v
很满意	人数/人	648	5 523	11 684	10 860	9 180				
	占比/%	1.71	14.57	30.83	28.66	24.22				
基本满意	人数/人	1 050	5 454	8 439	7 539	9 175	1 625.501***	<0.001	0.149	0.105**
	占比/%	3.32	17.23	26.66	23.81	28.98				
不满意	人数/人	374	691	761	645	1 039				
	占比/%	10.66	19.69	21.68	18.38	29.60				

3）年龄是影响儿童对社会层面社会主义核心价值观落实情况正面评价的第三因素（$p<0.001$，$v=0.076>0.05$），随着年龄的增长，儿童对"法治"落实情况的正面评价逐步上升。从趋势图来看（图 2-10），选择"平等""公正"儿童的占比随着年龄的增长在同步降低；选择"法治"的儿童占比自 10 岁后随着年龄的增长逐步上升，到 18 岁时有所回落；选择"自由"的儿童占比基本保持平稳。

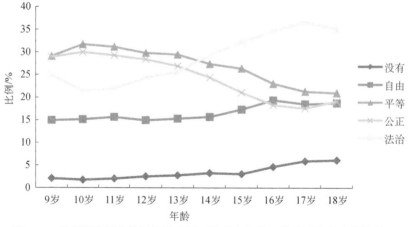

图 2-10　儿童眼中落实较好的社会层面社会主义核心价值观年龄变化趋势图

3. 儿童眼中个人层面落实较好的社会主义核心价值观

就个人层面的社会主义核心价值观而言，儿童认为"爱国"价值观落实得最好，"敬业"价值观落实得相对较差。生活满意度与学段对儿童对个人层面社会主义核心价值观落实情况的评价的影响较大。其中，对生活不满意的儿童对"诚信"价值观落实情况的正面评价低于其他儿童群体；小学生对"爱国"价值观落实情况的正面评价低于其他学段的儿童。

（1）儿童眼中个人层面落实较好的社会主义核心价值观排序

当问及个人层面落实最好的社会主义核心价值观时，37.90%的儿童选择了"爱国"，25.17%的儿童选择了"诚信"，24.42%的儿童选择了"友善"，10.35%的儿童选择了"敬业"，2.16%的儿童选择了"没有"（图2-11）。

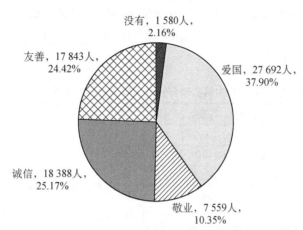

图 2-11 儿童眼中落实较好的个人层面社会主义核心价值观人数百分比图

（2）主要影响因素

就人口学变量与儿童对个人层面社会主义核心价值观落实情况评价的差异性检验数据来看（表2-28），生活满意度与学段对儿童对个人层面社会主义核心价值观落实情况的评价影响程度较大（$v>0.05$），说明心理类因素、教育类因素是其主要影响因素。

表 2-28 儿童眼中落实较好的个人层面社会主义核心价值观影响因素排序表

排序	变量	变量类别	v	φ
1	生活满意度	心理	0.077*	0.109
2	学段	教育	0.063*	0.089
3	年龄	生理	0.046	0.092
4	性别	生理	0.042	0.042
5	区域	空间	0.040	0.056
6	城乡	空间	0.039	0.069
7	学业成绩	教育	0.035	0.049
8	家庭生活方式	家庭	0.030	0.060
9	母亲受教育程度	家庭	0.029	0.042
10	父亲受教育程度	家庭	0.028	0.039

1）生活满意度是影响儿童对个人层面社会主义核心价值观落实情况积极评价的首要因素（$p<0.001$，$v=0.077>0.05$），对生活不满意的儿童对"诚信"价值观落实情况的正面评价较其他儿童更低。数据分析显示，对生活很满意、基本满意、不满意的儿童都将"爱国"视作落实最好的价值观，占比均超过了 37%（表 2-29）。随着生活满意度的降低，认为"诚信"是落实最好的价值观的儿童占比逐渐下降，认为"敬业"是落实最好的价值观的儿童占比有所上升。

表 2-29　生活满意度与儿童眼中落实较好的个人层面社会主义核心价值观差异性检验表

项目		没有	爱国	敬业	诚信	友善	χ^2	p	φ	v
很满意	人数/人	508	14 365	3 779	10 113	9 130	860.316***	<0.001	0.109	0.077*
	占比/%	1.34	37.91	9.97	26.69	24.09				
基本满意	人数/人	783	11 990	3 356	7 548	7 980				
	占比/%	2.47	37.87	10.60	23.84	25.21				
不满意	人数/人	289	1 337	424	727	733				
	占比/%	8.23	38.09	12.08	20.71	20.88				

2）学段是影响儿童对个人层面社会主义核心价值观落实情况正面评价的次要因素（$p<0.001$，$v=0.063>0.05$），小学生对"爱国"价值观落实情况的正面评价低于其他学段的儿童。数据分析显示（表 2-30），小学生、初中生、高中生都将"爱国"视作落实最好的价值观，且随着学段的升高，选择"爱国"价值观的人数占比从 36.04% 攀升至 43.72%，认为"友善""诚信"是落实最好的价值观的儿童比例有所下降。

表 2-30　学段与儿童眼中落实较好的个人层面社会主义核心价值观差异性检验表

项目		没有	爱国	敬业	诚信	友善	χ^2	p	φ	v
小学	人数/人	466	11 752	3 302	8 647	8 440	584.612***	<0.001	0.089	0.063*
	占比/%	1.43	36.04	10.13	26.52	25.88				
初中	人数/人	632	10 151	2 867	7 018	6 546				
	占比/%	2.32	37.30	10.54	25.79	24.05				
高中	人数/人	482	5 789	1 390	2 723	2 857				
	占比/%	3.64	43.72	10.50	20.56	21.58				

3）年龄对儿童个人层面社会主义核心价值观落实情况的积极评价的影

响较小（*p*<0.001，*v*=0.046<0.05），儿童对个人层面社会主义核心价值观落实情况的正面评价没有随年龄的增长发生结构性改变。从趋势图来看（图2-12），随着年龄的增长，儿童对"敬业""诚信""友善"落实情况的评价始终保持相对平稳状态，没有明显的起伏，从14岁之后儿童对"爱国"的正面评价有小幅上涨。

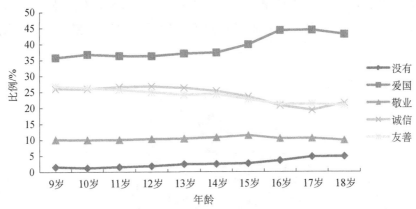

图2-12　儿童眼中落实较好的个人层面社会主义核心价值观年龄变化趋势图

（二）儿童眼中落实较差的社会主义核心价值观

此项内容的调查以反向评价的方式考察儿童对社会主义核心价值观落实情况的主观感受，一方面，了解儿童眼中落实较差的社会主义核心价值观；另一方面，从侧面了解儿童对不同层面社会主义核心价值观实现的期待。调查发现，"文明""公正""诚信"是儿童眼中国家层面、社会层面、个人层面落实较差的价值观。"文明"价值观落实情况的评价与前面的积极评价同时出现，说明儿童对"文明"这一价值观落实情况的评价存在着矛盾心理。教育类因素与生理类因素是影响儿童对社会主义核心价值观落实情况的负面评价的主要因素。

1. 儿童眼中国家层面落实较差的社会主义核心价值观

就国家层面的社会主义核心价值观而言，儿童认为"文明"的落实情况最需要得到改善。学段、性别与年龄对儿童对国家层面社会主义核心价值观落实情况负面评价的影响较大。其中，高中生对"文明""富强"价值观落实情况的负面评价高于其他学段的学生；随着年龄的增长，儿童对"文明"价值观落实情况的负面评价逐步增多；女生对"文明"价值观落实情况的负面评价高于男生。

（1）儿童眼中国家层面落实较差的社会主义核心价值观排序

调查发现，当问及儿童国家层面最需要提升的社会主义核心价值观有哪些时，42.36%的儿童选择了"文明"，22.91%的儿童选择了"富强"，15.53%的儿童选择了"和谐"，14.22%的儿童选择了"民主"，4.99%的儿童选择了"没有"（图2-13）。相对于前面积极评价的数据相对分散的情况，儿童对国家层面社会主义核心价值观落实情况的消极评价集中于"文明"选项。

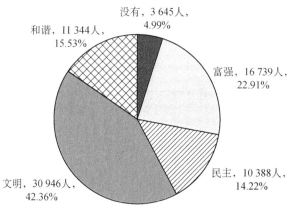

图2-13 儿童眼中有待提升的国家层面社会主义核心价值观人数百分比图

（2）主要影响因素

从人口学变量与儿童对国家层面社会主义核心价值观落实情况做出负面评价的差异性检验数据来看（表2-31），学段、性别与年龄对儿童对国家层面社会主义核心价值观落实情况消极评价的影响较大（$v > 0.05$），说明教育类因素与生理类因素是其主要影响因素。

表2-31 儿童眼中有待提升的国家层面社会主义核心价值观影响因素排序表

排序	变量	变量类别	v	φ
1	学段	教育	0.070*	0.100
2	性别	生理	0.055*	0.055
3	年龄	生理	0.054*	0.108
4	母亲受教育程度	家庭	0.044	0.062
5	父亲受教育程度	家庭	0.043	0.061
6	生活满意度	心理	0.040	0.057
7	城乡	空间	0.039	0.067

排序	变量	变量类别	v	φ
8	学业成绩	教育	0.038	0.054
9	区域	空间	0.026	0.037
10	家庭生活方式	家庭	0.025	0.035

1）学段是影响儿童对国家层面社会主义核心价值观落实情况做出负面评价的首要因素（$p < 0.001$，$v=0.070 > 0.05$），高中生对"文明""富强"价值观落实情况的负面评价高于其他学段的学生。数据分析显示，小学生、初中生、高中生均认为"文明"是最需要提升的价值观，占比均超过了39%；15.36%的小学生与13.74%的初中生认为"民主"是最需要提升的价值观，占比最低（表2-32）。随着学段的升高，认为"文明""富强"是最需要提升的价值观的儿童占比逐步提高，认为"和谐""民主"是最需要提升的价值观的儿童占比逐步下降。

表2-32　学段与儿童眼中有待提升的国家层面社会主义核心价值观差异性检验表

项目		没有	富强	民主	文明	和谐	χ^2	p	φ	v
小学	人数/人	1 580	7 157	5 010	12 816	6 044				
	占比/%	4.85	21.95	15.36	39.30	18.54				
初中	人数/人	1 436	6 242	3 738	11 855	3 943	724.268***	<0.001	0.100	0.070*
	占比/%	5.28	22.94	13.74	43.56	14.49				
高中	人数/人	629	3 340	1 640	6 275	1 357				
	占比/%	4.75	25.22	12.39	47.39	10.25				

2）性别是影响儿童对国家层面社会主义核心价值观落实情况做出负面评价的次要因素（$p < 0.001$，$v=0.055 > 0.05$），女生对"文明"价值观落实情况的负面评价多于男生。数据分析显示，45.08%的女生将"文明"视作最需要提升的价值观，高于男生（表2-33），男生对"富强""民主""和谐"落实情况做出负面评价的比例则略高于女生。

表2-33　性别与儿童眼中有待提升的国家层面社会主义核心价值观差异性检验表

项目		没有	富强	民主	文明	和谐	χ^2	p	φ	v
男生	人数/人	1 898	8 905	5 579	14 767	6 022				
	占比/%	5.11	23.96	15.01	39.73	16.20	196.892***	<0.001	0.055	0.055*
女生	人数/人	1 747	7 834	4 809	16 179	5 322				
	占比/%	4.87	21.83	13.40	45.08	14.83				

3）年龄是影响儿童对国家层面社会主义核心价值观落实情况做出负面评价的第三因素（$p<0.001$，$v=0.054>0.05$），儿童对"文明"价值观落实情况的负面评价随着年龄的增长逐步增多。从趋势图来看（图 2-14），随着年龄的增长，选择"文明"的儿童占比在缓慢攀升，选择"和谐"的儿童占比在缓慢下降，选择"富强""民主"的儿童占比一直保持较为平稳的发展态势。

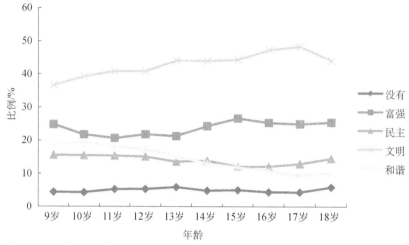

图 2-14   儿童眼中有待提升的国家层面社会主义核心价值观年龄变化趋势图

2. 儿童眼中社会层面落实较差的社会主义核心价值观

就社会层面的社会主义核心价值观落实情况而言，儿童认为"公正"价值观最需要提升。生活满意度对儿童社会层面社会主义核心价值观落实情况做出负面评价的影响较大。对生活不满意的儿童对"自由"价值观落实情况的负面评价高于其他儿童群体。

（1）儿童眼中社会层面落实较差的社会主义核心价值观排序

当问及儿童社会层面最需要提升的社会主义核心价值观时，30.56%的儿童选择了"公正"，26.53%的儿童选择了"平等"，24.76%的儿童选择了"法治"，11.49%的儿童选择了"自由"，6.66%的儿童选择了"没有"（图 2-15）。

（2）主要影响因素

生活满意度对儿童对社会层面社会主义核心价值观落实情况做出负面评价的影响程度较大（$v>0.05$），而且是从效应量来看唯一影响程度较大的因素，说明心理类因素对儿童对社会层面社会主义核心价值观落实情况做出负面评价有显著影响（表 2-34）。

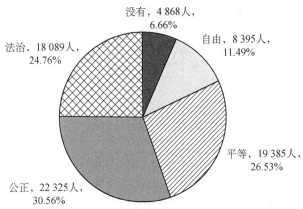

图 2-15　儿童眼中有待提升的社会层面社会主义核心价值观人数百分比图

表 2-34　儿童眼中有待提升的社会层面社会主义核心价值观影响因素排序表

排序	变量	变量类别	v	φ
1	生活满意度	心理	0.051*	0.072
2	城乡	空间	0.042	0.072
3	母亲受教育程度	家庭	0.039	0.055
4	父亲受教育程度	家庭	0.039	0.055
5	学业成绩	教育	0.039	0.055
6	区域	空间	0.039	0.055
7	学段	教育	0.038	0.054
8	性别	生理	0.035	0.035
9	年龄	生理	0.034	0.067
10	家庭生活方式	家庭	0.018	0.026

　　1）生活满意度是影响儿童对社会层面社会主义核心价值观落实情况做出负面评价的重要因素（$p<0.001$，$v=0.051>0.05$），对生活不满意的儿童对"自由"价值观落实情况的负面评价高于其他儿童群体。数据分析显示（表 2-35），对生活很满意、基本满意、不满意的儿童都将"公正"视作最需要提升的价值观，占比均超过了 29%。随着生活满意度的下降，认为"法治"是最需要提升的价值观的人数占比从 26.20% 下降至 19.89%；认为"自由"是最需要提升的价值观的人数占比从 11.15% 提升至 16.32%。

表2-35　生活满意度与儿童眼中有待提升的社会层面社会主义核心价值观差异性检验表

项目		没有	自由	平等	公正	法治	χ^2	p	φ	v
很满意	人数/人	2 929	4 224	9 807	11 005	9 930	374.558***	<0.001	0.072	0.051*
	占比/%	7.73	11.15	25.88	29.04	26.20				
基本满意	人数/人	1 730	3 598	8 596	10 272	7 461				
	占比/%	5.46	11.37	27.15	32.45	23.57				
不满意	人数/人	209	573	982	1 048	698				
	占比/%	5.95	16.32	27.98	29.86	19.89				

2）儿童对社会主义核心价值观落实情况的负面评价没有明显的年龄差异。年龄没有成为影响儿童对社会主义核心价值观落实情况做出负面评价的因素（$p<0.001$，$v=0.034<0.05$）。从趋势图来看（图2-16），随着年龄的增长，对"法治"价值观的落实情况做出负面评价的儿童占比呈现出缓慢下降的态势，但效应量值小于0.05，说明差异程度微弱，其余的价值观均未发生实质性变化。

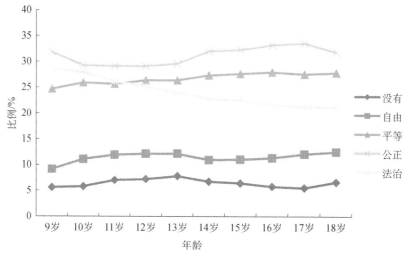

图2-16　儿童眼中有待提升的社会层面社会主义核心价值观年龄变化趋势图

3. 儿童眼中个人层面落实较差的社会主义核心价值观

就个人层面社会主义核心价值观的落实情况来看，儿童认为"诚信"是落实较差的价值观。人口学因素对儿童个人层面社会主义核心价值观落实情况的负面评价的影响微弱。

（1）儿童眼中个人层面落实较差的社会主义核心价值观排序

当问及儿童个人层面最需要提升的社会主义核心价值观时，38.72%的儿童选择了"诚信"，19.86%的儿童选择了"爱国"，18.78%的儿童选择了"友善"，16.90%的儿童选择了"敬业"，5.74%的儿童选择了"没有"（图 2-17）。

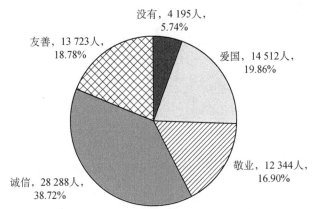

图 2-17　儿童眼中有待提升的个人层面社会主义核心价值观人数百分比图

（2）主要影响因素

从差异检验的数据来看（表 2-36），人口学变量对儿童对个人层面社会主义核心价值观落实情况做出负面评价的影响程度不大（$v < 0.05$），因此下文仅对年龄变化趋势展开分析。

表 2-36　儿童眼中有待提升的个人层面社会主义核心价值观影响因素排序表

排序	变量	变量类别	v	φ
1	学段	教育	0.048	0.068
2	城乡	空间	0.046	0.080
3	生活满意度	心理	0.041	0.058
4	母亲受教育程度	家庭	0.041	0.057
5	父亲受教育程度	家庭	0.040	0.056
6	年龄	生理	0.036	0.072
7	学业成绩	教育	0.035	0.049
8	性别	生理	0.032	0.032
9	区域	空间	0.028	0.039
10	家庭生活方式	家庭	0.013	0.019

儿童对个人层面社会主义核心价值观落实情况的负面评价不随年龄的变化而变化。年龄对儿童对个人层面社会主义核心价值观落实情况做出负面评价的影响程度微弱（$p<0.001$，$v=0.036<0.05$）。从趋势图来看（图2-18），儿童对各项价值观的评价没有随着年龄的增长而发生较大的改变，始终保持平稳的发展状态。

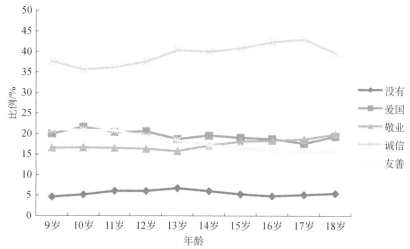

图2-18　儿童眼中有待提升的个人层面社会主义核心价值观年龄变化趋势图

（三）对儿童对社会主义核心价值观落实情况评价的反思

1. 儿童对社会主义核心价值观落实情况的评价的矛盾

通过对儿童对社会主义核心价值观正面评价与负面评价的对比可以发现，儿童缺乏统一的、明确的评价标准，对价值的评判存在着矛盾。当问及儿童落实得较好的价值观有哪些时，儿童的主流回答是"文明""平等""爱国"，当问及儿童落实得较差的价值观有哪些时，儿童的主流回答是"文明""公正""诚信"。儿童对"文明"价值观的落实情况的评价看上去前后不一。当再深入分析两组数据时发现，在积极评价中，尽管"文明"是国家层面评价最高的价值观，但与其他价值观之间的频次差异并不是很大，即儿童对国家层面社会主义核心价值观落实情况的评价相对分散，也可以说在儿童眼中并没有落实得特别好和令人满意的价值观；相对而言，在消极评价中，"文明"的频次与其他价值观有着明显的差异。这首先说明儿童对"文明"价值观是非常关注的，其次说明儿童对当下文明的期待相对较高。

当然，在这个现象背后可能隐藏着以下几个问题：首先，有些儿童可能并不真正了解社会主义核心价值观的落实情况。儿童在相对纯净的校园中不了解复杂的社会环境，不太关心社会发展与现实问题，对于社会上存在的矛盾没有深刻的体悟，因此对于社会主义核心价值观发挥的实际效用不了解，无法做出中肯的、确定的评价。其次，评价不统一可能与社会主义核心价值观自身的落实情况有关。虽然国家在大力弘扬社会主义核心价值观，将其写在墙壁上、广告中、书本里，但是这种价值倡导究竟起了什么作用，有多少儿童感受到了社会主义核心价值观的实际效用仍是一个问题，当题目设计与实际情况不符合时，被试可能会任意选择。最后，大多数儿童评价的矛盾与含混可能与自身立场的不坚定有关，缺乏坚定立场的人在对某一事物进行评价时往往会出现左右摇摆的情况。这些问题都需要引起教育工作者的注意。当然，在同一时间内对相同的问题有立场完全相反的看法，也可能是问卷设计本身的问题。

2. 影响儿童对社会主义核心价值观落实情况评价的因素具有高度相似性

从差异性检验分析可见，学段、生活满意度、年龄、性别4个因素影响了儿童对社会主义核心价值观落实情况的评价。父母受教育程度、区域、城乡、学业成绩、家庭生活方式等因素对儿童对社会主义核心价值观落实情况评价的影响程度不大。这说明儿童对社会主义核心价值观落实情况的评价受到了教育、心理和生理类因素的共同影响，不同学段、不同生活满意度、不同年龄和不同性别的儿童对社会主义核心价值观落实情况的看法或评价存在较大差异。

教育工作者对这种多元差异要有一定的敏感性。即使是同一所学校中的学生，其社会背景与自然属性也是复杂的，儿童对社会主义核心价值观评价的多元差异对德育工作提出了较高的要求。在了解儿童价值观念的多元差异产生的原因后，学校德育的整体设计要有所回应，以提升教育的针对性和实效。对于不同学段的学生，应该采取不同的教学策略，低学段的儿童价值观念尚处在形成过程中，必须要将课本中传达的价值观与真切的生活体验相结合，帮助儿童真正地理解社会主义核心价值观的内涵与意义；对于高学段的儿童而言，则要注重对其践行能力的培养，要为他们提供有效的践行途径，将内在的价值外化于行。在同一班级中，老师要注意生活满意度和性别差异对儿童价值观念的影响，教育工作更要细致而谨慎地展开，尤其是对生活不满意的儿童，应该全面运用教育的力量，给予其更多的关爱与引导。对于不同性别的儿童而言，教师应该利用男女生的性格差异，因材施教，开展适当的价值观教育。

第二节　儿童传统美德观念研究

鸦片战争后，中国学者对中华传统美德的反思与研究步入自觉化、系统化、全面化的轨道。从康有为、梁启超、严复等第一代文化反思者的文化反思，到鲁迅、李大钊等社会主义者的深刻批判，再到冯友兰、熊十力、梁漱溟等新儒家学者的学术沉思，国内对传统美德的认识经历了由批判继承到全面批判，再到重新认识的过程。改革开放后，中国打开国门的同时也遭到了西方文化的冲击，越来越多的学者意识到了传统美德对于社会持续健康发展的重要性。

当代中国儿童对传统美德的认同情况，可以鲜明地反映出中国精神的绵延情况及更迭变化。因而，当代儿童对中国传统美德的认同构成了本次调查中价值观念部分的重要因子。

一、儿童传统美德观念研究背景

"传统美德"是"传统道德"的下位概念，指"传统道德"中那些以当今时代为衡量标准仍然合理的成分和精华部分。[①]对中华传统美德的关注一直是学界的重要议题。21世纪以来，国内学界对传统美德的研究较为均衡地集中在以下四个方面。

---

① 肖群忠. 论中华传统美德的当代地位与作用——兼论传统美德与社会主义道德的关系[J]. 中国特色社会主义研究，2021（1）：58-64.

（一）中华传统美德的内容、性质、价值等基础理论研究

21世纪以来，在传统美德复兴的大背景下，一些学者有意识地反观自身，利用中西方多种分析范式，对传统美德的分类、核心内涵、文化价值等基本问题进行了深入的剖析。其中一些研究具有一定的代表性。张立文以人际关系的复杂程度为标准将传统美德分为6个范畴群，即人心德目群、家庭德目群、人际德目群、社会德目群、世界德目群、自然德目群①；陈来从道德的内在属性出发将传统美德分为性情之德、道德之德、伦理之德、理智之德四种类型②；许建良认为"善若水"与"厚德载物"可概括传统美德的核心精神。③还有学者对传统美德的价值展开了研究，万俊人认为现代社会面临的道德平面化问题正呼唤道德精英和道德理想主义的引领，并认为传统美德伦理仍有不可替代的价值。④白云翔认为中华传统美德理念蕴含的"重情"和"利他"的价值取向，可以用来纠正西方文化过于看重个人利益的缺陷。⑤

（二）"双创"路向的传统美德研究

自党的十九大报告提出"创造性转化、创新性发展"的"双创"方针以来，许多学者在此路向下对传统美德的实践进行了探索。梁丹丹等从时代维度、内容维度和实践维度回答了在新时代背景下中华传统美德如何转化的问题。⑥也有较为具体的微观研究，代表性的如下：宇文利提出可以通过承用"褒奖与惩戒并举"的道德调节手段、提升传统美德在当今社会治理中的作用来推动中华传统美德的创新⑦；冯永刚等认为可以通过建立美德资源库、

---

① 张立文. 中华伦理范畴与中华伦理精神的价值合理性[J]. 齐鲁学刊, 2008（2）：5-17.

② 陈来. 古代思想文化的世界——春秋时代的宗教、伦理与社会思想[M]. 北京：生活·读书·新知三联书店, 2009：366.

③ 许建良. 中华传统美德的核心精神论[J]. 东南大学学报（哲学社会科学版）, 2016（2）：29-41, 146.

④ 万俊人. 传统美德伦理的当代境遇与意义[J]. 南京大学学报（哲学·人文科学·社会科学）, 2017（3）：137-146, 159-160.

⑤ 白云翔. 传承中华传统美德与坚定文化自信[J]. 山东社会科学, 2021（9）：182-187.

⑥ 梁丹丹, 李春华. 新时代中华传统美德创造性转化的三重维度[J]. 学术论坛, 2020（4）：126-132.

⑦ 宇文利. 论新时代中华传统美德的赓续与创新[J]. 中国社会科学院研究生院学报, 2020（5）：2, 28-35.

加强制度文化建设等方式实现传统道德的转型①。综上所述，关于如何落实传统美德"双创"任务的探索如雨后春笋般萌发，但是多数研究存在操作性不强、实践性不够的问题。

（三）传统美德培育研究

在发扬优秀传统文化的国家倡议下，传统美德走进中小学课程教材，改善教学模式、更新教学观念、完善教学设计成为教育学者关心的重点。有学者从教学论的视角出发探究了新的教学思路，其中有代表性的如下：高维意识到要注重教育的融合性、体验性和开放性，创新优秀传统文化教学方式②；吴湘提出借真实体验来提升文化认同，借庄重仪式来感受文化审美的美德传承路径③。还有学者认为应从完善课程体系、优化课程设计的角度出发来改进传统美德教育，其中杨逸等提出要以教材、读本体系，课程、礼仪体系，活动、实践体系三者为内容的传统文化教育来培育有传统、有德行的大学生。④王学建议利用语文教材中的民俗知识来回应本土文化，传承中华传统美德。⑤一些学者在弘扬和培育传统美德的研究中提出了很多尝试思路，但是关于其实践效果的跟踪研究并不多见。

（四）传统美德的调查研究

关于传统美德的调查研究可分为两类。第一类为社会调查性质的研究，旨在了解传统美德的传承情况以及大众对传统美德的认识。有代表性的研究如徐俊等对大学生的调查，发现造成民众精神困顿的第一个原因是近代以来"中国传统精神世界的失落"⑥；邵龙宝发现儒学并没有因为"五四"新文化运动和"文化大革命"而销声匿迹，它仍然"活"在现当代中国社会生活的

---

① 冯永刚，高斐. 返本开新：传统道德向现代转型的逻辑理路[J]. 思想理论教育，2018（3）：52-57.

② 高维. 基于优秀传统文化教育的中小学生国家认同建构[J]. 教育科学研究，2021（4）：5-11.

③ 吴湘. 习作教学中优秀传统文化元素的体验与表达[J]. 教学与管理，2020（23）：32-33.

④ 杨逸，王婉玲. 阐旧邦以辅新命：高校中华优秀传统文化教育体系论述[J]. 高教探索，2020（7）：5-12.

⑤ 王学. 统编语文教科书中民俗知识的育人价值及其实现[J]. 课程·教材·教法，2021（4）：81-87.

⑥ 徐俊，任旭. 十八大以来大学生精神家园现状调查研究[J]. 中国青年研究，2016（3）：56-62.

各个领域①。蒋艳艳的调查发现，41.2%的人认为对传统文化传承不到位是道德滑坡的第一影响因素。② 第二类为对具体德目的心理学研究，如对孝道的研究③，对诚实、谦虚的研究④等。从目前查阅到的文献来看，对传统美德的研究呈现出多点开花的趋势，其科学性、规范性在逐步增强。

通过以上文献综述可以发现，中华传统美德的研究一直是文化学、历史学、伦理学的研究重点，无论在理论还是实践上都取得了一定的突破，也达成了某些共识。就目前的研究现状来看，基础而宏观的义理阐释是研究主流，关于"如何弘扬传统美德"的研究多停留于思想实验，应用与实践的微观研究相对较少，且存在大量重复研究。希望本研究关于儿童传统美德认同的调查，能为更深入的理论研究和实践研究提供可靠的数据支持。

二、儿童对传统美德的观念认同

整体来看，儿童在传统美德认同中表现出以孝敬父母为核心的多元观念并存的特征。相对于儿童对社会主义核心价值观认同相对分散的情况，传统美德认同调查中最明显的特征是：孝敬父母在当代儿童的价值观认同中占有绝对优势，成为被当代儿童认同的传统美德的核心观念。数据分析显示（图2-19），当问及儿童最看重的传统美德有哪些时，56.96%的儿童选择了"孝敬父母"，14.17%的儿童选择了"忠诚国家"，11.52%的儿童选择了"谦虚礼让"，7.64%的儿童选择了"勤劳节俭"，5.12%的儿童选择了"天下胸怀"，3.38%的儿童选择了"其他"，1.21%的儿童选择了"没有"。

"孝敬父母"在两次调查中都被儿童看作最重要的传统美德，认同度超过半数，占据绝对中心位置。需要说明的是，2020年的调查选项根据第一次调查结果新增了"天下胸怀"，在这种情况下，"孝敬父母"的认同度仍然

① 邵龙宝."活着的儒学"传统在中国社会百姓生活中的影响调查分析报告[J]. 孔子研究，2018（5）：110-118.

② 蒋艳艳. 当前我国社会道德生活的影响因子研究[J]. 道德与文明，2019（4）：114-121.

③ 汪凤炎，许智濛，孙月姣，等. 中国人孝道心理的现状与变迁[J]. 心理学探新，2014（6）：529-535.

④ 杨帆，夏之晨，陈贝贝，等. 中国人诚实—谦虚人格的特点及其内隐外显关系[J]. 心理科学，2015（5）：1162-1169.

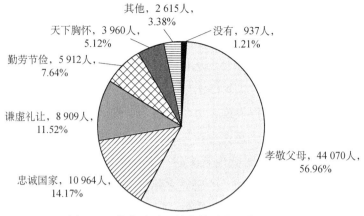

图 2-19　儿童最看重的传统美德人数百分比图

略有上升，同时出现增长的还有"忠诚国家"，选择"谦虚礼让""勤劳节俭"的人数占比均有所下降（表 2-37）。从儿童对传统美德认同度的排序来看，2017 年报告中四项传统美德的排序为"孝敬父母＞谦虚礼让＞忠诚国家＞勤劳节俭"，本次排序为"孝敬父母＞忠诚国家＞谦虚礼让＞勤劳节俭"，"孝敬父母"保持在首位，"忠诚国家"的认同度得到提升，超越了"谦虚礼让"。

表 2-37　两次调查中儿童传统美德认同情况对比表　　单位：%

传统美德	2017 年	2020 年	变化率
孝敬父母	56.43	57.03	0.60
忠诚国家	11.77	14.22	2.45
谦虚礼让	16.53	11.57	−4.96
勤劳节俭	9.51	7.61	−1.90
天下胸怀		5.14	

从人口学变量与儿童对传统美德认同度的差异性检验数据来看（表 2-38），生活满意度、学业成绩、父亲受教育程度、母亲受教育程度、性别对儿童传统美德观念的影响程度较大（$v > 0.05$），说明心理类因素、教育类因素、家庭类因素是影响儿童传统美德观念的主要因素。

表 2-38　儿童传统美德认同的影响因素排序表

排序	变量	变量类别	v	φ
1	生活满意度	心理	0.084*	0.119
2	学业成绩	教育	0.055*	0.078

续表

排序	变量	变量类别	v	φ
3	父亲受教育程度	家庭	0.055*	0.077
4	母亲受教育程度	家庭	0.054*	0.076
5	性别	生理	0.053*	0.053
6	学段	教育	0.048	0.068
7	区域	空间	0.037	0.052
8	年龄	生理	0.034	0.084
9	城乡	空间	0.032	0.055
10	家庭生活方式	家庭	0.022	0.031

1）生活满意度是影响儿童对传统美德认同的首要因素。生活满意度是影响儿童对传统美德认同的首要因素（$p<0.001$，$v=0.084>0.05$）。数据分析显示，无论儿童生活满意程度如何，"孝敬父母"都是其最看重的传统美德，但对生活不满意的儿童选择"孝敬父母"的占比仅有44.83%，而对生活很满意或基本满意的儿童占比均超过了55%。在对生活不满意的儿童中，14.79%的儿童选择了"谦虚礼让"，而对生活很满意的儿童仅有9.68%的人选择了该选项。对生活不满意的儿童选择"天下胸怀"的为7.97%，对生活很满意的儿童选择"天下胸怀"的仅为4.74%（表2-39）。以上数据表明，随着生活满意度的降低，儿童看重"孝敬父母"的人数占比在降低，相反看重"天下胸怀""谦虚礼让"的人数占比有所提高。

表 2-39　生活满意度与儿童传统美德认同的差异性检验表

项目		没有	孝敬父母	忠诚国家	谦虚礼让	勤劳节俭	天下胸怀	其他	χ^2	p	φ	v
很满意	人数/人	340	23 815	5 815	3 860	2 835	1 890	1 323				
	占比/%	0.85	59.72	14.58	9.68	7.11	4.74	3.32				
基本满意	人数/人	397	18 472	4 582	4 461	2 755	1 753	1 092	1 094.971***	<0.001	0.119	0.084*
	占比/%	1.18	55.12	13.67	13.31	8.22	5.23	3.26				
不满意	人数/人	200	1 783	567	588	322	317	200				
	占比/%	5.03	44.83	14.26	14.79	8.10	7.97	5.03				

2）学业成绩是影响儿童对传统美德认同的次要因素。学业成绩是影响儿童对传统美德认同的次要因素（$p<0.001$，$v=0.055>0.05$），学业成绩优

良的儿童对"忠诚国家""天下胸怀"的认同度高于其他儿童群体。数据分析显示，无论学业成绩怎样，"孝敬父母"都是儿童最看重的传统美德，但学业成绩优良的儿童选择"孝敬父母"的占比为52.97%，而学业成绩一般以及有待提高的儿童选择"孝敬父母"的占比均超过了57%。学业成绩优良的儿童选择"忠诚国家"的占比为15.83%，而学业成绩有待提高的儿童选择"忠诚国家"的占比为12.17%。学业成绩优良的儿童选择"天下胸怀"的占比为6.95%，学业成绩有待提高的儿童选择"天下胸怀"的占比为4.63%（表2-40）。以上数据表明，更多学业成绩较好的儿童看重"忠诚国家""天下胸怀"，而更多学业成绩一般与有待提高的儿童看重"孝敬父母"，这可能是因为教育的力量帮助儿童树立了更宏大的格局，超越了道德的亲缘局限。

表2-40 学业成绩与儿童传统美德认同的差异性检验表

项目			没有	孝敬父母	忠诚国家	谦虚礼让	勤劳节俭	天下胸怀	其他	χ^2	p	φ	v
学业成绩	优良	人数/人	229	9 460	2 827	2 192	1 272	1 242	638	476.152***	<0.001	0.078	0.055*
		占比/%	1.28	52.97	15.83	12.27	7.12	6.95	3.57				
	一般	人数/人	484	29 664	7 083	5 656	3 963	2 317	1 681				
		占比/%	0.95	58.34	13.93	11.12	7.79	4.56	3.31				
	有待提高	人数/人	224	4 946	1 054	1 061	677	401	296				
		占比/%	2.59	57.12	12.17	12.25	7.82	4.63	3.42				

3）父母受教育程度是影响儿童对传统美德认同的第三因素。父母受教育程度是影响儿童对传统美德认同的第三因素（$p<0.001$，$v=0.055>0.05$，$v=0.054>0.05$），父母受教育程度为大学及以上的儿童群体的国家意识强于其他儿童群体。数据分析显示，无论父母受教育程度如何，所有儿童最看重的传统美德均是"孝敬父母"，但父母受教育程度为中学的儿童选择"孝敬父母"的占比接近60%，而父母受教育程度为大学及以上的儿童选择"孝敬父母"的占比约为52%。父母受教育程度为中学的儿童选择"忠诚国家"的占比约为13%，而父母受教育程度为大学及以上的儿童选择"忠诚国家"的占比约为16%（表2-41）。由此可见，更多父母受教育程度为大学及以上的儿童看重"忠诚国家""天下胸怀"的价值观，其群体格局更大。

表 2-41 父母受教育程度与儿童传统美德认同的差异性检验表

项目			没有	孝敬父母	忠诚国家	谦虚礼让	勤劳节俭	天下胸怀	其他	χ^2	p	φ	v
父亲受教育程度	小学及以下	人数/人	167	4 873	1 326	998	706	385	320	463.296***	<0.001	0.077	0.055*
		占比/%	1.90	55.53	15.11	11.37	8.05	4.39	3.65				
	中学	人数/人	474	27 494	6 019	5 126	3 570	2 119	1 622				
		占比/%	1.02	59.22	12.97	11.04	7.69	4.56	3.49				
	大学及以上	人数/人	296	11 703	3 619	2 785	1 636	1 456	673				
		占比/%	1.34	52.79	16.33	12.56	7.38	6.57	3.04				
母亲受教育程度	小学及以下	人数/人	209	6 587	1 685	1 359	927	541	441	448.455***	<0.001	0.076	0.054*
		占比/%	1.78	56.06	14.34	11.57	7.89	4.60	3.75				
	中学	人数/人	466	26 757	5 892	5 036	3 513	2 060	1 563				
		占比/%	1.03	59.08	13.01	11.12	7.76	4.55	3.45				
	大学及以上	人数/人	262	10 726	3 387	2 514	1 472	1 359	611				
		占比/%	1.29	52.76	16.66	12.37	7.24	6.68	3.01				

4）性别是影响儿童对传统美德认同的第四因素。性别是影响儿童对传统美德认同的第四因素（$p<0.001$，$v=0.053>0.05$），相较而言，男生比女生更重视"忠诚国家"。数据分析显示（表 2-42），所有儿童最看重的传统美德均是"孝敬父母"，但女生选择"孝敬父母"的比例为 58.39%，而男生的这一比例为 55.61%。男生选择"忠诚国家"的比例为 15.31%，女生的这一比例为 12.97%。这说明在"孝敬父母"是所有儿童最看重的美德的前提下，相对而言，更多女生认同"尽孝"的价值观，更多男生认同"尽忠"的价值观。

表 2-42 性别与儿童传统美德认同的差异性检验表

项目		没有	孝敬父母	忠诚国家	谦虚礼让	勤劳节俭	天下胸怀	其他	χ^2	p	φ	v
男生	人数/人	603	22 080	6 080	4 409	3 064	2 205	1 266	216.458***	<0.001	0.053	0.053*
	占比/%	1.52	55.61	15.31	11.10	7.72	5.55	3.19				
女生	人数/人	334	21 990	4 884	4 500	2 848	1 755	1 349				
	占比/%	0.89	58.39	12.97	11.95	7.56	4.66	3.58				

5）年龄对儿童传统美德观念认同的影响程度微弱。年龄对儿童传统美

德观念认同的影响程度微弱（$p<0.001$，$v=0.034<0.05$），儿童看重的传统美德不随年龄的变化而变化。从图 2-20 的数据来看，认为"孝敬父母"是自己最看重的传统美德的儿童占比在各年龄段都是最高的，其不随年龄的增长而变化。在 12 岁之前，选择"忠诚国家"的儿童占比次之，12 岁之后，选择"忠诚国家""谦虚礼让"的儿童占比排序有变化，但始终位于第二、第三且差距不大，选择"没有"的儿童占比始终最低。数据分析显示，"孝敬父母"为各个年龄的儿童普遍认同的传统美德，很早就扎根于儿童的价值观念之中，成为中国儿童非常稳固的价值观念。

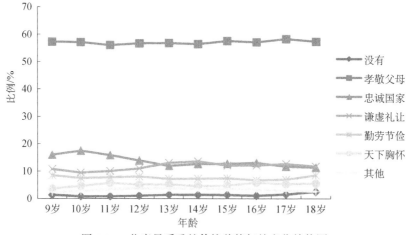

图 2-20　儿童最看重的传统美德年龄变化趋势图

6）学段、区域、城乡、家庭生活方式对儿童传统美德观念认同的影响程度不大。通过卡方检验及效应量计算发现，学段、区域、城乡、家庭生活方式 4 个变量对儿童传统美德认同的影响程度不大（$v<0.05$）（表 2-43），说明以上述人口学变量划分的儿童群体间对传统美德的认同差异程度微弱。无论是小学生、初中生还是高中生，无论居住在城市还是乡村、东部还是西部，无论是汉族还是少数民族，儿童最看重的传统美德均是"孝敬父母"。这说明"孝"在中国儿童群体中依然是一种跨年龄、跨地域、跨民族的价值观念，当代中国儿童依然将"孝"视作最基本的伦理道德规范，承继着这一伦理基因。

表 2-43　学段、区域、城乡、家庭生活方式与儿童传统美德认同的差异性检验表

项目			没有	孝敬父母	忠诚国家	谦虚礼让	勤劳节俭	天下胸怀	其他	χ^2	p	φ	v
学段	小学	人数/人	349	19 932	5 690	3 543	2 795	1 787	1 091	362.93***	<0.001	0.068	0.048
		占比/%	0.99	56.65	16.17	10.07	7.94	5.08	3.10				
	初中	人数/人	397	16 264	3 598	3 680	2 144	1 420	1 063				
		占比/%	1.39	56.93	12.60	12.88	7.51	4.97	3.72				
	高中	人数/人	191	7 874	1 676	1 686	973	753	461				
		占比/%	1.40	57.84	12.31	12.38	7.15	5.53	3.39				
区域	东部	人数/人	625	26 950	6 660	5 583	3 373	2 452	1 586	212.44***	<0.001	0.052	0.037
		占比/%	1.32	57.06	14.10	11.82	7.14	5.19	3.36				
	中部	人数/人	177	12 239	2 901	2 128	1 618	1 023	709				
		占比/%	0.85	58.86	13.95	10.23	7.78	4.92	3.41				
	西部	人数/人	135	4 881	1 403	1 198	921	485	320				
		占比/%	1.44	52.24	15.02	12.82	9.86	5.19	3.43				
城乡	大中城市	人数/人	344	15 520	4 117	3 502	1960	1 661	922	236.61***	<0.001	0.055	0.032
		占比/%	1.23	55.38	14.69	12.50	6.99	5.93	3.29				
	小城市	人数/人	225	10 128	2 586	2066	1 346	914	603				
		占比/%	1.26	56.68	14.47	11.56	7.53	5.12	3.37				
	县镇	人数/人	174	8 785	2 253	1 610	1 225	729	523				
		占比/%	1.14	57.42	14.73	10.52	8.01	4.77	3.42				
	乡村	人数/人	194	9 637	2008	1 731	1 381	656	567				
		占比/%	1.20	59.58	12.41	10.70	8.54	4.06	3.51				
家庭生活方式	跟家人一起生活	人数/人	828	40 259	10 151	8 092	5 378	3 589	2 352	76.000***	<0.001	0.031	0.022
		占比/%	1.17	56.98	14.37	11.45	7.61	5.08	3.33				
	住校生	人数/人	88	3 429	695	703	461	321	230				
		占比/%	1.48	57.85	11.73	11.86	7.78	5.42	3.88				
	跟亲戚一起生活	人数/人	21	382	118	114	73	50	33				
		占比/%	2.65	48.29	14.92	14.41	9.23	6.32	4.17				

三、对儿童传统美德观念现状的反思

（一）儿童的格局有待扩展

中华文化传统将修身、齐家、治国、平天下视为君子的奋进之路，平天

下是中国人的最高理想与追求。儿童拥有"先天下之忧而忧，后天下之乐而乐"，"为往圣继绝学，为万世开太平"的格局与气度，国家与民族的复兴才会有不竭动力。然而，从以上调查结果来看，当下儿童更看重"孝敬父母"而非"忠诚国家"，看重"天下胸怀"的儿童仅有 5.14%，而且没有随年龄的增长而得到扩展。这一方面说明"孝"作为中国传统美德得到了传承，另一方面也说明当前中国儿童对传统的继承仅限于家庭观念，传统的国家和天下格局仍有待弘扬。

当然，儿童关注家庭也不能被简单地扣上"自私"的帽子，毕竟人的道德萌芽都是从父母的关爱中生发出来的，毫无私德的人不可能有公德，家庭之德是一切德的根基。儿童的道德相较成人而言多是简单质朴的，他们的道德理性还未成熟，道德意志与信仰还不坚定，因此多依据亲缘性的道德情感做出选择，在这种情况下，儿童对父母的爱甚于对国家的爱是人之常情。教育者在引导儿童格局向更广阔的国家和天下精神扩展时，要注意从家到国再到天下的儿童格局扩展的空间规律，必须在前一空间得到充分扩展的前提下展开[①]，不可重犯以公灭私、以理灭情、存天理灭人欲的错误做法，不可简单地将某些"杀身成仁""为国捐躯"的道德高标强加给儿童，只有将私德与公德协调统一起来，使道德情感与道德理性得到协调，道德的力量才能真正得到发挥。探索儿童走出家庭之路，培育大格局人格，是当下德育的时代使命。

（二）对生活不满意的儿童对孝敬父母有些淡漠

《尔雅》中说："善父母为孝。"[②]在西周大司徒教化民众的六项伦理规范中，"孝"排在第一，中国历史上诸多朝代都明确了"以孝立国"的原则，虽然孝文化从新文化运动以来饱受批判，但不可否认的是，"孝敬父母"仍然是当今中国人最重视的伦理规范。在传统社会中，忠、孝是一体两面的，因为古代中国建立的是以血缘为纽带的宗法社会，其主要特征是"家国同构"，忠君就是孝敬的一种表现。当一家一姓的封建君主制度被推翻后，国

---

① 孙彩平，周亚文. 追寻格局：中国文化伦理图式敞开与德育路向[J]. 教育研究，2021（8）：69-77.

② 《十三经注疏》整理委员会整理. 十三经注疏·尔雅注疏[M]. 北京：北京大学出版社，1999：112.

家便不再是某个人的私有财产，而是具有了鲜明的公共属性。忠诚国家与孝敬父母之间需要新的桥梁作为通道。

调查发现，无论对生活的满意程度如何，选择"忠诚国家"的儿童占比都在14%上下，相关不大。然而，涉及"孝敬父母"时，对生活不满意的儿童占比要低于很满意的儿童至少10个百分点。出现此类情况，首先家长应该进行反思，所谓"父慈子孝"，若想孩子懂得孝敬父母，首先需要营造一种充满爱的家庭氛围，对于生活不满意的儿童而言，家长应该反省自己的教育方法是否得当，是否伤害过孩子的心灵；家庭生活是否存在不和谐的因素，是否影响了孩子对家庭的认知。对于教育者而言，应该帮助儿童理解父母，不能将对生活的不满完全归因于父母。教师要引导儿童从生活点滴中感受父母的爱，提升儿童的生活满意度。家庭是儿童道德成长的第一所"学校"，其对儿童德性成长的作用应该得到更多的重视。

（三）传统美德的认同受学业成绩影响，但没有明显的年龄特征

调查发现，儿童传统美德认同呈现出非年龄化的特征，即儿童对"孝敬父母""忠诚国家""谦虚礼让""勤劳节俭""天下胸怀"等传统美德的认同没有随年龄的增长而出现明显变化，呈现出几乎平行的发展模式。这说明传统美德观念的形成过程发生在9岁之前，而且9岁之后的教育活动与生活经验对业已形成的传统美德观念没有产生实质性的影响。

在家庭生活中，人们虽然可能形成某些美好的伦理关系，然而这些都是自然的质朴性，因而一进入文明社会或者一到现实的社会生活中，这些美好的品质就缺乏普遍性与合理性。教育的任务就是"把人的伦理性与伦理精神从自然质朴性中解放出来；从人的行为的主观性、情欲的直接性、偏好的任意性中解放出来"[1]。令人感到诧异的是，中国儿童在"孝敬父母"上的表现十分稳定，而"忠诚国家""天下胸怀"等价值观念并没有随着受教育年限的增加、年龄的增长而产生变化。虽然儿童的学业成绩对其传统美德认同存在一定程度的影响，但这种影响并没有导致中国儿童精神格局产生显著变化。如何更有效地培育儿童"苟利国家生死以，岂因祸福避趋之"的爱国情操，以及"天下兴亡匹夫有责"的胸怀与格局，需要教育研究者继续深

---

① 樊浩. 教育的伦理本性与伦理精神前提[J]. 教育研究，2001（1）：20-25.

入探索，这一点在民族复兴和人类命运共同体建构的宏伟蓝图中显得尤为重要。

第三节　儿童公共道德研究

公共领域的兴起是现代社会不同于传统社会的重要标志。公共道德因之成为维系现代社会正常运行的重要力量，因而公共道德建设成为现代社会精神文明建设的核心内容。中国社会的现代转型从封建制度的废除算起，到今天经历了漫长的历史，其间中华民族精神的现代化在波折迭起中缓慢推进。当代儿童对公共道德的认同既是新时代民族精神的重要构成要素，也是中华民族现代精神建设的成果。如果说当代儿童对传统美德的认同彰显了中国文化的伦理基因，其对公共道德的认同则体现了中国伦理的现代化进程。了解当代儿童的公共道德认同状况，对于明确新时代德育任务、提升教学实效具有不可忽视的重要意义。

一、儿童公共道德调查背景

公共道德的研究起源于西方。古希腊时期，民主共和制度已经发轫，在苏格拉底、柏拉图、亚里士多德对城邦政治体制问题的讨论中，公共道德就是无法绕开的话题，因为培养有素养的公民是建立民主国家的前提。为什么需要公共道德，需要哪些公共道德，如何培养公共道德，是古希腊社会比较关注的伦理道德问题之一。近代以来，随着神学的式微以及对人性反思的不断深入，卢梭、霍布斯、洛克、孟德斯鸠等在现代契约论的基础上对公共道德进行了重新界定。可以说，西方的公共道德不是古典共和主义立场的（承继亚里士多德等的思想），就是自由主义立场的（承继卢梭等的思想）。

中国虽然早有民、国、天下等与共同生活相关的观念，但是以小农经济为基础的社会始终无法摆脱血缘关系对共同生活的影响，家国同构成为中国传统社会的主要组织形式，宗族礼法是中国传统社会的主要治理方式。中国现代意义上的公共道德研究由梁启超等较早"开眼看世界"的学者拉开序幕，本质是中国现代化进程中的新议题。在社会反思的意义上，梁启超认为"我国民所最缺者，公德其一端也"①。"我国民中无一人视国事如己事者，皆公德之大义未有发明故也。"② 自此以后，公共道德成为国内学者的重点研究领域，也是伦理学研究的热点。

21 世纪以来，国内对公共道德的研究主要集中在基础理论、公共道德与公民教育、公共道德调查三个方面，其中公共道德与公民教育研究是主体。

（一）中式公共道德的基础理论研究

21 世纪前，国内公共道德的研究主要以引进西方理论为主，21 世纪后，在重建文化自信、学术自信的倡议下，不少学者开始尝试从传统文化中建构中式的公共道德理论。陈来从人–我关系的视角出发，发现中国古代德行大部分不是纯粹个人的私德，多数联系着对他人的态度。③ 赖尚清更进一步认为，儒家德性超出了人际关系，而是一种天人关系，儒家重视道德律，强调普遍公共利益原则，而且儒家的道德律不仅包括人类普遍公共利益原则，还包括宇宙普遍公共利益原则。④ 周飞舟从社会组织形态着手，发现中国传统社会结构的基础是"一体本位"而非"个体本位"，在这种社会结构中，孝并非一种私德，而是一种具有基础作用的公共道德。⑤ 甘筱青等的研究发现，典籍中的理论与道德实践有一定的差别，中国的民间道德及其所反映的儒家思想绝非局限于个人私德的修养，而是体现出了鲜明的公共性。⑥ 综上所述，近期国内公共道德研究出现了明显的中国化趋势，诸多研究已证

① 梁启超. 新民说[M]. 北京：商务印书馆，2016：19.
② 梁启超. 新民说[M]. 北京：商务印书馆，2016：22.
③ 陈来. 中国近代以来重公德轻私德的偏向与流弊[J]. 文史哲，2020（1）：5-23，165.
④ 赖尚清. 论儒家的道德律：普遍公共利益原则[J]. 中国哲学史，2021（4）：13-19.
⑤ 周飞舟. 一本与一体：中国社会理论的基础[J]. 社会，2021（4）：1-29.
⑥ 甘筱青，柯镇昌. 中国民间道德与儒家思想的公共性[J]. 深圳大学学报（人文社会科学版），2016（4）：47-51.

明中国并不缺少公共道德理论，只是传统社会家国天下的社会结构使中国的公共道德理论表现出"公私一体"而非"公私分明"的特征。

（二）公共道德与公民教育研究

中华人民共和国成立以来，培养新青年的公共道德意识、主人翁精神成为德育的主要任务，培育具有公共道德的公民被认为是中国社会转型的重要环节，因而成为教育学界关注的焦点。刘磊认为公民道德教育必须首先依赖对"我"的发现和对"我们"的认同，其次要依托学校的"公民生活"来形塑现代社会的合格公民。[①] 戚万学认为培育公共精神，首先要增强公共理性自觉，其次要培养为社会公益事业服务的优良品质，最后要在开放的公共生活中培养与倡扬公共精神。[②] 冯建军认为只有进入公共领域、参与公共生活、进行公共交往、展开行动与言说的人，才可能培育成真正有公共精神的公共人。[③] 叶飞认为应当在学校教育空间中建立一种公正平等、公共参与和公共关怀的文化氛围，通过文化的育人功能来促进青少年学生的公共品德及精神的发展。[④] 目前，学界对公共道德以及公共人的培养已经达成了一定的共识，即只有参与公共生活才可能培育出真正的公共道德。

（三）公共道德调查研究

目前，公共道德调查研究基本是以自编问卷为工具，不同学者关注的问题有所不同、选择的调查对象也有所不同，但其研究范式是一致的。刘影等以城市居民为研究对象，发现当下市民在认同社会的基本规范和原则方面，表现出令人满意的认知水平和比较积极的行动倾向。[⑤] 黄明理等从文明礼貌、助人为乐、遵纪守法、保护环境、爱护公物等方面展开调查，发现我国公民的公共道德信仰情况总体呈现出积极进步的态势。[⑥] 还有些研究聚焦村

---

① 刘磊. 发现"我"与认同"我们"——公民诞生视角下的公民教育[J]. 教育研究，2016（5）：54-59，104.

② 戚万学. 论公共精神的培育[J]. 教育研究，2017（11）：28-32.

③ 冯建军. 公共人及其培育：公共领域的视角[J]. 教育研究，2020（6）：27-37.

④ 叶飞. 当代道德教育与"公共人"的培育[J]. 南京社会科学，2020（8）：146-151.

⑤ 刘影，张小山. 城市居民社会公德意识调查[J]. 统计与决策，2006（6）：84-87.

⑥ 黄明理，宜云凤. 当前我国公民社会公德信仰状况研究——以江苏为例的抽样调查分析[J]. 东南大学学报（哲学社会科学版），2008（4）：35 -41，126.

民的公共道德状况。王淑芹等的研究发现，村民的规则意识、法律观念明显增强，但公共道德义务意识相对薄弱，不文明的言行举止仍然存在。[①] 滕瀚等发现，青年农民的消极公共道德意识强于积极公共道德意识。[②] 从研究对象来看，除本课题组的前期研究外，对青少年的公共道德调查研究不多。

通过上述分析可以发现，虽然对公共道德的研究源自西方，但近百年来它已经成了中国社会科学研究的热点。中国的公共道德理论经历了由借鉴西方到挖掘本土文化精神内核的转变，实现了由单纯理论探索到理论与实践相结合、社会调查与深度分析相结合的转变。

十分明确的是，新生代的公德培育是现代德育的重要任务。本研究以儿童公共道德认同为考察点，以深入了解儿童当前的公共道德观念结构及影响因素为主要调查目的，关注当下儿童公德观念中的问题及变化趋势，以期为培育儿童的公共道德提供有益参考。

二、儿童公共道德观念的认同

（一）儿童公共道德观念的整体情况

整体来看，儿童的公共道德认同中没有主导性的价值观念。"正义""廉洁奉公""按规则办事"的认同度三足鼎立，不分伯仲，这与传统美德观念和个人修养中存在明显的主导性价值观的情况有很大的不同，与社会主义核心价值观认同的情况类似。这说明在公共道德方面，中国儿童的价值观念多元，缺少明确的处于主导地位的公共价值观念。数据显示（图 2-21），当问及儿童最看重的公共道德有哪些时，28.27% 的儿童选择了"正义"，26.16%的儿童选择了"廉洁奉公"，25.96%的儿童选择了"按规则办事"，16.34%的儿童选择了"不影响他人"，1.42%的儿童表示自己没有看重的公共道德。

两次调查中，"正义"都被儿童视为最重要的公共道德，但本次调查中看重"正义"的人数占比下降了约 2 个百分点；看重"不影响他人"的人数占比下降了约 3 个百分点。同时，看重"廉洁奉公""按规则办事"的人数

---

① 王淑芹，张起. 首都农村社会公德研究[J]. 北京社会科学，2010（3）：66-72.

② 滕瀚，黄洪雷. 城镇化进程中青年农民道德意识的变化——以安徽省颍上县为例[J]. 城市问题，2013（12）：89-93.

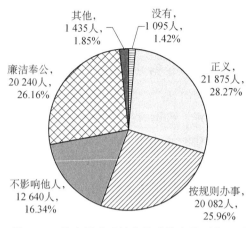

图 2-21　儿童最看重的公共道德人数百分比图

占比有所上升，但整体而言涨幅与降幅均不大（表 2-44）。从结构上来看，两次调查中儿童的价值观认同排序是一致的，未发生实质性变化，仍为"正义＞廉洁奉公＞按规则办事＞不影响他人"。

表 2-44　两次调查儿童公共道德认同对比表　　　　　单位：%

年份	2017 年	2020 年	变化率
正义	30.11	28.27	−1.84
按规则办事	21.82	25.96	4.14
不影响他人	19.47	16.34	−3.13
廉洁奉公	23.98	26.16	2.18

（二）主要影响因素

从人口学变化与儿童公共道德认同的差异检验数据来看（表 2-45），生活满意度、学业成绩对儿童公共道德观念认同产生了较大程度的影响（$v >$ 0.05），说明心理类因素、教育类因素是儿童公共道德观念认同的主要影响因素。

表 2-45　儿童公共道德认同的影响因素排序表

排序	变量	变量类别	v	φ
1	生活满意度	心理	0.071*	0.100
2	学业成绩	教育	0.053*	0.076
3	区域	空间	0.047	0.066

排序	变量	变量类别	v	φ
4	学段	教育	0.039	0.055
5	性别	生理	0.038	0.038
6	年龄	生理	0.034	0.076
7	父亲受教育程度	家庭	0.032	0.045
8	母亲受教育程度	家庭	0.025	0.035
9	城乡	空间	0.024	0.042
10	家庭生活方式	家庭	0.021	0.030

1）生活满意度是影响儿童公共道德观念认同的首要因素。生活满意度是影响儿童公共道德观念认同的首要因素（$p < 0.001$，$v = 0.071 > 0.05$），更多生活不满意儿童认同"不影响他人"的公共道德观。数据分析显示，对生活不满意儿童选择"正义"的占比是最高的，但是"正义"与"按规则办事""廉洁奉公"占比之间的差距很小。对生活不满意的儿童选择"不影响他人"的占比为22.00%，而对生活很满意的儿童中仅有14.29%的人选择该选项。"廉洁奉公"的认同度在不同生活满意度的儿童间也有差异，对生活很满意的儿童选择该项的比例比对生活不满意的儿童高出4.54个百分点（表2-46）。

表2-46　生活满意度与儿童公共道德认同的差异性检验表

项目		没有	正义	按规则办事	不影响他人	廉洁奉公	其他	χ^2	p	φ	v
很满意	人数/人	476	11 920	10 354	5 698	10 702	728				
	占比/%	1.19	29.89	25.96	14.29	26.84	1.83				
基本满意	人数/人	418	8 940	8 834	6 067	8 651	602	780.699***	<0.001	0.100	0.071*
	占比/%	1.25	26.68	26.36	18.10	25.81	1.80				
不满意	人数/人	201	1 015	894	875	887	105				
	占比/%	5.05	25.52	22.48	22.00	22.30	2.64				

2）学业成绩是影响儿童公共道德观念认同的次要因素。学业成绩是影响儿童公共道德观念认同的次要因素（$p < 0.001$，$v = 0.053 > 0.05$），更多学

业成绩有待提高的儿童认同"不影响他人"的公共道德观念。数据分析显示，在学业成绩优良的儿童中，29.25%的人认为"廉洁奉公"是最重要的公共道德，占比最高。对于学业成绩一般、有待提高的儿童来说，"正义"是最重要的公共道德，占比最高，同时学业成绩有待提高的儿童中有20.91%的人将"廉洁奉公"视作最重要的公共道德。同样，学业成绩有待提高的儿童选择"不影响他人"的占比为19.24%，学业成绩优良的儿童这一比例仅为14.90%（表2-47）。

表2-47　学业成绩与儿童公共道德认同的差异性检验表

项目		没有	正义	按规则办事	不影响他人	廉洁奉公	其他	χ^2	p	φ	v
优良	人数/人	244	5 085	4 294	2 662	5 224	351				
	占比/%	1.37	28.47	24.04	14.90	29.25	1.97				
一般	人数/人	590	14 391	13 422	8 312	13 205	928	442.142***	<0.001	0.076	0.053*
	占比/%	1.16	28.30	26.40	16.35	25.97	1.83				
有待提高	人数/人	261	2 399	2 366	1 666	1 811	156				
	占比/%	3.01	27.71	27.32	19.24	20.91	1.80				

3）年龄对儿童公共道德观念认同的影响程度较小。年龄对儿童公共道德观念认同的影响程度较小（$p<0.001$，$v=0.034<0.05$），儿童的公共道德观念随年龄的增长变化不大。从趋势图来看（图2-22），在11岁之前，儿童

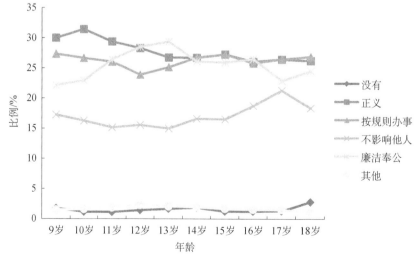

图2-22　儿童最看重的公共道德年龄变化趋势图

最看重的公共道德是"正义"，其次是"按规则办事"，再次是"廉洁奉公"；11岁之后，儿童对这三种价值观念的认同略有起伏，排序交叉变换，但这三种价值观始终保持着前三的位置。"不影响他人"这一道德观念一直排在第四位。

4）区域、学段、性别、父亲受教育程度、母亲受教育程度、城乡、家庭生活方式对儿童公共道德观念认同的影响程度微弱。通过人口学变量与儿童公共道德认同的卡方检验及效应量计算发现（表2-48、表2-49），区域、学段、性别、父亲受教育程度、母亲受教育程度、城乡、家庭生活方式7个变量对儿童对公共道德观念认同的影响程度不大（$v<0.05$）。这说明上述7个人口学变量不同的儿童群体间公共道德观念的差异不大。

表 2-48　区域、学段、性别与儿童公共道德认同的差异性检验表

项目		没有	正义	按规则办事	不影响他人	廉洁奉公	其他	x^2	p	φ	v
区域	东部 人数/人	718	13 349	12 217	8 335	11 710	900	340.493***	<0.001	0.066	0.047
	东部 占比/%	1.52	28.26	25.87	17.65	24.79	1.91				
	中部 人数/人	201	6 078	5 503	3 047	5 608	358				
	中部 占比/%	0.97	29.23	26.46	14.65	26.97	1.72				
	西部 人数/人	176	2 448	2 362	1 258	2 922	177				
	西部 占比/%	1.88	26.20	25.28	13.46	31.27	1.89				
学段	小学 人数/人	445	10 569	9 204	5 588	8 752	629	238.045***	<0.001	0.055	0.039
	小学 占比/%	1.26	30.04	26.16	15.88	24.87	1.79				
	初中 人数/人	473	7 744	7 277	4 476	8 012	584				
	初中 占比/%	1.66	27.11	25.47	15.67	28.05	2.04				
	高中 人数/人	177	3 562	3 601	2 576	3 476	222				
	高中 占比/%	1.30	26.16	26.45	18.92	25.53	1.63				
性别	男 人数/人	711	11 446	10 273	6 370	10 239	668	111.993***	<0.001	0.038	0.038
	男 占比/%	1.79	28.83	25.87	16.04	25.79	1.68				
	女 人数/人	384	10 429	9 809	6 270	10 001	767				
	女 占比/%	1.02	27.69	26.05	16.65	26.56	2.04				

表 2-49　父母受教育程度、城乡、家庭生活方式与儿童公共道德认同的差异性检验表

项目			没有	正义	按规则办事	不影响他人	廉洁奉公	其他	χ^2	p	φ	v
父亲受教育程度	小学及以下	人数/人	223	2 484	2 377	1 510	1 996	185	155.828***	<0.001	0.045	0.032
		占比/%	2.54	28.31	27.09	17.21	22.75	2.11				
	中学	人数/人	569	13 213	11 959	7 430	12 388	865				
		占比/%	1.23	28.46	25.76	16.00	26.68	1.86				
	大学及以上	人数/人	303	6 178	5 746	3 700	5 856	385				
		占比/%	1.37	27.87	25.92	16.69	26.42	1.74				
母亲受教育程度	小学及以下	人数/人	250	3 381	3 053	2 030	2 812	223	95.609***	<0.001	0.035	0.025
		占比/%	2.13	28.78	25.99	17.28	23.93	1.90				
	中学	人数/人	567	12 806	11 637	7 299	12 113	865				
		占比/%	1.25	28.28	25.70	16.12	26.75	1.91				
	大学及以上	人数/人	278	5 688	5 392	3 311	5 315	347				
		占比/%	1.37	27.98	26.52	16.29	26.14	1.71				
城乡	大中城市	人数/人	333	7 822	7 284	4 738	7 323	526	111.993***	<0.001	0.042	0.024
		占比/%	1.19	27.91	25.99	16.91	26.13	1.88				
	小城市	人数/人	225	4 993	4 514	2 839	4 988	309				
		占比/%	1.26	27.94	25.26	15.89	27.92	1.73				
	县镇	人数/人	223	4 425	3 815	2 504	4 036	296				
		占比/%	1.46	28.92	24.94	16.37	26.38	1.93				
	乡村	人数/人	314	4 635	4 469	2 559	3 893	304				
		占比/%	1.94	28.66	27.63	15.82	24.07	1.88				
家庭生活方式	和家人一起生活	人数/人	968	20 082	18 365	11 362	18 563	1 309	70.812***	<0.001	0.030	0.021
		占比/%	1.37	28.43	25.99	16.08	26.27	1.85				
	住校生	人数/人	101	1 572	1 512	1 139	1 494	109				
		占比/%	1.70	26.52	25.51	19.22	25.21	1.84				
	和亲戚一起生活	人数/人	26	221	205	139	183	17				
		占比/%	3.29	27.94	25.92	17.57	23.14	2.15				

三、对儿童公共道德观念认同现状的反思

（一）儿童没有形成主导性的公共道德观念

中国人并不缺乏公义精神传统。在《论语·宪问》中，孔子十分明确地表示，仁的最终目标是"修己以安人"①。《礼记》载："门内之治恩掩义，门外之治义断恩"②，孟子认为"非礼之礼，非义之义，大人弗为"，"天下有道，以道殉身；天下无道，以身殉道"③。荀子在《荀子·子道》中说："从道不从君，从义不从父，人之大行也。"④正是这种义理精神使中国式社会道德萌发，也正因为如此，中华大地上才能养育出为国家上下而求索的屈原、留取丹心照汗青的文天祥、铁面无私的包拯。然而，这种公义更多是一种责任担当，并不以个人权利和自由为前提，与现代公共道德的基础是有区别的。

本次调查发现，孝敬父母（57.03%）是当下儿童传统美德的核心，勤奋（41.91%）是个人修养的核心，但在公共道德领域，儿童对"廉洁奉公""正义""按规则办事"三种公共道德的认同度差异不大，选项的被选频次相对均匀，没有主导性的公共道德观念。现代社会与传统社会的区别在于公共领域的兴起，它不仅是一个人要担当公共责任的问题，也是现代社会治理的基本形式和生活的基本方式。良好的公共生活需要有主导性的公共道德观念或原则，从目前儿童对公共道德认同的情况看，儿童公共精神的培育任重道远，中国社会的现代化转型也还有很长的路要走。

（二）更多生活满意度低的儿童认同消极的公共道德观念

消极的公共道德指的是"己所不欲勿施于人"，即守住公共道德的底线，不将自己厌恶的事情加诸到他人身上，不影响他人的正常生活。这样的伦理底线是构建一个互相尊重的社会存在的必要条件，但是"不影响他人"可能会演变出"各人自扫门前雪，莫管他人瓦上霜"的消极公共道德。"不

---

① 肖卫译注. 论语[M]. 北京：中国文联出版社，2015：249.

② 陈澔注. 礼记[M]. 金晓东校点. 上海：上海古籍出版社，2016：178，333.

③ 孟子. 孟子[M]. 弘丰译注. 北京：中国文联出版社，2015：178；333.

④ 荀子. 荀子[M]. 骆宾译注. 北京：中国文联出版社，2016：438.

影响他人"的原则表达了一定的同理心，却可能缺乏公共责任担当。当我们目睹一个正在行窃的小偷时，"不影响他人"的准则显然不能帮助我们制止恶行，此时只有更加积极的公德心才能支持我们仗义出手，维护公共美好生活。

上述调查结果表明，对生活不满意的儿童选择"不影响他人"的人数占比要高于其他儿童群体。对生活不满意的儿童可能"泥菩萨过江自身难保"，能做到不影响他人已经实属不易，甚至在极端的情况下还被认为是一种十分高尚的选择。比如，有人宁愿风餐露宿也不骗人牟利，这就是"不影响他人"的可贵之处，因此不能将某些道德高标准强加给对生活不满意的儿童。但是，教育应该帮助对生活不满意的儿童重新找回生活的乐趣，引导儿童理解生活、热爱生活、享受生活，从消极走向积极，从不影响他人到主动与人建立关怀的关系。

（三）更多学业成绩有待提高的儿童认同消极的公共道德观念

与对生活不满意的儿童相似的是，学业成绩有待提高的儿童选择"不影响他人"的人数占比也高于同组其他儿童群体，选"廉洁奉公"的人数占比则低于其他同组群体。这说明自我效能感也会影响儿童的公共道德观念，学业成绩越好的儿童表现得相对更加积极上进，这会导致学生成长中的马太效应，即学习好了，孩子的自信心与公共责任感也相应地会好，反之学业落后的孩子在人格与公共责任担当上也落后。2019 年，中共中央、国务院印发的《新时代公民道德建设实施纲要》明确指出："坚持马克思主义道德观、社会主义道德观，倡导共产主义道德，以为人民服务为核心，以集体主义为原则。"由此可见，社会主义道德倡导的是充满集体责任感、民族使命感的积极公共道德观念。就此而言，学业成绩有待提高的儿童在公共道德观念的提升上需要更多的帮助。教育者可以在以下两方面做出努力：一是认识到学业成绩与儿童全面发展的联系，以促进儿童全面成长为初衷，帮助每个儿童更好地完成学业，通过学业成绩的提高实现对儿童自信心和公共道德观念的培养；二是要注意给予学业成绩有待提高的儿童更多的鼓励，引导他们发现自身的优点，树立学习的信心和成长的勇气，把公共责任的担当与人际交往当作儿童成长的重要内容，减轻学习落后的压力，将儿童从因学习成绩不佳产生的自卑中解放出来。

第四节　儿童个人修养观念研究

个人修养的概念有一定的独特性。当"修养"作为动词被使用时，是修身与养性的结合，是指通过不懈的努力提升自己的道德品行或文化素质；当"修养"作为名词被使用时，是指言行举止合乎礼仪规范，举手投足谦和恭敬。修养不同于职业道德，职业道德以职业要求对个人的品行做出规定，是从事此种职业的人必须遵守的硬性规定。个人修养是指作为有良知、想要自我实现、渴望获得尊重的人对自己的品行提出的要求，这种要求依靠人的自觉性来实现。

"天行健，君子以自强不息；地势坤，君子以厚德载物。"对个人修养的重视是中国的伦理传统，也是道德自为与自觉的本质特征的体现。因此，当代儿童的个人修养观念可以说一方面体现了中国伦理基因传统，另一方面体现了儿童对道德本质的体认。也正是在这两种意义上，本次调查将儿童的个人修养观念作为重要内容之一。

一、儿童个人修养观念调查背景

中国古人十分重视个人修养，留下了非常丰富的关于个人修养的思考与实践经验。孔子在《论语》中多次论述了个人修养的重要性，"为仁由己""修己以敬""古之学者为己，今之学者为人""见贤思齐焉，见不贤而内自省也"都反映出儒学开创者孔子对于提升个人修养的关切。随后，孟子提出"义在内而非在外""求放心""扩充善端""尽心知性"等心性修养理论。宋儒朱熹吸收了张载与"二程"（程颢、程颐）的观点，认为必须通过诚身、省察、存养、力行等方法提升修养、"变化气质"。王阳明对个人修养推崇备至，认为"无心外之理，无心外之物"[1]，圣人的修养功夫就是向内发力、

---

[1]　王阳明. 传习录[M]. 叶圣陶点校. 北京：北京联合出版公司，2018：12.

革除私欲、复得天理。从此之后，儒学几乎与修身之学画上了等号。

尽管颜元等主张实学，批评儒家学说过于重视"内圣"之学，忽视了实用之学，认为主张清心寡欲、省察克制、静坐修养、明心见性的儒家已与佛老无异；重内而轻外、重静而轻动、重心而轻身、重穷理而忽实务的修身学对实学无益。但颜元等的实学观始终未能成为社会主流，直到中国国门被迫打开，"致用之学"才开始与"修身之学"分庭抗礼。屈辱的近代史让中国人明白礼仪道德并不能抵抗坚船利炮，"修身课"在近代公办学校中逐渐丧失了主导地位。

如今，社会组织形式已经发生了翻天覆地的变化，何怀宏教授直言，"传统良知论在人生哲学的领域里一直是很有意义的，如果它要对现代社会继续发挥这样的影响，就必须有某种根本的转化和突破"①。因为传统的修身之学对个人提出了极高的道德要求，同时有难以言明与传授的特点，是一种自我成圣定向的精英哲学。相对而言，具有普遍性的底线伦理更具优先性。何怀宏所谓的底线伦理，实际上就是指基础的公共道德。不得不承认的是，自从社会主义制度确立以来，大众和学者对公共道德尤其是政治道德的重视程度要远超个人修养。2021 年 7 月，在中国知网中以"个人修养"为关键词进行搜索发现，仅有 45 篇核心期刊文献，其中真正是对个人修养展开研究的几乎没有。

虽然以自我成圣为定向的个人修养受到了现代学者的批判，但若仔细甄别就会发现，对个人修养的批判并非针对修养本身，而是针对只重视个人修养忽视公共关切、只重视道德修养忽视科学文化修养等问题。就日常经验来看，大多数人都喜欢与有修养的君子交往，这是一条跨文化、跨地域的普遍准则。有修养的人能起到榜样引领作用，净化社会不良习气。因此，对于观念多元的社会来说，提升个人修养仍具有十分重要的意义。

二、儿童的个人修养观念认同

整体来看，儿童的个人修养认同呈现出"一核多元"的价值观结构。当

---

① 何怀宏. 良心论：传统良知的社会转化[M]. 北京：北京大学出版社，2017：56.

问及儿童最看重的个人修养有哪些时，41.91%的人选择了"勤奋"，19.75%的人选择了"向上"，15.49%的人选择了"大度"，10.69%的人选择了"自省"，6.45%的人选择了"节制"，1.92%的人选择了"没有"（图2-23）。"勤奋"在儿童群体中以明显的优势成为新生代推崇的个人修养的核心品质。

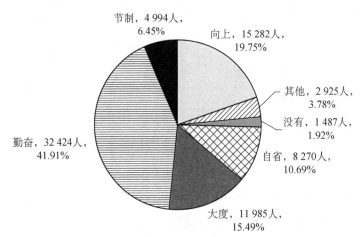

图 2-23　儿童最看重的个人修养人数百分比图

"勤奋"在两次调查中都被儿童视为最重要的个人修养，而且在本次调查增加了"向上"选项的情况下，看重"勤奋"的人数占比依然上升了约5个百分点，说明"勤奋"的个人修养观念在当下儿童心中具有稳定的优先地位（表2-50）。从个人修养观念的结构来看，两次调查中儿童认同的修养观排序是一致的，未发生实质性变化，都为"勤奋＞大度＞自省＞节制"。

表 2-50　两次调查个人修养认同对比表　　　　　单位：%

个人修养	2017 年	2020 年	变化率
自省	19.45	10.69	-8.76
大度	26.43	15.49	-10.94
勤奋	36.10	41.91	5.81
节制	10.99	6.54	-4.45
向上		19.75	

从人口学变量与儿童对个人修养认同的差异检验数据来看（表2-51），学段、生活满意度、年龄、区域、学业成绩、性别对儿童对个人修养观念的认同都产生了较大程度的影响（$v > 0.05$），儿童的个人修养观念是在教育、

心理、生理、空间等因素的综合影响下形成的。

表 2-51　儿童个人修养认同的影响因素排序表

排序	变量	变量类别	v	φ
1	学段	教育	0.117**	0.165
2	生活满意度	心理	0.093*	0.132
3	年龄	生理	0.071*	0.174
4	学业成绩	教育	0.059*	0.083
5	区域	空间	0.059*	0.086
6	性别	生理	0.058*	0.058
7	家庭生活方式	家庭	0.046	0.065
8	城乡	空间	0.036	0.062
9	父亲受教育程度	家庭	0.032	0.045
10	母亲受教育程度	家庭	0.030	0.042

　　1）学段是影响儿童个人修养观念认同的首要因素。学段是影响儿童个人修养观念认同的首要因素（$p<0.001$，$v=0.117>0.05$）。数据分析显示，对于不同学段的儿童来说，"勤奋"都是最为重要的个人修养。但是随着学段的升高，认同"勤奋"的人数在减少，小学生中有 48.09% 的人选择了"勤奋"，而高中生仅有 31.70% 的人选择了"勤奋"，相比之下，"勤奋"在高中生中的认同度降低了约 16 个百分点。随着学段的升高，选择"自省"的人数有所上升，有 17.47% 的高中生选择了"自省"，而小学生的这一比例仅有 7.11%（表 2-52）。这说明随着学段的升高，儿童越加意识到反思内省对于个人成长的重要性，同时也能够更加客观地看待"勤奋"的价值。

表 2-52　学段与儿童个人修养认同的差异性检验表

项目		没有	自省	大度	勤奋	节制	向上	其他	χ^2	p	φ	v
小学	人数/人	586	2 501	5 543	16 922	1 760	6 779	1 096				
	占比/%	1.67	7.11	15.75	48.09	5.00	19.27	3.11				
初中	人数/人	648	3 391	4 396	11 186	2 109	5 649	1 187	2 109.269 7***	<0.001	0.165	0.117**
	占比/%	2.27	11.87	15.39	39.16	7.38	19.78	4.16				
高中	人数/人	253	2 378	2 046	4 316	1 125	2 854	642				
	占比/%	1.86	17.47	15.03	31.70	8.26	20.96	4.72				

　　2）生活满意度是影响儿童个人修养观念认同的次要因素。生活满意度

是影响儿童个人修养观念认同的次要因素（$p < 0.001$，$v = 0.093 > 0.05$），生活不满意儿童对"勤奋"的认同度低于其他儿童。数据分析显示，随着生活满意度的下降，认可"勤奋"的人数在减少，对生活很满意的儿童中有46.29%的人最看重"勤奋"，而对生活不满意的儿童中仅有28.82%的人最看重"勤奋"，这说明更多对生活不满意的儿童不在乎勤奋努力。同时，随着生活满意度的下降，选择"自省""节制"的人数占比有所上升，对生活很满意的儿童仅有8.94%的人选择了"自省"，5.26%的人选择了"节制"，而对生活不满意的儿童有13.38%的人选择了"自省"，10.18%的人选择了"节制"（表2-53）。这说明随着生活满意度的降低，儿童认同的个人修养观念更加多元，在低生活满意度人群中，尽管"勤奋"在个人修养观念中依然占有着最高的认同度，但其主导性地位相对于高满意度儿童群体出现了弱化倾向。

表 2-53 生活满意度与儿童个人修养认同的差异性检验表

项目		没有	自省	大度	勤奋	节制	向上	其他	χ^2	p	φ	v
很满意	人数/人	644	3 567	6 090	18 460	2 098	7 666	1 353				
	占比/%	1.61	8.94	15.27	46.29	5.26	19.22	3.39				
基本满意	人数/人	608	4 171	5 240	12 818	2 491	6 837	1 347	1 338.598***	<0.001	0.132	0.093*
	占比/%	1.81	12.45	15.64	38.25	7.43	20.40	4.02				
不满意	人数/人	235	532	655	1 146	405	779	225				
	占比/%	5.91	13.38	16.47	28.82	10.18	19.59	5.66				

3）年龄是影响儿童个人修养观念认同的第三因素。年龄是影响儿童个人修养观念认同的第三因素（$p < 0.001$，$v = 0.071 > 0.05$），随着年龄的增长，看重"勤奋"的人数占比快速下滑。从年龄变化的趋势图来看，"勤奋"始终是儿童个人修养中最被看重的价值观，但是随着年龄的增长，其人数占比呈现明显的下降趋势，同时，看重"自省"的人数随着年龄的增长而出现了一定的上升趋势。在15岁之前，看重"大度"的儿童多于看重"自省"的儿童，但是15岁之后看重"自省"的人数开始反超看重"大度"的人数（图2-24）。"向上"的价值追求在各年龄儿童群体中始终为排在第二位的个人修养。

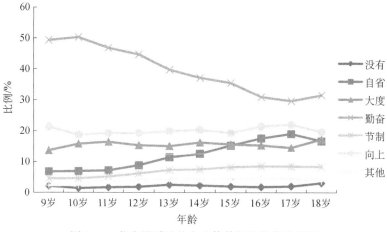

图 2-24　儿童最看重的个人修养年龄变化趋势图

4）学业成绩是影响儿童个人修养观念认同的第四因素。学业成绩是影响儿童个人修养观念认同的第四因素（$p<0.001$，$v=0.059>0.05$），成绩有待提高的儿童对"勤奋"的认同度低于其他儿童。数据分析显示，对于不同学业成绩的儿童来说，"勤奋"都是最为重要的，但其表现有所不同。学习一般的儿童群体对"勤奋"的认可度最高，有 43.45% 的人把"勤奋"看作是最重要的个人修养，高于学业成绩优良的儿童群体。学业成绩有待提高的儿童中仅有 36.11% 的人看重"勤奋"（表 2-54），这也许是其学业成绩不高的一个原因，他们对"大度""节制"的认可程度要高于其他同组学生。

表 2-54　学业成绩与儿童个人修养认同的差异性检验表

项目		没有	自省	大度	勤奋	节制	向上	其他	χ^2	p	φ	v
优良	人数/人	332	2 064	2 685	7 205	1 122	3 687	765				
	占比/%	1.86	11.56	15.03	40.34	6.28	20.64	4.28				
一般	人数/人	782	5 177	7 802	22 092	3 166	9 978	1 851	534.169***	<0.001	0.083	0.059*
	占比/%	1.54	10.18	15.34	43.45	6.23	19.62	3.64				
有待提高	人数/人	373	1 029	1 498	3 127	706	1 617	309				
	占比/%	4.31	11.88	17.30	36.11	8.15	18.67	3.57				

5）区域是影响儿童个人修养观念认同的第五因素。区域是影响儿童个人修养观念认同的第五因素（$p<0.001$，$v=0.059>0.05$），东部地区的儿童对"勤奋"的认同度略低。数据分析显示，对于不同区域的儿童来说，"勤奋"都是最为重要的个人修养，但不同区域儿童群体对"勤奋"的认同度有

一定差异。中部地区的儿童中有 45.96% 的人看重 "勤奋"，在东、中、西部地区儿童中最高，东部地区的儿童只有 40.19% 的人看重 "勤奋"。相较同组其他儿童群体，更多东部地区的儿童认同 "自省" 是最重要的个人修养，人数占比达到 12.01%，而中部地区仅有 7.87%（表 2-55）。这一数据表明，经济较为发达的东部地区的儿童对 "勤奋" 的认同度低于经济发展程度较低地区的儿童，但其对 "自省" 的认可程度高于其他地区儿童。

表 2-55 区域与儿童个人修养认同的差异性检验表

项目		没有	自省	大度	勤奋	节制	向上	其他	χ^2	p	φ	v
东部	人数/人	964	5 673	7 189	18 983	3 234	9 319	1 867				
	占比/%	2.04	12.01	15.22	40.19	6.85	19.73	3.95				
中部	人数/人	278	1 636	3 303	9 558	1 056	4 257	707	535.613***	<0.001	0.086	0.059*
	占比/%	1.34	7.87	15.88	45.96	5.08	20.47	3.40				
西部	人数/人	245	961	1 493	3 883	704	1 706	351				
	占比/%	2.62	10.29	15.98	41.56	7.54	18.26	3.76				

6）性别是影响儿童个人修养观念认同的第六因素。性别是影响儿童个人修养观念认同的第六因素（$p<0.001$，$v=0.058>0.05$），男女生在个人修养观念上的差异达到例如可接受的程度（表 2-56）。数据分析显示，对于不同性别的儿童来说，"勤奋" 都是最受重视的个人修养，其次是 "向上"，再次是 "大度"，男生对 "勤奋" 的推崇略高于女生。

表 2-56 性别与儿童个人修养认同的差异性检验表

项目		没有	自省	大度	勤奋	节制	向上	其他	χ^2	p	φ	v
男生	人数/人	965	4 320	6 285	16 713	2 744	7 377	1 303				
	占比/%	2.43	10.88	15.83	42.09	6.91	18.58	3.28	255.967***	<0.001	0.058	0.058*
女生	人数/人	522	3 950	5 700	15 711	2 250	7 905	1 622				
	占比/%	1.39	10.49	15.14	41.72	5.97	20.99	4.31				

7）家庭生活方式、城乡、父亲受教育程度、母亲受教育程度对个人修养观念的影响程度不大。通过人口学变量与儿童对个人修养观念认同的卡方检验及效应量计算发现（表 2-57），家庭生活方式、城乡、父亲受教育程度、母亲受教育程度 4 个变量对儿童个人修养观念认同的影响程度均不大（$v<0.05$）。

表 2-57 家庭生活方式、城乡、父母受教育程度与儿童个人修养认同的差异性检验表

	项目		没有	自省	大度	勤奋	节制	向上	其他	χ^2	p	φ	v
家庭生活方式	和家人一起生活	人数/人	1 316	7 267	10 997	30 086	4 457	13 934	2 592	331.422***	<0.001	0.065	0.046
		占比/%	1.86	10.29	15.57	42.59	6.31	19.72	3.67				
	住校生	人数/人	133	914	845	2 051	480	1 212	292				
		占比/%	2.24	15.42	14.26	34.60	8.10	20.45	4.93				
	和亲戚一起生活	人数/人	38	89	143	287	57	136	41				
		占比/%	4.80	11.25	18.08	36.28	7.21	17.19	5.18				
城乡	大中城市	人数/人	418	3 338	4 589	11 090	1 791	5 674	1 126	293.144***	<0.001	0.062	0.036
		占比/%	1.49	11.91	16.37	39.57	6.39	20.25	4.02				
	小城市	人数/人	317	1 798	2 828	7 650	1 093	3 516	666				
		占比/%	1.77	10.06	15.83	42.81	6.12	19.68	3.73				
	县镇	人数/人	311	1 657	2 187	6 596	1 008	2 934	606				
		占比/%	2.03	10.83	14.30	43.11	6.59	19.18	3.96				
	乡村	人数/人	441	1 477	2 381	7 088	1 102	3 158	527				
		占比/%	2.73	9.13	14.72	43.82	6.81	19.53	3.26				
父亲受教育程度	小学及以下	人数/人	298	933	1 347	3 703	618	1 546	330	157.194***	<0.001	0.045	0.032
		占比/%	3.40	10.63	15.35	42.20	7.04	17.62	3.76				
	中学	人数/人	835	4 844	7 172	19 489	3 004	9 347	1 733				
		占比/%	1.80	10.43	15.45	41.98	6.47	20.13	3.73				
	大学及以上	人数/人	354	2 493	3 466	9 232	1 372	4 389	862				
		占比/%	1.60	11.25	15.64	41.65	6.19	19.80	3.89				
母亲受教育程度	小学及以下	人数/人	349	1 318	1 762	4 897	835	2 113	475	137.649***	<0.001	0.042	0.030
		占比/%	2.97	11.22	15.00	41.68	7.11	17.98	4.04				
	中学	人数/人	812	4 677	7 015	19 029	2 922	9 161	1 671				
		占比/%	1.79	10.33	15.49	42.02	6.45	20.23	3.69				
	大学及以上	人数/人	326	2 275	3 208	8 498	1 237	4 008	779				
		占比/%	1.60	11.19	15.78	41.80	6.08	19.71	3.83				

三、对儿童的个人修养观念认同的反思

（一）儿童对"勤奋"的认同度总体上随年龄的增长逐渐降低

勤劳奋发而不懈怠，做事尽力而不偷懒，这样的生存状态即勤奋。勤奋

是中华民族的传统美德，或者说是中华民族崇尚的在世姿态。业精于勤、天道酬勤、克勤克俭等成语表达了中国人对"勤"的钟爱。勤奋实际上已经成为中国人的生存信仰。之所以说勤奋是一种信仰，是因为在现实中勤奋不一定能带来等量的回报，但在现实中不能因某些因果的不对等否定勤奋的价值。正因为现实生活中的不确定性，才更加需要勤奋来给人以确定感，因为勤奋是受自己控制的。

本次调查发现，虽然"勤奋"依旧是学生心目中主导的个人修养价值观，但是其影响力在逐渐弱化。主要表现在：①随着儿童年龄的增长，总体而言，认可"勤奋"的人数在快速衰减；②随着儿童生活满意度的降低，认可"勤奋"的人数在衰减。这种发展趋势应该引起教育者的充分关注。首先，因为勤奋观念的消解会直接导致主体精神的萎靡。"努力属于生命本身的力量与倾向……是自我作为生命存在者提升自己生命美态的尽心尽力，是对存在的承担。"① 不勤奋、不努力是对人本身的否定，一个不愿进步、不愿变得更好的人是抛弃了自我的人，贬低了人的本质与尊严。其次，勤奋观念的淡化会直接导致社会生产力的衰退。人类社会的发展进步是劳动的结果，一切社会物质财富都来源于劳动。好逸恶劳是剥削者的道德，是阻碍生产力发展的直接因素。要保证社会持续健康发展，必须要在观念上强调勤奋的价值。

人类文明史证明，任何社会都需要一定的社会秩序和约定俗成的公共价值规范，相对多元的个人价值是社会开放包容的表现，但过度多元的价值观念可能会瓦解共同的原则与信仰，进而影响社会进步力量的形成。有调查显示，当前中国人的价值观念主要由中国传统道德、社会主义道德、市场经济道德、西方道德四个部分组成。② 还有研究者认为，当今的青少年脑子里既装了儒家，又装了老庄，还有马列、罗斯福，他们的行为准则变幻不定，忽东方、忽西方，忽传统、忽现代。③ 可以肯定的是，无论当前的价值观念如何多元，勤奋作为自强不息的生存状态，是人收获物质和精神幸福的前提条件，也是社会发展与进步的基础。

---

① 金生鈜. 作为生命自觉的"努力"——对"努力"的教育现象学诠释[J]. 宁波大学学报（教育科学版），2020（5）：1-9.

② 樊浩. 当前中国伦理道德状况及其精神哲学分析[J]. 中国社会科学，2009（4）：27-42，204-205.

③ 鲁洁，王逢贤. 德育新论[M]. 南京：江苏教育出版社，2010：129.

如果说市场经济冲击了我国的传统价值体系，带来了多元文化与价值观念，那么价值的多元化也应该与开放程度相关。然而，本次调查却发现，生活在东部地区（开放较早、市场经济较为发达的地区）的儿童依然有40.19%的人认可"勤奋"。与之相对，生活不满意儿童的价值观念形成了多元化的格局，仅有28.82%的人看重"勤奋"，且"勤奋"与其他观念之间的差距很小，这说明生活满意度严重影响了儿童的价值观念。就此而言，低生活满意度儿童的勤奋教育应该受到重视，因为它可以激发这些儿童通过自身的努力提升生活满意度，展现积极向上的生活姿态。

（二）更多学业成绩有待提高的儿童不认可"勤能补拙"

成语"勤能补拙"表明，中国人喜欢通过不懈的努力来弥补自身存在的某些劣势。然而，调查显示，学业成绩有待提高的儿童中仅有36.11%的人赞赏"勤奋"，低于学业成绩一般及优良的儿童。这存在两种可能：一方面，正是对"勤奋"的认同度不够导致了这个群体的学业成绩不够理想；另一方面，也可能是这个群体通过一定的努力后成绩没有得到提升的经历消解了其对勤奋的认同。基础教育课程中通过勤奋学习来改变自身处境的典故不可胜举，"士别三日当刮目相看""闻鸡起舞""铁杵磨成针"的故事都在教人勤奋刻苦。然而，就调查情况来看，这些价值引导未能在成绩有待提高的儿童中取得明显的效果。

这种现象应该引起教育者的关注。就理想状态而言，学业成绩有待提高的儿童更应该看重"勤奋"的价值，更应该努力改变自己的处境。如果学业成绩有待提高的儿童都放弃了"勤奋"，那还期待通过什么途径来实现进步呢？学生放弃努力、自甘失败可能是自我效能感低下导致的，是长期努力而无法获得肯定而带来的习得性无力感稀释了他们的勤奋信仰。所以，教育者应该多鼓励成绩有待提高的学生，不排挤、小瞧、挖苦成绩靠后的学生，为他们提供更多实现自我价值的途径，打破"唯分数论"的班风校风，公平公正地对待这些学生。同时，教育者也可以通过更加多元的途径来释放学生的潜力与特长，制订符合各类学生基础的学习计划与目标，激励学生通过努力收获属于自己的成功。

第三章 儿童道德情感动态及问题

　　道德情感是人类的高级情感，是人的道德需要是否得到满足的一种反映，也包含意义与价值性。人的道德行为除了受道德认知的影响，还和个人的情感体验密切相关。道德情感体验对个体道德具有选择和评价的功能。积极的道德感受和体验有利于强化儿童的道德认识，促进儿童德性的培养，提升其道德行为水平。道德情感的发生尽管在理论上有着先验论和经验论的不同立场，但其激发与表现总是无法脱离现实情境，因而导致脱离儿童道德生活情境的道德情感测量面临更大的困难。面对日益复杂的社会环境，当下中国儿童道德情感发展状况如何？儿童道德情感发展受到哪些因素的影响？中国儿童自身的道德情感发展具有何种规律？解决这些问题，是德育工作科学、有效开展的前提，也是本次调查关注的焦点。

第一节 儿童道德情感发展动态

道德情感作为儿童切身的情感体验，相对于情绪来讲，具有更好的稳定性。实际上，稳定性是衡量道德情感是否成熟的重要指标。除稳定性外，道德情感还在强度上表现出差异，一般认为，道德情感越强的人越容易发生移情，道德敏感性也越高。当然，道德情感的另一重要特征是具有价值性，这是道德情感的内涵属性。道德情感是稳定的，并不意味着它是一成不变的，无论其稳定性、强度还是价值内涵，都有其获得过程，此即道德情感的成长性。这些也构成了儿童道德情感的三个考察点。

一、儿童道德情感调查的背景

当前，国内对道德情感的研究更多集中于理论研究，实证研究较少。已有理论研究成果主要集中在三个方面：一是关于情感与道德情感的关系研究。邱宁认为道德情感是情感的一种高级形态，情感在道德教育中是不可或缺的环节，道德情感的形成具有层次性和过程性。[①] 二是道德情感与道德行为之间的关系。罗石等认为在道德情感主导下的道德行为分为直觉性和非直觉性两种类型，道德情感主导下的道德行为具有冲动性、波动性和感染性的特征。[②] 三是道德情感的培养途径研究。孙丽华通过对比学校和社会教育，探讨了家庭教育在儿童道德情感培养中的优势，认为家长可以通过以身作则、发展儿童道德认知、加强情感交流、重视行为训练四个方面培养儿童的道德情感。[③] 邓旭阳则从我国传统儒家伦理的视角讨论了道德情感的培养机制，认为道德情感培养是一个循序渐进的过程，培养机制路径体现在由"仁爱情感表达"到"同理推恩"，进而由"情感反应–理解宽容–愉悦心境–情感

---

① 邱宁. 论情感在道德教育中的作用[J]. 教育发展研究，2001（5）：37-40.

② 罗石，郭敬和. 试析道德情感主导下的道德行为[J]. 伦理学研究，2012（1）：14-19.

③ 孙丽华. 论家庭教育中儿童道德情感的培养[J]. 江苏社会科学，2012（5）：241-245.

升华"具体推进的不同层次的过程。① 以上研究者对道德情感进行了一定的理论探讨，但理论层面的探讨无法把握儿童道德发展的现实状况，也难以发现当下儿童道德成长中存在的问题，以及导致这些问题的可能性因素，因而无法对德育效果的提升产生直接引导作用。因此，对当下儿童道德情感的经验研究就显得非常必要。

现有关于道德情感的实证研究从内容上可以分为两大类：一类是道德情感的专项调查研究；另一类是将道德情感作为儿童道德整体发展的二级指标之一的调查研究。现有调查得出的基本结论是：儿童道德情感发展整体良好，部分维度存在不足；道德情感发展具有明显的年龄特征。第一类研究相对较少，代表性的研究有儿童品德心理研究协作组在京津地区进行的中小学生道德情感发展调查，该研究发现中小学生道德情感具有多层次性及多水平的特征，且发展水平随年龄的增长而逐步提高，爱国主义情感、荣誉感和幸福感则得分较低②；何良艳等对汨罗市高中生道德情感的调查发现，高中生的同情感、义务感发展较为成熟，但责任感不够强③；卢家楣等通过全国样本调查发现，青少年的道德情感整体呈正向发展趋势，但正直感和责任感急需加强。④ 第二类研究相对较多，代表性的有韩延明的中小学思想品德状况调查，涉及同情心、自信心、爱国思想、集体观和荣辱观等道德情感类型⑤；明旭军对山东省中小学生品德的调查，发现初中生的道德情感发展水平处于小学生与高中生之间的"峰谷"⑥；本课题组上在一次全国样本调查中发现，绝大多数儿童有明确而积极的道德情感，情感水平有随年龄的增长而下降的趋势⑦；梁凤华对江西省中小学生道德现状的调查发现，青少年整体上具有积极的道德情感体验，但是表现出一定的狭隘性、多元化和自我中心性特征⑧。

---

① 邓旭阳. 试论先秦儒家仁爱道德情感培养机制[J]. 东南大学学报（哲学社会科学版），2013（2）：38-43，134-135.

② 儿童品德心理研究协作组. 中小学生道德情感发展研究[J]. 心理发展与教育，1989（3）：1-6.

③ 何良艳，周辉林，湛杰良. 汨罗市区高中生道德情感的调查与思考[J]. 中国德育，2006（12）：73-74.

④ 卢家楣，袁军，王俊山，等. 我国青少年道德情感现状调查研究[J]. 教育研究，2010（12）：83-89.

⑤ 韩延明. 中小学生思想品德现状调查与德育对策研究[J]. 教育研究，1995（6）：32-39.

⑥ 明旭军. 青少年学生品德现状的调查分析[J]. 胜利油田师范专科学校学报，2000（2）：51-53.

⑦ 孙彩平. 中国儿童道德发展报告（2017）[M]. 福州：福建教育出版社，2018：4-6.

⑧ 梁凤华. 江西省青少年道德现状调查及教育建议[J]. 上饶师范学院学报，2019（4）：87-92.

上述文献梳理发现，当前国内对于儿童道德情感的实证研究有了很好的探索，但局限于某个区域某个学段的较多，大样本特别是动态跟踪的研究较少，使得对当前儿童道德情感的整体状况及发展趋势把握不足，同时无法与儿童道德发展的其他要素如价值观、判断与行为进行综合性相关分析。本部分作为 2017 年报告相应部分的后续动态跟踪研究，希望能在一定程度上弥补现有研究的不足，以发现当下儿童道德情感的动态发展趋势与值得关注的问题，为德育政策的制定、德育活动与教学的有效实施提供可靠的数据支持。

二、儿童道德情感的发展动态

儿童道德情感的发展动态状况主要体现在整体发展状况、年龄发展趋势和多维分析结果三个方面。除此之外，作为动态跟踪调查，本部分还呈现了两次调查结果的整体比较分析，以体现儿童道德情感发展的动态变化趋势。

（一）儿童道德情感发展状况良好且整体有所提升

调查发现，儿童在爱国情感、集体责任感、关爱情感、自尊感、羞耻感各个维度的道德情感发展水平基本良好，特别是自尊感、集体责任感水平较高，爱国情感和羞耻感水平在两次调查中都处于末端，需要重点关注。五种道德情感的平均得分（满分 4 分）由高到低排列依次是自尊感（3.69）、集体责任感（3.52）、关爱情感（3.45）、爱国情感（3.41）、羞耻感（3.28），具体情况如表 3-1 和图 3-1 所示。经检验，相关数据符合正态分布（偏度<1、峰度<3），可以对其进行独立样本 t 检验。两次调查中的差异性分析发现（表 3-2），两次调查中儿童道德情感发展水平存在显著性差异（$p<0.001$），且差异程度中等（$0.2<d<0.4$）。这说明两次调查中儿童道德情感水平的差异具有统计学意义，可以对两次调查的 M 值进行比较。通过对比发现，相对于 2017 年，本次调查中儿童道德情感水平有中等程度的显著提升。

表 3-1　儿童道德情感整体发展状况的描述统计表

项目	爱国情感	集体责任感	关爱情感	自尊感	羞耻感	道德情感
n	77 367	77 367	77 367	77 367	77 367	77 367
M	3.41	3.52	3.45	3.69	3.28	3.47
Mo	4.0	4.0	4.0	4.0	4.0	3.8
SD	0.691	0.685	0.644	0.735	0.853	0.498

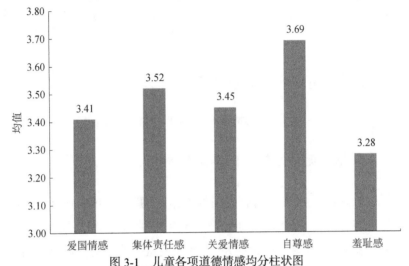

图 3-1　儿童各项道德情感均分柱状图

表 3-2　儿童道德情感两次调查结果的差异性检验及效应量表

年份	*n*	*M*	*SD*	*t*	*p*	*d*
2017	77 953	3.314	0.585	−56.200***	<0.001	0.285*
2020	77 367	3.469	0.498			

（二）儿童道德情感发展在年龄上出现先上升后下降的趋势，峰值为 10 岁左右

本次调查发现，儿童道德情感水平会随着年龄的增长整体呈现先上升后下降的趋势，高峰出现在 10～11 岁。如图 3-2 所示，各项道德情感整体的波动幅度不大；儿童的集体责任感、关爱情感、自尊感和羞耻感的发展特征比较一致，在 9～10 岁呈现上升，11 岁时出现拐点，之后整体呈下降趋势；爱国情感随年龄变化的趋势略有不同，在 11～16 岁出现两次拐点，呈近似 M 形波动。因此，儿童道德情感水平在年龄上呈现出先升后降的趋势。

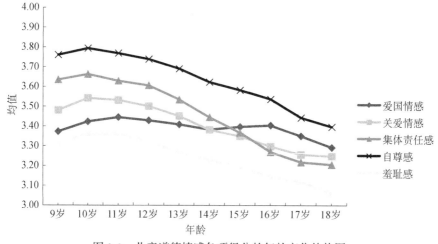

图 3-2　儿童道德情感各项得分的年龄变化趋势图

（三）儿童道德情感发展的多维分析

为了探索影响儿童道德情感发展的因素，通过 SPSS22.0 对儿童道德情感各项得分与 5 大类 12 个人口学变量进行相关性分析，结果如表 3-3 所示，除"最关心我的人""最了解我的人"，其他变量与儿童道德情感之间均存在显著相关关系。

表 3-3　儿童道德情感与各人口学变量间的相关性分析表

项目	皮尔逊相关性	项目	皮尔逊相关性
性别	0.068***	母亲受教育程度	0.054***
年龄	−0.164***	学业成绩	0.136***
学段	−0.161***	生活满意度	−0.257***
区域	−0.08***	家庭生活方式	−0.055***
城乡	−0.041***	最关心我的人	0.005
父亲受教育程度	0.052***	最了解我的人	0.001

1. 生理类因素年龄对儿童道德情感水平有一定影响

数据分析显示，儿童道德情感水平在年龄上呈现出显著性差异（$p <$ 0.001），且低年龄段（9～11 岁）与高年龄段（16～18 岁）儿童之间的差异明显（$d > 0.2$），低年龄段（9～11 岁）儿童的道德情感水平高于高年龄段（16～18 岁）儿童，年龄相近的儿童之间的差异程度微弱（$d < 0.2$）（表 3-4、表 3-5）。

表 3-4　儿童道德情感与年龄的差异性检验表

年龄/岁	n	M	SD	F	p
9	4 836	3.513	0.456		
10	10 840	3.557	0.422		
11	12 266	3.548	0.448		
12	12 768	3.520	0.474		
13	10 729	3.472	0.506	267.211***	<0.001
14	8 547	3.414	0.524		
15	7 695	3.379	0.530		
16	4 930	3.331	0.542		
17	3 407	3.278	0.567		
18	1 349	3.242	0.642		

表 3-5　儿童道德情感与年龄差异分析效应量表

年龄/岁		p	d	年龄/岁		p	d
	10	<0.001	0.090	11	18	<0.001	0.667**
	11	<0.001	0.072		13	<0.001	0.100
	12	<0.001	0.085		14	<0.001	0.219*
	13	<0.001	0.085		15	<0.001	0.290*
9	14	<0.001	0.204*	12	16	<0.001	0.388*
	15	<0.001	0.275*		17	<0.001	0.497**
	16	<0.001	0.373*		18	<0.001	0.607**
	17	<0.001	0.482*		14	<0.001	0.119
	18	<0.001	0.591*		15	<0.001	0.190
	12	<0.001	0.075	13	16	<0.001	0.288*
	13	<0.001	0.174		17	<0.001	0.397*
	14	<0.001	0.294*		18	<0.001	0.501**
10	15	<0.001	0.365*		15	0.001	0.071
	16	<0.001	0.463**		16	<0.001	0.169
	17	<0.001	0.571**	14	17	<0.001	0.278*
	18	<0.001	0.686**		18	<0.001	0.374*
	12	<0.001	0.057		16	<0.001	0.098
	13	<0.001	0.157	15	17	<0.001	0.207*
11	14	<0.001	0.276*		18	<0.001	0.298*
	15	<0.001	0.347*	16	17	0.001	0.109
	16	<0.001	0.445**		18	<0.001	0.194
	17	<0.001	0.554**	17	17	0.001	0.109

注：在多重比较检验时，如果不同年龄间的差异不显著，即 $p>0.05$，则无须进一步计算效应量。因此，若效应量表格中缺少部分年龄差异性分析的数据，则表明两者之间的差异不显著。下同

数据分析显示，儿童道德情感水平尽管在性别上存在差异，但程度微弱

（d=0.136<0.2）（表 3-6）。

表 3-6　儿童道德情感与性别的差异性检验及效应量表

性别	n	M	SD	t	p	d
男	39 707	3.436	0.534	-18.921***	<0.001	0.136
女	37 660	3.504	0.455			

2. 心理类因素生活满意度对儿童道德情感水平有重要影响

数据分析显示，儿童道德情感水平在生活满意度上呈现出显著性差异（p<0.001），且"对生活很满意"儿童与"对生活不满意"儿童（d=0.974>0.4）、"对生活基本满意"儿童与"对生活不满意"儿童（d=0.552>0.4）、"对生活很满意"儿童与"对生活基本满意"儿童（d=0.422>0.4）之间的差异都比较显著。"对生活很满意"儿童的道德情感水平（M=3.581）既高于"对生活基本满意"儿童的道德情感水平（M=3.378），也高于"对生活不满意"儿童的道德情感水平（M=3.113），"对生活不满意"儿童的道德情感水平低于"对生活基本满意"儿童的道德情感水平（表 3-7）。

表 3-7　儿童道德情感水平与生活满意度的差异性检验及效应量表

项目	n	M	SD	F	p	交叉分析		d
很满意	39 878	3.581	0.435	2 768.804***	<0.001	很满意	基本满意	0.422**
基本满意	33 512	3.378	0.506			很满意	不满意	0.974**
不满意	3 977	3.113	0.674			基本满意	不满意	0.552**

3. 家庭类因素对儿童道德情感水平有一定程度的影响

数据分析发现，儿童道德情感水平在"家庭生活方式""父亲受教育程度""母亲受教育程度"上呈现出显著性差异（p<0.001），在"家庭生活方式"上，"和家人一起生活"的儿童与"和亲戚一起生活"的儿童之间的差异达到了中等水平（0.2<d<0.4），其他同组群体之间的差异皆较小（d<0.2）。父母受教育程度不同的儿童群体的道德情感水平存在差异，但程度微弱（d<0.2）（表 3-8）。

表 3-8　儿童道德发展水平与家庭类因素的差异性检验及效应量表

项目		n	M	SD	F	p	交叉分析		d
父亲受教育程度	小学及以下	8 775	3.400	0.553	119.290***	<0.001	小学及以下	中学	0.140
	中学	46 424	3.469	0.486			小学及以下	大学及以上	0.195
	大学及以上	22 168	3.497	0.497			中学	大学及以上	0.055

续表

项目		n	M	SD	F	p	交叉分析		d
母亲受教育程度	小学及以下	11 749	3.411	0.547	119.481***	<0.001	小学及以下	中学	0.120
	中学	45 287	3.471	0.482			小学及以下	大学及以上	0.179
	大学及以上	20 331	3.500	0.500			中学	大学及以上	0.059
家庭生活方式	和家人一起生活	70 649	3.478	0.493	123.986***	<0.001	和家人一起生活	住校生	0.199
	住校生	5 927	3.379	0.524			和家人一起生活	和亲戚一起生活	0.215*
	和亲戚一起生活	791	3.371	0.632			住校生	和亲戚一起生活	0.015

4. 教育类因素对儿童道德情感水平的影响程度达到中等以上

数据分析显示，教育类因素中的学段、学业成绩对儿童道德情感水平的影响程度较大。如表 3-9 所示，儿童道德情感水平在"学段"上呈现出显著性差异（$p<0.001$），且小学生和高中生之间的差异较大（$d>0.4$），初中生与高中生之间、小学生与初中生之间的差异中等（$0.2 \leqslant d < 0.4$），即小学生的道德情感水平（$M=3.544$）既高于初中生（$M=3.446$），也高于高中生（$M=3.325$），初中生的道德情感水平高于高中生。

表 3-9 儿童道德情感水平与教育类因素的差异性检验及效应量表

项目		n	M	SD	F	p	交叉分析		d
学段	小学	35 187	3.544	0.448	1 030.472***	<0.001	小学	初中	0.200*
	初中	28 566	3.446	0.512			小学	高中	0.447**
	高中	13 614	3.325	0.552			初中	高中	0.247*
学业成绩	有待提高	8 659	3.260	0.599	963.399***	<0.001	有待提高	一般	0.450**
	一般	50 848	3.481	0.472			有待提高	优良	0.561**
	优良	17 860	3.536	0.492			一般	优良	0.111

儿童道德情感水平在"学业成绩"上呈现出显著性差异（$p<0.001$），且学业成绩有待提高的儿童群体与学业成绩一般、学业成绩优良的儿童群体之间的差异都较大（$d>0.4$），即学业成绩优良的儿童和学业成绩一般的儿童的道德情感水平高于学业成绩有待提高的儿童，学业成绩一般的儿童与学业成绩优良的儿童群体之间的差异较小（$d<0.2$）（表 3-9）。

5. 空间类因素区域对儿童道德情感水平有较大影响

数据分析显示，儿童道德情感水平在"区域"上呈现出显著性差异（$p<$ 0.001），且东部和中部地区的儿童道德情感水平的差异程度达到了中等（$0.2<$ $d=0.340<0.4$），即中部地区儿童的道德情感水平（$M=3.561$）高于东部地区儿童（$M=3.426$），东部与西部、中部与西部地区儿童的道德情感水平差异均较小（$d<0.2$）。儿童道德情感水平在城乡上虽也存在显著性差异（$p<$ 0.001），但差异较小（$d<0.2$）（表 3-10）。

表 3-10　儿童道德情感水平与空间类因素的差异性检验及效应量表

项目		n	M	SD	F	p	交叉分析		d
区域	东部	47 229	3.426	0.510	539.790***	<0.001	东部	中部	0.340*
	中部	20 795	3.561	0.439			东部	西部	0.145
	西部	9 343	3.484	0.530			中部	西部	0.195
城乡	大中城市	28 026	3.481	0.486	67.643***	<0.001	大中城市	小城市	0.041
	小城市	17 868	3.501	0.490			大中城市	县城	0.059
	县城	15 299	3.451	0.502			大中城市	农村乡镇	0.100
							小城市	县城	0.100
	农村乡镇	16 174	3.431	0.522			小城市	农村乡镇	0.141
							县城	农村乡镇	0.041

第二节　儿童爱国情感发展动态

爱国主义是中华民族的精神核心，也是所有华夏儿女的情感纽带，是五十六个民族团结的重要精神保证。爱国主义教育作为思想教育的重要组成部分，是实现中华民族伟大复兴梦想的重要途径。青少年作为中国特色社会主义事业的建设者和接班人，是社会和国家未来建设的中坚力量。儿童时期是爱国情感培养的关键期。当前，我国儿童的爱国情感整体发展现状如何？有哪些值得关注的发展动态？哪些因素影响了儿童爱国情感的发展？这是本部分调查关注的问题。

一、儿童爱国情感的研究状况

国内研究者对爱国情感的研究向来比较重视。从研究对象上看，大学生是爱国情感研究的主要对象，对中小学生爱国情感的研究比较少；从研究类型上看，较多的研究集中在理论层面，对儿童爱国情感发展的实证研究较少。

在理论研究中，爱国情感的理性表达以及青少年爱国情感的当代发展特点等问题在相关研究中受到关注。柳礼泉等明确提出，将直接的爱国情感外化为具体的爱国行为需要理性力量的引导，弘扬爱国主义需要爱国情感与理性爱国的有机统一。[①]章秀英关注当下新兴媒体对儿童爱国情感的影响，认为网络已经成为人们表达爱国情感的有效途径，但网上也充斥着过激的、非理性的爱国言论，这种爱国言论会给我国的国家形象和多边合作，以及营造有利的国际环境带来负面影响，必须针对这种非理性的、狭隘的网络爱国言论进行教育，培养爱国理性。[②]徐明华等对青少年在 B 站上的弹幕进行了话语分析，认为新时代青年的爱国情感表征是基于成就取向的"真实自豪"模式，爱国情感的时代演化是从应激型"外显自尊"到常态型"真实自豪"。[③]李明珠则关注到了青少年爱国情感与社会重大事件之间的关系，认为在重大社会事件中，青少年的爱国情感特征表现为低层次与高层次共存、感性与理性交织。其原因主要有四个方面：本质原因是青少年爱国情感发展参差不齐；起始原因是重大社会事件成为唤起青少年爱国情感的记忆场域；动力原因是家庭、学校、社会和政府的多维作用；变化原因来自互联网最大变量构建的重要场域。[④]

---

① 柳礼泉，黄艳. 爱国情感与理性爱国相统一的辩证思考[J]. 科学社会主义，2010（1）：85-87.

② 章秀英. 网络时代的爱国情感与爱国理性[J]. 探索，2003（6）：114-116.

③ 徐明华，李丹妮. 从"外显自尊"到"真实自豪"：新时代青年群体的爱国情感表征与价值认同生成[J]. 现代传播（中国传媒大学学报），2020（6）：51-57.

④ 李明珠. 重大社会事件背景下青少年爱国情感的特征、归因及引导[J]. 中学政治教学参考，2021（27）：5-7.

现有的实证研究发现，儿童爱国情感表现出年龄或年级间的差异，具有阶段性特点。梅仲荪等认为爱国情感由对象、形式和发展水平三个维度组成，显现为一种动态的彼此交叉、互为联系的网络体系。他们的调查结果显示，中学生爱国情感有多种表现形式，可划分为亲切依恋感、自尊自豪感和责任使命感三大类。中学生爱国情感的指向性和体验层次及发展水平有明显的不平衡性，在年龄上有一定的差异。[①] 爱国情感发展的年级差异显著，高年级学生的爱国情感更具深刻性和稳定性，能从更高的层面去体验生活和感受生活。[②] 顾海根的调查显示，中小学生爱国情感的丰富性随年级的升高而提高，差异达到了极显著水平；鲜明性在小学至高二间出现先升高后降低，平稳之后再度下降的复杂走势；敏感性随年级的升高而增加，在小学三年级至五年级和初一至初三两个阶段，爱国情感的发展尤为迅速。[③] 马嘉言关于高中生爱国情感的调查结果显示，绝大部分高中生表达了高度的爱国情感，但在爱国情感的规则、行为方面，部分高中生中存在着一定的模糊认知。[④]

现有的对儿童爱国情感的研究偏重现象、成因和特点的分析，对儿童爱国情感影响因素的探索聚焦在年龄和学段上，对更广泛的影响因素缺少关注，同时缺少定期的动态跟踪研究。本部分对儿童爱国情感的调查涉及5 大类、12 个人口学变量，希望对影响儿童爱国情感的重要因素进行更广泛的探索，在丰富现有研究的基础上，为儿童爱国情感培养提供坚实的数据支撑。

二、儿童爱国情感发展的动态特征

相较于 2017 年的调查结果，本次调查中儿童的爱国情感水平有所提

---

① 梅仲荪，顾海根. 爱国情感心理成份的三维结构和中学生爱国情感的调查[J]. 上海教育科研，1994（7）：1-6.

② 梅仲荪，高洁敏，顾海根，等. 上海市中小学爱国主义教育现状调查综合报告[J]. 上海教育科研，1994（7）：7-10.

③ 顾海根. 中小学生爱国情感的发展[J]. 上海师范大学学报（哲学社会科学版），1999（10）：34-37.

④ 马嘉言. 高中生对不同国家的认同感和价值观的现状[J]. 现代教育，2017（4）：63-64.

升。儿童爱国情感随着年龄的变化有起伏变化，整体呈现下降趋势，且儿童爱国情感发展受心理类因素、年龄以及学业成绩的影响显著。

（一）儿童爱国情感水平整体上有提升

根据表 3-11 的数据可知，儿童爱国情感水平在两次调查中（M_{2020}=3.410，M_{2017}=3.207）呈现出显著性差异（$p<0.001$），且差异达到了中等程度（$0.2<d=0.277<0.4$），即三年间儿童爱国情感水平整体上有所提高，这可能与近几年的多层面的爱国主义教育活动有关。

表 3-11　两次调查中儿童爱国情感水平差异性检验及效应量表

年份	n	M	SD	t	p	d
2017	77 953	3.207	0.773	−54.578***	<0.001	0.277*
2020	77 367	3.410	0.691			

（二）儿童爱国情感水平随年龄变化呈右下倾斜的"M"形

由图 3-3 可以看出，儿童爱国情感在 9～11 岁呈上升趋势，11～14 岁呈下降趋势，14～16 岁有小幅度的升高，16 岁后再次出现下降趋势，出现 11 岁和 16 岁两个峰值。但整体上而言，第二个峰值低于第一个峰值。因而，9～18 岁儿童爱国情感水平虽有起伏，但整体上呈现出随年龄的增长而下降的趋势。

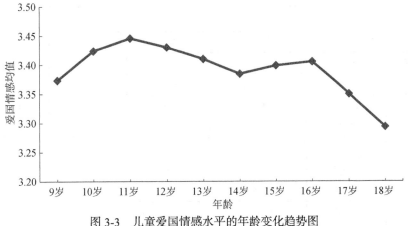

图 3-3　儿童爱国情感水平的年龄变化趋势图

（三）儿童爱国情感发展的多维分析

对 5 大类、12 个人口学变量与儿童爱国情感水平进行相关性分析，如表 3-12 所示，除"最关心我的人"外，其余 11 个变量与儿童爱国情感水平之间均存在显著性相关关系。

表 3-12　儿童爱国情感水平与各人口学变量间的相关性分析表

项目	皮尔逊相关性	项目	皮尔逊相关性
性别	0.043***	母亲受教育程度	0.043***
年龄	−0.024***	学业成绩	0.095***
学段	−0.022***	生活满意度	−0.131***
区域	0.037***	家庭生活方式	−0.010**
城乡	−0.053***	最关心我的人	0.005
父亲受教育程度	0.047***	最了解我的人	0.026***

1. 生理类因素年龄对儿童爱国情感水平有中等程度的影响

儿童爱国情感水平在年龄上呈现出显著性差异（$p < 0.001$）。经过多重检验发现，只有 11 岁与 18 岁、12 岁与 18 岁儿童之间的差异达到了中等水平（$0.2 < d < 0.4$），说明儿童的爱国情感的发展存在时间累积过程，年龄差达到一定程度后，儿童爱国情感水平间的差异程度才较明显，其余年龄的儿童爱国情感水平之间的差异较微弱（$d < 0.2$）（表 3-13、表 3-14）。

表 3-13　儿童爱国情感水平的年龄差异性检验表

年龄/岁	n	M	SD	F	p
9	4 836	3.373	0.686		
10	10 840	3.424	0.646		
11	12 266	3.446	0.663		
12	12 768	3.430	0.678		
13	10 729	3.410	0.701		
14	8 547	3.384	0.715	15.511***	<0.001
15	7 695	3.399	0.703		
16	4 930	3.405	0.711		
17	3 407	3.350	0.754		
18	1 349	3.294	0.818		

表 3-14　年龄与儿童爱国情感水平的差异分析及效应量表

年龄/岁		*p*	*d*	年龄/岁		*p*	*d*
9	10	0.001	0.081	11	17	<0.001	0.154
	11	<0.001	0.116		18	<0.001	0.231*
	12	<0.001	0.091	12	14	<0.001	0.074
	18	0.046	0.121		17	<0.001	0.128
10	14	0.003	0.063		18	<0.001	0.207*
	17	<0.001	0.118	13	17	0.002	0.096
	18	<0.001	0.198		18	<0.001	0.177
11	13	0.003	0.058	14	18	0.005	0.138
	14	<0.001	0.099	15	18	<0.001	0.159
	15	<0.001	0.076	16	17	0.035	0.089
	16	0.026	0.065		18	<0.001	0.170

由表 3-15 可知，儿童爱国情感水平在性别上存在差异，但差异较小（ *d*<0.2 ）。

表 3-15　性别与儿童爱国情感水平的差异性检验及效应量表

性别	*n*	*M*	*SD*	*t*	*p*	*d*
男	39 707	3.380	0.723	−12.125***	<0.001	0.087
女	37 660	3.440	0.653			

2. 儿童爱国情感水平受心理类因素的影响程度较大

表 3-16 的数据显示，儿童爱国情感水平在"生活满意度"上呈现出显著性差异（ *p*<0.001 ），且"对生活很满意"的儿童和"对生活不满意"的儿童爱国情感水平之间的差异较大（ *d*>0.4 ），"对生活基本满意"的儿童与"对生活不满意"的儿童、"对生活很满意"的儿童与"对生活基本满意"的儿童爱国情感水平之间的差异程度中等（ 0.2<*d*<0.4 ）。"对生活很满意"的儿童爱国情感水平（ *M*=3.488 ）高于"对生活基本满意"（ *M*=3.348 ）和"对生活不满意"（ *M*=3.148 ）的儿童，"对生活基本满意"的儿童爱国情感水平高于"对生活不满意"的儿童。这意味着儿童的生活满意度越高，越有利于其爱国情感的养成。

表 3-16　生活满意度与儿童爱国情感水平的差异性检验及效应量表

项目	n	M	SD	F	p	交叉分析		d
很满意	39 878	3.488	0.637			很满意	基本满意	0.204*
基本满意	33 512	3.348	0.709	684.339***	<0.001	很满意	不满意	0.496**
不满意	3 977	3.148	0.902			基本满意	不满意	0.293*

由表 3-17 可知，儿童爱国情感水平在"最了解我的人"上呈现出显著性差异（$p < 0.001$），且选择"没有"和选择"家人""朋友""其他人"的儿童爱国情感水平之间的差异程度明显（$d > 0.2$），选择有人了解自己的儿童爱国情感水平高于选择没有人了解自己的儿童，选择"家人"和选择"朋友"以及选择"朋友"和选择"其他人"的儿童爱国情感水平之间尽管存在差异，但差异程度较弱（$d < 0.2$）。

表 3-17　"最了解我的人"与儿童爱国情感水平的差异性检验及效应量表

项目	n	M	SD	F	p	交叉分析		d
没有	5 336	3.150	0.897			没有	家人	0.336*
						没有	老师	0.185
家人	49 553	3.440	0.649			没有	朋友	0.324*
						没有	其他	0.278*
老师	4 054	3.310	0.775	151.772***	<0.001	家人	老师	0.151
						家人	朋友	0.012
朋友	15 872	3.430	0.684			家人	其他	0.058
						老师	朋友	0.139
其他人	2 552	3.390	0.739			老师	其他	0.093
						朋友	其他	0.046

3. 家庭类因素对儿童爱国情感水平的影响程度微弱

表 3-18 的数据分析显示，儿童爱国情感水平在"家庭生活方式""父亲受教育程度""母亲受教育程度"上呈现出显著性差异（$p < 0.001$），但差异程度皆较弱（$d < 0.2$）。

表 3-18　家庭类因素与儿童爱国情感水平的差异性检验及效应量表

项目		n	M	SD	F	p	交叉分析		d
父亲受教育程度	小学及以下	8 775	3.336	0.743			小学及以下	中学	0.100
	中学	46 424	3.405	0.679	88.267***	<0.001	小学及以下	大学及以上	0.165
	大学及以上	22 168	3.449	0.690			中学	大学及以上	0.065

续表

	项目	n	M	SD	F	p	交叉分析		d
母亲受教育程度	小学及以下	11 749	3.354	0.734	72.691***	<0.001	小学及以下	中学	0.075
	中学	45 287	3.406	0.677			小学及以下	大学及以上	0.138
	大学及以上	20 331	3.450	0.693			中学	大学及以上	0.063
家庭生活方式	和家人一起生活	70 649	3.411	0.688	6.265***	<0.001	和家人一起生活	住校生	0.013
	住校生	5 927	3.403	0.703			和家人一起生活	和亲戚一起生活	0.123
	和亲戚一起生活	791	3.326	0.839			住校生	和亲戚一起生活	0.111

4. 教育类因素学业成绩对儿童爱国情感水平有影响

由表 3-19 的数据可知，儿童爱国情感水平在"学业成绩"上呈现出显著性差异（$p<0.001$），且"学业成绩有待提高"的儿童与"学业成绩一般"的儿童和"学业成绩有待提高"的儿童与"学业成绩优良"的儿童爱国情感水平之间的差异程度中等（$0.2<d<0.4$），"学业成绩一般"的儿童与"学业成绩优良"的儿童爱国情感水平之间的差异程度较弱（$d<0.2$），即"学业成绩优良"和"学业成绩一般"的儿童爱国情感水平高于"学业成绩有待提高"的儿童的爱国情感水平。这说明儿童的爱国情感水平与学业成绩之间存在较紧密的同向变化关系。儿童爱国情感水平尽管在学段上存在差异（$p<0.001$），但是不同学段儿童之间的差异程度微弱（$d<0.2$）。

表 3-19　**教育类因素与儿童爱国情感水平的差异性检验及效应量表**

	项目	n	M	SD	F	p	交叉分析		d
学段	小学	35 187	3.428	0.664	22.588***	<0.001	小学	初中	0.046
	初中	28 566	3.396	0.705			小学	高中	0.053
	高中	13 614	3.391	0.724			初中	高中	0.008
学业成绩	有待提高	8 659	3.241	0.797	384.329***	<0.001	有待提高	一般	0.246*
	一般	50 848	3.410	0.671			有待提高	优良	0.363*
	优良	17 860	3.490	0.675			一般	优良	0.117

5. 空间类因素对儿童爱国情感水平的影响程度微弱

从表 3-20 可知，儿童爱国情感水平尽管在区域上呈现出显著性差异（$p<$

0.001），但差异程度均较微弱（$d<0.2$），同时儿童爱国情感水平在城乡上呈现出显著性差异（$p<0.001$），但差异程度也较微弱（$d<0.2$）。

表 3-20　空间类因素与儿童爱国情感水平的差异性检验及效应量表

项目		n	M	SD	F	p	交叉分析		d
区域	东部	47 229	3.382	0.707	115.812***	<0.001	东部	中部	0.126
	中部	20 795	3.469	0.639			东部	西部	0.051
	西部	9 343	3.417	0.711			中部	西部	0.075
城乡	大中城市	28 026	3.438	0.677	85.105***	<0.001	大中城市	小城市	0.005
	小城市	17 868	3.435	0.680			大中城市	县城	0.049
	县城	15 299	3.404	0.690			大中城市	农村乡镇	0.148
							小城市	县城	0.045
	农村乡镇	16 174	3.337	0.719			小城市	农村乡镇	0.143
							县城	农村乡镇	0.098

第三节　儿童集体责任感发展动态

　　班集体是儿童在学校生活和学习中最亲近集体的组织形式，也是儿童对集体的初始印象。班集体一般会经历组建、形成、发展的过程，需要每个成员积极参与其中，集体主义是其价值取向。责任感是建立在对责任认同的基础上的，是班集体建设的关键因素。具有集体责任感的儿童会关心班级的同学，关心集体的利益，不以自我为中心，也能够很好地处理集体与个人之间的关系。班集体是儿童集体责任感培育的襁褓，良好的集体责任感的养成会为儿童将来成为有公共意识的公民打下扎实的基础。

　　改革开放以来，市场经济的兴起和民营经济的壮大，西方多元文化思潮的涌入以及新兴媒体信息传播方式的发展，使得传统的集体经济和集体主义观念面临着重大挑战，人们对集体的情感也随之发生了重大的变化。当下，儿童的集体责任感是一种什么样的状态？又呈现出了怎样的发展趋势？有哪些因素对其产生了影响？这些问题是本部分调查关注的焦点，我们也期待通过对这些问题的回答，为当下儿童的集体责任感培育提供有益的数据支撑。

一、儿童集体责任感的研究状况

集体主义观念的历史源远流长，并对中西方的文化发展产生了深远的影响。在原始社会初期，人类为了生存，为了应对外来的威胁而形成团体，在此基础上形成了氏族。中国的氏族制度逐渐演变成了宗族体制，持续了数千年之久。同时，以血缘关系为纽带的家族体制成为中国传统社会的重要组织形式，并以此为基础形成了家国同构的国家观念。在西方，古希腊时期的亚里士多德就以当时的城邦国家为原型，提出了共同体思想，认为人应该追求至善的生活，在追求善和幸福中结成共同体。

近代以来，西方对集体主义的研究在多个领域都有涉及，主要集中在政治哲学、经济学和伦理学中。在政治哲学中，迈克尔·奥克肖特（M. Oakeshott）认为"集体主义政治是对政府职能的一种理解，政府职能就是确定国民的共同利益，并迫使其臣民接受一种追求共同利益的人类生存境域"①。在经济学领域中，西方学者把它作为对社会主义的计划经济制度批判的焦点，哈耶克（F. A. von Hayek）认为集体主义类型的经济计划与法治背道而驰。②在伦理学中，有些学者从文化视角做了对比研究，把集体主义作为中国文化的重要伦理特征，如有学者认为"美国人较多地具有个人主义倾向，认为个人就是最高价值；中国人则较多地具有集体主义倾向，把亲近的他人作为自我不可分割的部分，强调作为群体成员必须承担的责任"③。

国内对集体主义的研究主要集中在中华人民共和国成立以后，且研究文献比较丰富。从中华人民共和国成立到改革开放期间，对集体主义的研究主要集中在思想政治和教育领域。思想政治领域对集体主义的思考，大多将集体主义视为共产主义道德，探讨如何践行集体主义的道德行为。集体主义教

①　陈红英，戴孝悌. 奥克肖特对集体主义的文本解读[J]. 社会科学辑刊，2009（6）：28-30.

②　弗里德里希·奥古斯特·冯·哈耶克. 通往奴役之路[M]. 王明毅，冯兴元，马雪芹等译. 北京：中国社会科学出版社，1997：74.

③　杜鸿林，赵壮道. 国内外集体主义思想研究综述[J]. 道德与文明，2011（3）：147-151.

育则强调个人对集体的服从，以国家和集体的利益为重。① 改革开放以来，学界对集体主义的探讨更为深入，涉及内涵、与个人主义的关系、与市场经济的关系和集体主义的践行等多个维度。在内涵上，宋惠昌认为集体主义是比个人主义更高层次的价值观②，以此定位个人主义和集体主义价值观之间的关系；龚秀勇则认为理解个人主义和集体主义的关系，需要采用辩证统一的视角，坚持集体主义既要反对极端个人主义，又要反对虚幻集体主义③。在集体主义与市场经济的关系中，大部分学者认为集体主义原则适合于社会主义市场经济的发展，集体主义应该作为社会主义道德的基本原则和价值导向。在集体主义的践行上，沈丽巍认为集体主义应该坚持与时俱进的精神，采取兼容并蓄的方针，不断汲取先进的思想来充实完善自我。④

集体责任感是一种责任感。当前对责任感的研究有以下四个方面，分别是责任感的分类、责任感的影响因素、责任感的问卷编制和责任感的现状调查。在责任感的分类方面，研究者从不同的角度进行了不同的划分。王燕认为青少年的责任感包括自我责任感、家庭责任感、他人责任感、职业责任感、集体责任感以及社会责任感。⑤ 姜勇等将幼儿作为调查对象，认为幼儿的责任感主要包括自我责任感、他人责任感、集体责任感、任务责任感、承诺责任感和过失责任感。⑥ 张良才等则认为责任感由自我责任感、家庭责任感、集体责任感、社会责任感和环境责任感五部分组成。⑦

在对责任感的影响因素的研究中，大多数研究主要关注的是家庭因素、亲密关系及特殊人群对儿童责任感发展的影响。张良才等的研究发现，家庭因素对儿童责任感的影响较大⑧；姜勇等的研究发现，同伴和教师对中班幼儿责任感水平的影响作用最大。⑨ 古德诺（J. J. Goodnow）的研究认为家庭

① 刘建茂. 当代中国集体主义研究[D]. 北京：中共中央党校博士学位论文，2018：7.

② 宋惠昌. 论集体主义的历史特征及其生命力——从集体主义与个人主义的关系说起[J]. 伦理学研究，2007（5）：31-35.

③ 龚秀勇. 集体主义与个人主义之关系再省思[J]. 理论与改革，2012（1）：44-48.

④ 沈丽巍. 论我国集体主义的践行与发展[J]. 学理论，2010（34）：58-59.

⑤ 王燕. 当代大学生责任观的调查报告[J]. 青年研究，2003（1）：17-22.

⑥ 姜勇，庞丽娟. 幼儿责任心维度构成的探索性与验证性因子分析[J]. 心理科学，2000（4）：389，417-420，510.

⑦ 张良才，孙继红. 山东省高中生责任心现状的调查研究[J]. 教育学报，2006（4）：82-90.

⑧ 张良才，孙继红. 山东省高中生责任心现状的调查研究[J]. 教育学报，2006（4）：82-90.

⑨ 姜勇，陈琴. 中班幼儿责任心水平影响因素的协方差结构模型分析[J]. 心理发展与教育，1997（2）：24-28，35.

因素影响儿童责任感，如果家长较早地委派给儿童一定的责任和任务，会有助于儿童责任感水平的提高。①

　　责任感的问卷编制主要包括修订国外问卷和自编问卷两种类型。王美萍等对富利格尼（A. J. Fuligni）于1998年编制的问卷进行了修订，编制了青少年家庭义务感问卷，其义务感的内涵与本研究中责任感的意义颇为相近，包括当前对家庭的支持、对家人的尊敬以及未来对家庭的支持三个分问卷②；徐玉玲从学校德育的视角出发，编制了初中生集体责任感问卷，信、效度达到了可以使用的水平③。

　　在责任感现状的调查中，青少年群体和中学生是研究者关注的主要对象，同时研究者也关注到了这些群体集体责任感与教师信任及班干部身份之间的关系。魏莉莉等对初中生责任问题的调查发现，绝大部分初中生具有较强的集体责任感，集体主义价值观仍然在很大程度上影响着当代的初中生及其行为取向。④王旭涛等的研究发现，青少年的集体责任感处于中等偏上水平；教师信任能显著正向预测青少年的集体责任感；在教师信任通过道德认同影响青少年集体责任感的中介过程中，学生干部身份起到了调节作用。⑤

　　本研究希望通过对全国9～18岁儿童的跟踪调查，扩展儿童集体责任感的关注对象以及当前儿童集体责任感的年龄变化趋势的研究，同时发现影响儿童集体责任感的更广泛的因素，以期为儿童责任感的培养提供可资借鉴的数据支撑。

二、儿童集体责任感发展的动态特征

　　本次调查发现，当前我国儿童的集体责任感意识较为明确，在年龄上的分布特征为低年龄段的儿童的公共责任感水平较高，高年龄段的儿童更多地

　　① Goodnow J J. Children's household work: Its nature and functions[J]. Psychological Bulletin, 1988（1）: 5-26.
　　② 王美萍，张坤，张文新，等. 青少年家庭义务感的研究[J]. 心理发展与教育，2001（3）: 28-32，39.
　　③ 徐玉玲. 初中生集体责任心研究[D]. 南京：南京师范大学硕士学位论文，2008: 33.
　　④ 魏莉莉，马和民. "90后"责任教育问题探究[J]. 当代青年研究，2011（8）: 7，45-48.
　　⑤ 王旭涛，田进晓，黄颖. 教师信任如何影响青少年集体责任感——道德认同的中介作用与学生干部身份的调节作用[J]. 教育测量与评价，2020（6）: 56-64.

表现为个人义务感。因此，集体责任感呈现随年龄的增长而下降的趋势。儿童集体责任感在发展中受到了心理类因素、教育类因素、年龄、家庭生活方式和区域等的显著影响。

（一）儿童的集体责任感随年龄的增长呈现下降趋势

整体上看，大多数儿童都具有较为鲜明的集体责任感意识。从年龄分布上看，低年龄段儿童在面对集体问题时更加积极主动，愿意和全班同学一起努力解决问题，集体责任感表现得更为突出；高年龄段儿童的集体责任感意识也比较明确，但更关注自己承担的集体责任而非集体的公益利益本身，16岁后完成自己分内的责任成为儿童集体责任感的主流选择（图 3-4）。相较低年龄段儿童对集体整体状况的关注，更多高年龄段儿童表现出将集体责任感转化为个人义务感的倾向。

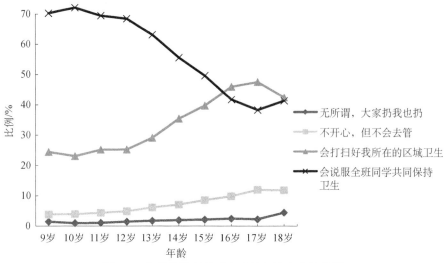

图 3-4　儿童集体责任感水平的年龄变化趋势图

（二）儿童集体责任感发展的多维分析

对 5 大类因素、12 个人口学变量与儿童集体责任感发展水平进行相关性分析，结果如表 3-21 所示。12 个人口学变量均与儿童集体责任感之间存在显著的相关关系。

表 3-21　儿童集体责任感与各人口学变量间的相关性分析表

项目	皮尔逊相关性	项目	皮尔逊相关性
性别	0.037***	母亲受教育程度	0.017***
年龄	−0.195***	学业成绩	0.096***
学段	−0.193***	生活满意度	−0.236***
区域	0.094***	家庭生活方式	−0.060***
城乡	0.010**	最关心我的人	0.007**
父亲受教育程度	0.013***	最了解我的人	−0.016***

1. 生理类因素年龄对儿童集体责任感水平有较大影响

整体上而言，儿童集体责任感水平在生理类因素年龄和性别上存在显著性差异（$p < 0.001$）。进一步进行多重检验发现，在年龄上，部分临近的年龄如 9 岁与 10 岁、11 岁、12 岁儿童之间，11 岁与 12 岁儿童之间，16 岁与 17 岁、18 岁儿童之间，17 岁与 18 岁儿童之间两两不存在显著性差异（$p > 0.05$），其余年龄的儿童的集体责任感水平两两之间均存在显著性差异（$p < 0.05$）。而且，儿童集体责任感在相邻近的两个年龄之间无统计学意义上的差异，在相隔 2 岁以上跨度的儿童之间的差异达到了可接受的程度（$d > 0.2$），但出现可接受差异程度的年龄跨度并不均衡。出现较大程度差异的最大的年龄跨度为 5 岁，在 9 岁和 14 岁儿童群间；最小年龄跨度为 2 岁，如 13 岁和 15 岁、15 岁和 17 岁儿童群体间。整体上看，低年龄段的儿童集体责任感水平高于高年龄段的儿童（表 3-22、表 3-23）。

表 3-22　年龄与儿童集体责任感水平的差异性检验表

年龄/岁	N	M	SD	F	p
9	4 836	3.635	0.629		
10	10 840	3.663	0.598		
11	12 266	3.630	0.619		
12	12 768	3.607	0.650		
13	10 729	3.536	0.689	371.323***	<0.001
14	8 547	3.447	0.710		
15	7 695	3.369	0.728		
16	4 930	3.270	0.736		
17	3 407	3.219	0.738		
18	1 349	3.207	0.817		

表 3-23 年龄与儿童集体责任感水平的差异分析及效应量表

年龄/岁		p	d	年龄/岁		p	d
9	13	<0.001	0.147	11	18	<0.001	0.673**
	14	<0.001	0.279*	12	13	<0.001	0.105
	15	<0.001	0.393*		14	<0.001	0.237*
	16	<0.001	0.539**		15	<0.001	0.351*
	17	<0.001	0.615**		16	<0.001	0.497**
	18	<0.001	0.682**		17	<0.001	0.573**
10	11	0.002	0.049		18	<0.001	0.637**
	12	<0.001	0.083	13	14	<0.001	0.131
	13	<0.001	0.188		15	<0.001	0.246*
	14	<0.001	0.319*		16	<0.001	0.392*
	15	<0.001	0.434**		17	<0.001	0.467**
	16	<0.001	0.579**		18	<0.001	0.523**
	17	<0.001	0.655**	14	15	<0.001	0.115
	18	<0.001	0.726**		16	<0.001	0.260*
11	13	<0.001	0.139		17	<0.001	0.336*
	14	<0.001	0.270*		18	<0.001	0.382*
	15	<0.001	0.385*	15	16	<0.001	0.146
	16	<0.001	0.531**		17	<0.001	0.222*
	17	<0.001	0.606**		18	<0.001	0.258*

由表 3-24 的数据可知，尽管儿童集体责任感水平在性别上存在差异，但程度微弱（$d<0.2$）。

表 3-24 性别与儿童集体责任感水平的差异性检验及效应量表

性别	n	M	SD	t	p	d
男	39 707	3.499	0.724	−10.36***	<0.001	0.075
女	37 660	3.549	0.640			

2. 心理类因素对儿童集体责任感水平有重要影响

数据分析显示，儿童集体责任感水平在心理类因素"生活满意度""最关心自己的人""最了解自己的人"上均存在显著性差异，且均达到了可接受程度。

儿童集体责任感水平在"生活满意度"上呈现出显著性差异（$p<$ 0.001），且"对生活很满意"和"对生活不满意"、"对生活基本满意"和"对生活不满意"的儿童集体责任感水平之间的差异程度较大（$d>0.4$），"对生活很满意"与"对生活基本满意"的儿童集体责任感水平之间的差异程度中等（$0.2<d<0.4$）。"对生活很满意"的儿童的集体责任感水平（$M=3.667$）高于"对生活基本满意"（$M=3.403$）和"对生活不满意"的儿童（$M=3.097$），"对生活基本满意"的儿童的集体责任感水平高于"对生活不满意"的儿童（表 3-25），这意味着对生活的满意程度与集体责任感之间存在着同向的紧密相关关系，生活满意度的提高有助于集体责任感的形成。

表 3-25　生活满意度与儿童集体责任感水平的差异性检验及效应量表

项目	n	M	SD	F	p	交叉分析		d
很满意	39 878	3.667	0.597			很满意	基本满意	0.396*
基本满意	33 512	3.403	0.710	2 286.823***	<0.001	很满意	不满意	0.857**
不满意	3 977	3.097	0.895			基本满意	不满意	0.461**

儿童集体责任感水平在"最关心我的人"上呈现出显著性差异（$p<$ 0.001），且选择"没有"和选择"家人""老师""朋友""其他"的儿童的集体责任感水平之间的差异程度较大（$d>0.4$），选择"朋友"和"其他"的儿童的集体责任感水平之间的差异程度中等（$0.2<d<0.4$），选择其他选项的儿童之间差异程度较弱（$d<0.2$）。即有人关心的儿童的集体责任感高于没有人关心的儿童，选择"朋友"（$M=3.380$）为关心自己的人的儿童集体责任感低于选择"其他"（$M=3.580$）的儿童（表 3-26）。这意味着关心关系的建立有助于促进儿童集体责任感的发展。

儿童集体责任感水平在"最了解我的人"上呈现出显著性差异（$p<$ 0.001），且选择"没有"和选择"家人""朋友""其他"的儿童集体责任感水平之间的差异程度较大（$d>0.4$），选择"家人"和选择"其他"的儿童集体责任感水平之间的差异程度中等（$0.2<d<0.4$），做出其他选择的儿童集体责任感水平之间的差异程度较弱（$d<0.2$）。即选择有了解自己的人的儿童的集体责任感水平高于选择没有人了解自己的儿童，选择"家人"（$M=3.600$）的儿童集体责任感水平高于选择"其他"（$M=3.440$）的儿童

（表 3-26）。这意味着人与人之间的沟通有助于儿童集体责任感水平的提升。

表 3-26　　"最关心我的人""最了解我的人"与儿童集体责任感水平的
差异性检验及效应量表

项目		n	M	SD	F	p	交叉分析		d
最关心我的人	没有	2 301	2.970	1.002	257.768***	<0.001	没有	家人	0.631**
							没有	老师	0.522**
	家人	64 180	3.550	0.648			没有	朋友	0.446**
							没有	其他	0.664**
	老师	2 937	3.450	0.845			家人	老师	0.109
							家人	朋友	0.185
	朋友	4 597	3.380	0.752			家人	其他	0.033
							老师	朋友	0.076
	其他	3 352	3.580	0.660			老师	其他	0.142
							朋友	其他	0.218*
最了解我的人	没有	5 336	3.100	0.856	545.195***	<0.001	没有	家人	0.635**
							没有	老师	0.534**
	家人	49 553	3.600	0.630			没有	朋友	0.445**
							没有	其他	0.432**
	老师	4 054	3.521	0.783			家人	老师	0.102
							家人	朋友	0.191
	朋友	15 872	3.451	0.690			家人	其他	0.203*
							老师	朋友	0.089
	其他	2 552	3.440	0.723			老师	其他	0.102
							朋友	其他	0.013

3. 家庭类因素家庭生活方式对儿童集体责任感水平有中等程度影响

表 3-27 的数据显示，儿童集体责任感水平在家庭类因素 "家庭生活方式""父亲受教育程度""母亲受教育程度" 上都存在显著性差异（$p<0.001$）。在 "家庭生活方式" 上，"和家人一起生活" 的儿童与 "住校" 儿童的集体责任感水平之间的差异程度中等（$0.2<d<0.4$），即 "和家人一起生活" 的儿童的集体责任感（$M=3.537$）高于 "住校" 儿童（$M=3.371$）。儿童集体责任感水平在 "父亲受教育程度""母亲受教育程度" 上存在差异，但差异程度微弱（$d<0.2$）。

表 3-27　家庭类因素与儿童集体责任感水平的差异性检验及效应量表

项目		n	M	SD	F	p	交叉分析		d
父亲受教育程度	小学及以下	8 775	3.472	0.753	30.446***	<0.001	小学及以下	中学	0.091
	中学	46 424	3.534	0.676			小学及以下	大学及以上	0.074
	大学及以上	22 168	3.522	0.674			中学	大学及以上	0.017
母亲受教育程度	小学及以下	11 749	3.478	0.739	31.021***	<0.001	小学及以下	中学	0.081
	中学	45 287	3.534	0.673			小学及以下	大学及以上	0.069
	大学及以上	20 331	3.526	0.678			中学	大学及以上	0.012
家庭生活方式	和家人一起生活	70 649	3.537	0.678	168.858***	<0.001	和家人一起生活	住校	0.243*
	住校生	5 927	3.371	0.731			和家人一起生活	和亲戚一起生活	0.153
	和亲戚一起生活	791	3.432	0.800			住校生	和亲戚一起生活	0.090

4. 教育类因素对儿童集体责任感水平有重要影响

教育类因素"学段""学业成绩"都对儿童集体责任感水平有显著影响，均达到了可接受的程度。数据分析显示，儿童集体责任感水平在"学段"上呈现出显著性差异（$p<0.001$），且小学生和高中生之间的差异较大（$d>0.4$），初中生与高中生之间、小学生与初中生之间的差异程度中等（$0.2<d<0.4$），即小学生集体责任感水平（$M=3.642$）既高于初中生（$M=3.498$）也高于高中生（$M=3.270$），初中生集体责任感水平高于高中生。这意味着儿童的集体责任感水平随学段的升高呈现出递减的发展趋势。

儿童集体责任感水平在"学业成绩"上也呈现出显著性差异（$p<0.001$），且"学业成绩有待提高"与"学业成绩优良"的儿童群体之间的差异较大（$d>0.4$），"学业成绩有待提高"与"学业成绩一般"的儿童群体之间的差异程度中等（$0.2<d<0.4$），即"学业成绩优良"儿童（$M=3.574$）和"学业成绩一般"儿童（$M=3.545$）的集体责任感水平高于"学业成绩有待提高"（$M=3.289$）的儿童，"学业成绩一般"与"学业成绩优良"的儿童群体之间的差异程度较弱（$d<0.2$）（表 3-28）。这可能意味着儿童在班级的学业成绩排名会影响其对班级的责任感。

表 3-28　教育类因素与儿童集体责任感水平的差异性检验及效应量表

项目		n	M	SD	F	p	交叉分析		d
学段	小学	35 187	3.642	0.620	1 534.579***	<0.001	小学	初中	0.213*
	初中	28 566	3.498	0.699			小学	高中	0.554**
	高中	13 614	3.270	0.739			初中	高中	0.340*
学业成绩	有待提高	8 659	3.289	0.810	588.510***	<0.001	有待提高	一般	0.377*
	一般	50 848	3.545	0.659			有待提高	优良	0.418**
	优良	17 860	3.574	0.669			一般	优良	0.042

5. 空间类因素区域对儿童集体责任感水平的影响达到中等程度

表 3-29 的数据显示，儿童集体责任感水平在空间类因素"区域""城乡"上均呈现出显著性差异（$p < 0.001$）。进一步分析发现，在"区域"上，东部和中部地区的儿童集体责任感水平之间的差异程度中等（$0.2 < d < 0.4$），即中部儿童的集体责任感水平（$M=3.646$）高于东部儿童（$M=3.459$），中部儿童与西部儿童、东部儿童与西部儿童的集体责任感水平之间无统计学意义上的差异（$d < 0.2$）。尽管儿童集体责任感水平在"城乡"上呈现出显著性差异（$p < 0.001$），但差异程度均较微弱（$d < 0.2$）。

表 3-29　空间类因素与儿童集体责任感水平的差异性检验及效应量表

项目		n	M	SD	F	p	交叉分析		d
区域	东部	47 229	3.459	0.709	573.423***	<0.001	东部	中部	0.275*
	中部	20 795	3.646	0.597			东部	西部	0.168
	西部	9 343	3.574	0.704			中部	西部	0.107
城乡	大中城市	28 026	3.504	0.666	35.100***	<0.001	大中城市	小城市	0.084
	小城市	17 868	3.562	0.666			大中城市	县城	0.009
	县城	15 299	3.498	0.704			大中城市	农村乡镇	0.048
							小城市	县城	0.093
	农村乡镇	16 174	3.537	0.716			小城市	农村乡镇	0.036
							县城	农村乡镇	0.057

第四节　儿童关爱情感发展动态

关爱情感（同情心）是人的良好品质的重要组成部分，作为个体对他人处境的积极情感感受，同情有助于做出利他行为反应。孟子将恻隐之心作为人的四善端之一，是指见人处于困境时伴生的同情，并把它作为人的先验伦理品质。关爱情感在个体亲社会行为发展中具有重要的基础性作用。关爱情感作为道德情感的一种，在道德教育领域受到了研究者的重视。

近年来，随着生活节奏的加快，市场经济促动的功利观念与个人优先立场兴起，出现了"老人倒地无人敢扶""小悦悦"等道德旁观者的事件，被认为是现代社会的道德冷漠症的表现，加强对儿童的同情教育的呼声也因此越来越强烈。当下儿童的关爱情感的发展情况如何？有怎样的发展趋势？受哪些因素的影响？对这些问题的回应，一方面能对新时代儿童关爱情感发展动态有所了解，可以为儿童的同情教育提供参考数据；另一方面也能为中国传统伦理思想的现代接续提供支撑。

一、儿童关爱情感的研究状况

在西方，关怀伦理是聚焦关爱关系的重要理论之一。卡罗尔·吉利根（C. Gilligan）和内尔·诺丁斯（N. Noddings）分别是将关怀伦理运用在心理学和哲学中的重要代表人物。针对科尔伯格在道德发展研究中提出的男性倾向于理性原则的特点，吉利根提出女性在道德观念与道德判断中与男性存在差别，会更多考虑关怀和关系，形成了基于关怀关系的伦理判断模式。她认为关怀伦理的出发点是处于具体关系和联系中的人以及人类的情感，关怀伦理的价值取向是人与人之间的爱与关怀。[①]诺丁斯在关系哲学的基础上，对

---

① 转引自：何艺，檀传宝. 诺丁斯的关怀伦理学与关怀教育思想[J]. 伦理学研究，2004（1）：81-84.

关怀思想进行了系统阐发，形成了自己的关怀学说。她特别强调了关怀关系的形成条件，强调被关怀者的自身关怀的需要，以及被关怀者的认可和接纳。她以关怀关系为核心组织了整套课程体系，为教育实践提供了有益的经验借鉴，受到众多学者的关注。

除理论研究外，当前对关爱情感的实证研究主要集中在发展现状及影响因素的调查上。现有对关爱情感调查研究的基本结论为：调查对象的关爱情感发展较好，师生关系对学生关爱情感的发展具有重要的影响。卢家楣等对全国青少年的道德情感进行调查发现，青少年关爱情感的平均得分最高，是在道德情感中得分最高的因子，其中在性别、学业、师生关系、教师有情施教上存在显著差异，女生的关爱情感水平高于男生，且与学业自评、师生关系和教师有情施教呈正相关关系。[1] 汪海彬等对留守儿童道德情感的调查发现，留守儿童的道德情感水平显著低于全国常模，且各因子的发展不均衡，其中关爱情感的水平最高。关爱情感水平在师生关系上的差异显著，且其得分随着师生关系的紧密而上升，在同伴关系上的关爱情感水平存在差异，关爱情感的得分随同伴关系的密切而上升。[2]

相对于关爱情感来说，关于同情心的研究更为丰富，可分为同情心的概念、结构以及培养三个主要方面。不同学者对同情心的概念界定不同。朱智贤认为，同情心不仅是对弱者取向的同情，也包括对强者、正义者的支持；不仅是一种情感上的共鸣，也包括助人为乐、伸张正义的动机和行动，这是受人的立场观点和思想觉悟制约的，由认识、动机、情感、行动交织在一起的高尚的道德情感。[3] 霍根（Hogan）把同情心作为研究社会行为，特别是道德情感的一项重要指标。[4] 格伦（Gruen）等认为，同情心是由观察者的人格和他人所处冲突的性质决定的，并且在以下两种认知变量上相关：设身处地想象如果他们处于此情境会如何反应，以及他们如何评价他人的回答。[5]

① 卢家楣，袁军，王俊山，等. 我国青少年道德情感现状调查研究[J]. 教育研究，2010（12）：83-89.

② 汪海彬，田晶晶，王刚，等. 留守儿童道德情感的现状调查研究[J]. 集美大学学报（教育科学版），2016（3）：30-36.

③ 朱智贤. 心理学大词典[M]. 北京：北京师范大学出版社，1989：675.

④ Hogan R. Development of an Empathy Scale[J]. Journal of Consulting and Clinical Psychology，1969（3）：307-316.

⑤ Gruen R，Mendelsohn G. Emotional responses to affective displays in others：The distinction between empathy and sympathy[J]. Journal of Personality and Social Psychology，1986（3）：609-614.

在同情心结构的研究中，情感体验是认可度最高的因素。胡金生认为，儿童同情心包含同情体验、同情理解、同情行为 3 个维度，其调查结果表明，同情理解的水平随年龄的增长而提高，在性别上的差异不显著。① 费什巴赫（Feshbach）等认为，同情心包含认知成分和体验成分。无论成人还是儿童，若要对一个人的情绪体验产生同情，首先必须能够从不同人的不同情绪状态中区分和辨别出相关的情感线索，并能够依据获得的情感线索推测他人的内部情感状态，尤其是建立在观点选择基础上对他人情感状态的推测。② 有研究者认为同情心可以通过多种途径进行培育，如骆艳萍认为同情心可以通过对他人的情绪情感认知、情绪教养、同情行为强化和榜样等方法来培育。③

通过上述分析可以发现，对儿童关爱情感（同情心）的多类型研究相当丰富，为深入研究儿童关爱情感的发展特点提供了很好的基础。

二、儿童关爱情感的动态发展特征

本次调查发现，中国儿童普遍具有关爱他人的情感，但儿童的关爱情感水平在多个人口学变量上都呈现出显著的差异。随着年龄的增长，儿童关心他人的情感水平整体呈现出一定程度的下降。心理类因素、教育类因素、生理类因素中的年龄和空间类因素中的区域对儿童关爱情感的发展有较为显著的影响。

（一）由"尽力而为"转向"寄望他人"

本次调查中儿童关爱他人的情感状况基本与 2017 年报告的结论一致。数据分析显示，在"从新闻中知道许多贫困山区的孩子上不了学"时，44.64%的儿童会同情他们，希望有好心人能帮他们，51.12%的儿童会想尽自己所能去帮助他们（表 3-30）。这说明当前儿童对他人的困难处境有两种主要的情感反应：一种相对强烈，希望通过自身的力量去帮助他人；另一种相对平缓，有同情反应，但不触发自身行动，寄望于其他好心人去帮助。随着

---

① 胡金生. 儿童同情心的结构及发展特点研究[D]. 大连：辽宁师范大学博士学位论文，2004：75.

② Fesnbach D R，Roe A M. Empathy and aggression revisited--the effects of context[J]. Aggressive Behavior，1991（17）：93-94.

③ 骆艳萍. 试论同情心教育的价值与途径[J]. 湖南师范大学教育科学学报，2009（4）：41-45.

年龄的增长，这两种关爱反应在儿童群体中发生了结构性变化：有相对强烈的关心情感反应的人数下降，有相对平缓的关心情感反应的人数增加，14岁后，相对平缓的情感反应成为儿童的主流心态（图3-5）。

表 3-30　儿童关爱情感选项频次表

项目	n	百分比（%）
觉得无所谓，跟我没关系	1 606	2.08
不相信还有这样的地方	1 675	2.17
会同情他们，希望有好心人能帮他们	34 534	44.64
想尽自己所能去帮助他们	39 552	51.12
总计	77 367	

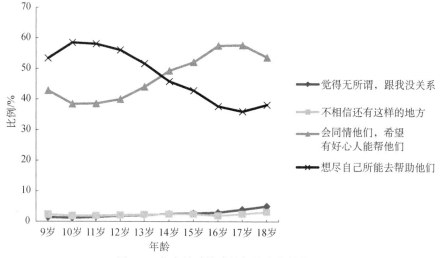

图 3-5　儿童关爱情感的年龄变化趋势图

（二）儿童关爱情感发展的多维分析

对5大类、12个人口学变量与儿童关爱情感水平进行相关性分析，通过表3-31可以发现，12个变量均与儿童关爱情感水平呈显著相关关系。

表 3-31　儿童关爱情感水平与各人口学变量间的相关性分析表

项目	皮尔逊相关性	项目	皮尔逊相关性
性别	0.055***	母亲受教育程度	0.054***
年龄	−0.130***	学业成绩	0.094***

续表

项目	皮尔逊相关性	项目	皮尔逊相关性
学段	−0.128***	生活满意度	−0.197***
区域	0.065***	家庭生活方式	−0.045***
城乡	−0.042***	最关心我的人	0.017***
父亲受教育程度	0.050***	最了解我的人	0.010**

1. 生理类因素年龄影响了儿童的关爱情感水平

儿童关爱情感水平在年龄上呈现出显著性差异（$p<0.001$）。进一步的多重检验发现，临近的年龄 9 岁与 12 岁、13 岁之间，10 岁与 11 岁之间，14 岁与 15 岁之间，16 岁与 17 岁、18 岁之间，17 岁与 18 岁儿童关爱情感水平之间的差异不显著（$p>0.05$），其余变量两两之间均存在显著性差异（$p<0.001$）。在差异显著的年龄中，儿童关爱情感水平达到中等以上程度差异的年龄跨度在 3～4 岁，大部分年龄儿童的关爱情感水平差异程度中等（$0.2<d<0.4$），10 岁与 17 岁、18 岁，11 岁与 17 岁、18 岁，12 岁与 18 岁儿童关爱情感水平之间的差异程度较大（$d>0.4$），整体上显示出低年龄段的儿童关爱情感水平要高于高年龄段的儿童（表 3-32、表 3-33）。这说明儿童关爱情感的变化是一个缓慢的累积的过程，3～4 年可能是关爱情感差异显现的时间跨度。

表 3-32　年龄与儿童关爱情感水平的差异性检验表

年龄/岁	n	M	SD	F	p
9	4 836	3.482	0.618		
10	10 840	3.542	0.597		
11	12 266	3.532	0.612		
12	12 768	3.502	0.636		
13	10 729	3.452	0.646	170.043***	<0.001
14	8 547	3.383	0.661		
15	7 695	3.350	0.662		
16	4 930	3.299	0.652		
17	3 407	3.257	0.690		
18	1 349	3.250	0.743		

表 3-33　年龄与儿童关爱情感水平的差异性检验及效应量表

年龄/岁		p	d	年龄/岁		p	d
9	10	<0.001	0.093	11	17	<0.001	0.426**
	11	<0.001	0.078		18	<0.001	0.469**
	14	<0.001	0.153	12	13	<0.001	0.077
	15	<0.001	0.204*		14	<0.001	0.184
	16	<0.001	0.283*		15	<0.001	0.235*
	17	<0.001	0.348*		16	<0.001	0.314*
	18	<0.001	0.386*		17	<0.001	0.379*
10	12	<0.001	0.062		18	<0.001	0.419**
	13	<0.001	0.139	13	14	<0.001	0.107
	14	<0.001	0.246*		15	<0.001	0.158
	15	<0.001	0.297*		16	<0.001	0.237*
	16	<0.001	0.376*		17	<0.001	0.302*
	17	<0.001	0.441**		18	<0.001	0.337*
	18	<0.001	0.486**	14	16	<0.001	0.130
11	12	0.006	0.047		17	<0.001	0.195
	13	<0.001	0.124		18	<0.001	0.222*
	14	<0.001	0.231*	15	16	<0.001	0.079
	15	<0.001	0.282*		17	0.001	0.144
	16	<0.001	0.361*		18	<0.001	0.167

根据表 3-34 可知，儿童关爱情感水平在性别上存在差异，但程度微弱（$d<0.2$）。

表 3-34　性别与儿童关爱情感水平的差异性检验及效应量表

性别	n	M	SD	t	p	d
男	39 707	3.414	0.681	−15.29***	<0.001	0.11
女	37 660	3.484	0.601			

2. 心理类因素对儿童关爱情感水平有重要影响

心理类因素中的"生活满意度""最关心我的人""最了解我的人"对儿童关爱情感水平有着较大影响。儿童关爱情感水平在"生活满意度"上呈现出显著性差异（$p<0.001$），且"对生活很满意"和"对生活不满意"的儿

童关爱情感水平之间的差异较大（*d*>0.4），"对生活基本满意"与"对生活不满意"和"对生活很满意"与"对生活基本满意"的儿童之间的差异程度中等（0.2<*d*<0.4）。"对生活很满意"的儿童关爱情感水平（*M*=3.561）高于"对生活基本满意"（*M*=3.353）和"对生活不满意"的儿童（*M*=3.116），"对生活基本满意"的儿童关爱情感水平高于"对生活不满意"的儿童（表3-35）。这意味着更多对生活满意程度高的儿童对他人有更强烈的关怀情感。

儿童关爱情感水平在"最关心我的人"上呈现出显著性差异（*p*<0.001），且选择"没有"和选择"家人""老师""朋友""其他"的儿童之间的差异程度明显（*d*>0.2），做出其他选择的儿童之间的差异程度较弱（*d*<0.2）（表3-36），即有人关心的儿童的关爱情感水平高于没有人关心的儿童。这在一定程度上证明了关怀是一种相互建构的关系，更多感受到他人关心的人怀有关心他人的情感。

儿童关爱情感水平在"最了解我的人"上呈现出显著性差异（*p*<0.001），且选择"没有"和选择"家人""老师""朋友""其他"的儿童之间的差异程度明显（*d*>0.2），做出其他选择的儿童之间的差异程度较弱（*d*<0.2），即选择有人了解自己的儿童的关爱情感水平高于选择没有人了解自己的儿童，做出其他选择的儿童之间的关爱情感水平存在差异，但程度微弱（表3-36）。这意味着人际沟通有助于促进儿童关爱情感的发展。

表3-35 生活满意度与儿童关爱情感水平的差异性检验及效应量表

项目	*n*	*M*	*SD*	*F*	*p*	交叉分析		*d*
很满意	39 878	3.561	0.597			很满意	基本满意	0.330*
基本满意	33 512	3.353	0.642	1 570.044***	<0.001	很满意	不满意	0.705**
不满意	3 977	3.116	0.845			基本满意	不满意	0.375*

表3-36 "最关心我的人""最了解我的人"与儿童关爱情感水平的差异性检验及效应量表

项目		*n*	*M*	*SD*	*F*	*p*	交叉分析		*d*
最关心我的人	没有	2 301	2.990	0.991	170.659***	<0.001	没有	家人	0.520**
							没有	老师	0.390*
							没有	朋友	0.411**
	家人	64 180	3.470	0.606			没有	其他	0.563**

续表

项目		n	M	SD	F	p	交叉分析		d
最关心我的人	老师	2 937	3.350	0.808	170.659***	<0.001	家人	老师	0.130
							家人	朋友	0.108
	朋友	4 597	3.370	0.731			家人	其他	0.043
							老师	朋友	0.022
	其他	3 352	3.510	0.629			老师	其他	0.173
							朋友	其他	0.152
最了解我的人	没有	5 336	3.180	0.838	208.569***	<0.001	没有	家人	0.399*
							没有	老师	0.231*
	家人	49 553	3.490	0.601			没有	朋友	0.334*
							没有	其他	0.309*
	老师	4 054	3.361	0.767			家人	老师	0.167
							家人	朋友	0.064
	朋友	15 872	3.440	0.638			家人	其他	0.090
							老师	朋友	0.103
	其他	2 552	3.421	0.664			老师	其他	0.077
							朋友	其他	0.026

3. 家庭类因素对儿童关爱情感水平的影响程度微弱

表 3-37 的数据显示，儿童关爱情感水平在家庭生活方式和父母受教育程度上呈现出显著性差异（$p<0.001$），但差异程度皆较弱（$d<0.2$），即家庭类因素对儿童关爱情感的发展的影响不大（表 3-37）。

表 3-37 家庭类因素与儿童关爱情感水平的差异性检验及效应量表

项目		n	M	SD	F	p	交叉分析		d
父亲受教育程度	小学及以下	8 775	3.386	0.707	95.298***	<0.001	小学及以下	中学	0.082
	中学	46 424	3.439	0.633			小学及以下	大学及以上	0.164
	大学及以上	22 168	3.491	0.640			中学	大学及以上	0.081
母亲受教育程度	小学及以下	11 749	3.393	0.689	114.295***	<0.001	小学及以下	中学	0.072
	中学	45 287	3.439	0.630			小学及以下	大学及以上	0.167
	大学及以上	20 331	3.500	0.645			中学	大学及以上	0.095
家庭生活方式	和家人一起生活	70 649	3.458	0.641	90.785***	<0.001	和家人一起生活	住校生	0.176
	住校生	5 927	3.344	0.659			和家人一起生活	和亲戚一起生活	0.136
	和亲戚一起生活	791	3.370	0.764			住校生	和亲戚一起生活	0.041

4. 教育类因素对儿童关爱情感水平有重要影响

表 3-38 的数据显示，儿童关爱情感水平在教育类因素"学段""学业成绩"上均呈现出显著性差异（$p < 0.001$）。进一步分析发现，在"学段"上，小学生和高中生的关爱情感水平差异达到了中等程度（$0.2 < d < 0.4$），小学生的关爱情感水平（$M=3.526$）高于高中生（$M=3.301$），小学生和初中生、初中生和高中生之间的差异较小（$d < 0.2$）。这意味着儿童关爱情感水平在学段间的差异显现需要更大的年龄跨度。

表 3-38　教育类因素与儿童关爱情感水平的差异性检验及效应量表

项目		n	M	SD	F	p	交叉分析		d
学段	小学	35 187	3.526	0.615	649.981***	<0.001	小学	初中	0.163
	初中	28 566	3.422	0.653			小学	高中	0.353*
	高中	13 614	3.301	0.669			初中	高中	0.190
学业成绩	有待提高	8 659	3.262	0.744	451.715***	<0.001	有待提高	一般	0.307*
	一般	50 848	3.458	0.621			有待提高	优良	0.385*
	优良	17 860	3.509	0.641			一般	优良	0.079

"学业成绩有待提高"与"学业成绩一般"的儿童群体、"学业成绩有待提高"与"学业成绩优良"的儿童群体之间的关爱情感水平差异程度中等（$0.2 < d < 0.4$），"学业成绩优良"的儿童（$M=3.509$）与"学业成绩一般"的儿童（$M=3.458$）的关爱情感水平高于"学业成绩有待提高"的儿童（$M=3.262$），"学业成绩一般"与"学业成绩优良"的儿童关爱情感水平之间存在差异，但程度微弱（$d < 0.2$）（表 3-38）。这说明学业成绩"有待提高"的儿童的关爱情感发展面临更大的困难。这可能意味着良好的自我效能感有助于促进儿童关爱情感的发展。

5. 空间类因素区域对儿童关爱情感水平有中等程度的影响

表 3-39 的数据显示，在空间类因素"区域""城乡"上，儿童关爱情感水平均呈现出显著性差异（$p < 0.001$）。进一步分析发现，在"区域"上，东部和中部地区儿童关爱情感水平之间的差异程度中等（$0.2 < d < 0.4$），即中部地区儿童的关爱情感水平（$M=3.546$）高于东部地区儿童（$M=3.402$），东部与西部、中部与西部地区儿童关爱情感水平之间的差异程度均较微弱

（$d<0.2$）。尽管儿童关爱情感水平在"城乡"方面呈现出差异，但差异程度微弱（$d<0.2$）。

表 3-39　空间类因素与儿童关爱情感水平的差异性检验及效应量表

项目		n	M	SD	F	p	交叉分析		d
区域	东部	47 229	3.402	0.655	366.355***	<0.001	东部	中部	0.225*
	中部	20 795	3.546	0.593			东部	西部	0.090
	西部	9 343	3.460	0.674			中部	西部	0.134
城乡	大中城市	28 026	3.464	0.628	64.201***	<0.001	大中城市	小城市	0.031
	小城市	17 868	3.484	0.641			大中城市	县城	0.049
	县城	15 299	3.433	0.643			大中城市	农村乡镇	0.108
							小城市	县城	0.080
	农村乡镇	16 174	3.395	0.673			小城市	农村乡镇	0.139
							县城	农村乡镇	0.059

第五节　儿童自尊感发展动态

　　自尊亦称"自尊心""自尊感"，是个人基于自我评价产生和形成的一种自重、自爱，并要求受到他人、集体和社会尊重的情感体验。自尊是人格自我调节结构的心理成分，具有评价的功能，是个体对其社会角色评价的结果。自尊感包括自己对自身价值的感受，也包括他人、集体或者社会对自身价值的反馈。自尊是个体成长过程中一种重要的心理体验，也是个体自我意识的重要组成部分。自尊感的建立对儿童的道德品质发展具有重要的影响，过强则变成虚荣心，过弱则变成自卑。[1]健康的自尊感是儿童奋发向上、不断前进的心理动力。因此，对儿童自尊感的培养和保护在道德教育中是一项重要的任务。

---

① 林崇德，杨治良，黄希庭. 心理学大辞典[M]. 上海：上海教育出版社，2003：1783.

一、儿童自尊感的研究状况

自尊感的相关研究比较丰富，从内容上可以分为 5 大类：概念的辨析、理论建构、结构模型的探索、影响因素探析以及自尊感的培养途径。中外学者对自尊感内涵的理解有所不同，目前尚未形成较为统一的认识。美国机能主义心理学的先驱詹姆斯（James）认为，"在这个世界上，人们的自我感受（self-feeling）完全取决于人们如何看待自己，取决于人们的实际情况与自己所设想的可能性的比值。它是一个分数，即自尊=成功/抱负水平。这个分数可以通过减小分母或增大分子而提高"①。罗森博格（Rosenberg）认为"自尊是针对于某一特定客体，即自我本身的一种积极或消极的态度"②。库珀史密斯（Coopersmith）认为"自尊是一种对个人价值的主观判断，它表达的是一种个体对自己的态度。它是通过言语报告和其他外显行为传达给他人的一种主观性的心理感受"③。穆鲁克（Mruk）在对以往自尊概念进行现象学分析的基础上，提出了一个"综合性"的概念，认为"自尊是一个人在面对生活中各种挑战时能够以一种有价值的方式存活下去的生活状态"④。我国学者朱智贤⑤和林崇德⑥的观念比较一致，都把自尊看作社会评价与个人的自尊需要的关系的反映，荆其诚则偏向于把自尊看作个人自我感觉的一种方式，是一种胜任愉快值得受人敬重的自我概念⑦。

自尊感研究包括文化学、社会学、心理学等不同理论视角。格林伯格（Greenberg）、所罗门（Solomon）基于文化学视角提出了自尊感的恐惧管理理论，认为自尊是个体对自身价值的感受和评价，即对生命意义的体会，可以保护人们免受与生俱来的对死亡的恐惧带来的焦虑。库珀史密斯是心理学领域对自尊研究的重要代表，认为自尊是一种后天习得的特质，影响自尊的主要因素有父母的温暖、明确界定的限制和被尊重。罗森博格关注社会因素

---

① James W. The Principles of Psychology[M]. Cambridge：Harvard University Press，1983：296.

② Rosenberg M. Society and the Adolescent Self-image[M]. Princeton：Princeton University Press，1965：30.

③ Coopersmith S. The antecedents of self-esteem[J]. San Francisco：Freeman，1967：4-5.

④ Mruk C J. Self-esteem：Research，Theory and Practice [M]. New York：Springer，1999：26.

⑤ 朱智贤. 心理学大词典[M]. 北京：北京师范大学出版社，1989：1001-1005.

⑥ 林崇德. 发展心理学[M]. 杭州：浙江教育出版社，2002：401.

⑦ 荆其诚. 简明心理学百科全书[M]. 长沙：湖南教育出版社，1991：711.

对自尊的影响，认为自尊是一种社会现象，是个体对待自我的态度。他同时把价值感纳入自尊研究中，打破了自尊研究的心理学边界，开创了自尊研究的社会心理学范式，为解决文化相对性和价值超越之间的矛盾提供了一种可能。[①]

自尊结构模型的探索主要研究自尊的构成因素。波普（Pope）和麦克海尔（McHale）于 1988 年提出了自尊二维模型，认为自尊是由知觉的自我（perceived self）和理想自我（ideal self）两个维度构成的。斯特芬哈根（Steffenhagen）和伯恩斯（Burns）于 1983 年提出了自尊的三维结构模型，这个模型包括三个相互联系的亚模型，即物质/情境模型（material/situational model）、超然/建构模型（transcendental/construct model）、自我强度意识/整合模型（ego strength awareness/integration model）。[②]

目前，对自尊影响因素的研究主要关注其内外影响因素及作用机制。周碧薇等认为，影响少年儿童自尊发展的主要因素可以分为家庭因素、自身因素、学校因素和社会文化因素，其中家庭因素贯穿于少年儿童自尊发展的整个阶段，并起着主导作用。随着年龄的增长，其他三种因素的作用不断加强。[③]潘颖秋的研究认为，亲子关系和认知自主对初中青少年的自尊发展有着显著的促进作用，学业压力对初中青少年的自尊发展有着明显的抑制作用，师生关系对初中青少年的自尊发展没有明显影响。[④]

对于自尊感的培养研究侧重对于对自尊感提升的教育建议。马林芳等认为，对青少年自尊感的培养可以从五个方面着手：引导学生进行积极的自我评价；确立适当的抱负水平；创造机会，增加学生的成功体验；对学生进行耐挫折教育，提高其心理承受力；正视学生的个性差异，合理采用激励和强化方式。[⑤]

从上述的文献梳理可以发现，当前对自尊感的研究比较翔实，涵盖的内

① 转引自：张林. 青少年自尊结构、发展特点及其影响因素的研究[D]. 长春：东北师范大学博士学位论文，2004：18-22.

② 转引自：张静. 自尊问题研究综述[J]. 南京航空航天大学学报（社会科学版），2002（2）：82-86.

③ 周碧薇，黎文静，刘源. 少年儿童自尊发展影响因素综述[J]. 中国健康心理学杂志，2008（7）：759-761.

④ 潘颖秋. 初中青少年自尊发展趋势及影响因素的追踪分析[J]. 心理学报，2015（6）：787-796.

⑤ 马林芳，王建平. 青少年的自尊感及其培养[J]. 教育探索，2000（10）：39.

容也较为丰富。但国内近期基本没有大样本的研究，特别是对儿童自尊感的发展动态的大样本研究更是很少见，本部分内容努力弥补当前研究的这一不足，希望对儿童自尊感的培育提供有益的数据支撑。

二、儿童自尊感发展的动态特征

本次调查发现，儿童普遍具有较强的自尊感，虽然自尊感是儿童道德情感发展中得分最高的一维（M=3.69），但是并未摆脱随着年龄的增长而下降的趋势。在儿童自尊感发展中，教育类因素、年龄、"最关心我的人"和"最理解我的人"对其有重要影响。

（一）儿童普遍具有较强的自尊感

对儿童自尊感的调查发现，八成以上的儿童有较强的自尊感，在犯错误被老师当众批评时，表示日后一定去改正，找回尊严，或者认为这很丢人、没面子。从年龄变化趋势上看，各年龄段的绝大部分儿童都具有很强的自尊心，选择"日后一定去改正，找回尊严"的儿童所占比例远远高于其他选项（图 3-6）。

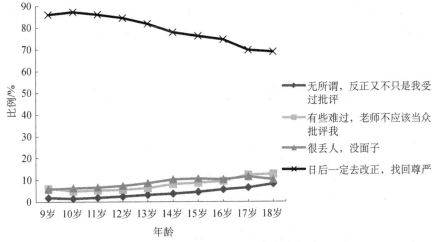

图 3-6　儿童自尊感的年龄变化趋势图

（二）儿童自尊感发展的多维分析

对儿童自尊感水平与 5 大类、12 个人口学变量进行相关性分析，结果如表 3-40 所示。除变量"最关心我的人"外，其余变量均与儿童自尊感水平存在显著相关关系。

表 3-40　儿童自尊感水平与各人口学变量间的相关性分析表

项目	皮尔逊相关性	项目	皮尔逊相关性
性别	0.050***	母亲受教育程度	0.020***
年龄	−0.134***	学业成绩	0.099***
学段	−0.123***	生活满意度	−0.187***
区域	0.046***	家庭生活方式	−0.036***
城乡	−0.018***	最关心我的人	−0.006
父亲受教育程度	0.018***	最了解我的人	−0.012***

1. 生理类因素年龄对儿童自尊感水平有一定程度的影响

儿童自尊感水平在年龄上整体存在显著性差异（$p < 0.001$）。经过进一步多重检验发现，部分相近年龄 9 岁与 10 岁、11 岁、12 岁之间，10 岁与 11 岁之间，11 岁与 12 岁之间，14 岁与 15 岁之间，15 岁与 16 岁之间，17 岁与 18 岁之间不存在显著差异（$p > 0.05$），其余变量两两之间均存在显著性差异（$p < 0.001$），且大部分年龄间的差异达到了可接受程度（$d > 0.2$），整体上低年龄段儿童的自尊感水平高于高年龄段儿童（表 3-41、表 3-42）。这意味着儿童自尊感在年龄上超过 2 年的跨度才会发生显著性的变化，具有时间上的变化特征。

表 3-41　年龄与儿童自尊感水平的差异性检验表

年龄/岁	n	M	SD	F	p
9	4 836	3.761	0.648		
10	10 840	3.794	0.593		
11	12 266	3.769	0.632		
12	12 768	3.740	0.674		
13	10 729	3.691	0.730	169.832***	<0.001
14	8 547	3.624	0.787		
15	7 695	3.584	0.830		
16	4 930	3.537	0.882		
17	3 407	3.444	0.940		
18	1 349	3.398	0.992		

表 3-42 年龄与儿童自尊感水平的差异检验及效应量表

年龄/岁		*p*	*d*	年龄/岁		*p*	*d*
9	13	<0.001	0.098	11	18	<0.001	0.558**
	14	<0.001	0.192	12	13	<0.001	0.068
	15	<0.001	0.248*		14	<0.001	0.162
	16	<0.001	0.312*		15	<0.001	0.218*
	17	<0.001	0.443**		16	<0.001	0.283*
	18	<0.001	0.546**		17	<0.001	0.413**
10	12	<0.001	0.076		18	<0.001	0.514**
	13	<0.001	0.144	13	14	<0.001	0.094
	14	<0.001	0.238*		15	<0.001	0.150
	15	<0.001	0.294*		16	<0.001	0.215*
	16	<0.001	0.359*		17	<0.001	0.345*
	17	<0.001	0.489**		18	<0.001	0.441**
	18	<0.001	0.595**	14	16	<0.001	0.121
11	12	0.015	0.041		17	<0.001	0.251*
	13	<0.001	0.109		18	<0.001	0.339*
	14	<0.001	0.204*	15	17	<0.001	0.195
	15	<0.001	0.260*		18	<0.001	0.279*
	16	<0.001	0.324*	16	17	<0.001	0.131
	17	<0.001	0.455**		18	<0.001	0.209*

表 3-43 的数据显示，尽管儿童自尊感水平在性别上存在差异，但差异程度微弱（*d*<0.2）。

表 3-43 性别与儿童自尊感水平的差异性检验及效应量表

性别	*n*	*M*	*SD*	*t*	*p*	*d*
男	39 707	3.651	0.785	−13.866***	<0.001	0.01
女	37 660	3.724	0.677			

2. 心理类因素生活满意度和"最了解我的人"对儿童自尊感水平的影响较大

儿童自尊感水平在"生活满意度"上呈现出显著性差异（*p*<0.001），且"对生活很满意"与"对生活不满意"、"对生活基本满意"与"对生活不满

意"的儿童之间的差异较大（$d>0.4$），"对生活很满意"与"对生活基本满意"的儿童之间的差异程度中等（$0.2<d<0.4$）。也就是说，"对生活很满意"的儿童自尊感水平（$M=3.801$）高于"对生活基本满意"（$M=3.603$）和"对生活不满意"（$M=3.246$）的儿童自尊感水平，"对生活基本满意"的儿童自尊感水平高于"对生活不满意"的儿童自尊感水平（表 3-44）。这意味着生活满意度与儿童自尊感之间存在同向紧密关系，生活满意度越高的儿童，其自尊感越强。

儿童自尊感水平在"最了解我的人"上呈现出显著性差异（$p<0.001$），且选择"没有"和选择"家人""老师""朋友""其他"的儿童自尊感水平之间的差异程度明显（$d>0.2$），选择"家人"与选择"老师"的儿童自尊感水平之间的差异程度中等（$0.2<d<0.4$），即选择有人了解自己的儿童自尊感水平高于选择没有人了解自己的儿童，选择"家人"的儿童自尊感水平高于选择"老师"的儿童，做出其他选择的儿童之间的差异程度较弱（$d<0.2$）（表 3-45）。这意味着人际沟通，特别是家人间的深入沟通有助于促进儿童自尊感的形成。

表 3-44　生活满意度与儿童自尊感水平的差异性检验及效应量表

项目	n	M	SD	F	p	交叉分析		d
很满意	39 878	3.801	0.606			很满意	基本满意	0.274*
基本满意	33 512	3.603	0.800	1 464.927***	<0.001	很满意	不满意	0.768**
不满意	3 977	3.246	1.026			基本满意	不满意	0.494**

表 3-45　"最了解我的人"与儿童自尊感水平的差异性检验及效应量表

项目		n	M	SD	F	p	交叉分析		d
最了解我的人	没有	5 336	3.280	1.048			没有	家人	0.523**
							没有	老师	0.305*
	家人	49 553	3.760	0.641			没有	朋友	0.381*
							没有	其他	0.348*
	老师	4 054	3.560	0.846	380.341***	<0.001	家人	老师	0.218*
							家人	朋友	0.142
							家人	其他	0.174
	朋友	15 872	3.630	0.781			老师	朋友	0.076
							老师	其他	0.044
	其他	2 552	3.600	0.832			朋友	其他	0.033

3. 家庭类因素对儿童自尊感水平的影响微弱

表 3-46 的数据分析显示，儿童自尊感水平在家庭类因素"家庭生活方式""父亲受教育程度""母亲受教育程度"上存在差异（$p<0.001$），但差异程度微弱（$d<0.2$）。

表 3-46　家庭类因素与儿童自尊感水平的差异性检验及效应量表

项目		n	M	SD	F	p	交叉分析		d
父亲受教育程度	小学及以下	8 775	3.616	0.817	47.245***	<0.001	小学及以下	中学	0.113
	中学	46 424	3.699	0.723			小学及以下	大学及以上	0.097
	大学及以上	22 168	3.687	0.725			中学	大学及以上	0.017
母亲受教育程度	小学及以下	11 749	3.629	0.806	43.538***	<0.001	小学及以下	中学	0.097
	中学	45 287	3.700	0.720			小学及以下	大学及以上	0.081
	大学及以上	20 331	3.689	0.725			中学	大学及以上	0.016
家庭生活方式	和家人一起生活	70 649	3.694	0.725	50.906***	<0.001	和家人一起生活	住校生	0.121
	住校生	5 927	3.606	0.824			和家人一起生活	和亲戚一起生活	0.176
	和亲戚一起生活	791	3.565	0.857			住校生	和亲戚一起生活	0.055

4. 教育类因素对儿童自尊感水平有较大影响

儿童自尊感水平在教育类因素"学段""学业成绩"上均呈现出显著性差异（$p<0.001$）。进一步分析发现，在"学段"上，小学生和高中生之间的差异达到了中等程度（$0.2<d<0.4$），且小学生的自尊感水平（$M=3.771$）高于高中生（$M=3.521$），但小学生与初中生、初中生与高中生之间的差异程度较弱（$d<0.2$）（表 3-47）。这意味着学段间的差异不表现在相邻近的学段间，而是要跨越一个中间学段。

表 3-47　教育类因素与儿童自尊感水平的差异性检验及效应量表

项目		n	M	SD	F	p	交叉分析		d
学段	小学	35 187	3.771	0.630	600.062***	<0.001	小学	初中	0.150
	初中	28 566	3.661	0.756			小学	高中	0.342*
	高中	13 614	3.521	0.893			初中	高中	0.192
学业成绩	有待提高	8 659	3.421	0.947	654.625***	<0.001	有待提高	一般	0.401**
	一般	50 848	3.713	0.700			有待提高	优良	0.436**
	优良	17 860	3.739	0.686			一般	优良	0.035

在学业成绩上，"学业成绩有待提高"与"学业成绩优良"、"学业成绩有待提高"与"学业成绩一般"的儿童自尊感水平差异程度较大（$d >$ 0.4），即"学业成绩优良"（$M=3.739$）和"学业成绩一般"儿童（$M=$ 3.713）的自尊感水平高于"学业成绩有待提高"（$M=3.421$）的儿童，"学业成绩一般"与"学业成绩优良"儿童的自尊感水平之间无统计学意义上的差异（$d < 0.2$）（表 3-47）。这说明学业成绩是影响儿童自尊感形成的因素，而且学业成绩不良儿童的自尊感水平会受到明显的消极影响。

5. 空间类因素对儿童自尊感水平的影响微弱

表 3-48 的数据显示，儿童自尊感水平在空间类因素"区域""城乡"上均呈现出显著性差异（$p < 0.001$），但差异程度微弱（$d < 0.2$）。

表 3-48　空间类因素与儿童自尊感水平的差异性检验及效应量表

项目		n	M	SD	F	p	交叉分析		d
区域	东部	47 229	3.646	0.775	260.052***	<0.001	东部	中部	0.189
	中部	20 795	3.784	0.616			东部	西部	0.039
	西部	9 343	3.674	0.752			中部	西部	0.150
城乡	大中城市	28 026	3.691	0.720	16.456***	<0.001	大中城市	小城市	0.030
	小城市	17 868	3.713	0.709			大中城市	县城	0.022
	县城	15 299	3.675	0.754			大中城市	农村乡镇	0.043
							小城市	县城	0.052
	农村乡镇	16 174	3.660	0.769			小城市	农村乡镇	0.072
							县城	农村乡镇	0.021

第六节　儿童羞耻感发展动态

羞耻感是谴责自己的行为、动机和道德品质的一种道德情感，是人对自身的意念、行为做出的否定性的自我道德评价，即在自我道德审视时，承认自己所想所做的违背了情理，违反了社会伦理规范，由此引起了羞于见人、自以为耻的感受。①中国自古以来就注重羞耻对德性养成的意义。孟子说"无羞恶之心，非人也"②，把具有羞耻之心作为对人进行道德判断的标准之一。羞耻感作为主体对自身所作所为的一种反思，是一种独特的道德情感体验，它本身对个体具有导善、规范的功能，是一种基础性的道德情感。对儿童进行羞耻感教育，有利于培养其良好的道德品质，也有助于促进社会精神文明建设。

一、儿童羞耻感的研究状况

关于羞耻的研究较多，研究的方式也多种多样。在古代，中西方皆对羞耻的重要性有深刻洞见。西方许多哲学家都很关注羞耻感的作用。毕达哥拉斯强调人在对自己的言行进行反省以后，就会在内心对卑劣的行为感到羞耻、悲哀和恐惧，对善良的行为感到欣喜。沙甫慈伯利（Shaftesbury）认为，道德上的善恶主要取决于情感系统中的羞耻感。③我国古代对羞耻的思考也很多。孟子将羞耻作为四端之一，"羞恶之心，义之端也"④；管仲将"礼、义、廉、耻"视为"国之四维"。在管仲看来，"四维"是国民最高的礼义规范和道德准则，是衡量国民一切行为的旨归，"四维"之中的"耻"作为伦理道德底线，关乎社会安定与国家兴亡。清末爱国诗人龚自珍曾提出著名的"廉耻论"，认为"士皆知有耻，则国家永无耻矣；士不知耻，为国之大耻"⑤，以此来劝告世人存有羞耻之心，自强不息。⑥

羞耻感在当下也是学界热议的话题，不同领域的学者都对其有所关注。道德教育领域的研究者主要关注羞耻感在人的道德成长中的重要作用以及如何开展羞耻感教育。王晓广认为，知耻是道德重建的起点，在中小学生德育中切实加强耻感意识的培育，以"知耻羞为"来引导孩子们的道德认知、道

---

① 谢圣明，黄立平. 中国青年百科全书[M]. 北京：华夏出版社，1992：70.
② 杨伯峻，杨逢彬译注. 孟子[M]. 长沙：岳麓书社，2011：64.
③ 曾钊新，李建华. 道德心理学（上卷）[M]. 北京：商务印书馆，2017：31.
④ 杨伯峻，杨逢彬译注. 孟子[M]. 长沙：岳麓书社，2011：64.
⑤ 曹志敏注说. 龚自珍集[M]. 开封：河南大学出版社，2016：126.
⑥ 荀陶. 少年儿童羞耻感养成研究[D]. 开封：河南大学硕士学位论文，2020：8.

德评价和道德选择行为。① 高德胜认为，羞耻是一种本能性的情感，本身不是德性。羞耻是教育的一种动力，教育也是克服羞耻的一种方式。② 杨英对青少年羞耻观的特征及成因进行了研究，认为当下青少年的羞耻观表现出反叛传统、释放自我、逾规脱序、能力至上的特征，培养青少年形成积极正确的羞耻观，需要社会、家庭、学校、媒体的协同合作。③ 心理学领域对于羞耻感的研究主要关注其发展机制、特征和影响因素。汪凤炎从心理机制的角度指出，羞耻心的产生与个体内心良知的发展水平有密切的联系。④ 张琪认为青少年道德耻感的结构包括社会道德耻感、家庭道德耻感、学校道德耻感以及个人道德耻感。学校道德氛围感知在青少年自尊与道德耻感中起到了部分中介作用，并且道德耻感会增加青少年的道德行为，减少青少年的不道德行为。⑤ 乌尔里希（Ulrich）等在对羞耻感的研究中发现，除性别外，年龄也会影响羞耻感的强度，青少年最容易感到羞耻。⑥ 除此之外，国外研究还关注羞耻感与其他心理疾病的关系，迪林（Dearing）等发现羞耻倾向会增加人们患其他心理疾病的风险。某大型心理分析研究发现，羞耻倾向与抑郁症有明显的关联。⑦

虽然对羞耻感的研究内容很丰富，但是儿童的羞耻感发展状况并不乐观。本课题组 2017 年的报告分析了当前儿童羞耻感的发展情况：在 5 项道德感中得分和排名都很低。了解儿童羞耻感发展的动态及影响因素，是本次调查的重要目的。

二、儿童羞耻感发展的动态特征

儿童羞耻感的发展整体较为低迷，在两次全国道德发展调查中都处于末

---

① 王晓广. 知耻是道德重建的起点[J]. 中国德育，2017（17）：9-10.

② 高德胜. 羞耻教育：可为与不可为[J]. 教育研究，2018（3）：35-45.

③ 杨英. 当代青少年羞耻观的特征及成因研究[D]. 上海：华东师范大学博士学位论文，2014：35-45.

④ 汪凤炎. 论羞耻心的心理机制、特点与功能[J]. 江西教育科研，2006（10）：34-37.

⑤ 张琪. 青少年道德耻感的初步研究[D]. 重庆：重庆大学硕士学位论文，2017.

⑥ Ulrich O，Robins R W，Soto C J. Tracking the trajectory of shame，guilt，and pride across the life span[J]. Journal of Personality and Social Psychology，2010（6）：1061-1071.

⑦ Dearing R L，Stuewig J，Tangney J P. On the importance of distinguishing shame from guilt：Relations to problematic alcohol and drug use[J]. Addictive Behaviors，2005（7）：1392-1404.

端。儿童羞耻感在发展过程中受到心理类因素、教育类因素等的显著影响，有被个人功利倾向稀释的现象。因此，儿童羞耻感的培育是当下需要重点关注的问题。

（一）儿童羞耻感水平持续低迷

在 2017 年报告中，儿童羞耻感的平均得分为 3.252，在 5 种道德情感中排名第四；本次调查中儿童羞耻感的平均得分为 3.279，在道德情感水平中处于最末位。进一步的数据分析显示，两次调查结果中羞耻感的发展虽存在显著性差异（$p<0.001$），但差异程度不大（$d<0.2$）（表 3-49）。这意味着儿童的羞耻感水平在三年内没有明显提升。

表 3-49　两次调查中儿童羞耻感水平的差异检验及效应量表

年份	N	M	SD	t	p	d
2017	77 953	3.252	0.872	-6.123^{***}	<0.001	0.031
2020	77 367	3.279	0.853			

（二）个人功利倾向影响了儿童的羞耻感

低年龄段儿童的羞耻感总体表现得比高龄段儿童更为强烈，低年龄段的儿童因作弊得高分受到表扬时感到羞耻的比例高于高年龄段儿童。随着年龄的增长，更多儿童倾向于"很纠结，有些高兴，也有些害怕"，选择"抄袭是作弊，以后不能这么做了""会对自己的行为感到很羞耻"的比例整体呈现逐渐下降趋势，高年龄段的儿童选择"很高兴，以后有机会还这么做"的比例高于其他年龄段儿童（图 3-7）。由此可见，随着年龄的增长，儿童对成绩更加关注，而对不合理方式的羞耻感水平却有所下降。这意味着为了取得好成绩，高年龄段的儿童愿意冒道德风险做违规的事情，羞耻感对其的制约作用减弱。

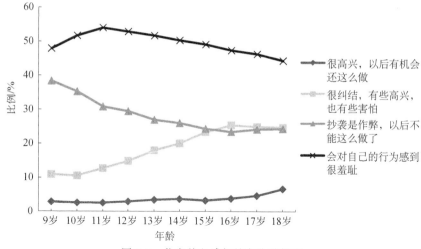

图 3-7　儿童羞耻感年龄变化趋势图

（三）儿童羞耻感发展的多维分析

对儿童羞耻感水平与 5 大类、12 个人口学变量进行相关性分析，结果如表 3-50 所示，除"最关心我的人""最了解我的人"之外，其余变量均与儿童羞耻感水平之间呈显著相关关系。

表 3-50　儿童羞耻感水平与各人口学变量间的相关性分析表

项目	皮尔逊相关性	项目	皮尔逊相关性
性别	0.048***	母亲受教育程度	0.050***
年龄	−0.089***	学业成绩	0.086***
学段	−0.093***	生活满意度	−0.146***
区域	0.041***	家庭生活方式	−0.038***
城乡	−0.038***	最关心我的人	−0.004
父亲受教育程度	0.050***	最了解我的人	−0.007

1. 生理类因素年龄对儿童羞耻感水平有一定的影响

儿童羞耻感水平在"年龄"上呈现出显著性差异（$p < 0.001$）。进一步进行多重检验发现，部分相近年龄 9 岁与 12 岁、13 岁之间，10 岁与 11 岁之间，13 岁与 14 岁之间，14 岁与 15 岁之间，15 岁与 16 岁之间，16 岁与 17 岁、18 岁之间，17 岁与 18 岁之间不存在显著差异（$p > 0.05$），其余变量两两之间均存在显著差异（$p < 0.001$），年龄跨度在 4~5 岁以上的儿童羞耻

感水平差异达到中等程度（0.2＜*d*＜0.4）。整体上看，低年龄段儿童的羞耻感水平高于高年龄段儿童（表 3-51、表 3-52）。这意味着儿童羞耻感的变化是一个缓慢的过程，发生明显变化的时间跨度可能在 4 年以上。

表 3-51　年龄与儿童羞耻感水平的差异性检验表

年龄/岁	*n*	*M*	*SD*	*F*	*p*
9	4 836	3.313	0.778		
10	10 840	3.361	0.771		
11	12 266	3.363	0.798		
12	12 768	3.323	0.830		
13	10 729	3.270	0.872	77.623***	＜0.001
14	8 547	3.230	0.893		
15	7 695	3.194	0.904		
16	4 930	3.144	0.927		
17	3 407	3.121	0.940		
18	1 349	3.063	0.977		

表 3-52　年龄与儿童羞耻感水平的差异性检验及效应量表

年龄/岁		*p*	*d*	年龄/岁		*p*	*d*
9	10	0.017	0.057	11	17	＜0.001	0.287*
	11	0.009	0.059		18	＜0.001	0.367*
	12	1.000	0.011	12	13	＜0.001	0.063
	14	＜0.001	0.099		14	＜0.001	0.110
	15	＜0.001	0.142		15	＜0.001	0.153
	16	＜0.001	0.201*		16	＜0.001	0.212*
	17	＜0.001	0.228*		17	＜0.001	0.239*
	18	＜0.001	0.306*		18	＜0.001	0.318*
10	12	0.011	0.046	13	15	＜0.001	0.090
	13	＜0.001	0.108		16	＜0.001	0.149
	14	＜0.001	0.156		17	＜0.001	0.177
	15	＜0.001	0.199		18	＜0.001	0.253*
	16	＜0.001	0.258*	14	16	＜0.001	0.102
	17	＜0.001	0.285*		17	＜0.001	0.129
	18	＜0.001	0.364*		18	＜0.001	0.204*
11	12	0.004	0.048	15	16	0.130	0.059
	13	＜0.001	0.111		17	0.007	0.086
	14	＜0.001	0.158		18	＜0.001	0.160
	15	＜0.001	0.201*	16	18	0.247	0.099
	16	＜0.001	0.260*	17	18	0.942	0.072

表 3-53 的数据显示，儿童的羞耻感水平在另一生理类因素性别上存在差异，但程度微弱（$d=0.097<0.2$）。

表 3-53 性别与儿童羞耻感水平的差异性检验及效应量表

性别	n	M	SD	t	p	d
男	39 707	3.239	0.879	−13.474***	<0.001	0.097
女	37 660	3.321	0.822			

2. 心理类因素生活满意度对儿童羞耻感水平有较大影响

根据表 3-54 的数据分析显示，在心理类因素中，儿童羞耻感水平在"生活满意度"上呈现出显著性差异（$p<0.001$），且"对生活很满意"和"对生活不满意"的儿童羞耻感水平之间的差异程度较大（$d>0.4$），"对生活基本满意"与"对生活不满意"、"对生活很满意"与"对生活基本满意"的儿童羞耻感水平之间的差异程度中等（$0.2<d<0.4$），"对生活很满意"的儿童羞耻感水平（$M=3.390$）既高于"对生活不满意"的儿童（$M=2.958$），也高于"对生活基本满意"的儿童（$M=3.184$），"对生活基本满意"的儿童的羞耻感水平高于"对生活不满意"的儿童。这意味着儿童的生活满意度与自尊感之间存在着较紧密的正向关系，提升生活满意度有助于儿童自尊感的形成。

表 3-54 生活满意度与儿童羞耻感水平的差异性检验及效应量表

项目	n	M	SD	F	p	交叉分析		d
很满意	39 878	3.390	0.792			很满意	基本满意	0.244*
基本满意	33 512	3.184	0.880	843.448***	<0.001	很满意	不满意	0.512**
不满意	3 977	2.958	1.016			基本满意	不满意	0.269*

3. 家庭类因素对儿童羞耻感水平的影响微弱

表 3-55 的数据显示，儿童羞耻感水平在家庭类因素"家庭生活方式""父亲受教育程度""母亲受教育程度"上存在差异（$p<0.001$），但差异程度微弱（$d<0.2$）。

表 3-55 家庭类因素与儿童羞耻感水平的差异性检验及效应量表

项目		n	M	SD	F	p	交叉分析		d
父亲受教育程度	小学及以下	8 775	3.189	0.904			小学及以下	中学	0.096
	中学	46 424	3.270	0.850	96.239***	<0.001	小学及以下	大学及以上	0.169
	大学及以上	22 168	3.333	0.833			中学	大学及以上	0.074

续表

项目		n	M	SD	F	p	交叉分析		d
母亲受教育程度	小学及以下	11 749	3.200	0.906	96.355***	<0.001	小学及以下	中学	0.087
	中学	45 287	3.274	0.844			小学及以下	大学及以上	0.159
	大学及以上	20 331	3.335	0.835			中学	大学及以上	0.073
家庭生活方式	和家人一起生活	70 649	3.289	0.845	59.956***	<0.001	和家人一起生活	住校生	0.139
	住校生	5 927	3.171	0.916			和家人一起生活	和亲戚一起生活	0.149
	和亲戚一起生活	791	3.162	0.971			住校生	和亲戚一起生活	0.011

4. 教育类因素对儿童羞耻感水平的影响整体较大

儿童羞耻感水平在教育类因素"学段""学业成绩"上均呈现出显著性差异（$p<0.001$）。进一步分析发现，在"学段"上，小学生和高中生羞耻感之间的差异程度中等（$0.2<d<0.4$），小学生的羞耻感水平（$M=3.355$）高于高中生（$M=3.140$），但小学生与初中生、初中生与高中生之间的差异程度较弱（$d<0.2$）（表 3-56）。这意味着儿童羞耻感水平的差异在相邻学段间不明显，只在间隔学段有显现。

表 3-56　教育类因素与儿童羞耻感水平的差异性检验及效应量表

项目		n	M	SD	F	p	交叉分析		d
学段	小学	35 187	3.355	0.789	335.964***	<0.001	小学	初中	0.122
	初中	28 566	3.251	0.878			小学	高中	0.252*
	高中	13 614	3.140	0.932			初中	高中	0.130
学业成绩	有待提高	8 659	3.086	0.935	320.563***	<0.001	有待提高	一般	0.229*
	一般	50 848	3.280	0.840			有待提高	优良	0.331*
	优良	17 860	3.367	0.830			一般	优良	0.103

在"学业成绩"上，"学业成绩有待提高"与"学业成绩一般"的儿童、"学业成绩有待提高"与"学业成绩优良"的儿童羞耻感水平之间的差异达到了中等程度（$0.2<d<0.4$），即"学业成绩优良"和"学业成绩一般"的儿童羞耻感水平高于"学业成绩有待提高"的儿童，"学业成绩一般"的儿童与"学业成绩优良"儿童的羞耻感水平差异程度较弱（$d<0.2$）（表 3-56）。这意味着学业成绩不良可能提升了儿童羞耻感的感受阈限。

5. 空间类因素对儿童羞耻感水平的影响微弱

表 3-57 的数据显示，儿童羞耻感水平在空间类因素"区域""城乡"上均呈现出显著性差异（$p<0.001$），但差异程度微弱（$d<0.2$）。

表 3-57　空间类因素与儿童羞耻感水平的差异性检验及效应量表

项目		n	M	SD	F	p	交叉分析		d
区域	东部	47 229	3.241	0.875	137.481***	<0.001	东部	中部	0.137
	中部	20 795	3.358	0.792			东部	西部	0.060
	西部	9 343	3.292	0.855			中部	西部	0.078
城乡	大中城市	28 026	3.305	0.844	44.960***	<0.001	大中城市	小城市	0.008
	小城市	17 868	3.312	0.838			大中城市	县城	0.068
	县城	15 299	3.247	0.876			大中城市	农村乡镇	0.092
							小城市	县城	0.076
	农村乡镇	16 174	3.227	0.858			小城市	农村乡镇	0.100
							县城	农村乡镇	0.024

第七节　儿童道德情感发展的问题与教育建议

以上对儿童道德情感水平的多维立体分析表明，虽然当前儿童道德情感发展整体良好，多项道德情感水平在三年间出现了明显的提升，但也存在一些特别值得我们关注的问题。发现儿童道德情感发展中的问题及不良趋势，为德育政策的制定、德育活动与教学设计提供有效建议是本研究的初衷。以下从整体上梳理当下儿童道德情感发展中存在的问题，并给出相应的教育建议。

一、儿童道德情感发展存在的问题

（一）儿童的爱国情感培育需要加强

在 2017 年的调查报告中，儿童的爱国情感得分（3.207）在道德情感的

5 个因子中排名是最后，本次调查结果中儿童爱国情感得分（3.410）排名上升一位，排名第四，但整体情况并不乐观。爱国情感作为个人对祖国的深厚感情，是激发爱国行为的动力。爱国主义教育的核心就是对未成年人进行热爱祖国的情感教育①，培养未成年人养成高尚的爱国情操，强烈的民族自尊心、自豪感、责任感和使命感，是实现中华民族伟大复兴的需要，也是应对当前国际风云变幻局势的需要。青少年时期是儿童爱国情感发展的关键期，从目前来看也是儿童爱国情感的波动期，教育者应该抓住时机，加强对青少年爱国情感的培养。

（二）警惕功利化倾向对羞耻感的影响

如前所述，儿童的羞耻感得分在 5 个因子中居于末尾，并且三年间没有实质性的提升。羞耻感是最基础的道德情感之一，它以消极否定的体验帮助个体道德品质向健康的方向发展，可以说是儿童道德品质的"清洁剂"。剧烈的社会转型、明显的功利倾向、多元的价值观念都在弱化和模糊原有的道德边界，在一定程度上提高了羞耻感的阈限。高年龄段儿童对成绩的关注与羞耻感的弱化关系，解释了功利追求对羞耻感的影响。同时，本次调查也发现，儿童在触碰道德底线时存在比较矛盾的心理，而这种心理矛盾正是羞耻感有无的过渡地带，如果抓住时机对其开展相应的教育，稳固道德底线，可以在很大程度上增强儿童对羞耻感的敏感性。对儿童羞耻感的多维分析提示我们，心理类因素和教育类因素对儿童羞耻感水平存在较大程度的影响，通过提升儿童的生活满意度，让儿童感受到他人对自己的了解，建立起自己与他人和更广泛的生活的联系，包括自我效能感的提升，都能为提升儿童的羞耻感水平提供切入点。

（三）家庭类因素对儿童道德情感发展的影响式微

家庭作为最基本的组织单位，是人生长的重要场所，它保证了个人成长过程中的物质和精神需要能够得到满足。儿童作为家庭、婚姻关系的结晶，与父母亲有割不断的自然血缘关系，亲子关系自然也就成了家庭关系的重要

---

① 丁继成. 未成年人思想道德建设研究——以哈尔滨市为例[M]. 北京：中央编译出版社，2017：72.

组成部分。从理论上讲，父母自身的素养会影响亲子关系，进而对儿童青少年的发展产生影响，积极的亲子关系有助于促进儿童青少年的健康成长，是其发展的重要保护因素。[①] 本次调查发现，父母双方的受教育程度对儿童的5 项道德情感发展皆没有较大程度的影响，除集体责任感外，家庭生活方式对其他 4 种道德情感的影响程度也很微弱。家庭对新生代儿童道德情感培育的影响式微，可能与现代生活的快节奏及家庭的核心化存在联系，但家庭作为儿童期最重要的生活场所、家人作为儿童接触最多的社会人，其道德情感培育功能的发挥对儿童健康成长有着非常关键的作用。当下，增强家庭对儿童道德情感培育的影响力，是儿童道德情感成长研究的新课题。

（四）儿童道德情感水平随年龄下降的趋势需要关注

据以上数据分析结果可见，儿童道德情感水平只有在一定的年龄跨度下变化才具有统计学意义上的差异，有的情感的年龄跨度为 2 年，有的为 4 年或者 5 年，说明儿童道德情感水平的变化是一个累积的过程，尽管这个过程有快有慢，但整体趋势是随着年龄的增长而下降。这给我们提出一个深刻的理论问题：什么是儿童道德情感发展的理想型？或者儿童的道德情感的发展问题诊断的参照是什么？这种儿童道德情感水平的下降趋势是一种正常状态，还是需要纠正的成长问题？什么是道德情感意义上的成长？目前，这都是有待回答的理论问题。

二、儿童道德情感发展的教育建议

（一）以知育情，加强对儿童爱国情感和羞耻感的培育

儿童的爱国情感和羞耻感平均水平显著低于道德情感的平均水平，在两次儿童道德发展状况调查中都处于后两位。儿童在爱国情感方面存在的关键问题在于是否能将个人行为与国家意义连接，例如，没有认识到运动员作为中国公民取得的成绩也代表着国家和人民的荣誉。儿童羞耻感水平下降的原

---

① 吴旻，刘争光，梁丽婵. 亲子关系对儿童青少年心理发展的影响[J]. 北京师范大学学报（社会科学版），2016（5）：55-63.

因是其自身内在道德观念产生了动摇，在功利面前出现犹豫、纠结的矛盾状态，更深层的原因在于其还未真正形成正确的道德观念。由上可知，"知"是"情"的基础，所以可以抓住这两项道德情感的薄弱环节，通过提升道德认知水平来促进其相应情感的发展，在爱国情感的培养中抓住个人与国家之间的内在联系，增强国家情感。另外，在羞耻感的培育中，教育者要通过筑牢道德观念底线的方式，增强儿童对羞耻的敏感性。

（二）以情促情，增强儿童的情感感受

情感本身具有共通性特征，不同的情感之间可以相互感染。在对儿童的情感教育中，教育者可以采用以情促情的方式，增强其内心的感受体验。在对儿童的道德教育中，教育者要重视对儿童的依恋感、敬畏感、同情感和自尊感等这些基础性情感的培育，因为它们在儿童道德情感发展中具有奠基和动力作用。基础性的道德情感不仅在儿童道德情感的初期比较关键，作为本性的、自然的情感，在处于过渡期的中学阶段也发挥着重要的作用。同情心是道德情感的核心成分，通过同情去理解并且感受别人的痛苦，自己内心的情感也会更加丰富。① 移情和共鸣也能够促进其他情感的升华。可喜的是，本次调查显示，儿童关爱情感和自尊发展良好。在其他情感培育过程中，教育者可以以同情感为基础，通过创设移情情境，增强儿童的其他情感体验。自尊感本身具有调节的功能，可以为儿童提供一种积极向上的动力，教育者在进行道德教育时，可以通过提高自尊感水平促进学生其他道德情感水平的提升。

（三）多管齐下，形成教育合力

儿童道德情感发展受到多种因素的影响，调查显示，学段、学业成绩、生活满意度和区域是影响其发展的重要因素。因此，在提升儿童的道德情感水平方面，教育者不能仅着眼于某个因素，而是要采用多管齐下的方式，从多种因素入手形成教育的合力，才能够取得较好的成效。当然，这些重要因素能够发挥作用离不开相关主体的作用。在学段、学业成绩、生活满意度

---

① 朱小蔓. 情感德育论[M]. 北京：人民教育出版社，2005：71-72.

上，教师、学校和父母等与之有较大的关联；在区域上，则更多受到地方经济和文化等因素的影响。因此，在对儿童进行道德情感教育的过程中，要发挥多主体的作用。教师有情施教的比例越高，青少年道德情感发展越好。[1]首先，教师在施教过程中要注重对学生施加情感的影响，不断提升自身有情施教的水平，既要注重知识的教授，也要重视施教的情感性，将教学作为与学生进行情感交流的过程。对于学业成绩有待提升的学生，教师和父母在关注其对知识掌握的程度外，更要关心其情感的需要，给予其情感上的关怀。生活满意度一般包含家庭满意度、学校满意度和自我满意度。[2]在提升儿童的家庭满意度方面，父母则要充分发挥作用。儿童在与父母的相处中能感受到父母对自己的关心和爱护，获得对生活的幸福感和满足感，从而提升其生活满意度。但是，随着年龄的增长，儿童与父母的矛盾会逐渐显露。因此，父母要学会处理亲子冲突，维护好亲子之间的关系。在生活中，父母要加强亲子之间的情感交流，建立平等、民主的关系，帮助其应对生活中的困难，从而提高其家庭满意度。在学校方面，提升学生的生活满意度则要从减轻学生的学业负担[3]、关注学生心理健康状况着手，将国家的"双减"政策落实在实践中。在区域上，东部地区作为我国经济发达地区，传统文化观念也受到现代性思想的冲击，导致儿童的道德情感发展水平相对低于其他地区的儿童。要提升儿童道德情感水平，还需要借助社会的力量，引起社会的关注，通过社会教育使青少年儿童树立正确的价值观，增强对美好事物的积极情感感受，为他们的道德发展营造一种良好的外在环境。

（四）抓住儿童情感发展的关键期

调查显示，随着年龄的增长和学段的升高，儿童道德情感发展水平呈现下降的趋势，这一情况在初中到高中阶段尤为明显。导致这一状况的原因是复杂的，理性的增长、学业压力的增大在青春期集中到来，导致中学阶段的儿童在情感上面临更大的挑战，可以说这一时期也是儿童特别需要情感教育

---

[1] 卢家楣，袁军，王俊山，等. 我国青少年道德情感现状调查研究[J]. 教育研究，2010（12）：83-89.

[2] 田丽丽，刘旺. 多维学生生活满意度量表中文版的初步测试报告[J]. 中国心理卫生杂志，2005（5）：11-13.

[3] 王玥，赵丽娟，许志星. 课业负担对学校生活满意度的影响：学校氛围的多水平调节作用[J]. 心理发展与教育，2016（2）：205-213.

和引导的时期，是儿童道德情感发展的关键期。在这一关键时期，从调查的因素分析来看，儿童对生活的积极感受、家人的理解、朋友的关心，都能带给儿童积极的情感体验，从而对其道德情感产生正向的促进作用。学校要特别重视对中学生的心理教育，通过心理教育课程，帮助学生正确认识自己，学会与他人包括异性建立和谐友好的人际关系，正确看待学业压力和生活中的困扰，引导他们对未来做适当的职业和人生规划，这都会对促进儿童道德情感的发展产生一定的作用，帮助他们顺利度过这一特殊时期，走向美好的人生。

第四章　儿童道德理性动态及问题

　　道德判断是儿童道德理性的显现，其道德判断的立场和缘由便成为研究儿童道德理性发展水平的重要指标。本次调查以科尔伯格的儿童道德发展阶段为理论框架，以"亲情–法律""友谊–职责""法理–人情"三组道德两难故事为调查对象，从不同的判断立场与理由中探索儿童道德判断的发展趋势和走向，并对影响儿童道德判断的因素进行多维分析，希望为国家德育宏观决策和学校德育实践提供可靠的数据支持。

第一节　儿童道德判断的调查背景

本部分关于儿童道德判断的调查背景，将从研究现状与调查设计两部分展开。研究现状部分以时间为轴线，概略地梳理国内外儿童道德判断的主要研究内容，为本部分调查研究的展开奠定基础；调查设计部分呈现儿童道德理性调查的设计思路，特别是对经典研究的改进。

一、儿童道德判断研究的现状

何为道德判断？何怀宏认为，"所谓'善恶正邪'，也就是对人们行为、品性和事物性质的判断。这也就是道德判断。其中'善恶'是就德性和物性的'好坏'的价值而言；'正邪'就是行为的义务，即行为的正当与不正当、或应当与不应当而言"[1]。从这一定义中不难看出，道德判断包含两层含义：事物的价值和行为的正当性。只有既体现好的价值，又符合行为的正当性，才能被称为"合乎道德的"。因此，道德判断不仅能够反映出个体对事物价值的关切，体现个人的道德价值立场，也能够搭建一座桥梁，连接道德观念与道德行为。科尔伯格认为，道德判断是道德行为的必要条件。[2] 也就是说，如果没有道德判断，则必然没有道德行为；但有道德判断，又未必一定有与之相对应的道德行为。据此，道德判断便承接了道德认知，成为从道德认知走向道德行为的中间变量；同时也承接了具体的道德行为，使得我们能够看到外显的道德行为背后的内隐判断。

国内针对儿童道德判断进行的研究主要集中在道德心理学领域，在研究方法上更多追随国外的研究范式进行。国内研究者主要以西方理论为框架，对中国儿童的道德发展进行了调查研究，以验证科尔伯格道德发展理论在中

---

① 何怀宏. 伦理学是什么[M]. 北京：北京大学出版社，2015：67.
② 郭本禹. 道德认知发展与道德教育——科尔伯格的理论与实践[M]. 福州：福建教育出版社，2000：108.

国文化中的有效性，同时也对中国儿童自身的一些道德发展特征进行了探索。

20 世纪 80 年代，李伯黍与其团队对 81 个地区的 5～11 岁儿童进行了道德判断的调查研究，其研究结果部分与皮亚杰的道德发展理论一致，但也存在一些不同。比如，中国儿童从客观性判断至主观性判断的年龄过渡时间比皮亚杰提出的年龄更早。[1] 王新玲针对北京市儿童的道德判断调查报告，进一步证实了詹姆斯·莱斯特（J. Rest）的猜想：任何一个年龄的儿童群体都有多种道德判断的理由，差异在于各种理由所占的比例不同，年龄更大的儿童，高水平道德判断理由所占比例更高。[2] 王美芳则针对 6～17 岁儿童的亲社会道德判断进行了调查研究，其研究结论与科尔伯格的道德发展理论并不相合，但与艾森伯格的亲社会道德判断五阶段理论基本保持了一致。[3]

21 世纪，国内针对儿童道德发展的研究并未进入新的阶段，主要的研究内容仍集中在不同年龄阶段儿童的道德发展上。彭蕾[4]、叶松庆[5]、杨韶刚等[6]、白鹏[7]和毕国营[8]都在不同范围内就中学生的道德发展展开过调查。樊浩针对不同的社会群体进行了伦理精神的调查研究，并且据此提出伦理道德精神链的断裂、伦理精神形态的改变和道德同一性力量的危机成为当前伦理道德的三大危机。[9]本课题组在第一次调查中以亲情-法律的两难冲突为主题对儿童的道德理性进行了探索，发现中国儿童道德判断是一个逐渐分化的

---

① 儿童道德发展研究协作组. 国内 81 个地区 5—11 岁儿童道德判断发展调查[J]. 心理科学通讯，1982（1）：22-26..

② 王新玲. 关于北京市一所中学学生的价值系统与道德判断的调查报告[J]. 心理学报，1987（4）：365-374.

③ 王美芳. 6—17 岁儿童亲社会道德判断的研究[J]. 山东师大学报（社会科学版），1996（2）：58-62.

④ 彭蕾. 中小学生道德判断与道德行为的发展现状及二者的相关研究[D]. 昆明：云南师范大学硕士学位论文，2004.

⑤ 叶松庆. 当代青少年道德变异的现状、特点及趋向[J]. 青年探索，2005（3）：35-37.

⑥ 杨韶刚，吴慧红. 青少年道德判断能力的研究[J]. 心理学探新，2006（2）：55-60.

⑦ 白鹏. 中学生道德判断能力、同情心发展特点及教育对策[D]. 呼和浩特：内蒙古师范大学硕士学位论文，2014.

⑧ 毕国营. 中学生网络道德判断现状调查与对策研究[D]. 南充：西华师范大学硕士学位论文，2015.

⑨ 樊浩. 当前中国伦理道德状况及其精神哲学分析[J]. 中国社会科学，2009（4）：27-42，204-205.

过程，而且儿童的肯定性道德判断有着明显的功利性倾向。[①]

关于道德及道德判断，国外的研究流派主要是道德认知发展心理学派，代表人物是瑞士的儿童心理学家让·皮亚杰（J. Piaget）和美国儿童发展心理学家科尔伯格。皮亚杰最早提出了儿童认知发展阶段论，而科尔伯格则是在皮亚杰的认知发展阶段的基础上，提出了儿童的道德发展阶段理论。道德发展阶段理论认为，儿童在进行道德判断时，直觉并不参与其中，儿童的认知发展程度决定了儿童做出怎样的道德判断。但在该理论诞生 20 年之后，乔纳森·海特（J. Haidt）提出了社会直觉模型。[②]该模型认为，人的道德判断并不是理性思考的结果，而是先由人的直觉形成道德判断，而后为道德判断的正当性思考一个合适的理由。约书亚·格林（J. Greene）等的道德双加工理论模型则重新定义了道德判断的发生机制。[③]道德双加工理论模型认为，道德判断的发生，并不只是由认知理性或者情感单一方面决定的，而是两者同时加工的一个结果。同时，由于做出道德判断的情景不同，认知与情感在其中所占的比例也不尽相同。总的来说，道德双加工理论模型为进一步揭示人的道德判断的发展提供了一条新的路径。

近年来，国外关于道德判断的研究内容侧重于探究人在道德困境中做出道德判断的机制及原因，并且不断对前人的理论加以修正与发展；在研究对象上，面向所有年龄开放，并不局限于某一特定年龄段的人群；在研究方法上，越来越多的研究开始使用脑科学研究方法，透过被试的大脑皮层核磁共振图像，分析人在道德冲突中做出道德判断的生理机制。

综上不难看出，无论是国内抑或是国外，教育领域针对儿童进行道德发展的调查研究不多，但该类调查研究对于当前的道德教育发展恰恰是十分必要的。心理学领域的研究更多地集中在儿童道德发生机制层面，样本量较少，侧重对儿童道德发展理论的建构与修正，无法看到儿童道德判断发展的整体情况。基于此，本研究期望通过大样本调查，了解当前中国儿童道德判断的现状及其影响因素，讨论和分析当前儿童道德判断的成因，为德育实践提供新的思路与方向。

---

① 孙彩平. 分层与分叉——当代中国儿童道德发展调查报告（2017）[J]. 教育科学研究，2018（2）：10-19.

② Haidt J. The emotional dog and its rational tail: A social intuitionist approach to moral judgment[J]. Psychological Review, 2001: 814-834.

③ Greene J, Haidt J. How (and where) does moral judgment work? [J]. Trends in Cognitive Sciences, 2002, 6(12): 517-523.

二、儿童道德判断的调查设计

本次调查采用自编问卷。初版问卷设计借鉴了詹姆斯·莱斯特的确定问题测验法（Defining Issues Test，DIT）的思路，以我国儿童的年龄、文化为社会背景，以亲情–法律冲突的道德两难故事情境为依托进行，之后以 2017 年调查结果和 2018 年对 90 名 10~18 岁儿童的访谈为基础，对原问卷进行了修订。本次测验以"亲情–法律"（"饥饿的农民李德能否偷为富不仁的富翁的粮食"）、"友谊–职责"（"作为警察又作为李德朋友的王朗是否应该告发李德"）以及"法理–人情"三组连续的道德两难故事情境为主体，将"亲情–法律"和"友谊–职责"中对故事评定的 3 点量表方式改编为选择题形式（即肯定性、否定性、两难性道德判断三个选项），进而在三种不同的道德判断情境下分别设置不同的道德理由。道德理由的选项与科尔伯格的道德发展理论中的三水平六阶段[①]的推理形式相对应（表 4-1）。

表 4-1　本研究与科尔伯格的道德发展三水平六阶段对应表

水平	阶段	内容
前习俗水平	1	惩罚与服从定向
	2	工具相对主义定向
习俗水平	3	"好角色"定向
	4	法规与秩序定向
后习俗水平	5	社会契约定向
	6	普遍准则或良心定向

同时，针对理论界对道德两难故事法的测验结果可能与实际生活情境中儿童表现存在差异的结论，我们在问卷中增加了涉身性道德判断选择，以"如果你是×××，你会怎样做"为测试选项。将测试结果与儿童的非涉身性道德判断进行对比，以期观察儿童的非涉身性道德判断与涉身性道德判断之间的一致性。亲情–法律、友谊–职责冲突中的道德判断理由经测试筛选后保留项分别如表 4-2、表 4-3 所示。在人情–法理冲突情境中，直接以涉身性判

---

① 科尔伯格. 道德发展心理学：道德阶段的本质与确证[M]. 郭本禹等译. 上海：华东师范大学出版社，2004：49.

断的方式提问，对法官的不同判决进行道德立场方面的分析，侧重考察儿童道德判断的文化特征，因而不采用科尔伯格的分析框架。

表 4-2　"亲情–法律"冲突中道德判断的选项理由及其对应阶段

类别	选项	阶段
1. 支持	a. 偷来粮食可以救自己家人的命	2
	b. 好父亲应该为家人想出解决问题的办法	3
	c. 如果法律不合理，就不用遵守法律	5
	d. 富人不仁（高价卖粮，发饥荒财），穷人就可以不义（不守法律）	5
	e. 生命最重要，其他都可以不考虑	6
2. 不支持	a. 偷粮食会被惩罚的	1
	b. 他成了小偷，就不是好爸爸了	3
	c. 偷东西是违反法律和道德的	4
	d. 富人不道德，但这不是穷人违反法律的理由	4
	e. 不管怎样，好人不能偷东西	6
3. 不知道是否支持	a. 家人饿死，李德会很伤心，但偷东西可能会被抓住，受到惩罚	1
	b. 偷东西可以让家人活下来，但如果被抓住，他就不能再照顾家人	2
	c. 救家人是好父亲，但偷东西就成了坏人	3
	d. 法律没有保护穷人，但做事不能违反法律	4
	e. 一个好父亲应当照顾好家人，但如果人人都这么做，天下会大乱	5
	f. 不能救自己家人的生命，良心会过意不去，但是偷别人的东西，即使没被抓住，还是会觉得人生有了污点	6

表 4-3　"友谊–职责"冲突中道德判断的选项理由及其对应阶段

类别	选项	阶段
1. 告发	a. 如果不告发，自己可能会失去工作	2
	b. 好警察就应该尽职尽责，不管罪犯是什么人	3
	c. 李德全家虽然可怜，但他触犯法律，应该受到惩罚	4
	d. 告发也是为了让朋友知错就改，不走弯路，变得更好	3
	e. 其他（请补充）_____	
2. 不告发	a. 如果告发，会让自己失去朋友	2
	b. 告发就害了李德全家人	6
	c. 李德犯的不是大罪，而且是为了救家人	5
	d. 如果告发，自己就成了不近人情的人	3
	e. 其他（请补充）_____	

第二节　儿童"亲情–法律"冲突中的道德判断

本节对儿童在"亲情–法律"冲突中的道德判断进行了深入分析，从整体情况、内部倾向和多维分析三个侧面探索儿童道德判断的发展特征。儿童的整体道德判断特征分析在于揭示不同冲突情境中儿童进行道德判断的整体情况，倾向特征分析侧重考察儿童的肯定、否定和两难冲突中的不同判断理由，而维度分析主要呈现影响儿童道德判断立场的因素。

一、儿童"亲情–法律"冲突中道德判断的整体特征

面对"亲情–法律"的道德困境与冲突，近八成的儿童能够做出明确的道德判断，守法是儿童进行道德判断的主流理由。在选择支持偷盗的理由中，工具相对主义占有绝对优势，这一点在不同年龄儿童之间存在着一致性。有两成左右的儿童陷入不同道德缘由之间的冲突，无法做出明确的道德判断，在无法进行道德判断的儿童中，11～16 岁的儿童所占比例更高。儿童所有道德判断理由在年龄趋势上呈现出近于平行的走向，没有明显的阶段发展特征。

二、儿童"亲情–法律"冲突中道德判断的倾向特征

在"亲情–法律"冲突中，持否定判断（不支持偷盗）倾向的儿童超过了半数，仅有不到 20% 的儿童选择"偷粮救命"，其中近四成的儿童选择"偷粮"的理由是出于个人功利，对于陷入道德困惑的儿童来说，"救家人"还是"做好人"成为导致其困惑的价值冲突焦点。除此以外，"亲情–法律"道德冲突中儿童的涉身性道德判断与非涉身性道德判断趋势基本保持一致。

（一）半数以上儿童选择遵守法律，近 1/5 的儿童不知所措

面对"亲情–法律"的道德冲突，不同的儿童持不同的价值立场，其道德判断的理由也不尽相同。需要注意的是，并不是所有的儿童都能做出明确的道德判断，有一部分儿童面对"亲情–法律"冲突处于两难境地，无法做出明确的道德判断。与 2017 年调查的整体结论相比①，本次调查中无法做出明确道德判断的人数占比有所降低，从 1/3 降至近 1/4。两次调查中儿童道德判断的整体结构基本一致。

如图 4-1 所示，在"亲情–法律"冲突中，有 17.09% 的儿童支持"李德偷粮"，超过了半数（63.51%）的儿童持否定态度，认为"李德不能偷粮救命"，19.40% 的儿童无法做出选择。也就是说，面对亲情与法律的冲突，更多的儿童选择站在法律一边，放弃亲人的生命。这与传统的"人命关天""生命至上"的普遍道德原则不同，说明守法已经成为当前中国儿童的价值判断的主流理由，儿童整体上处于科尔伯格的道德判断阶段的习俗水平。

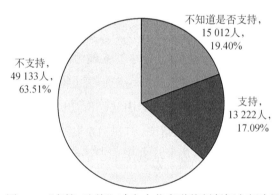

不知道是否支持，
15 012人，
19.40%

不支持，
49 133人，
63.51%

支持，
13 222人，
17.09%

图 4-1 "亲情–法律"冲突中儿童道德判断倾向频次图

（二）在选择支持偷盗的儿童中，近四成是出于个人功利

数据显示，在选择支持"李德偷粮"的儿童之中，39.27% 的儿童所持理由为"偷粮可以救家人的命"，选择此选项的人数占比最高；其次是"富人不仁，穷人不义"，选择此选项的人数占比为 21.72%。与 2017 年调查报告中儿童肯定性道德判断理由的分布相比，本次调查中选择"偷粮可以救家人的命"的人数占比增长了近 6 个百分点，选择"富人不仁，穷人不义"选项的

---

① 孙彩平. 中国儿童道德发展报告（2017）[M]. 福州：福建教育出版社，2018：6.

人数占比下降了近 5 个百分点。除此以外，本次调查中，儿童处于阶段 3 与阶段 6 的人数占比也有所增长，处于阶段 5（对应选项"如果法律不合理，就不用遵守法律"）的人数占比有所下降。[①] 这说明在三年间儿童道德判断理由的个人功利倾向有所加重。

从侧面来看，儿童面对生命层面的道德冲突，并不是以"生命至上"为原则进行道德判断，而是以面临生命威胁的人恰恰与执行者有亲情联结和被偷之人是"为富不仁"为前提。这说明儿童支持"李德偷粮"的道德判断并不是因为生命本身的价值，而是道德行为的结果对自己是否有利。在持肯定性道德判断的儿童中，人数占比最低的选项为"如果法律不合理，就不用遵守法律"，仅为 7.72%。也就是说，已有法律规范在当前儿童的道德判断中占有重要地位，儿童对其怀有较高的敬畏之心（图 4-2）。

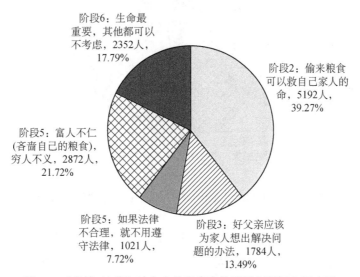

图 4-2　"亲情–法律"冲突中儿童肯定性道德判断倾向频次图

（三）在反对偷盗的儿童中，八成以上以维护法律为理由

在不支持"李德偷粮"的儿童中，超过 80% 的儿童的理由是不能违反法律，处于道德判断习俗水平的阶段 4。其中，以"偷东西是违反法律和道德的"为理由的人数占比为 40.73%，选择"富人不道德，但这并不是穷人违反法律的理由"的人数占比为 42.65%。与 2017 年调查结果相比，选择这两

① 孙彩平. 中国儿童道德发展报告（2017）[M]. 福州：福建教育出版社，2018：134.

项的儿童人数占比都略有上升（2017 年调查中两项的人数占比分别为39.30%和40.52%），而处于阶段 2、阶段 3 和阶段 6 的人数占比则有小幅下降。① 综合来看，两次调查中儿童在亲情–法律冲突中的主流道德判断理由都是以遵守法律和道德规则为主流，整体处于习俗水平。在否定性道德判断的理由中，人数占比最低的选项为"偷粮食会被惩罚的"，这说明绝大部分被调查的儿童已经实现了对"惩罚定向"的超越，能够准确区分规避惩罚与违反法律两种情形（图 4-3）。

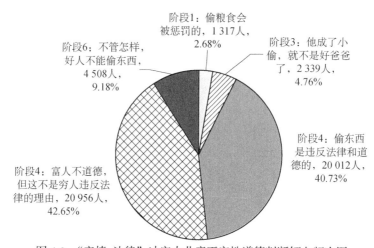

图 4-3 "亲情–法律"冲突中儿童否定性道德判断倾向频次图

（四）"救家人"还是"做好人"是儿童道德困惑的焦点

由图 4-4 可知，面对"亲情–法律"的冲突，儿童无法做出明确道德判断的原因主要集中在"失去家人"与"做一个好人"上，选择此项的儿童人数占比为 36.94%。显然，这一部分儿童之所以无法做出明确道德判断，是因为"偷粮救命"这一道德行为与普遍的伦理准则——"做个好人"之间产生了道德冲突。就冲突的内容来看，"救家人"与"做个好人"并不处于同一水平。

此外，导致儿童无法做出选择的其他选项，也有同一水平不同道德发展阶段间的矛盾，如在失去家人的伤心和偷东西受惩罚之间的焦虑，就是前习

---

① 孙彩平. 中国儿童道德发展报告（2017）[M]. 福州：福建教育出版社，2018：141.

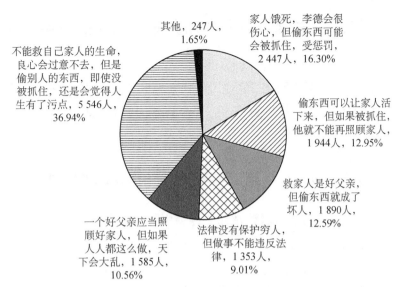

图 4-4　"亲情-法律"冲突中儿童两难道德判断倾向频次图

俗水平的"惩罚与服从"与"工具相对主义定向"之间的道德冲突，处于这种矛盾中的儿童占比在 9.01%～16.30%，也是需要教育者给予关注和引导的。

（五）涉身性道德判断与非涉身性道德判断基本一致

调查显示，超过 3/4（76.77%）的儿童表示如果自己是李德，会选择不去偷粮；近 1/4（23.23%）的儿童明确表示如果自己是当事人，会选择偷粮救命（图 4-5）。从这一比例来看，儿童的非涉身性道德判断与涉身性道德判断的倾向几乎一致，也就是说，无论是发生在自己身上还是面对他人的故事，绝大多数儿童都是以法律规范定向进行道德判断。

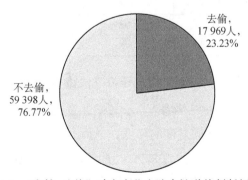

图 4-5　"亲情-法律"冲突中儿童涉身性道德判断频次图

三、"亲情–法律"冲突中儿童道德判断的多维分析

为了更清楚地呈现不同变量对儿童道德判断的影响程度，本部分按照 v 与 φ 数值的大小对各变量进行排序，以呈现各因素对儿童道德判断的影响程度。

（一）儿童"亲情–法律"冲突中整体道德判断的多维分析

本课题组对儿童在"亲情–法律"冲突中的整体道德判断进行差异性检验，发现儿童的整体道德判断在心理类因素"生活满意度"、生理类因素"性别""年龄"以及教育类因素"学段"上呈现出显著差异，差异程度较大（表 4-4），其余变量间虽然存在差异，但程度不大（ $p<0.001$ ， $v<0.05$ ）。

表 4-4 "亲情–法律"冲突中儿童整体道德判断影响因素排序表

排序	变量	变量类别	v	φ
1	生活满意度	心理	0.090*	0.127
2	性别	生理	0.079*	0.079
3	年龄	生理	0.078*	0.111
4	学段	教育	0.074*	0.104
5	区域	空间	0.041	0.058
6	学业成绩	教育	0.034	0.047
7	家庭生活方式	家庭	0.032	0.046
8	城乡	空间	0.030	0.042
9	父亲受教育程度	家庭	0.011	0.016
10	母亲受教育程度	家庭	0.011	0.016
11	最关心我的人	心理	0.009	0.013
12	最了解我的人	心理	0.009	0.013

1. 生活满意度较低的儿童更倾向于打破法律与道德规范

在心理类因素中，"生活满意度"会影响儿童在道德冲突中的判断（表 4-4）。随着儿童对现有生活满意度的降低，选择支持"李德偷粮"的人数占比逐渐上升，由 15.32% 增长至 27.28%；与此相反的是，随着生活满意度的降低，儿童做出否定判断的人数占比逐渐下降，由 68.74% 降至 49.41%，降幅接近 30%。除此之外，"生活满意度"也影响了儿童的道德困惑程度。数据显

示，随着生活满意度的降低，处于道德困惑状态的儿童人数占比由 15.94% 增至 23.31%（图 4-6）。由此可以发现，儿童的道德判断并不独立于其生活感受之外，对生活的满意程度是影响儿童做出不同道德判断的重要因素。

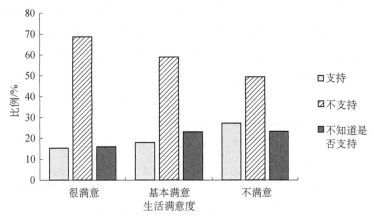

图 4-6　"亲情–法律"冲突中儿童整体道德判断与生活满意度交叉分析柱状图

2. 不同性别儿童的道德判断存在明显差异

在生理类因素中，"性别"会影响儿童的整体道德判断（表 4-4）。在"支持李德偷粮"的儿童中，男生人数占比（19.79%）明显高于女生人数占比（14.25%）；在"不支持李德偷粮"的儿童中，女生人数占比（64.54%）略高于男生人数占比（62.53%）；在无法做出明确判断的儿童中，女生人数占比（21.22%）高于男生人数占比（17.68%）（图 4-7）。数据分析结果表明，面对"亲情–法律"道德冲突，更多女生认为应该坚守法律和道德规范，更多男生认为可以打破规范。

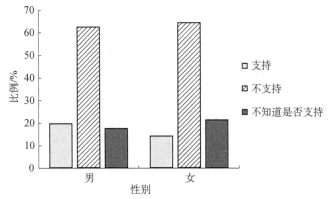

图 4-7　"亲情–法律"冲突中儿童整体道德判断与性别交叉分析柱状图

3. 年龄是影响儿童道德判断的重要因素

除性别因素外，生理类因素"年龄"也是影响儿童道德判断的主要因素（表 4-4）。从数据来看，随着年龄的增长，"支持李德偷粮"的儿童人数占比有所增长（从 17.20% 增至 25.87%），"不支持李德偷粮"的儿童人数占比呈下降趋势（从 66.89% 降至 53.82%）。此外，在 10～16 岁儿童中，无法做出判断的人数占比也有所增长（从 15.90% 增至 20.31%），说明这一时期儿童的道德观处于变化之中，有待稳固（图 4-8）。

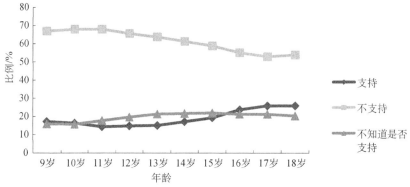

图 4-8 "亲情–法律"冲突中儿童整体道德判断与年龄交叉分析折线图

4. 高中生支持"偷粮"的人数占比最高

在教育类因素中，影响儿童整体道德判断的主要因素是"学段"（表 4-4）。伴随着儿童认知水平的提升，选择"支持"选项的人数占比逐渐升高（从 15.46% 增至 22.89%），选择"不支持"选项的人数占比逐渐下降（从 67.79% 降至 54.89%）（图 4-9），说明高学段儿童不完全以法律和道德规范作

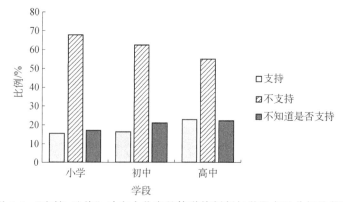

图 4-9 "亲情–法律"冲突中儿童整体道德判断与学段交叉分析柱状图

为道德判断依据。与此同时，随着儿童学段的升高，不能做出明确道德判断的人数占比也有所增长，最终保持在 20% 左右，说明学段的升高并不能消除儿童的道德困惑。

除以上因素之外，5 大类因素中的其他变量对儿童的道德判断虽然也存在影响，但程度不大（表 4-4）。

（二）儿童"亲情–法律"冲突中肯定性道德判断的多维分析

对"亲情–法律"冲突中儿童的肯定性道德判断进行差异性检验发现，影响儿童做出肯定性道德判断的主要是教育类因素"学段"、生理类因素"年龄"、空间类因素"区域"和心理类因素"生活满意度"（$p < 0.001$，$v > 0.05$），其余变量对儿童肯定性道德判断的影响程度不大（表 4-5）。

表 4-5　"亲情–法律"冲突中儿童肯定性道德判断影响因素排序表

排序	变量	变量类别	v	φ
1	学段	教育	0.111**	0.157
2	年龄	生理	0.086*	0.173
3	区域	空间	0.067*	0.095
4	生活满意度	心理	0.061*	0.087
5	父亲受教育程度	家庭	0.049	0.070
6	城乡	空间	0.046	0.080
7	学业成绩	教育	0.042	0.060
8	性别	生理	0.041	0.041
9	母亲受教育程度	家庭	0.038	0.054
10	家庭生活方式	家庭	0.036	0.051
11	最了解我的人	心理	0.020	0.040
12	最关心我的人	心理	0.018	0.036

1. 儿童的个人功利主义倾向随着学段的升高呈上升趋势

在影响儿童肯定性道德判断的 12 个因素中，教育类因素中的"学段"成为首要因素（$\varphi > 0.1$，$v > 0.1$）（表 4-5）。在"支持李德偷粮"的理由中，儿童人数占比最高的是"偷来粮食可以救自己家人的命"，对应于科尔伯格道德发展理论的阶段 2，且选择该选项的高中儿童人数占比（49.13%）高于初中儿童人数占比（37.68%），小学阶段选择该项的儿童人数占比（34.99%）最低；与之相反，儿童选择"生命最重要，其他都可以不考虑"（对应阶段6）的人数占比随学段的升高而降低（从小学的 22.28% 降到高中的 11.87%）。由此表明，随着学段的升高，儿童个人功利主义倾向并没有实现阶段性的上升发展，反而是更多高中生的道德发展水平回到阶段 2。除此之外，随着学段的上升，儿童在"好父亲应该为家人想出解决问题的办法"（对应阶段 3）选项上的人数占比略有下降（由小学的 15.65% 降至高中的 10.30%），同时在"如果法律不合理，就不用遵守法律"选项（对应阶段 5）上的人数占比逐渐上升（由小学的 6.27% 上升到高中的 9.11%），但变化的幅度相对较小。以上数据变化说明学段与儿童的道德判断水平之间存在一定的相关关系（图 4-10）。

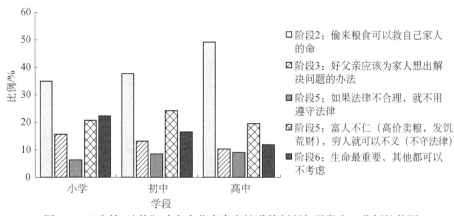

图 4-10 "亲情–法律"冲突中儿童肯定性道德判断与学段交叉分析柱状图

2. 年龄是影响儿童肯定性道德判断的重要因素

生理类因素中影响儿童肯定性道德判断发展的是"年龄"（表 4-5）。随着年龄的增长，儿童选择"偷来粮食可以救自己家人的命"（对应阶段 2）与"富人不仁，穷人就可以不义"选项（对应阶段 5）的人数占比分别呈现先下降后增长与先增长后下降的趋势。选择"好父亲应该为家人想出解决问题的办法"（对应阶段 3）的人数占比总体上变化不大，选择"如果法律不合理，就不用遵守法律"（对应阶段 5）的人数占比出现了小幅上升，选择"生命最重要，其他都可以不考虑"（对应阶段 6）的人数占比出现小幅下降（图 4-11）。由此说明，年龄的增长并不必然伴随儿童道德判断水平的提高，不能简单地用年龄来推论儿童的道德判断发展水平。

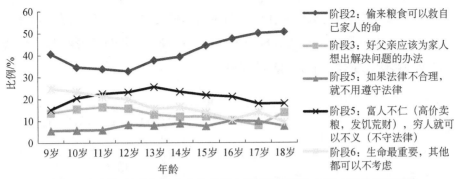

图 4-11 "亲情–法律"冲突中儿童肯定性道德判断与年龄交叉分析折线图

3. 地区差异影响了儿童做出肯定性道德判断的理由

儿童的肯定性道德判断在区域因素上存在显著差异，这一点与儿童的整体道德判断不同（表 4-4、表 4-5）。在对应阶段 2 的选项上，中部地区儿童的人数占比最高（40.01%），东部地区（39.80%）与西部地区（38.12%）基本持平；在对应阶段 3 的选项上，西部地区儿童的人数占比最高（16.37%）；而在对应阶段 5 "富人不仁，穷人就可以不义"的选项上，东部地区儿童人数占比（23.68%）高于中部地区（22.06%）和西部地区（19.92%）（图 4-12）。

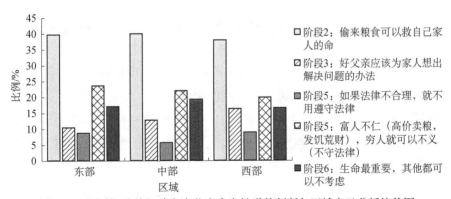

图 4-12 "亲情–法律"冲突中儿童肯定性道德判断与区域交叉分析柱状图

4. 更多生活满意度较低的儿童偏向于亲情

数据分析显示，在心理类因素中，"生活满意度"会影响儿童的肯定性道德判断（表 4-5）。随着儿童的生活满意度的下降，选择"偷来粮食可以救自己家人的命""如果法律不合理，就不用遵守法律"选项的人数占比逐渐升高；在"好父亲应该为家人想出解决问题的办法""生命最重要，其他都可以可以不考虑"选项上的人数占比变化与生活满意度的变化一致，呈下降趋势（图 4-13）。也就是说，儿童对自身生活现状的满意度不仅会影响其道德选择，也会影响儿童做出道德判断的理由。

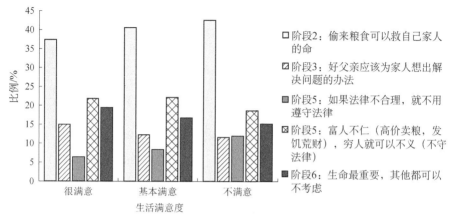

图 4-13　"亲情–法律"冲突中儿童肯定性道德判断与生活满意度交叉分析柱状图

除以上因素之外，家庭类因素、空间因素城乡、教育类因素"学业成绩"、生理类因素"性别"以及心理类因素"最关心我的人""最了解我的人"对儿童肯定性道德判断的影响程度不大（表 4-5）。

（三）"亲情–法律"冲突中儿童否定性道德判断的多维分析

对影响儿童"亲情–法律"冲突中否定性道德判断的因素进行差异性检验发现，教育类因素、生理类因素、空间类因素以及家庭类因素"父亲受教育程度"对其的影响较大（$p<0.001$，$v>0.05$）（表 4-6），相较于儿童的整体道德判断和肯定性道德判断，影响儿童做出否定性道德判断的因素更为广泛。

表 4-6　"亲情–法律"冲突中儿童否定性道德判断影响因素排序表

排序	变量	变量类别	v	φ
1	学段	教育	0.099*	0.140
2	性别	生理	0.083*	0.083
3	年龄	生理	0.073*	0.146
4	区域	空间	0.070*	0.099
5	学业成绩	教育	0.060*	0.085

续表

排序	变量	变量类别	v	φ
6	城乡	空间	0.057*	0.099
7	父亲受教育程度	家庭	0.056*	0.080
8	母亲受教育程度	家庭	0.046	0.065
9	生活满意度	心理	0.046	0.066
10	家庭生活方式	家庭	0.025	0.035
11	最了解我的人	心理	0.011	0.023
12	最关心我的人	心理	0.008	0.016

1. 教育类因素影响了儿童做出否定性道德判断的理由

在教育类因素中，"学段""学业成绩"均对儿童否定性道德判断中的理由选择产生了明显的影响，但学段的影响较大，而学业成绩的影响相对较小（表4-6）。

随着学段的升高，阶段4中儿童选择"富人不道德，但这不是穷人违反法律的理由"的人数占比逐渐升高（38.15%～50.09%），选择"偷东西都是违反法律和道德的"的人数占比基本保持不变（40.83%～40.22%）。除此之外，选择阶段3和阶段3对应选项的人数占比随着学段的升高呈下降趋势（图4-14）。由此可见，"学段"不仅会影响儿童道德选择的立场，也会影响儿童做出道德判断的理由。

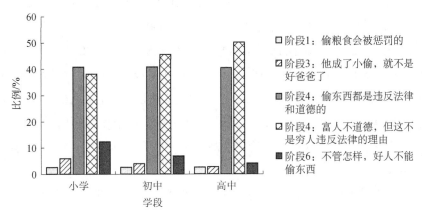

图4-14　"亲情-法律"冲突中儿童否定性道德判断与学段交叉分析柱状图

相对于"学业成绩一般""学业成绩优良"的儿童，"学业成绩有待提

高"的儿童在阶段 6 "不管怎样，好人不能偷东西"选项上的人数占比最高
（9.80%）；"学业成绩一般"的儿童在阶段 4 "偷东西都是违反法律和道德
的"选项上的人数占比最高（41.67%）；"学业成绩优良"的儿童在阶段 4
"富人不道德，但这不是穷人违反法律的理由"选项上的人数占比最高
（48.82%）（图 4-15）。因此，可以推断儿童的学业成绩水平并不与其道德判
断发展水平呈正向相关。与此同时，我们还发现学业成绩优良的儿童表现出
一定的对具体情景的辩证思考的倾向，而学习成绩一般的儿童则更关注法律
规范对人的行为的约束。

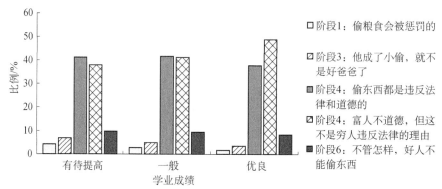

图 4-15 "亲情–法律"冲突中儿童否定性道德判断与学业成绩交叉分析柱状图

2. 生理类因素对儿童的否定性道德判断有显著影响

在生理类因素中，"性别""年龄"均对儿童在否定性道德判断中的具体
选择理由产生了显著影响，且影响程度不相上下（表 4-6）。在"不支持李德
偷粮"的儿童中，不同性别的儿童所持观念存在显著差异。在"富人不道
德，但这不是穷人违反法律的理由"这一选项上，女生的人数占比
（45.46%）高于男生的人数占比（39.91%）；在阶段 1、阶段 3、阶段 6 和阶
段 4 "偷东西是违反法律和道德的"对应的选项上，男生的人数占比皆高于
女生（图 4-16）。该结果说明儿童在做出相同性质的道德判断时的具体理由
在性别上存在差异。这提示教育者在教育中要注意不同性别儿童道德思维存
在的不同。

随着年龄的增长，儿童的否定性道德判断的理由呈现出不同的变化：除
在"富人不道德，但这不是穷人违反法律的理由"选项上的人数占比逐渐上
升（从 35.10% 上升到 48.48%），选择其余选项的人数占比均呈现不同幅度的

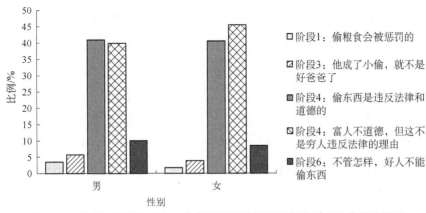

图 4-16　"亲情–法律"冲突中儿童否定性道德判断与性别交叉分析柱状图

下降（图 4-17）。在四个呈现下降趋势的理由中，选择"偷东西都是违反法律和道德的"选项的人数波动最小，且一直维持在 40%左右；选择"偷粮食会被惩罚的""他成了小偷，就不是好爸爸了"选项的人数占比最低，至 18岁时，儿童选择这两个选项的人数占比仅有 3%左右。从阶段 4 的两个选项人数占比皆在 40%左右不难看出，已有法律规范在儿童的道德判断中处于主导地位，成为儿童道德判断的主要标准。

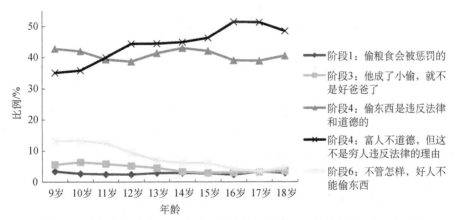

图 4-17　"亲情–法律"冲突中儿童否定性道德判断与年龄交叉分析折线图

3. 空间类因素"区域"对儿童否定性道德判断的影响程度高于"城乡"

将空间类因素中的"区域""城乡"与儿童否定性道德判断各理由的频次进行差异性检验所得 v 值进行比较发现，"区域"差异的 v 值大于"城乡"，说明相较于"城乡"，"区域"对儿童否定性道德判断理由分布的影响

更大（表 4-6）。不同地区儿童在否定性道德判断中的理由选择不同。以阶段
4 对应的两项道德判断理由为例，由东部地区到西部地区，选择"偷东西是
违反法律和道德的"选项的人数占比逐渐上升（从 38.35%升至 42.24%），选
择"富人不道德，但这不是穷人违反法律的理由"选项的人数占比逐渐下降
（从 48.27%降至 37.72%）。与此同时，相较于东部地区和西部地区，中部地
区儿童在各个阶段的人数占比皆处于中间水平（图 4-18）。由此说明，更多
东部地区的儿童表现出对具体情景的辩证思考的倾向，而西部地区儿童对既
有规范的认同更为直接。

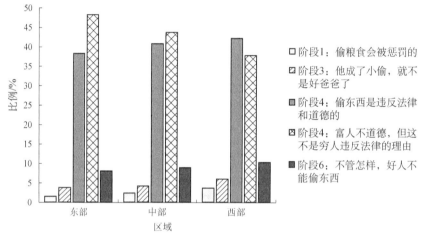

图 4-18 "亲情–法律"冲突中儿童否定性道德判断与区域交叉分析柱状图

在城乡之间，随着城市化程度的降低，同处于阶段 4 的儿童在"偷东
西是违反法律和道德的"选项上的人数占比逐渐升高（从大中城市的
38.20%升到农村乡镇的 43.30%）；选择"富人不道德，但这不是穷人违反
法律的理由"的人数占比逐渐下降（从大中城市的 48.00%降至农村乡镇的
37.00%）。不仅如此，在阶段 1、阶段 3 和阶段 6 对应的选项上，从大中
城市到农村乡镇，儿童的人数占比皆呈小幅上升趋势（图 4-19）。由此推
论，相较于大中城市的儿童，农村儿童对既有法律规范的简单认同更为
普遍。

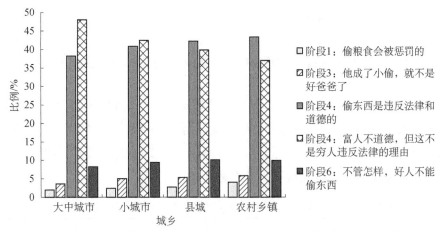

图 4-19 "亲情–法律"冲突中儿童否定性道德判断与城乡交叉分析柱状图

4. "父亲受教育程度"在一定程度上对儿童的否定性道德判断产生了影响

在家庭类因素中，"父亲受教育程度"为"小学及以下"的儿童在阶段 6 的人数占比最高（11.42%）；父亲受教育程度为"中学"的儿童在阶段 4 "偷东西是违反法律和道德的"的人数占比最高（41.47%）；而父亲受教育程度为"大学及以上"的儿童选择"富人不道德，但这不是穷人违反法律的理由"选项的人数占比最高（45.90%）（图 4-20）。这说明"父亲受教育程度"在一定程度上对于儿童的道德判断发展存在影响。

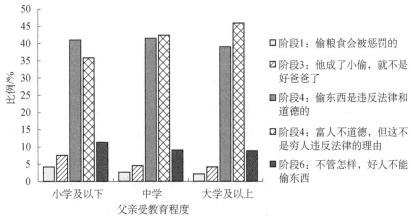

图 4-20 "亲情–法律"冲突中儿童否定性道德判断与父亲受教育程度交叉分析柱状图

除以上因素之外，"生活满意度""家庭生活方式""母亲受教育程度""最了解我的人""最关心我的人"对儿童的否定性道德判断理由也存在影响，但程度不大（表 4-6）。

（四）"亲情–法律"冲突中儿童陷入困境原因的多维分析

对儿童在"亲情–法律"冲突中无法做出道德判断的原因选项进行多因素差异性检验发现，在教育类因素"学段"和生理类因素"性别"上存在显著差异（$p<0.05$，$v>0.05$）（表 4-7）。相较于儿童的否定性道德判断，导致儿童不能做出明确道德判断的变量相对集中。

表 4-7　"亲情–法律"冲突中儿童陷入道德判断困境影响因素排序表

排序	变量	变量类别	v	φ
1	性别	生理	0.076*	0.076
2	学段	教育	0.067*	0.095
3	区域	空间	0.050*	0.070
4	年龄	生理	0.048	0.118
5	学业成绩	教育	0.045	0.063
6	生活满意度	心理	0.043	0.061
7	母亲受教育程度	家庭	0.037	0.053
8	城乡	空间	0.036	0.062
9	家庭生活方式	家庭	0.034	0.048
10	父亲受教育程度	家庭	0.033	0.046
11	最关心我的人	心理	0.022	0.044
12	最了解我的人	心理	0.015	0.030

1. 不同性别儿童的道德困惑原因存在差异

生理类因素"性别"是影响儿童道德判断困境的原因（表 4-7）。虽然男生与女生人数在各个选项分布的整体趋势基本一致，但在"失去家人与接受惩罚"选项上，男生人数占比（19.01%）高于女生人数占比（13.92%）；在"失去家人与做个好人"选项上，女生人数占比（39.10%）高于男生人数占比（34.49%）（图 4-21）。由此可见，男生和女生产生道德困惑的纠结点有所不同：男生更侧重偷粮的个人后果，而女生则更关注偷粮导致的社会性评价。

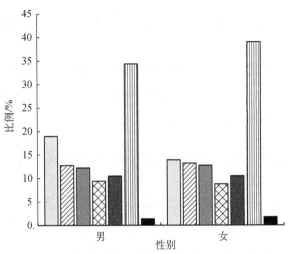

图 4-21　"亲情–法律"冲突中儿童道德困惑理由与性别交叉分析柱状图

2. 不同学段儿童的道德困惑原因存在差异

　　教育类因素中，随着学段的升高，选择"失去家人与接受惩罚""好父亲与好人"选项的人数占比略有下降；选择"救活家人与与家人分离""恶法与守法""好父亲与普遍法则"选项的人数占比略有上升。除此之外，在选项"失去家人与好人"上，初中儿童人数占比最高（38.43%），小学儿童人数占比次之（36.47%），高中儿童人数占比最低（34.88%）（图 4-22）。也就是说，随着学段的升高，普遍的道德法则进入儿童的视野，成为其进行道

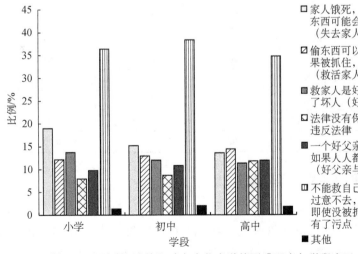

图 4-22　"亲情–法律"冲突中儿童道德困惑理由与学段交叉分析柱状图

德判断的考量因素，但其对普遍法则的认同尚不坚定，所以表现出道德判断困境。

除以上因素之外，生理类因素"年龄"、教育类因素"学业成绩"、空间类因素、心理类因素以及家庭类因素在儿童"亲情-法律"冲突中的道德判断困境中也产生了一定影响，但程度不大（表4-7）。

（五）儿童"亲情-法律"冲突中涉身性道德判断的多维分析

对"亲情-法律"冲突中涉身性道德判断理由的多个变量进行差异性检验发现，儿童的涉身性道德判断理由在"年龄""学段""生活满意度""区域""家庭生活方式"5 类因素上存在显著差异（$p < 0.01$，$p < 0.05$，$v > 0.05$）（表4-8）。与儿童非涉身性道德判断相比，影响儿童涉身性道德判断理由的因素更多，这说明儿童在切身情境下进行道德判断会更慎重。

表 4-8 "亲情-法律"冲突中儿童涉身性道德判断理由影响因素排序表

排序	变量	变量类别	v	φ
1	年龄	生理	0.161**	0.161
2	学段	教育	0.157**	0.157
3	生活满意度	心理	0.129**	0.129
4	区域	空间	0.063*	0.063
5	家庭生活方式	家庭	0.057*	0.057
6	学业成绩	教育	0.042	0.042
7	性别	生理	0.039	0.039
8	城乡	空间	0.039	0.039
9	最关心我的人	心理	0.016	0.016
10	最了解我的人	心理	0.012	0.012
11	母亲受教育程度	家庭	0.010	0.010
12	父亲受教育程度	家庭	0.005	0.005

1. 年龄较大的儿童更加注重生命

在儿童假想自身为李德，代入情境进行道德判断的情况下，随着年龄的增长，选择"偷粮"的儿童人数占比逐渐升高（由 18.98% 升至 37.81%）；选择"不偷粮"的儿童人数占比逐渐降低（由 81.02% 降为 62.19%）（图4-23）。这说明年龄的增长会使儿童的社会化程度有所发展，进而能够更加设身处地进行选择，而不只是以既有规范为定向进行道德判断。

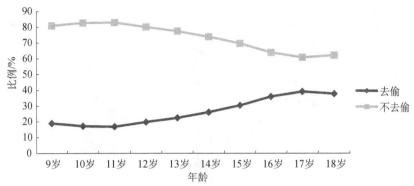

图 4-23 "亲情-法律"冲突中儿童涉身性道德判断与年龄交叉分析折线图

2. 学段的升高影响了儿童的涉身性道德判断

在教育类因素中，从小学学段上升至高中学段时，选择"偷粮"的人数占比逐渐上升（由 17.52 升至 35.99%），选择"不偷粮"的人数占比逐渐下降（由 82.48% 降为 64.01%）（图 4-24）。这说明随着学段的升高，儿童在涉身情境中打破既有规范的道德判断倾向更加明显。

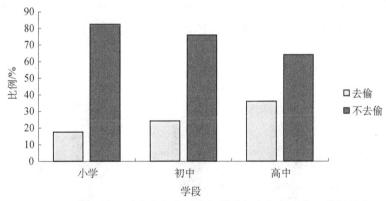

图 4-24 "亲情-法律"冲突中儿童涉身性道德判断与学段交叉分析柱状图

3. 生活满意度较低的儿童更愿意打破法律拯救生命

调查显示，在心理类因素中，儿童对其生活现状的满意度降低的同时，选择"偷粮"的人数占比逐渐升高（由 18.39% 升至 37.49%），而选择"不偷粮"的人数占比逐渐降低（由 81.61% 降至 62.51%）（图 4-25），这一分布趋势与儿童在整体道德判断层面保持一致。由此可见，儿童的道德判断与其日常生活经验之间有密切的联系。

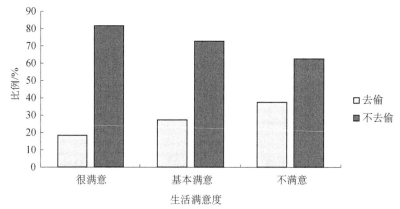

图 4-25 "亲情–法律"冲突中儿童涉身性道德判断与生活满意度交叉分析柱状图

4. 不同区域儿童在涉身性道德判断中有不同的选择

在空间类因素中,"区域"影响着儿童的涉身性道德判断（表 4-8）。东部地区的儿童选择"偷粮"的人数占比最高,为 27.51%;中部地区儿童选择"不偷粮"的人数占比最高,为 79.16%;西部地区儿童选择两项的人数占比皆处于中间水平（图 4-26）。这说明不同地区的儿童有不同的道德立场,地域背后的人文风貌及道德文化在一定程度上也会影响儿童的涉身性道德判断。

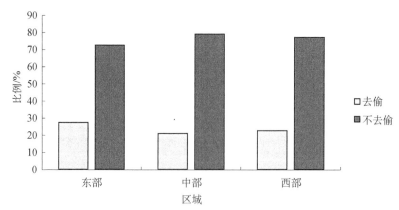

图 4-26 "亲情–法律"冲突中儿童涉身性道德判断与区域交叉分析柱状图

5. 更多住校生关注家人生命

结果显示,家庭类因素"家庭生活方式"对儿童的涉身性道德判断有一

定影响（表 4-8）。住校生选择"偷粮"的人数占比最高（31.45%），"和家人
一起生活"的儿童选择"不偷粮"的人数占比最高（77.49%）（图 4-27）。也
就是说，不是"和家人一起生活"的儿童对"李德偷粮"的故事更能做
出打破既有规范的涉身性道德判断，反而是与家人分离的儿童更加看重家庭
的存在。

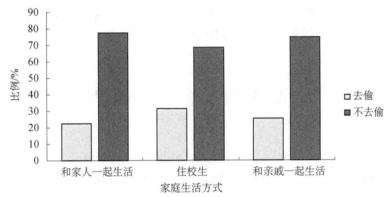

图 4-27　"亲情–法律"冲突中儿童涉身性道德判断与家庭生活方式交叉分析柱状图

除以上因素之外，儿童涉身性道德判断在变量"性别""城乡""学习成
绩""父受教育程度""母亲受教育程度""最关心我的人""最了解我的人"
上也存在差异，但差异程度不大（表 4-8）。

第三节　儿童"友谊–职责"冲突中的道德判断

本研究所用的两难故事是对"李德偷粮"故事的续写：警察王朗是李德
的朋友。一天夜里，王朗看到李德背着一个装有东西的口袋从富人家方向走
过。第二天，富人报警说有人偷了他家粮食。这时你认为王朗是否应该举报
自己的朋友李德是嫌疑人？原因是什么？本研究对儿童在"友谊–职责"冲
突中的道德判断进行分析，总结其整体特征、倾向特征及多维影响因素。

一、儿童"友谊-职责"冲突中道德判断的整体特征

从数据分析的情况来看，儿童在"友谊-职责"两难冲突中的道德判断整体上处于习俗水平，选择举报有违法嫌疑朋友的儿童占多数，但在"好角色"定向中存在着"好警察""好朋友"之间的矛盾。"最关心我的人""最了解我的人""性别""年龄""学段""生活满意度"是影响儿童在"友谊-职责"冲突中做出道德判断的重要因素。

二、儿童"友谊-职责"冲突中道德判断的倾向特征

儿童在"友谊-职责"冲突中的道德判断倾向特征如下：近 3/4 的儿童选择举报有嫌疑的朋友，但选择举报的儿童有近半数是出于"为了朋友好"（"好朋友"角色定位），而选择不举报的儿童中有过半的人认为李德的行为情有可原。

（一）近 3/4 的儿童选择举报有违法嫌疑的朋友

调查结果显示，对于"作为警察的王朗是否应该告发有偷盗嫌疑的朋友李德"这一问题，接近 3/4（74.02%）的儿童认为应该"告发"，近 1/4（22.16%）的儿童明确表示"不告发"，还有少量（3.82%）的儿童选择了"不知道是否告发"，因各种原因而不能做出明确的道德判断，处于道德判断的困惑期（图 4-28）。

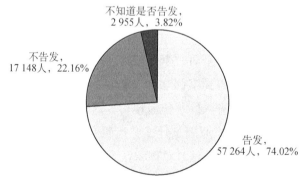

图 4-28 "友谊-职责"冲突中儿童道德判断倾向的人数频次图

（二）选择举报者近半数出于"好朋友"角色定位

在认为应该"告发"的儿童群体中，"告发也是为了让朋友知错就改，不走弯路，变得更好"这一项理由占比最高，为45.85%。由此可见，表面上看上是出于职责规范（阶段4）的告发行为的真实理由是"为了朋友好"，是处于阶段3的"'好朋友'角色定位"。26.98%的儿童选择"告发"的理由是"李德全家虽然可怜，但他触犯法律，应该受到惩罚"，表明这部分儿童达到了习俗水平的阶段4"以法律与秩序为定向"。24.70%的儿童选择了"好警察就应该尽职尽责，不管罪犯是什么人"，表明这部分儿童的道德判断水平可能处在阶段3"'好警察'角色定位"。2.10%的儿童认为"如果不告发，自己可能会失去工作"，表明这部分儿童的道德判断水平可能处在阶段2"工具相对主义"（图4-29）。由以上数据可见，多数儿童所坚持的恪守职责理念背后"友谊"的成分仍占主导，且表现出一种友谊、职责和谐的价值取向。在友谊—职责冲突中，好角色与维护法律和职责规范是儿童进行道德判断的主要理由，两者处于习俗水平的不同阶段。

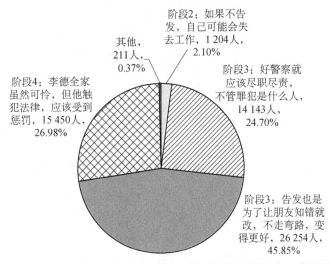

图4-29　"友谊—职责"冲突中儿童肯定性道德判断倾向的人数频次图

注：有2人选择了"告发"，但并没有选择具体理由，故多了2个缺失值，样本总数是57 262人

（三）不告发者半数以上以社会契约为判断定向

共有17 148名被试选择了"不告发"李德偷粮的行为。在其陈述的理

由中，比例最高的是"李德犯的不是大罪，而且是为了救家人"，占该群体总数的 66.49%，说明这部分儿童的道德判断处在后习俗水平的阶段 5 "以社会契约为价值取向"。有 18.58% 的儿童认为"告发就害了李德全家人"。有 8.02% 的儿童认为"如果告发，自己就成了不近人情的人"，反映了这部分儿童的道德判断达到了后习俗水平阶段 6 "以普遍伦理原则为价值取向"。另外，认为"如果告发，会让自己失去朋友"的儿童占该群体总人数的 4.62%，说明这部分儿童的道德判断处在前习俗水平阶段 2 "工具相对主义"（图 4-30）。数据表明，选择否定判断的儿童群体更倾向于站在人情大于法理的立场思考问题，并能在权威面前保持自己相对朴素的观念，相对于认可主流判断的儿童群体，表现出更强的思想独立性。

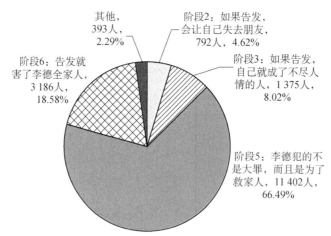

图 4-30 "友谊-职责"冲突中儿童否定性道德判断倾向的人数频次图

（四）"友谊-职责"冲突中儿童涉身性道德判断状况

近 3/4（74.54%）的儿童表示如果自己是王朗（作为当事人）要"告发"李德，超过 1/4（25.46%）的儿童明确表示"不告发"。从比例看，在涉身性道德判断中，选择"告发"的儿童比例与非涉身性道德判断中选择"告发"的儿童比例比较接近（图 4-31）。这可能提示我们，儿童做道德判断时会自然性地采用换位思考的决策方式。

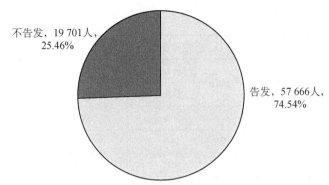

图 4-31　"友谊–职责"冲突中儿童涉身性道德判断倾向的人数频次图

三、儿童"友谊–职责"冲突中道德判断的维度特征

对儿童在"友谊–职责"冲突中道德判断的 5 大类别共 12 个变量因素进行分析发现，心理类因素、生理类因素对儿童"友谊–职责"冲突中的道德判断产生了重要影响，其中，心理类因素"最了解我的人"影响了儿童在"友谊–职责"冲突中的道德判断倾向，而且是儿童道德判断倾向的首要影响因素。

（一）儿童"友谊–职责"冲突中道德判断倾向的差异分析

将 5 大类 12 个变量因素与儿童在"友谊–职责"冲突中道德判断倾向的差异性检验所得 v 值以降序排列，结果如表 4-9 所示。由表中排序可以看出，影响儿童做出总体道德判断的主要是心理与生理两大类因素（$p < 0.05$，$v > 0.05$）。

表 4-9　"友谊–职责"总体道德判断影响因素排序表

排序	变量	变量类别	v	φ
1	最了解我的人	心理	0.084*	0.119
2	性别	生理	0.073*	0.073
3	最关心我的人	心理	0.070*	0.099
4	生活满意度	心理	0.067*	0.095
5	年龄	生理	0.058*	0.082

排序	变量	变量类别	v	φ
6	学段	教育	0.047	0.067
7	学业成绩	教育	0.034	0.047
8	城乡	教育	0.025	0.035
9	区域	空间	0.024	0.034
10	家庭生活方式	家庭	0.022	0.031
11	父亲受教育程度	家庭	0.008	0.012
12	母亲受教育程度	家庭	0.008	0.011

1）心理类因素是影响"友谊-职责"冲突中儿童道德判断倾向的首要因素。在 12 个变量中，心理类因素中的"最了解我的人""最关心我的人""生活满意度"都是影响"友谊-职责"冲突中儿童道德判断倾向的重要因素（$p<0.001$，$v>0.05$），且影响程度超过其他因素（表 4-9）。

"最了解我的人"（首要因素）对"友谊-职责"冲突中儿童道德判断倾向的影响较大（$p<0.05$，$v=0.084>0.05$）（表 4-9）。数据表明，在"最了解我的人"上，选择"没有""其他""老师"选项的儿童选择告发的比例低于选择"朋友""家人"的儿童。这表明相较其他人，家人、朋友对儿童的了解的增进有助于促进其做出更符合社会规范的道德选择（图 4-32）。

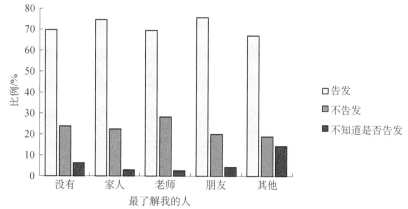

图 4-32 "友谊-职责"冲突中儿童的道德判断倾向与"最了解我的人"交叉分析柱状图

"最关心我的人"（第三因素）影响了"友谊-职责"冲突中儿童的道德判断倾向（$p<0.05$，$v=0.070>0.05$）（表 4-9）。相较于其他群体，没有感受到他人关心的儿童选择"告发"的比例显著更低，而在感受到他人关心的群体中，感受到"老师""其他"关心的儿童选择"告发"的比例都低于感受到"家人""朋友"关心的儿童（图4-33）。

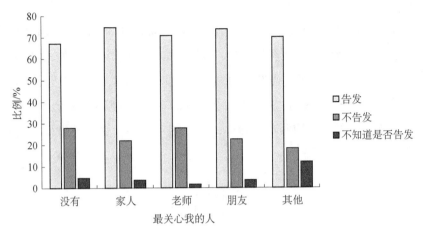

图 4-33　"友谊-职责"冲突中儿童的道德判断倾向与"最关心我的人"交叉分析柱状图

生活满意度（第四因素）影响了"友谊-职责"冲突中儿童的道德判断倾向（$p<0.05$，$v=0.067>0.05$）（表 4-9）。数据表明，多数儿童都倾向于"告发"，"对生活很满意"的儿童选择"告发"的人数占比为 77.40%，"对生活基本满意"的儿童选择"告发"的人数占比为 71.29%，"对生活不满意"的儿童选择"告发"的人数占比为 62.99%。"对生活不满意"的儿童选择"不告发"的人数占比为 31.41%。本研究表明，生活满意度高的儿童相较于其他群体更多地做出了符合主流规范的道德判断（图 4-34）。

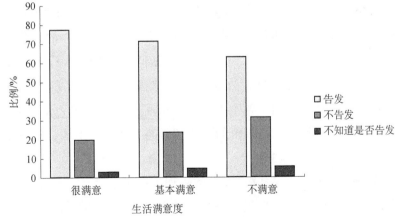

图 4-34　"友谊-职责"冲突中儿童道德判断倾向与生活满意度交叉分析柱状图

2）生理类因素是影响"友谊–职责"冲突中儿童道德判断倾向的次要因素。生理类因素"性别""年龄"都是影响"友谊–职责"冲突中儿童道德判断倾向的因素（$p<0.05$，$v>0.05$），影响程度整体低于心理类因素（表4-9）。

性别（第二因素）影响了"友谊–职责"冲突中儿童的道德判断倾向（$p<0.05$，$v=0.073>0.05$）（表4-9）。数据表明，3/4左右的儿童都倾向于选择"告发"，但男生选择"告发"的人数占比为72.28%，女生则为75.84%；男生选择"不告发"的人数占比为24.71%，女生则为19.48%。本研究表明，在"友谊–职责"的两难选择中，女生相对于男生更多地做出了符合主流规范的判断（图4-35）。

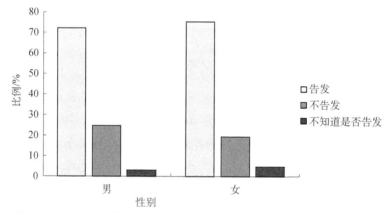

图4-35 "友谊–职责"冲突中儿童道德判断倾向与性别交叉分析柱状图

年龄是影响"友谊–职责"冲突中儿童道德判断倾向的第五因素（$p<0.05$，$v=0.058>0.05$）（表4-9）。数据表明，9~18岁的儿童选"告发"的人数占比较高。相较于其他年龄群体，11岁儿童选择"告发"的人数占比最高，为77.21%，选择"不告发"的人数占比最低，为19.77%；18岁儿童选择"告发"的人数占比最低，为65.23%，选择"不告发"的人数占比最高，为29.80%。数据表明，各个年龄段的儿童都秉持着恪守职责的理念，11岁之前儿童做出符合主流规范的道德判断的人数不断增加，随后出现了对权威规范的反省（图4-36）。

3）其他因素的影响程度不大。除生理类因素、心理类因素之外，教育、家庭、空间类因素对"友谊–职责"冲突中儿童道德判断倾向的影响程

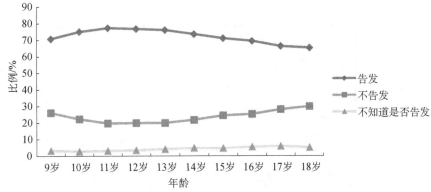

图 4-36　"友谊-职责"冲突中儿童的道德判断倾向与年龄交叉分析折线图

度微弱。差异性检验发现，"学段""学业成绩""城乡""区域""家庭生活方式""父亲受教育程度""母亲受教育程度"7 个变量对"友谊-职责"冲突中儿童的道德判断倾向的影响皆存在显著差异，但差异程度微弱（$\varphi <$ 0.1，$v < 0.05$）。在面对"王朗（警官）是否要告发李德（朋友）偷粮"的道德冲突问题上，大多数的儿童坚持主流道德规范立场，保持着对已有道德规范的敬重（表 4-9）。

（二）儿童"友谊-职责"冲突中肯定性道德判断的内部倾向特征

将 5 大类 12 个变量因素与儿童在"友谊-职责"冲突中的肯定性道德判断的差异性检验所得 v 值以降序排列，结果如表 4-10 所示。由表中排序可见，影响儿童做出肯定性道德判断的主要因素是"性别""最关心我的人""最了解我的人""学段"4 个因素（$p < 0.05$，$v > 0.05$）。

表 4-10　"友谊-职责"冲突中儿童肯定性道德判断影响因素排序表

排序	变量	变量类别	v	φ
1	性别	生理	0.097*	0.097
2	最关心我的人	心理	0.078*	0.155
3	最了解我的人	心理	0.060*	0.119
4	学段	教育	0.054*	0.077
5	年龄	生理	0.039	0.078
6	生活满意度	心理	0.038	0.054
7	父亲受教育程度	家庭	0.038	0.053

续表

排序	变量	变量类别	*v*	*φ*
8	学业成绩	教育	0.035	0.049
9	母亲受教育程度	家庭	0.031	0.044
10	区域	空间	0.026	0.036
11	家庭生活方式	家庭	0.025	0.035
12	城乡	空间	0.024	0.042

1）性别是影响"友谊-职责"冲突中儿童做出"告发"选择的首要因素。生理类因素"性别"（首要因素）影响了"友谊-职责"冲突中儿童的肯定性道德判断（$p < 0.05$，$v=0.097 > 0.05$）（表 4-10）。数据表明，女生选择"告发也是为了让朋友知错就改，不走弯路，变得更好"的人数比例（49.96%）显著高于男生（41.75%），男生选择"好警察就应该尽职尽责，不管罪犯是什么人"的人数比例（27.12%）显著高于女生（22.27%）（图 4-37）。本研究表明，成为一个好朋友对儿童而言更重要，相较于男生，女生群体中看重自身好朋友定位的人数更多。

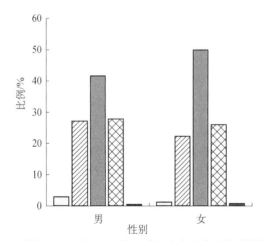

图 4-37 "友谊-职责"冲突中儿童肯定性道德判断倾向与性别交叉分析柱状图

2）"最关心我的人"是影响"友谊-职责"冲突中儿童做出"告发"选择的次要因素。"最关心我的人"影响了"友谊-职责"冲突中儿童的肯定性道德判断（$p < 0.05$，$v=0.078 > 0.05$）（表 4-10）。数据表明，相较于其他群体，没有感受到关心的儿童群体选择"告发也是为了让朋友知错就改，不走弯路，变得更好"的人数占比更低（与选择"老师"的相近），更关注功利得失；在感受到他人关心的儿童中，感受到来自"家人""朋友""其他"关心的儿童，好朋友角色定位取向显著高于没有感受到关心或感受到"老师"关心的儿童；选择"老师"作为"最关心我的人"的儿童相较于其他群体更关注好警察角色定位，选择"家人"作为"最关心我的人"的儿童相较其他群体更关注法律定向（图4-38）。研究发现，除家人、老师、朋友之外的"其他"人作为"最关心我的人"的儿童，它们的道德阶段更多会向社会立场的阶段 4 靠近。"老师"作为"最关心我的人"对儿童的好警察定位有着促进作用，而认为没有"最关心我的人"的儿童功利取向更强。

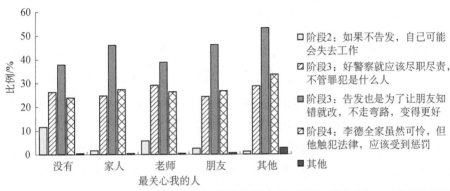

图4-38 "友谊-职责"冲突中儿童肯定性道德判断倾向与"最关心我的人"交叉分析柱状图

3）"最了解我的人"是影响"友谊-职责"冲突中儿童做出"告发"选择的第三因素。心理类因素"最了解我的人"（第三因素）影响了"友谊-职责"冲突中儿童的肯定性道德判断（$p<0.05$，$v=0.060>0.05$）（表4-10）。数据表明，认为没有"最了解我的人"的儿童相较其他群体更关注功利得失（与选择"老师"作为"更关心我的人"的群体相近）。选择"家人""朋友""老师"之外的"其他""朋友"作为"最了解我的人"的儿童，其选择"告发也是为了让朋友知错就改，不走弯路，变得更好"的好朋友角色定位取向显著高于选择"家人""没有"的儿童，选择"老师"的儿童占比最低；选择"老师"作为"最了解我的人"的儿童相较于其他群体更关注好警察角色定位，选择"家人"作为"最了解我的人"的儿童相次之。研究发现，选择"他人""朋友"作为"最了解我的人"的儿童选择好朋友角色定位的更多，选择"老师"作为"最了解我的人"对儿童的好警察定位、功利取向有着促进作用，认为没有"最了解我的人"的儿童的法律定向与功利取向更明显（图 4-39）。

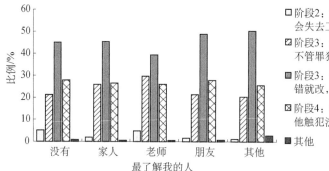

图 4-39 "友谊-职责"冲突中儿童肯定性道德判断倾向与"最了解我的人"交叉分析柱状图

4）学段是影响"友谊-职责"冲突中儿童做出"告发"选择的第四因素。"学段"影响了"友谊-职责"冲突中儿童的肯定性道德判断（$p <$ 0.05，$v=0.054 > 0.05$）（表 4-10）。数据表明，学段越高则选择好警察角色的人数比例越低，选择好朋友角色的人数比例越高。同时，学段越高，选择阶段 4 的人数比例也越高。此外，初中生选择工具主义的人数比例高于其他群体。研究发现，相较于其他学段，小学生选择好警察角色定位的人数比例最高，高中生选择法律定向的比例最高，我们认为从小学到初中可能存在部分儿童从"好警察"到"好朋友"的身份转变，从初中到高中可能存在部分儿童从"好警察"到"维护法律"的立场转变（图 4-40）。

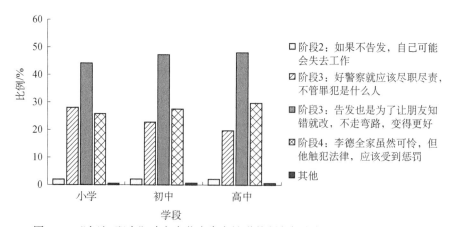

图 4-40 "友谊-职责"冲突中儿童肯定性道德判断倾向与学段交叉分析柱状图

5）其他因素的影响程度不大。除以上因素之外，"年龄""生活满意度""父亲受教育程度""学习成绩""母亲受教育程度""区域""家庭生活方式""城乡"在"友谊－职责"冲突中对儿童肯定性道德判断的影响皆存在显著差异，但差异程度微弱（$\varphi < 0.1$，$v < 0.05$）。在面对"王朗（警官）是否要告发李德（朋友）偷粮"的道德冲突问题上，大多数的儿童坚持道德规范立场的理由主要是"好朋友""好警察""维护法律"（表 4-10）。

（三）儿童"友谊－职责"冲突中否定性道德判断的内部倾向特征

将 5 大类 12 个变量因素与儿童在"友谊－职责"冲突中的否定性道德判断（做出"不告发"选择）的差异性检验所得 v 值以降序排列，结果如表 4-11 所示。由表 4-11 可见，影响儿童做出否定性道德判断的主要因素是"最关心我的人""最了解我的人""学段""生活满意度"（$p < 0.05$，$v > 0.05$）。

表 4-11　"友谊－职责"冲突中儿童否定性道德判断影响因素排序表

排序	变量	变量类别	v	φ
1	最关心我的人	心理	0.069*	0.138
2	最了解我的人	心理	0.064*	0.128
3	学段	教育	0.057*	0.081
4	生活满意度	心理	0.050*	0.071
5	城乡	空间	0.048	0.083
6	年龄	生理	0.046	0.092
7	性别	生理	0.045	0.045
8	家庭生活方式	家庭	0.044	0.062
9	学业成绩	教育	0.044	0.062
10	父亲受教育程度	家庭	0.041	0.058
11	母亲受教育程度	家庭	0.029	0.041
12	区域	空间	0.026	0.037

1）心理因素是影响"友谊－职责"冲突中儿童做出否定性道德判断的首要因素。心理类因素"最关心我的人""最了解我的人""生活满意度"都是影响"友谊－职责"冲突中儿童做出否定性道德判断的因素（$p < 0.05$，$v > 0.05$）（表 4-11）。

首要因素"最关心我的人"对儿童自身做出否定性道德判断的理由有着

复杂的影响（*p*<0.05，*v*=0.069>0.05）。数据表明（图 4-41），没有感受到关心的儿童群体选择社会契约（"李德犯的不是大罪，而且是为了救家人"）的人数占比远远低于其他群体，选择良心定向（"告发就害了李德全家人"）、工具主义（"如果告发，会让自己失去朋友"）的人数占比反而更高；在认为有人关心自己的人的儿童群体中，选择不同人作为"最关心我的人"的儿童群体在不同阶段的人数占比差距较大，其中选择阶段 5 的人数比例由高到低依次为"家人""朋友""老师""老师""其他"；选择阶段 6 的依次为"老师""家人""朋友""其他"；选择阶段 3 的依次分为"老师""朋友""家人""其他"；选择阶段 2 的依次为"老师""朋友""家人""其他"。研究发现，认为没有人关心自己的儿童处于低阶段-工具相对主义定向和高阶段-普遍准则/良心定向的人数较其他群体更多，其对儿童的影响表现出两极分化的特点。

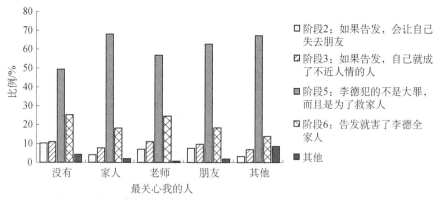

图 4-41 "友谊-职责"冲突中儿童道德判断倾向与"最关心我的人"交叉分析柱状图

次要因素"最了解我的人"（*p*<0.05，*v*=0.064>0.05）与儿童做出选择的理由也息息相关（表 4-11）。数据表明，选择不同人作为"最了解我的人"的儿童群体在不同阶段的人数比例差距较大，选择阶段 5 的人数比例由高至低依次为"朋友""家人""其他""没有""老师"；选择阶段 6 的依次为"老师""没有""家人""朋友""其他"；选择阶段 3 的依次为"老师""没有""家人""朋友""其他"；选择阶段 2 的依次为"老师""没有""其他""朋友""家人"。研究发现，认为没有"最了解我的人"或者选择"老师"作为"最了解我的人"的儿童相对于其他群体处于阶段 2 与阶段 5 的人数更多，其对儿童的影响存在两极分化的特点（图 4-42）。

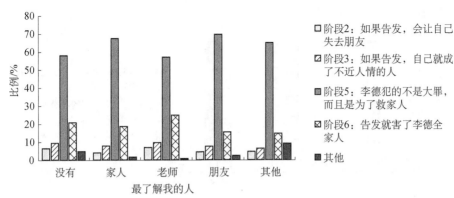

图 4-42　"友谊-职责"冲突中儿童道德判断倾向与"最了解我的人"交叉分析柱状图

　　生活满意度是影响"友谊-职责"冲突中儿童的否定性道德判断的第四因素（$p < 0.05$，$v = 0.050 > 0.05$）（表 4-11）。数据表明，相较于生活满意度为"基本满意"的儿童群体，生活满意度为"不满意"的儿童群体选择阶段 5 的人数更少，选择"其他"的人数更多。研究反映出，对生活的基本满意得儿童会更多地采用利他的立场做出道德判断（图 4-43）。

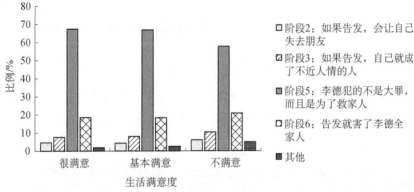

图 4-43　"友谊-职责"冲突中儿童否定性道德判断倾向与生活满意度交叉分析柱状图

　　2）学段是影响"友谊-职责"冲突中儿童否定性道德判断的第三因素。教育类因素学段（第三因素）影响了"友谊-职责"冲突中儿童的否定性道德判断（$p < 0.05$，$v = 0.057 > 0.05$）（表 4-11）。数据表明，小学生与高中生选择阶段 5"李德犯的不是大错，而且是为了救家人"的人数都多于初中生，而初中生选择阶段 3"如果告发自己就成了不近人情的人"的人数多于小学生与高中生。横向关联发现，相对于小学生，初中生可能更注重对友谊圈人际关系的维护（图 4-44）。

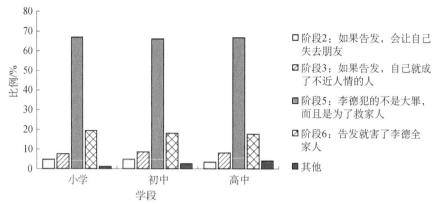

图 4-44 "友谊–职责"冲突中儿童否定性道德判断倾向与学段交叉分析柱状图

3）其他因素的影响程度不大。其他因素对"友谊–职责"冲突中儿童的否定性道德判断的影响皆存在显著差异，但差异程度微弱（$\varphi < 0.1$，$v < 0.05$），对儿童的总体道德判断的影响程度不大（表 4-11）。在面对"王朗（警官）是否要告发李德（朋友）偷粮"的道德冲突问题上，做出看似违背社会规范的道德选择的儿童群体实际上坚持的是人情关怀。

（四）儿童"友谊–职责"冲突中的涉身性道德判断状况

将 5 大类 12 个变量因素与儿童在"友谊–职责"冲突中儿童涉身性道德判断的差异性检验所得 v 值以降序排列，结果如表 4-12 所示。由表 4-12 的排序得出，影响儿童做出涉身性道德判断的因素主要集中在"生活满意度""年龄""学段"上（$p < 0.05$，$v > 0.05$）。

表 4-12 "友谊–职责"冲突中儿童涉身性道德判断影响因素排序表

排序	变量	变量类别	v	φ
1	生活满意度	心理	0.090*	0.090
2	年龄	生理	0.089*	0.089
3	学段	教育	0.069*	0.069
4	学业成绩	教育	0.044	0.044
5	区域	空间	0.042	0.042
6	性别	生理	0.040	−0.040
7	最了解我的人	心理	0.038	0.038
8	城乡	空间	0.030	0.030

续表

排序	变量	变量类别	v	φ
9	最关心我的人	心理	0.025	0.025
10	家庭生活方式	家庭	0.024	0.024
11	母亲受教育程度	家庭	0.010	0.010
12	父亲受教育程度	家庭	0.007	0.007

1）生活满意度高的儿童更倾向于选择"告发"。生活满意度影响了"友谊-职责"冲突中儿童的涉身性道德判断（$p<0.05$，$v=0.090>0.05$）（表4-12）。数据表明，儿童的生活满意度越高，选择"告发"的人数占比越高。本研究反映出，生活满意度高的儿童更看重主流道德规范（图4-45）。

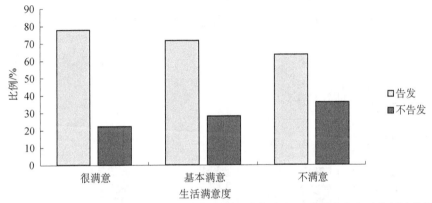

图4-45 "友谊-职责"冲突中儿童涉身性道德判断倾向与生活满意度交叉分析柱状图

2）不同年龄儿童的涉身性道德判断有所不同，11岁是转折点。"年龄"影响了"友谊-职责"冲突中儿童的涉身性道德判断（$p<0.05$，$v=0.089>0.05$）（表4-12）。数据表明，9～11岁，随着年龄的增长，选择"告发"的儿童人数占比逐渐升高，在11岁达到最高，为78.07%；11～18岁，选择该选项的人数占比逐渐降低。横向比较可推论，11岁是儿童道德判断的一个关键点，11岁前后儿童会对主流道德规范进行一定的反思与自我调整（图4-46）。

3）高学段儿童选择"不告发"的人数更多。"学段"影响了"友谊-职责"冲突中儿童的涉身性道德判断（$p<0.05$，$v=0.069>0.05$）（表4-12）。数据表明，学段越高，儿童群体作为当事人选择"告发"的人数占比越低，

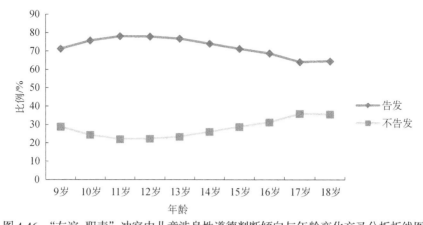

图 4-46 "友谊-职责"冲突中儿童涉身性道德判断倾向与年龄变化交叉分析折线图

选择"不告发"的人数占比越高。研究反映出，小学生对主流道德规范的认同度更高，高学段儿童对道德规范的反思更强（图 4-47）。

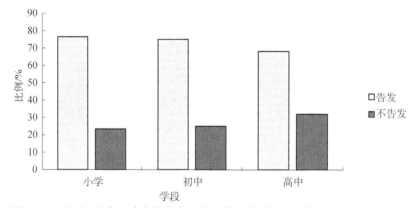

图 4-47 "友谊-职责"冲突中儿童涉身性道德判断倾向与学段交叉分析柱状图

4）其他因素的影响程度不大。除以上因素之外，"学业成绩""区域""城乡""最了解我的人""区域""最关心我的人""家庭生活方式""父亲受教育程度""母亲受教育程度"9 个变量实际上没有成为影响"友谊-职责"冲突中儿童涉身性道德判断的主要因素。差异性检验发现，这 9 个变量在"友谊-职责"冲突中对儿童道德判断倾向的影响存在差异，但差异程度微弱（$\varphi<0.1$，$v<0.05$）（表 4-12）。在面对"王朗（警官）是否要告发李德（朋友）偷粮"的道德冲突问题上，大多数的儿童坚持主流道德规范立场，表现出对已有道德规范的敬重。

第四节　儿童"法理-人情"冲突中的道德判断

本研究对儿童在"法理-人情"冲突中的道德判断进行分析，总结其整体特征、倾向特征及维度特征。对于"法理-人情"冲突中的道德判断中，多数儿童表现为遵守法理的同时兼顾人情。心理特征、生理特征是儿童在"法理-人情"冲突中的道德判断的两大特征，"学段""城乡"也是重要的影响因素。

一、儿童"法理-人情"冲突中道德判断的整体特征

儿童在"法理-人情"冲突中表现出较好的法律敏感性，同时又有情理兼顾的文化性格，在遵守法理的情况下兼顾人情是多数人的选择，"最关心我的人""性别""学段""年龄""最了解我的人""生活满意度""城乡"是影响"法理-人情"冲突中儿童道德判断的主要因素。

二、儿童"法理-人情"冲突中道德判断的倾向特征

面对"法理-人情"困境，2/3（67.25%）的儿童表示会选择"李德违反法律，但事出有因，酌情减轻处罚"，近1/4（24.97%）的儿童明确表示"按照法律规定惩处李德"，还有少量（7.78%）的儿童选择"李德为了救家人的命偷一点粮食，可以免除处罚"。研究反映出，儿童群体整体上捍卫法律法规，同时在法律的范围内适量考虑人情因素（图4-48）。

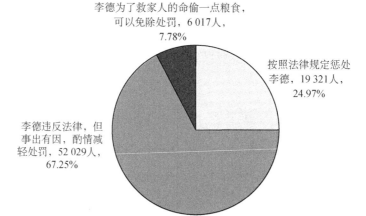

图 4-48 "法理-人情"冲突中儿童道德判断倾向频次图

三、儿童"法理-人情"冲突中道德判断的维度特征

将 5 大类 12 个变量因素与在"法理-人情"冲突中儿童道德判断的差异性检验所得 v 值以降序排列，结果如表 4-13 所示。由表 4-13 的排序可知，影响"法理-人情"冲突中儿童道德判断的主要因素是"最关心我的人""性别""学段""年龄""最了解我的人""生活满意度""城乡"（ $p<0.05$ ， $v>0.05$ ），集中在生理、心理两大类因素上。

表 4-13 "法理-人情"冲突中儿童道德判断影响因素排序表

排序	变量	变量类别	v	φ
1	最关心我的人	心理	0.077*	0.109
2	性别	生理	0.072*	0.072
3	学段	教育	0.070*	0.098
4	年龄	生理	0.068*	0.096
5	最了解我的人	心理	0.062*	0.087
6	生活满意度	心理	0.056*	0.080
7	城乡	空间	0.056*	0.079
8	父亲受教育程度	家庭	0.047	0.066
9	母亲受教育程度	家庭	0.040	0.056
10	学业成绩	教育	0.040	0.056

续表

排序	变量	变量类别	*v*	*φ*
11	家庭生活方式	家庭	0.025	0.035
12	区域	空间	0.024	0.033

1）心理类因素是影响"法理–人情"冲突中儿童道德判断的一大类别。"最关心我的人""最了解我的人""生活满意度"都是影响"友谊–职责"冲突中儿童道德判断的心理类因素（$p<0.05$，$v>0.05$），分别位列第一、第五、第六（表4-13）。

"最关心我的人"（首要因素）影响了"法理–人情"冲突中的儿童道德判断（$p<0.05$，$v=0.077>0.05$）（表4-13）。数据表明，认为"没有最关心我的人"的儿童坚守法理的人数相较其他群体更多，在认为有"最关心我的人"的儿童群体中，选择"老师"作为"最关心我的人"的儿童更愿意坚守人情，而选择"其他""家人"的儿童更倾向于情理兼顾（图4-49）。

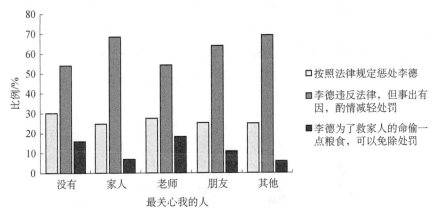

图4-49 "法理–人情"冲突中儿童道德判断与"最关心我的人"交叉分析柱状图

"最了解我的人"（第五因素）影响了"法理–人情"冲突中儿童的道德判断（$p<0.05$，$v=0.062>0.05$）（表4-13）。数据表明，认为没有"最了解我的人"的儿童道德理由选择分布相较于其他群体表现并不突出，而认为有"最了解我的人"的儿童群体中，在选择"老师"的儿童中，选择情理兼顾的人数少于其他群体，更坚守人情；选择"朋友""其他"的儿童则更倾向于选择法理与人情兼顾（图4-50）。

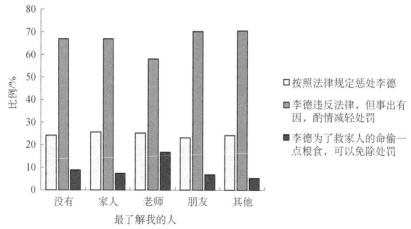

图 4-50　"法理–人情"冲突中儿童道德判断与"最了解我的人"交叉分析柱状图

生活满意度（第六因素）影响了"法理–人情"冲突中儿童的道德判断（$p < 0.05$，$v = 0.056 > 0.05$）（表 4-13）。数据表明，相较于其他群体，生活满意度为"基本满意"的儿童选择"李德违反法律，但事出有因，酌情减轻处罚"的人数比例最高，生活满意度为"很满意"的儿童选择"按照法律规定惩处李德"的人数比例最高（图 4-51）。研究反映出，生活满意度高的群体相较而言更倾向捍卫法律，对生活不满意的儿童表现出更多的对人情的共情，而对生活基本满意的儿童群体则更多地表现出情理兼顾。

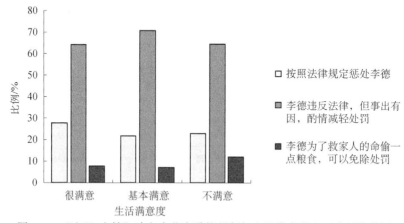

图 4-51　"法理–人情"冲突中儿童道德判断与生活满意度交叉分析柱状图

2）生理类因素是影响"法理–人情"冲突中儿童道德判断的另一类因素。生理类因素中的"性别""年龄"都是影响"友谊–职责"冲突中儿童道德判断的因素（$p<0.05$，$v>0.05$），分别位列第二位、第四位（表 4-13）。

性别（第二因素）对"法理–人情"冲突中儿童的道德判断有重要影响（$p<0.05$，$v=0.072>0.05$）（表 4-13）。数据表明，女生选择"李德违反法律，但事出有因，酌情减轻处罚"的人数比例比男生更高，男生选择"李德为了救家人的命偷一点粮食，可以免除处罚"的比例更高（图 4-52）。本研究反映出，在"法理–人情"的两难选择中，女生相对于男生更多地做出了法律内的人情选择，而男生则更可能为维护人情而做出免除处罚的选择。

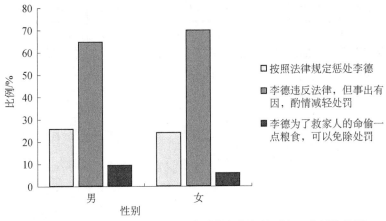

图 4-52　"法理–人情"冲突中儿童道德判断与性别交叉分析柱状图

年龄（第四因素）是影响"法理–人情"冲突中儿童道德判断的重要因素（$p<0.05$，$v=0.068>0.05$）（表 4-13）。经差异性检验发现，不同年龄（9～18 岁）的儿童在"法理–人情"冲突中的道德判断整体差异显著（$\chi^2=718.903$，$p<0.01$），单因素方差分析检验也发现，不同年龄（9～18 岁）儿童在道德行为理由上的整体差异显著（Welch=280.032，$p=0.000<0.01$），多重比较发现各选项间均存在显著差异（$p<0.01$）。数据表明，儿童群体在"法理–人情"上选择"按照法律规定惩处李德"的人数比例随年龄的增长出现了先增高后降低再增高的趋势：9～11 岁，随着年龄的增长，选择该选项的人数比例逐渐升高；11～17 岁，随着年龄的增长，选择该选项的人数比例逐渐降低，且 16 岁时人数比例远低于 9 岁时的人数比例；17～18 岁，随着年龄的增长，选择该选项的人数比例逐渐升高，但 18 岁时的人数比例远低于 11 岁，选择"李德违反法律，但事出有因，酌情减轻处罚""李德为了救家人的命偷一点粮食，可以免除处罚"的人数变化趋势相反（表 4-

14、图 4-53）。研究反映出，9～11 岁儿童会更加看重维护法律，10 岁后儿童更加倾向于情理兼顾，10～11 岁、16 岁是儿童关于法律法规思考发生变化的关键年龄。

表 4-14　"法理–人情"冲突中儿童道德判断与年龄交叉分布表

单位：%

项目	9 岁	10 岁	11 岁	12 岁	13 岁	14 岁	15 岁	16 岁	17 岁	18 岁
选项一	23.57	28.32	28.43	26.77	24.70	24.31	21.68	18.50	18.34	20.24
选项二	67.08	61.93	63.47	65.05	67.90	68.48	71.62	76.88	76.20	71.98
选项三	9.35	9.75	8.30	8.18	7.40	7.21	6.71	4.62	5.46	7.78

注：选项一即按照法律规定惩处李德；选项二即李德违反法律，但事出有因，酌情减轻处罚；选项三即李德为了救家人的命偷一点粮食，可以免除处罚

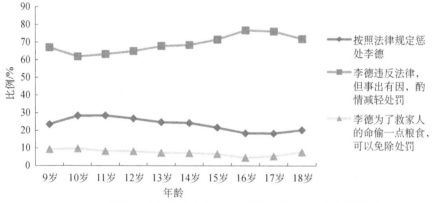

图 4-53　"法理–人情"冲突中儿童道德判断与年龄变化趋势图

3）学段高的儿童倾向于情理兼顾。学段（第三因素）对"法理–人情"冲突中儿童的道德判断有重要影响（$p < 0.05$，$v = 0.070 > 0.05$）（表 4-13）。数据表明，学段高的儿童选择法律内的人情的人数比例更高，选择完全遵循法律法规或完全遵循人情的人数更少（图 4-54）。本研究反映出，学段高的儿童更倾向于周全地考量"法理"与"人情"两个方面。

4）城市化水平越高，儿童选择情理兼顾的人数越多。城乡（第七因素）是影响"法理–人情"冲突中儿童道德判断的重要因素（$p < 0.05$，$v = 0.056 > 0.05$）（表 4-13）。数据表明，在与总体分布相符的基础上，城市化水平越高，儿童群体选择情理兼顾的人数比例越高，大中城市的儿童选择法

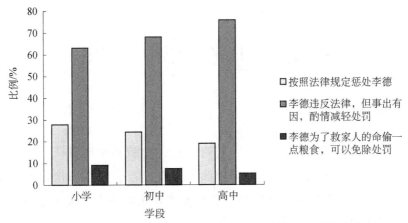

图 4-54 "法理–人情"冲突中儿童道德判断与学段交叉分析柱状图

律或人情单一立场的人数比例最低，各群体中，小城市和县城的儿童的差距最小（图 4-55）。研究反映出，大中城市的儿童更倾向于选择情理兼顾的道德立场。

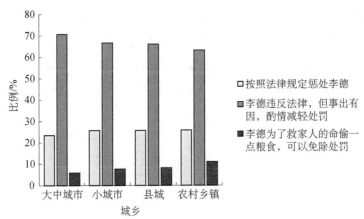

图 4-55 "法理–人情"冲突中儿童道德判断与城乡交叉分析柱状图

5）其他因素的影响程度不大。除以上因素之外，"父亲受教育程度""母亲受教育程度""学业成绩""家庭生活方式""区域"对"法理–人情"冲突中儿童道德判断的影响程度较低。差异性检验发现，这 5 个变量对"法理–人情"冲突中儿童道德判断的影响皆存在显著差异，但差异程度微弱（$\varphi < 0.1$，$v < 0.05$）（表 4-13）。在面对"法律与人情"的道德冲突问题上，大多数儿童坚持在法律框架下做一名人情关怀者，表现出了兼顾法律与人情的倾向。

第五节 儿童道德行为理由

本研究对儿童道德行为理由进行分析，总结其整体特征、倾向特征及维度特征。儿童道德行为理由整体上呈现出社会习俗高依赖性特征，超过 3/4 的儿童更认可社会规范。心理类因素及生理类因素"性别"对儿童道德行为理由有重要影响。

一、儿童道德行为理由的整体特征

儿童道德行为理由表现出以社会习俗为主要行为依据的特点，家庭的影响大于学校，而出于榜样、功利的思考相对较少。儿童做出道德行为的理由主要集中在社会规范方面，其次是服从权威和道德榜样，最后是集体效率和个人功利。"性别""生活满意度""学业成绩""区域"是影响儿童道德行为理由的主要因素。

二、儿童道德行为理由的倾向特征

关于儿童道德行为的理由，75.26%的儿童认可社会规范。在自觉排队的理由中，他们认为"排队是一种文明行为"，这一比例相比 2017 年（67.16%）更高；有 11.23%的儿童认可权威的力量，他们认为"老师和爸妈都教过我要自觉排队"，这一比例相比 2017 年（9.31%）更高；有 6.97%的儿童认可道德榜样产生的积极影响，他们认为"经常看到自己尊敬的校长自觉排队打饭，所以自己要排队"，这一比例相比 2017 年（9.12%）更低；3.24%的儿童认为"排队效率更高"，这一比例相比 2017 年（7.40%）更低；有 2.36%的儿童认为"排队可以得到表扬"，这一比例相比 2017 年

（5.55%）更低。从以上数据可以看出，超过 3/4 的儿童趋向于遵守社会规范，他们将已有文明规范内化在自己的日常行为习惯中。当然，也有一小部分儿童认可权威、道德榜样、集体效率、个人功利等道德行为理由。研究反映出，社会规范是儿童群体的关键性道德行为理由，权威与道德榜样是重要的道德行为理由（图 4-56）。

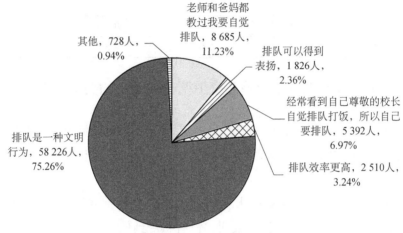

老师和爸妈都教过我要自觉排队，8 685人，11.23%

其他，728人，0.94%

排队可以得到表扬，1 826人，2.36%

经常看到自己尊敬的校长自觉排队打饭，所以自己要排队，5 392人，6.97%

排队是一种文明行为，58 226人，75.26%

排队效率更高，2 510人，3.24%

图 4-56　道德行为理由的人数频次图

三、儿童道德行为理由的维度特征

将儿童道德行为理由的差异性检验所得 v 值以降序排列，结果如表 4-15 所示。由表 4-45 的排序得出，影响儿童道德行为理由的主要因素是"最关心我的人""最了解我的人""性别""生活满意度""学业成绩""区域"（$p <$ 0.05，$v > 0.05$），集中在心理类因素上。

表 4-15　儿童道德行为理由影响因素排序表

排序	变量	变量类别	v	φ
1	最关心我的人	心理	0.136**	0.272
2	最了解我的人	心理	0.129**	0.259
3	性别	生理	0.108**	0.108
4	生活满意度	心理	0.063*	0.063
5	学业成绩	教育	0.055*	0.078

续表

排序	变量	变量类别	v	φ
6	区域	空间	0.052*	0.073
7	城乡	空间	0.047	0.082
8	父亲受教育程度	家庭	0.046	0.065
9	学段	教育	0.038	0.054
10	母亲受教育程度	家庭	0.034	0.048
11	家庭生活方式	家庭	0.031	0.044
12	年龄	生理	0.025	0.057

（一）心理类因素是影响儿童道德行为理由的关键因素

心理类因素"最关心我的人""最了解我的人""生活满意度"都是影响儿童道德行为理由的重要因素（$p<0.05$，$v>0.05$），分别位列第一、第二、第四位（表 4-15）。

"最关心我的人"是影响儿童道德行为理由的首要因素（$p<0.05$，$v=0.136>0.1$）（图 4-57）。数据表明，没有感受到他人关心的儿童选择社会规范的人数比例低于感受到他人关心的儿童，同时选择服从权威的人数比例也远远高于其他群体；在感受到他人关心的儿童群体中，选择"家人""其他""朋友"作为最关心自己的人的儿童选择社会规范的人数比例远远高于选择"老师"作为最关心自己的人的人数比例。

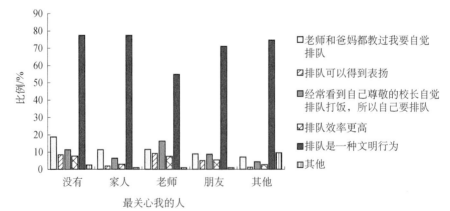

图 4-57　儿童道德行为理由与"最关心我的人"交叉分析柱状图

"最了解我的人"是影响儿童道德行为理由的次要因素（$p<0.001$，

v=0.129＞0.1）（图 4-58）。数据表明，认为没有最了解自己的人的儿童在诸群体中并不凸显，而在认为有最了解自己的人的类别中，选择"朋友"作为最了解自己的人的儿童相较其他群体更认可社会规范，而选择"老师"作为最了解自己的人的儿童群体相较其他群体更看重得到表扬（个人功利）。

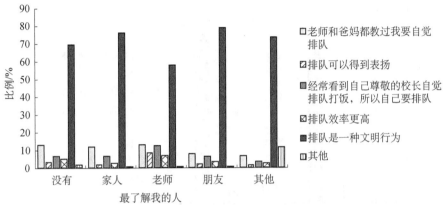

图 4-58　儿童道德行为理由与"最了解我的人"交叉分析柱状图

"生活满意度"是影响儿童道德行为理由的第四因素（p＜0.05，v=0.063＞0.05）（图 4-59）。数据表明，对生活不满意的儿童选择社会规范的人数比例与其他群体有明显差异。研究反映出，生活满意度的提高可能有利于促使儿童以社会规范作为道德行为理由。

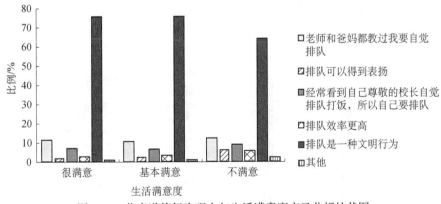

图 4-59　儿童道德行为理由与生活满意度交叉分析柱状图

（二）女生对社会规范的认同度更高

在生理类因素中，性别是影响着儿童道德行为理由的首要因素（p＜

0.001，*v*=0.108＞0.1）（表 4-15）。数据表明（图 4-60），不同性别的儿童群体内部各选项的人数比例分布由高到低依次为社会规范、认可权威、道德榜样、集体效率、个人功利，与总群体的理由分布相同，但女生选择社会规范的人数比例更高，男生选择服从权威、道德榜样的人数比例更高。

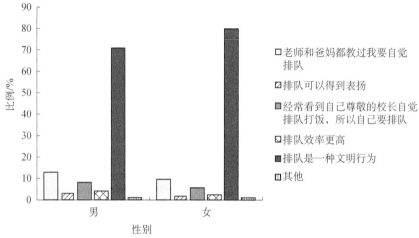

图 4-60　儿童道德行为理由与性别交叉分析柱状图

（三）学业成绩优秀的儿童对社会规范的认同度更高

"学业成绩"是影响儿童道德行为理由的第五因素（*p*＜0.05，*v*=0.055＞0.05）（表 4-15）。数据表明（图 4-61），学业成绩好的儿童群体选择社会规

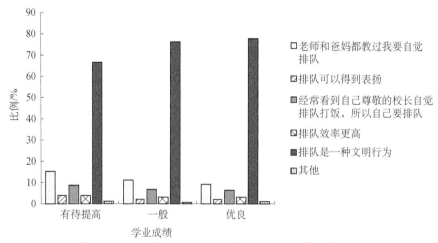

图 4-61　儿童道德行为理由与学业成绩交叉分析柱状图

范的人数比例更高，选择服从权威的人数比例更低。此外，学业成绩有待提高的儿童选择道德榜样的人数比例相对更高。研究反映出，学业成绩优良的儿童群体更看重社会规范，而学业成绩有待提高的儿童相较于其他儿童则更看重权威与道德榜样。

（四）中部地区的儿童更认可社会规范

"区域"是影响儿童道德行为理由的第六因素（$p < 0.001$，$v=0.052 >$ 0.05）（表 4-15）。数据表明（图 4-62），中部地区儿童选择社会规范的人数更多，西部地区儿童选择道德榜样的人数更多。研究反映出，中部地区儿童群体更看重社会规范，西部地区儿童群体则更看重道德榜样。

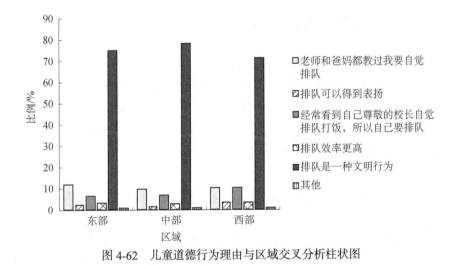

图 4-62　儿童道德行为理由与区域交叉分析柱状图

（五）其他因素的影响程度不大

差异性检验发现，除上述因素外，"城乡""父亲受教育程度""学段""母亲受教育程度""家庭生活方式""年龄"对儿童的道德行为理由皆存在显著差异，但差异程度微弱（$\varphi < 0.1$，$v < 0.05$）（表 4-15），即"城乡""父亲受教育程度""学段""母亲受教育程度""家庭生活方式""年龄"6 个变量对儿童的道德行为理由的影响程度不大。

第六节 儿童道德理性发展的问题与教育建议

儿童道德理性发展存在着现代性危机，呈现趋同样态，集中在习俗水平阶段，同时呈现出不随年龄明显变化的稳定性。针对这些问题，教育者应当对德育现代化危机进行反思，并在德育实践中因地制宜地采用更具有道德推理效力的策略。

一、儿童道德理性发展的问题

研究发现，儿童道德判断发展在某种程度上陷入现代化危机，儿童呈现出个人主义、唯科学主义和唯规范体系的情况。各因素对儿童道德发展的整体影响小于预期，整体呈现趋同样态。不同阶段的儿童道德理性随年龄的变化较小，其道德推理表现出不随年龄变化的相对稳定性。

（一）儿童道德判断发展陷入现代化危机

鲁洁先生曾在 21 世纪来临之际提出了道德危机存在的现代化悖论：时代飞速发展，人性不断解放的同时，道德却被从社会中心赶往社会边缘，继而走向虚无，最后道德层面的现代化危机主要表现在：①唯经济主义的扫荡；②唯科学主义的僭越；③极端个人主义的张狂；④价值断裂的震荡。[①] 以此审视当前儿童道德判断的数据分析，可以说在某种程度上其正是道德现代化危机的映照。面临生命相关的两难困境，儿童选择行动的主要原因在于受困者与自己的关联程度，这是个人主义的体现；儿童选择不行动的原因则是规范的约束，这是当前社会唯科学主义和规范体系的表现。价值断裂则表现在当前儿童道德判断阶段的发展停滞中，从个人利己主义到既有规范原则，最后到普遍伦理准则，随着年龄的增长，儿童的道德判断阶段逐渐呈现出分

---

① 鲁洁. 道德危机：一个现代化的悖论[J]. 中国教育学刊，2001（4）：7-13.

化趋势，且相比 2017 年报告中从不分层到分层的变化①，2020 年已经没有了这一过渡，在年龄层面直接展现了儿童道德阶段发展的分层。综上来看，当前儿童的道德判断发展陷入了现代化危机之中，因此如何引导儿童走出道德判断发展的困境，成为当前道德教育面临的时代课题。

（二）儿童道德理性发展出现趋同样态

自 20 世纪 60 年代开始，科尔伯格在 60 多个国家进行了数百项研究，其中绝大多数的研究在支持道德推理的发展性和关系性的同时，也探索了道德推理与家庭、教育、职业、人际关系、社会、文化和人格差异之间的关系。② 在本次调查中，本课题组同样从生理、心理、教育、空间和家庭五个方面针对儿童道德理性部分进行了差异性检验，发现儿童在道德理性层面表现出了跨因素的一致性。儿童的道德理性发展的本质是道德认知结构的发展，而认知发展理论认为认知结构的发展是有机体结构和环境结构之间相互作用的产物，而不是有机体根据环境结构来反应而直接形成的产物。③ 但我们通过道德理性部分的数据发现，儿童的道德认知结构并未因环境结构的改变而发生较大的变化，无论是学段、区域，抑或是家庭结构的改变，对儿童道德理性的影响都只停留在人数占比层面，道德判断内部结构层面未出现较大变动。一方面，儿童道德理性发展的跨因素一致性确证了在社会认知层面人的道德理性发展具有同一性与普遍性；另一方面，道德理性的同一性与普遍性并不意味着个体之间不存在差异，调查呈现的相对无差异性的情况同时也意味着儿童道德认知结构与社会环境结构之间存在无效互动，使作为结果呈现的儿童道德理性出现跨因素的一致性。因此，如何突破儿童道德理性跨因素的一致性，摆脱儿童道德理性的趋同样态，实现儿童离身道德向具身道德的转变，是当前道德教育的任务所在。

---

① 孙彩平. 分层与分叉——当代中国儿童道德发展调查报告（2017）[J]. 教育科学研究，2018（2）：10-19.

② 科尔伯格. 道德发展心理学：道德阶段的本质与确证[M]. 郭本禹等译. 上海：华东师范大学出版社，2004：2.

③ 科尔伯格. 道德发展心理学：道德阶段的本质与确证[M]. 郭本禹等译. 上海：华东师范大学出版社，2004：18.

（三）儿童道德理性表现出不随年龄变化的稳定性

在两类两难冲突中，儿童群体多数处于习俗水平，处于后习俗及前习俗水平的人数占比较低，这与科尔伯格的大多数青年和成人都使用阶段 3 和阶段 4 推理①的结论总体相符合。然而，研究发现，纵向来看，不同年龄儿童的道德面貌的同质化程度高，发展性不明显，即调查的儿童群体内部并没有出现科尔伯格调查发现的道德发展随年龄变化的阶段性。更确切地说，儿童群体的道德发展呈现出不随年龄变化的稳定性，9 岁时儿童群体就呈现出不同阶段的群体分界，一直到 18 岁都保持着相对的恒定，极可能意味着儿童在 9～18 岁并没发生明显的变化。与此同时，从横向来看，儿童对社会规范的认同度高，反思与超越性不明显。

儿童表现出的稳定的道德理由选择与其说是经过深思熟虑的坚定选择，倒不如说是并没有经过深入思考的直觉认可。从好的一方面来讲，儿童遵守并自觉维护社会公共秩序；从欠缺的一面来讲，他们对社会秩序、人情道义的进一步独立思考略显薄弱，表现为在"亲情–法律"冲突中，大部分儿童选择了遵守社会秩序的守规则倾向；在"友谊–职责"冲突中，处于阶段 3 的群体在各年龄层面都属于主流群体，大部分儿童选择了朝向社会期望的好角色定位倾向。在道德行为理由中，大部分儿童选择遵守社会规范和服从家长、教师的权威，随年龄的变化小，而就事情本身的利益进行考量的思考者过少。因此，儿童道德理性思考有待进一步深入与探索。

二、儿童道德理性发展的教育建议

对于儿童道德判断当下呈现的样貌，道德理性的教育应当反思中国社会现代化中的德育危机，扎根儿童具体的生活，推进真实的道德教育；应当善于利用儿童群体内部的多阶段性，巧用对话法、合作法、情境法等促进儿童多样化的道德思考；应当善于利用不同的道德立场，引导儿童换位思考，促进儿童的道德推理。

---

① 郭本禹. 道德认知发展与道德教育：科尔伯格的理论与实践[M]. 福州：福建教育出版社，1999：106.

（一）反思德育现代危机，扎根生活推进德育

道德教育的目的在于引导儿童成人，赋予其建构自身意义世界及价值秩序的能力，最终走向对幸福生活的追求之路。

当下，在德育过程中，教育者需要反思道德教育的现代化危机。在经济主义、科学主义、个人主义、价值断裂的现代化道德教育危机中，被书写在书本、规章、德育课程中的德育理念与事实上的工具利己、客观抽离的道德现状各行其是，成就了外在繁荣、内在匮乏的德育假象，"事实证明，被普遍化、客体化的道德知识既无助于现实生活中道德问题的解决，也难于促成人之德性的发展和生成，道德知识找不到回归生活和实践之路"①。儿童虽然获得了良好的道德知识，但在面对具体情景之时，却难以抵抗个人主义的思维；虽然也能够进行一定的道德实践，却很少思考其道德实践与自身生活连接的意义和价值。纵观当前的道德教育，存在着教育目的脱离理论、教育内容脱离现象、教育对象脱离主体以及教育方式脱离实践的问题，皆可以针对性地进行改善。其中，儿童道德理性教育内容在学校道德教育中仍然有一定的扩展空间，在道德教育过程中，教师可以将视角由集中在儿童对道德知识的掌握以及道德行为的显现，转变到加强对儿童道德判断力的培养。

当代德育更需要扎根于儿童生活，促进其道德理性生长。德育现代化危机除了体现在儿童道德理性发展中，同样体现在儿童背景信息的不均衡之中。城乡差异、教育差异乃至于心理差异、环境差异也对儿童道德理性发展产生了一定的影响，但与传统"弱势扶持"的策略定位不同，生活德育更主张因地制宜，并将儿童的差异性当作多样性的道德资源，扎根儿童生活，推进其道德理性生长。举例而言，在"友谊-职责"冲突中，没有感受到关心的儿童常常将"老师""他人"作为最关心自己的群体，与将"家人""朋友"作为最关心自己的儿童表现出不同。这可能是因为通常情况下的熟人圈（家人、朋友）并没有对其形成有效关怀圈，他们更容易停留在个人视角，但是也更容易超越"好角色"定位阶段而直接进入到普遍性社会原则阶段，与其他群体恰好形成了互补。促进班级内部的道德交流，这两大类群体就能够形成互补且更为丰富多样的道德思考，并且能够在真实生活中直面并挑战个人主义、工具主义等现代化道德危机。本研究更推荐道德教育者对学生采

---

① 鲁洁. 边缘化　外在化　知识化——道德教育的现代综合症[J]. 教育研究，2005（12）：11-14，42.

用一种"英雄不问出处"的心理，将每一个儿童（无论来自何种境遇）都当作主动的、有特色的道德思考者，当作其自身生活、道德理性的主人。

（二）善用群体内部差异，推进多样化道德思考

针对儿童群体道德理性趋同的问题，群体内部差异可以成为教育的突破点。研究发现，儿童的道德发展并未呈现出阶段性，反而是特定道德理由在各年龄段表现出一定的稳定性。与此同时，研究也发现了促进儿童跨阶段进行道德思考的可能路径。

因为不同年龄段儿童群体都涉及科尔伯格六阶段的道德理由，所以道德教育应充分尊重儿童群体内部多种道德理由并存的差异性。一个班级内可能同时存在道德理性高阶段、低阶段的儿童，道德教育可以借助儿童群体内的差异，可以促进儿童就某一道德问题进行更为广泛的对话，在辩论、证明、反驳等环节以理性促使儿童形成更为深入和经得起考验的道德判断。

调查发现，儿童所持身份的转化可以促使儿童进入更高阶段的道德思考，从关注"好警察"（阶段 3）到关注"法律的普遍有效性"（阶段 4）是一个可以借鉴的路径，通过一种社会身份的下沉，儿童可以以不同身份去思考道德问题。"警察"等社会角色可以促使学生从个人、家族层面进而到社会层面去思考更为普遍且周全的道德选择。

（三）善用道德立场切换，深化道德推理

针对儿童道德理性稳定性强化其自主思考深入的问题，调查认为，真实的、鲜活的发生在儿童身边的道德情境及换位思考可以推进儿童更为鲜活、真切且深入地进行道德思考。首先，儿童群体在"亲情-法律""友谊-职责"冲突中表现出来的道德理性虽然主要集中在习俗水平阶段，但是处于这一阶段的儿童却分散在不同的年龄阶段，故而不同类型的道德冲突有利于促进儿童进行更深入的道德思考，道德教育者可储备更为丰富、真实的道德冲突材料，以供学生进行思考和模拟实验。其次，儿童群体虽然表现出高移情能力，表现为涉身性道德判断与非涉身性道德判断基本一致，却需要主动的牵引去进行不同身份、不同立场的换位思考，如需要道德教育者引入"当事人李德""当事人的朋友执法者王朗""审判者法官"，甚至"富人""同样的

穷人"等角色，促使儿童在道德情境中积极换位思考，特别是进行对立立场（如富人、穷人）的换位思考。最后，研究发现，儿童在道德冲突情境中对"身份道德"具有特殊的创造力，如儿童群体以"告发也是为了让朋友不走歪路"的创造性思维化解了"友谊"与"职责"之间的矛盾，这一思维背后暗含着儿童将自己在社会、良心层面上的思考落实在其所处的具体的、现实的关系（友谊）中，并重新界定其内涵的能力，这一创造性思维极其贴合孔子所说的"友直，友谅，友多闻"的思路，本质上可能与我国传统文化本身的属性相关联。这一思维实验是为儿童可能的道德境遇做预备，促进其道德理性建构，也能使儿童对他人的道德观有一定的理解与包容，增强共情与关怀，并促使儿童建立稳定、深入、合理的道德原则。

第五章 儿童道德行为动态及问题

　　道德观念、道德情感、道德判断与道德行为是儿童道德发展的核心要素，道德行为是道德情感、道德理性、道德观念的外在综合体现。道德行为不是既定的，而是随着时间的延展及儿童道德生活经历的累积不断生成和发展的①，遵循"无意识—有意识—从心所欲不逾矩"以及"他律—自律"的道德发展规律②。当下儿童的道德行为发展状况究竟如何？对于该问题的研究，无疑对促进德育工作及教学具有重要的意义和价值，是做好儿童德育工作需要解决的基础性问题。

　　本次调查以儿童日常生活中常见的道德行为为切入点，主要涉及诚信、家庭感恩回报、同伴错误提醒、守规则及制止欺负 5 种道德行为，以期全面了解儿童道德行为表现的整体情况及三年间的动态变化情况，分析影响儿童道德行为的有效因素，为儿童道德行为指导提供有益的参考。

---

① 李春迪，唐爱民. 儿童道德行为发生的时间逻辑及其教育遵循[J]. 中国德育，2020（5）：20-24.

② 马璐. 道德行为发生的演进规律及实践突破[J]. 中国教育学刊，2017（8）：90-93.

第一节 儿童道德行为整体动态

一、儿童道德行为研究状况

近年来，国内对儿童道德行为研究的关注度高于国外。曾燕波的调查发现，上海中小学生道德行为发展存在年龄差异，多种品德素质随着年级的升高呈现下滑趋势①；叶松庆对安徽省青少年进行的两次调查发现，青少年的社会公共道德发展是一个偏离与吸纳的过程，其变化向度是不平衡的——变化缓慢、变化迅速、停滞不前或负向发展②，表现出多向度和不均衡的特征③。孙彩平、滕春燕对全国 7 个省份的 77 953 名 9～18 岁儿童的大样本调查发现，儿童道德行为存在公私分层的现象，儿童的个人诚信和家庭感恩回报行为表现突出，但在公共生活中的表现需要关注④，而且儿童道德行为随私人领域向公共领域的延伸而趋弱，两种公共道德行为呈现出相反的发展状况⑤。相较于对道德行为本身关注的内热外冷状况，对儿童道德行为影响因素的广泛探索却是国内外学者共同关注的热点。在国内，丁芳等通过两个实验探究了儿童的道德义愤在年级、价值不公平分配上的差异以及道德义愤对第三方公正行为的影响⑥；郭震等探索了在道德推脱的中介作用下，生活目标会对其不道德行为产生何种影响⑦；姚尧发现道德行为受心理需要调节，

---

① 曾燕波. 上海未成年人思想品德现状调查[J]. 当代青年研究，2006（9）：13-22.

② 叶松庆. 当代青少年社会公德的现状、特点与发展趋向[J]. 青年研究，2008（12）：28-34.

③ 叶松庆，王良欢，荣梅. 当代青少年道德观发展变化的现状、特点与趋向研究[J]. 中国青年研究，2014（3）：102-109.

④ 孙彩平. 分层与分叉——当代中国儿童道德发展调查报告（2017）[J]. 教育科学研究，2018（2）：10-19.

⑤ 滕春燕. 从"由私推公"到"由公及私"——当代中国儿童公共道德行为发展状况及其对德育的启示[J]. 教育科学研究，2018（2）：20-25，41.

⑥ 丁芳，刘莹莹，陈甜甜. 儿童道德义愤的发展及其对第三方公正行为的影响[J]. 心理科学，2020（3）：652-658.

⑦ 郭震，赵宇迪，姚小嗬，等. 生活目标对青少年不道德行为的影响：道德推脱的中介作用[J]. 青年研究，2020（6）：35-42，92.

非理性的需要心理是不道德行为产生的根源，道德需要不足会阻碍其道德实践[①]；周（Chou）等以我国台湾儿童及父母为调查对象，发现父母在儿童道德发展中有重要作用，并建议在以道德行为教育为主的中国文化中，父母应该有意识地将道德与儿童的亲身经历联系起来[②]。在国外，曼尼奇（Mancini）发现学校的道德规范对青少年的社会规范取向及攻击行为产生了影响[③]；金斯福德（Kingsford）确证了儿童道德认同首先出现在 8～12 岁[④]；克雷特瑙尔（Krettenauer）验证了道德认同是塑造个体道德行为的重要因素[⑤]；布里格斯（Briggs）等采用扎根理论的方法发现道德意志会对青少年的道德行为产生直接影响[⑥]。

二、儿童道德行为的整体发展动态

（一）儿童道德行为在横向上呈现出多向度的发展特征

经检验，相关数据符合正态分布（偏度<1、峰度<3），可以对相关数据进行独立样本 t 检验。结合数据差异性检验水平、效应量标准可以了解到，儿童守规则行为水平（$M_{2020}=2.280$，$M_{2017}=2.330$，$t=12.311$，$p<0.001$，$d=0.063$）在两次调查中虽然呈现出显著性差异（$p<0.001$），但差异程度较微弱（$d<0.2$）。这表明在两次调查中，儿童守规则行为水平的差异不具有统计学意义，即儿童守规则行为水平在两次调查中整体上未出现明显变化。同时，儿童诚信行为水平（$M_{2020}=2.920$，$M_{2017}=2.780$，$t=58.393$，$p<$

---

① 姚尧. 论青少年的需要与道德行为[J]. 当代青年研究，2020（3）：118-122.

② Chou Y J，Hu B Y，Roberts S K. Features of Taiwanese parents' moral discourse in shared storybook reading：Exploring associations related to preschoolers' cognitive and affective moral attribution [J]. Early Childhood Education Journal，2021（6）：1007-1019.

③ Mancini T. An extention of the school moral atmosphere construct，and its association with aggressive behaviour in secondary school[J]. European Journal of Psychology of Education，2006（2）：209-228.

④ Kingsford J M. The development of moral shame indicates the emergence of moral identity in middle-childhood[J]. Journal of Moral Education，2021（4）：330-345.

⑤ Krettenauer T. Moral identity as a goal of moral action：A self-determination theory perspective[J]. Journal of Moral Education，2020（5）：1-16.

⑥ Briggs C，Lumsdon D. Practical wisdom：How do personal virtue beliefs and contextual factors interact in adolescents' moral decision-making? [J]. Journal of Moral Education，2021（2）：1-19.

0.001，d=0.296）、同伴错误提醒行为水平（M_{2020}=2.760，M_{2017}=2.600，t=53.547，p<0.001，d=0.272）、制止欺负行为水平（M_{2020}=2.530，M_{2017}=2.340，t=58.884，p<0.001，d=0.299）在两次调查中均呈现出显著性差异（p<0.001），且差异程度处于一般水平（0.2<d<0.4）。这表明在两次调查中，儿童诚信行为水平、同伴错误提醒行为水平、制止欺负行为水平的差异具有统计学意义，两次调查的均值大小可以进行比较。通过均值大小比较发现，儿童诚信行为、同伴错误提醒行为、制止欺负行为水平得到了不同程度的提升。然而，儿童家庭感恩回报行为水平（M_{2020}=2.15，M_{2017}=2.70，t=194.681，p<0.001，d=0.988）不但在两次调查中呈现出显著性差异（p<0.001），且差异程度较大（d>0.4）。这表明在两次调查中，儿童家庭感恩回报行为水平的差异具有统计学意义，两次调查的均值大小可以进行比较。通过 均值大小比较发现，儿童家庭感恩回报行为水平出现了较大程度的下降。两次调查中儿童道德行为水平平均值如图 5-1 所示。

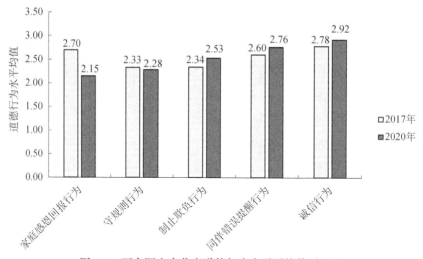

图 5-1　两次调查中儿童道德行为水平平均值对照图

（二）儿童道德行为水平在纵向上呈现出先升高后降低的波动

在 2017 年的调查中，随着年龄的增长，儿童道德行为整体水平波动变化较大，11 岁、12 岁、13 岁、15 岁、16 岁均是儿童道德行为变化的拐点，波动幅度较大；在 2020 年的调查中，随着年龄的增长，虽然儿童道德行为整体水平仍出现了波动变化，但波动幅度较为平缓，10岁、12岁是儿童道德行为水平变化的拐点，且波动幅度较小。总体来说，在2017年、2020年两次调查中，儿童道德行为整体水平均会随着年龄的增长整体呈现出先升后降的波动趋势，儿童道德行为水平的高峰出现在10～11岁。同时，与2017年的调查结果相比，在2020年的调查中，儿童道德行为水平波动幅度更小，这说明儿童的道德行为水平不是固定不变的，而是随着年龄的增长、学习的积累而发生变化，并逐渐趋于稳定。具体情况如图5-2所示。

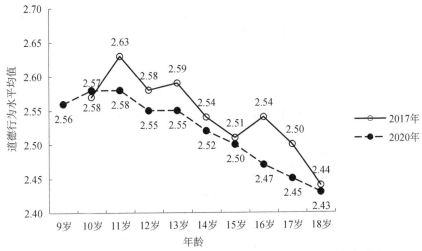

图 5-2　两次调查中儿童道德行为水平均值的年龄变化趋势对照图

（三）儿童道德行为的多维分析

为了探究儿童道德行为与12个人口学变量之间的关系，课题组通过SPSS22.0对其进行了相关性分析。结果显示，"最关心我的人""最了解我的人"与儿童道德行为之间不存在显著性相关关系，其余变量均与儿童道德行为发展之间存在显著相关关系（表5-1）。

表 5-1　儿童道德行为与各人口学变量间的相关性分析表

项目	皮尔逊相关性	项目	皮尔逊相关性
性别	0.068***	母亲受教育程度	0.023***
年龄	−0.119***	学业成绩	0.084***
学段	−0.116***	生活满意度	−0.207***
区域	0.067***	家庭生活方式	−0.041***

项目	皮尔逊相关性	项目	皮尔逊相关性
城乡	−0.025***	最关心我的人	0.004
父亲受教育程度	0.027***	最了解我的人	0.003

1. 儿童道德行为在生理类因素"年龄"上表现出较大程度的差异

数据分析显示，儿童道德行为在年龄上呈现出显著性差异（$p<0.001$）。进一步进行多重检验发现，儿童道德行为在相隔 3～8 岁年龄跨度上的差异达到了可接受程度（$d>0.2$），出现较大程度差异的最大年龄跨度为 8 年，在 10 岁与 18 岁儿童群体间；最小年龄跨度为 3 年，如 13 岁与 16 岁、14 岁和 17 岁儿童群体间。整体上看，低年龄段的儿童道德行为表现好于高年龄段的儿童（表 5-2、表 5-3）。

表 5-2 年龄与儿童道德行为的差异性检验表

年龄/岁	n	M	SD	F	p
9	4 836	3.218	0.407		
10	10 840	3.239	0.388		
11	12 266	3.239	0.403		
12	12 768	3.210	0.420		
13	10 729	3.200	0.422	141.905***	<0.001
14	8 547	3.171	0.434		
15	7 695	3.132	0.442		
16	4 930	3.093	0.441		
17	3 407	3.063	0.446		
18	1 349	3.040	0.509		

表 5-3 年龄与儿童道德行为的差异性分析及效应量表

年龄/岁		p	d	年龄/岁		p	d
9	10	0.001	0.052	10	14	<0.001	0.151
	11	<0.001	0.060		15	<0.001	0.237*
	14	<0.001	0.093		16	<0.001	0.305*
	15	<0.001	0.176		17	<0.001	0.360*
	16	<0.001	0.241*		18	<0.001	0.416**
	17	<0.001	0.294*	11	12	<0.001	0.057
	18	<0.001	0.347*		13	<0.001	0.083
10	12	<0.001	0.048		14	<0.001	0.161
	13	<0.001	0.075		15	<0.001	0.247*

续表

年龄/岁		p	d	年龄/岁		p	d
11	16	<0.001	0.316*	13	17	<0.001	0.288*
	17	<0.001	0.372*		18	<0.001	0.344*
	18	<0.001	0.428**	14	15	<0.001	0.087
12	14	<0.001	0.104		16	<0.001	0.155
	15	<0.001	0.191		17	<0.001	0.211*
	16	<0.001	0.259*		18	<0.001	0.267*
	17	<0.001	0.315*	15	16	<0.001	0.069
	18	<0.001	0.371*		17	<0.001	0.124
13	14	<0.001	0.077		18	<0.001	0.180
	15	<0.001	0.164	16	17	<0.001	0.056
	16	<0.001	0.232*		18	0.009	0.111

差异性检验结果显示，儿童道德行为在"性别"上虽呈现出显著性差异，但差异程度较微弱（$p<0.001$，$d=0.138<0.2$，表5-4）。

表5-4 性别与儿童道德行为的差异性检验及效应量表

性别	n	M	SD	t	p	d
男	39 707	3.161	0.443	−19.123***	<0.001	0.138
女	37 660	3.219	0.402			

2. 儿童道德行为在心理类因素"生活满意度"上表现出较大程度差异

"最关心我的人""最了解我的人"与儿童道德行为之间不存在显著性相关，故在心理类因素中，仅对儿童道德行为整体性水平在"生活满意度"上的差异进行分析。数据分析发现，儿童道德行为在"生活满意度"上呈现出显著性差异（$p<0.001$），"对生活很满意"和"对生活不满意"（$d=0.403>0.4$）的儿童之间的差异程度较大，"对生活基本满意"与"对生活不满意"的儿童之间的差异程度一般（$0.2<d=0.238<0.4$），"对生活很满意"与"对生活基本满意"的儿童之间的差异程度较弱（$d=0.165<0.2$）。也就是说，"对生活很满意"的儿童的道德行为整体性水平（$M=3.264$）高于"对生活不满意"的儿童（$M=2.934$），"对生活基本满意"的儿童的道德行为整体性水平（$M=3.129$）高于"对生活不满意"的儿童，但"对生活很满意"的儿童

与"对生活基本满意"的儿童之间的道德行为水平无统计学意义上的差异（表 5-5）。

表 5-5　生活满意度与儿童道德行为的差异性检验及效应量表

项目		n	M	SD	F	p	交叉分析		d
生活满意度	很满意	39 878	3.264	0.396	1 761.659***	<0.001	很满意	基本满意	0.165
	基本满意	33 512	3.129	0.421			很满意	不满意	0.403**
	不满意	3 977	2.934	0.533			基本满意	不满意	0.238*

3. 儿童道德行为在家庭类因素上无统计学意义上的差异

数据分析显示，尽管儿童道德行为在家庭类因素"家庭生活方式""父亲受教育程度""母亲受教育程度"上存在差异（$p<0.001$），但程度微弱（$d<0.2$）（表 5-6）。

表 5-6　家庭类因素与儿童道德行为的差异性检验及效应量表

项目		n	M	SD	F	p	交叉分析		d
父亲受教育程度	小学及以下	8 775	3.132	0.458	92.667***	<0.001	小学及以下	中学	0.158
	中学	46 424	3.199	0.416			小学及以下	大学及以上	0.140
	大学及以上	22 168	3.191	0.424			中学	大学及以上	0.018
母亲受教育程度	小学及以下	11 749	3.149	0.449	63.647***	<0.001	小学及以下	中学	0.117
	中学	45 287	3.199	0.415			小学及以下	大学及以上	0.095
	大学及以上	20 331	3.189	0.426			中学	大学及以上	0.022
家庭生活方式	和家人一起	70 649	3.194	0.422	63.735***	<0.001	和家人一起	住校生	0.139
	住校生	5 927	3.133	0.434			和家人一起	和亲戚一起	0.038
	和亲戚一起	791	3.117	0.477			住校生	和亲戚一起	0.177

4. 儿童道德行为受教育类因素的影响较大

数据分析发现，儿童道德行为在"学段"上呈现出显著性差异（$p<0.001$），小学生与高中生（$0.2<d=0.335<0.4$）、初中生与高中生（$0.2<d=0.223<0.4$）之间的差异程度一般，但小学生与初中生之间的差异程度较弱（$d=0.112<0.2$）。也就是说小学生道德行为水平（$M=3.231$）高于高中生（$M=3.090$），初中生道德行为水平（$M=3.184$）高于高中生，但小学生与初中生道德行为水平之间的差异程度较微弱（表 5-7）。

表 5-7　教育类因素与儿童道德行为的差异性检验及效应量表

项目		n	M	SD	F	p	交叉分析		d
学段	小学	35 187	3.231	0.405	552.898***	<0.001	小学	初中	0.112
	初中	28 566	3.184	0.428			小学	高中	0.335*
	高中	13 614	3.090	0.446			初中	高中	0.223*
学业成绩	有待提高	8 659	3.062	0.470	451.019***	<0.001	有待提高	一般	0.330*
	一般	50 848	3.201	0.411			有待提高	优良	0.366*
	优良	17 860	3.216	0.425			一般	优良	0.035

调查结果还显示，儿童道德行为在"学业成绩"上呈现出显著性差异（$p<0.001$），"学业成绩一般"的儿童与"学业成绩有待提高"的儿童之间（$0.2<d=0.330<0.4$）、"学业成绩优良"的儿童与"学业成绩有待提高"的儿童之间（$0.2<d=0.366<0.4$）的差异程度一般，但"学业成绩一般"的儿童与"学业成绩优良"的儿童之间（$d=0.035<0.2$）的差异程度较微弱。也就是说，"学业成绩优良"的儿童的道德行为整体性水平（$M=3.216$）高于"学业成绩有待提高"的儿童（$M=3.062$）、"学业成绩一般"的儿童的道德行为整体性水平（$M=3.201$）也高于"学业成绩有待提高"的儿童（$M=3.062$），但"学业成绩优良"的儿童与"学业成绩一般"的儿童道德行为水平之间的差异程度较微弱（表 5-7）。

5. 儿童道德行为在空间类因素"区域"上表现出中等程度差异

数据分析发现（表 5-8），儿童道德行为在"区域"上呈现出显著性差异（$p<0.001$），且东部地区和中部地区的儿童之间的差异程度一般（$0.2<d=0.223<0.4$），东部地区与西部地区（$d=0.099<0.2$）、中部地区与西部地区（$d=0.124<0.2$）儿童道德行为水平之间的差异程度均较微弱。也就是说，中部地区儿童的道德行为水平（$M=3.252$）高于东部地区儿童（$M=3.158$），但中部地区儿童与西部地区儿童、东部地区儿童与西部地区儿童道德行为水平无统计学意义上的差异。调查结果还显示，儿童道德行为在"城乡"上无统计学意义上的差异（$d<0.2$）。

表 5-8　空间类因素与儿童道德行为的差异性检验及效应量表

项目		n	M	SD	F	p	交叉分析		d
区域	东部	47 229	3.158	0.429	363.420***	<0.001	东部	中部	0.223*
	中部	20 795	3.253	0.392			东部	西部	0.099
	西部	9 343	3.200	0.447			中部	西部	0.124

项目		n	M	SD	F	p	交叉分析		d
城乡	大中城市	28 026	3.195	0.413	26.916***	<0.001	大中城市	小城市	0.027
	小城市	17 868	3.207	0.42			大中城市	县城	0.050
	县城	15 299	3.174	0.427			大中城市	农村乡镇	0.053
							小城市	县城	0.077
	农村乡镇	16 174	3.172	0.442			小城市	农村乡镇	0.080
							县城	农村乡镇	0.003

第二节　儿童诚信行为动态[①]

　　自古以来，诚信一直是人存在于世的基本品质，也是人与人交往的基本要求。21 世纪以来，诚信价值观备受重视。2001 年，《公民道德建设实施纲要》将"明礼诚信"列为人的基本道德规范；2012 年，诚信成为社会主义核心价值观的一部分；2013 年，《关于培育和践行社会主义核心价值观的意见》强调社会各界需要以诚信建设为重点，形成守信光荣、失信可耻的氛围；2015 年，修订后的《中小学生守则》明确将"诚实守信"作为中小学生道德教育的思想内容。自此，无论是社会抑或是学校均开始逐步加强对儿童的诚信教育，并试图采取各种手段帮助儿童形成诚信观念、养成诚信行为习惯。

　　那么，儿童诚信观念、诚信行为的表现如何？影响儿童诚信行为的因素有哪些？儿童诚信行为在生理类因素、心理类因素、家庭类因素、教育类因素以及空间类因素上是否存在差异？对于以上基础性问题的探究，有助于我们充分了解儿童诚信教育的实效性，有助于促进儿童道德教育的开展。

---

　　① 　部分内容已经发表于《征信》2022 年第 3 期。

一、儿童诚信行为研究的状况

当下，关于儿童诚信的研究主要集中在现状问题、影响因素及教育建议三个层面。江申等通过对浙江省 6500 名小学生的学习诚信进行问卷调查发现，小学生学业诚信状况不容乐观，面临着知行不一的困境[①]；李德显等通过对 4834 名青少年进行问卷调查发现，青少年对诚实价值的选择比例均高于守信价值，且小学六年级学生的诚信水平最高[②]；陈小菊采用问卷及访谈的形式对广西贺州市的 240 名小学生开展了调查，发现小学生诚信教育观念薄弱、诚信教育目标不具体、诚信教育内容不全面、诚信教育方法单一[③]。田志杰等[④]、禹旭才[⑤]指出，日常压力、家庭因素以及外部德育环境是影响儿童诚信的要素。陈燕玲基于儒家规则伦理提出了"社会、学校、网络、家庭及中学生自我"五位一体的协同模式，深化规则意识践行，涵养诚信价值观[⑥]；汪波认为童谣对儿童而言具有独特的诚信教育价值[⑦]；王中华认为童话也可以作为儿童诚信教育的新途径[⑧]。

通过对已有研究的梳理可以发现如下问题：从研究方法来看，理论探讨的定性研究偏多，实证研究较少；从研究内容来看，对于诚信观念的研究较多，对诚信行为的研究较少；从调查范围来看，局部地区的小样本调查较多，全国范围的大样本调查较少；从调查对象来看，对于某一年段的调查较多，覆盖整个基础教育阶段的调查较少；从数据处理方式来看，单一的描述性分析较多，系统性的差异分析较少。

---

① 江申，傅建明. 小学生学业诚信现状及应对策略[J]. 上海教育科研，2014（4）：52-55.
② 李德显，邱燕鸣. 我国儿童、青少年诚信观发展研究[J]. 全球教育展望，2014（10）：106-117.
③ 陈小菊. 小学生诚信教育现状的调查研究[J]. 教学与管理，2016（6）：74-76.
④ 田志杰，周亮. 农村家庭诚信教育缺失对儿童成长的影响及改善策略[J]. 现代教育科学，2018（S1）：30-31.
⑤ 禹旭才. 论诚信品质培养的外部德育环境[J]. 湖南师范大学教育科学学报，2003（3）：13-16.
⑥ 陈燕玲. 儒家规则伦理与中学生诚信价值观培育[J]. 思想政治课教学，2018（2）：16-19.
⑦ 汪波. 童谣与小学生诚信教育研究[J]. 教学与管理，2010（32）：27-29.
⑧ 王中华. 童话：儿童诚信教育的新途径[J]. 教学与管理，2006（20）：33-34.

二、儿童诚信行为的动态特征

（一）儿童诚信行为水平在纵向上呈现出先升高后降低的波动

两次调查中，儿童诚信行为均是五种诚信行为中表现最好的。在 2017 年的调查中，随着年龄的增长，儿童诚信行为水平波动较大，11 岁、12 岁、13 岁、15 岁、16 岁均是儿童诚信行为水平变化的拐点，且波动幅度较大；在 2020 年的调查中，随着年龄的增长，虽然儿童诚信行为整体水平仍有波动变化，但波动幅度较为平缓，仅 10 岁是儿童诚信行为水平变化的拐点，且波动幅度较小。总体来说，在两次调查中，儿童诚信行为整体水平均随着年龄的增长整体呈现出先升后降的波动趋势，儿童诚信行为水平的高峰出现在 10~11 岁。具体情况如图 5-3 所示。

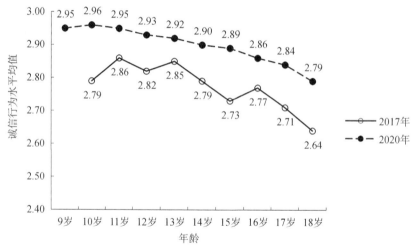

图 5-3　两次调查中儿童诚信行为水平均值的年龄变化趋势对照图

（二）儿童诚信行为的多维分析

通过 SPSS22.0 对诚信行为与 12 个人口学变量之间进行相关性分析发现，12 个变量与儿童诚信行为水平之间均呈显著相关关系（表 5-9）。

表 5-9　儿童诚信行为与各人口学变量间的相关性分析表

项目	皮尔逊相关性	项目	皮尔逊相关性
性别	0.045***	母亲受教育程度	0.017***
年龄	−0.111***	学业成绩	0.040***
学段	−0.102***	生活满意度	−0.156***
区域	0.025***	家庭生活方式	−0.055***
城乡	−0.022***	最关心我的人	−0.019***
父亲受教育程度	0.019***	最了解我的人	−0.007*

1. 儿童诚信行为在生理类因素 "年龄" 上呈现出较大程度差异

数据分析显示，儿童诚信行为在年龄上呈现出显著性差异（$p < 0.001$）。进一步进行多重检验发现，儿童诚信行为水平在相隔 3～9 岁年龄跨度的差异达到了可接受程度（$d > 0.2$），出现较大程度差异的最大年龄跨度为 9 年，在 9 岁与 18 岁儿童群体间；最小年龄跨度为 3 年，在 15 岁与 18 岁儿童群体间。整体上看，低年龄段的儿童诚信行为表现好于高年龄段的儿童（表 5-10、表 5-11）

表 5-10　年龄与儿童诚信行为的差异性检验表

年龄/岁	n	M	SD	F	p
9	4 836	2.953	0.280		
10	10 840	2.964	0.241		
11	12 266	2.954	0.263		
12	12 768	2.931	0.322		
13	10 729	2.917	0.350	113.913***	<0.001
14	8 547	2.901	0.378		
15	7 695	2.886	0.398		
16	4 930	2.857	0.431		
17	3 407	2.837	0.456		
18	1 349	2.792	0.537		

表 5-11　年龄与儿童诚信行为的差异性检验及效应量表

年龄/岁		p	d	年龄/岁		p	d
9	10	0.001	0.013	9	17	<0.001	0.394*
	11	<0.001	0.001		18	<0.001	0.548**
	14	<0.001	0.175	10	12	<0.001	0.092
	15	<0.001	0.228*		13	<0.001	0.131
	16	<0.001	0.328*		14	<0.001	0.177

续表

年龄/岁		p	d	年龄/岁		p	d
10	15	<0.001	0.221*	12	18	<0.001	0.394*
	16	<0.001	0.303*		14	<0.001	0.045
	17	<0.001	0.359*		15	<0.001	0.089
	18	<0.001	0.486**	13	16	<0.001	0.172
11	12	<0.001	0.065		17	<0.001	0.227*
	13	<0.001	0.105		18	<0.001	0.355*
	14	<0.001	0.150	14	15	<0.001	0.044
	15	<0.001	0.194		16	<0.001	0.126
	16	<0.001	0.277*		17	<0.001	0.181
	17	<0.001	0.332*		18	<0.001	0.309*
	18	<0.001	0.459**	15	16	<0.001	0.082
12	13	0.033	0.039		17	<0.001	0.137
	14	<0.001	0.085		18	<0.001	0.265*
	15	<0.001	0.129	16	17	0.009	0.055
	16	<0.001	0.211*		18	<0.001	0.183
	17	<0.001	0.266*				

数据分析还显示（表 5-12），儿童诚信行为在"性别"上虽然呈现出显著性差异（$p<0.001$），但差异程度较微弱（$d=0.091<0.2$）。

表 5-12　性别与儿童诚信行为的差异性检验及效应量表

性别	n	M	SD	t	p	d
男	39 707	2.904	0.379	−12.630***	<0.001	0.091
女	37 660	2.935	0.299			

2. 心理类因素"生活满意度"是影响儿童诚信行为的重要因素

数据分析发现（表 5-13），儿童诚信行为在"生活满意度"上呈现出显著性差异（$p<0.001$），"对生活很满意"与"对生活不满意"（$d=0.784>0.4$）、"对生活基本满意"与"对生活不满意"（$d=0.610>0.4$）的儿童之间的差异程度较大，"对生活很满意"与"对生活基本满意"（$d=0.174<0.2$）的儿童之间的差异程度较弱。也就是说，"对生活很满意"的儿童的诚信行为水平（$M=2.959$）高于"对生活不满意"的儿童（$M=2.694$），"对生活基本

满意"的儿童的诚信行为水平（*M*=2.900）高于"对生活不满意"的儿童（*M*=2.694），但"对生活很满意"的儿童与"对生活基本满意"的儿童之间的诚信行为水平差异程度较微弱。

表 5-13　生活满意度与儿童诚信行为的差异性检验及效应量表

项目		*n*	*M*	*SD*	*F*	*p*	交叉分析		*d*
生活满意度	很满意	39 878	2.959	0.255	1 213.823***	<0.001	很满意	基本满意	0.174
	基本满意	33 512	2.900	0.376			很满意	不满意	0.784***
	不满意	3 977	2.694	0.612			基本满意	不满意	0.610***

调查结果也显示（表 5-14），儿童诚信行为水平在"最关心我的人"上呈现出显著性差异（*p*<0.001），且选择"没有"与选择"家人""朋友""其他"（*d*>0.3）的儿童诚信行为水平之间的差异程度较大，选择"家人"与选择"老师"、选择"其他"与选择"老师"的儿童诚信行为水平之间的差异程度一般（0.2<*d*<0.4），做出其他选择的儿童之间的差异程度较弱（*d*<0.2）。也就是说，有人关心的儿童，其诚信行为水平更高，且当家人较为关心儿童时，其诚信行为表现得最好。

表 5-14　心理类因素与儿童诚信行为的差异性检验及效应量表

项目		*n*	*M*	*SD*	*F*	*p*	交叉分析		*d*
最关心我的人	没有	2 301	2.67	0.644	188.020***	<0.001	没有	家人	0.468**
								老师	0.191
								朋友	0.312*
								其他	0.451**
	家人	64 180	2.94	0.296			家人	老师	0.278*
								朋友	0.156
								其他	0.017
	老师	2 937	2.78	0.575			老师	朋友	0.121
								其他	0.260*
	朋友	4 597	2.85	0.462			朋友	其他	0.139
	其他	3 352	2.93	0.312					
最了解我的人	没有	5 336	2.79	0.522	199.596***	<0.001	没有	家人	0.338*
								老师	0.063
	家人	49 553	2.95	0.285				朋友	0.254*
								其他	0.211*

续表

项目		n	M	SD	F	p	交叉分析		d
最了解我的人	老师	4 054	2.82	0.522	199.596***	<0.001	家人	老师	0.275*
								朋友	0.085
								其他	0.127
	朋友	15 872	2.91	0.355			老师	朋友	0.190
								其他	0.148
	其他	2 552	2.89	0.374			朋友	其他	0.042

调查结果还显示（表 5-14），儿童诚信行为水平在"最了解我的人"上也呈现出显著性差异（$p<0.001$），且选择"没有"与选择"家人""朋友""其他"、选择"家人"与选择"老师"的儿童诚信行为水平之间的差异程度一般（$0.2<d<0.4$），做出其他选择的儿童诚信行为水平之间的差异程度较弱（$d<0.2$）。也就是说，选择有人了解自己的儿童的诚信行为水平高于选择无人了解自己的儿童，且当家人最了解儿童时，其诚信行为表现得最好。

3. 儿童诚信行为在家庭类因素"家庭生活方式"上表现出中等程度差异

数据分析显示（表 5-15），儿童诚信行为水平在家庭生活方式上呈现出显著性差异（$p<0.001$），且"和家人一起生活"与"和亲戚一起生活"的、"住校生"与"和亲戚一起生活"的儿童诚信行为水平之间的差异程度一般（$0.2<d<0.4$），"住校生"与"和家人一起生活"的儿童诚信行为水平之间无统计学意义上的差异（$d<0.2$），即"和家人一起生活"的儿童和"住校生"的诚信行为水平优于"和亲戚一起生活"的儿童。与此同时，调查结果还显示，儿童诚信行为水平在"父亲受教育程度""母亲受教育程度"上虽呈现出显著性差异（$p<0.05$），但差异程度较微弱（$d<0.2$）。

表 5-15　家庭类因素与儿童诚信行为的差异性检验及效应量表

项目		n	M	SD	F	p	交叉分析		d
父亲受教育程度	小学及以下	8 775	2.894	0.400	27.31***	<0.001	小学及以下	中学	0.086
	中学	46 424	2.929	0.336			小学及以下	大学及以上	0.073
	大学及以上	22 168	2.924	0.332			中学	大学及以上	0.013
母亲受教育程度	小学及以下	11 749	2.901	0.384	21.81**	0.005	小学及以下	中学	0.067
	中学	45 287	2.924	0.333			小学及以下	大学及以上	0.065
	大学及以上	20 331	2.923	0.338			中学	大学及以上	0.002

续表

项目		n	M	SD	F	p	交叉分析		d
家庭生活方式	和家人一起生活	70 649	2.925	0.333	120.22***	<0.001	和家人一起生活	住校生	0.153
	住校生	5 927	2.873	0.413			和家人一起生活	和亲戚一起生活	0.391*
	和亲戚一起生活	791	2.791	0.516			住校生	和亲戚一起生活	0.238*

4. 儿童诚信行为在教育类因素"学段""学业成绩"上呈现出中等程度差异

数据分析显示（表 5-16），儿童诚信行为水平在"学段"上呈现出显著性差异（$p<0.001$），小学生和高中生之间的差异程度一般（$0.2<d=0.280<0.4$），但小学生与初中生、初中生与高中生之间的差异程度较弱（$d<0.2$）。也就是说，小学生诚信行为水平（$M=3.953$）高于高中生（$M=2.857$），但小学生与初中生、初中生与高中生之间的诚信行为无统计学意义上的差异。

表 5-16 教育类因素与儿童诚信行为的差异性检验及效应量表

项目		n	M	SD	F	p	交叉分析		d
学段	小学	35 187	2.953	0.272	404.603***	<0.001	小学	初中	0.126
	初中	28 566	2.909	0.366			小学	高中	0.280*
	高中	13 614	2.857	0.433			初中	高中	0.153
学业成绩	有待提高	8 659	2.848	0.465	223.692***	<0.001	有待提高	一般	0.246*
	一般	50 848	2.932	0.315			有待提高	优良	0.207*
	优良	17 860	2.919	0.345			一般	优良	0.039

调查结果还显示，儿童诚信行为水平在学业成绩上存在显著性差异（$p<0.001$），"学业成绩优良"与"学业成绩有待提高"（$0.2<d=0.207<0.4$）的儿童、"学业成绩一般"与"学业成绩有待提高"（$0.2<d=0.246<0.4$）的儿童诚信行为水平之间的差异程度一般，但"学业成绩一般"与"学业成绩优良"的儿童诚信行为水平之间的差异程度较微弱（$d=0.039<0.2$）。也就是说，"学业成绩优良""学业成绩一般"的儿童的诚信行为表现（$M_1=2.919$、$M_2=2.932$）好于"学业成绩有待提高"的儿童（$M=2.848$），但"学业成绩优良"与"学业成绩一般"的儿童诚信行为水平无统计学意义上的差异。

5. 空间类因素对儿童诚信行为的影响程度微弱

数据分析显示（表 5-17），儿童诚信行为水平虽然在空间类因素"区域""城乡"上呈现出显著性差异（$p<0.001$），但差异程度较微弱（$d<0.2$）。

表 5-17　空间类因素与儿童诚信行为的差异性检验及效应量表

项目		n	M	SD	F	p	交叉分析		d
区域	东部	47 229	2.906	0.367	179.155***	<0.001	东部	中部	0.151
	中部	20 795	2.958	0.252			东部	西部	0.012
	西部	9 343	2.902	0.382			中部	西部	0.163
城乡	大中城市	28 026	2.927	0.321	18.975***	<0.001	大中城市	小城市	0.005
	小城市	17 868	2.928	0.322			大中城市	县城	0.061
	县城	15 299	2.906	0.371			大中城市	农村乡镇	0.044
							小城市	县城	0.065
	农村乡镇	16 174	2.911	0.371			小城市	农村乡镇	0.049
							县城	农村乡镇	0.016

第三节　儿童家庭感恩回报行为动态[①]

儒家文化认为，仁是德之基础，爱是仁之根本，血亲之爱又是爱之源头。人只有学会爱自己的家人，才可能"泽被天下"，正如孟子说的那样，"亲亲而仁民，仁民而爱物"。家庭是每个人来到世间接触的第一个关系实体。人从出生的那一刻起，便拥有了姓氏与名字，自然而然地成为家庭关系链条上的一员，被家庭关系包裹着，在与家庭成员不断交互的过程中界定自己、认识自己，并获得生存和发展。[②] 因此，儿童感恩应该以感恩家庭为起点。

[①]　部分内容已发表于《青少年学刊》2021 年第 5 期。

[②]　张峰峰，邹文娜. 新时代家庭教育的内涵、价值及实施方法[J]. 中国德育，2021（12）：19-22.

感恩作为一种关系性存在，以"恩惠"为中介使施恩方与受惠方之间建立联系。同时，感恩作为一种回应性存在，只有当受惠方对施恩方给予的恩惠产生一种自愿的道德性回应时，才算真正地完成。从需要的视角来看，感恩作为人的一种合理性需要，可以帮助人摆脱"兽性"使后代生活得更幸福，可以帮助人化解矛盾冲突使人更好地融入社会关系中，可以完善自我使人实现自由全面发展①；从文化的视角来看，感恩既是对优秀传统文化的继承，也是时代精神创新发展的基础，传统文化与时代精神的完美融合是中小学开展道德教育的有效途径和方法。本次调查正是对儿童家庭感恩行为状况及动态的关注，也希望了解影响儿童家庭感恩行为的因素，了解儿童对传统美德的认同状况，同时为传统美德教育提供有效的数据支撑。

一、儿童家庭感恩回报行为研究的状况

现有相关研究主要关注感恩对于儿童的积极作用。罗利等采用问卷及量表对 865 名中学生进行调查发现，感恩能通过作用于社会支持和抗挫折能力来影响主观幸福感②；周宵等采用问卷对 376 名中学生进行调查发现，感恩可以直接正向预测其创伤后成长，也可以通过其社会支持对创伤后成长产生积极影响③；何安明等采用问卷对 380 名高中生进行调查发现，积极有效的感恩教育可以增进儿童的亲社会倾向和行为④。因此，儿童应该学会感恩，感恩自然给予的生存资料、生存环境、生存智慧，感恩他人给予的爱与信任、关心与帮助、知识与技能、鼓励与支持，感恩祖国给予的文化、语言、教育，感恩生命给予人无限发展的可能。

那么，当下儿童家庭感恩回报状况究竟如何？儿童家庭感恩回报意识与行为是否一致？哪些因素影响了儿童家庭感恩回报行为的发展？这三个问题

①　张峰峰. 人需要感恩——基于人的属性视角分析[J]. 中国德育，2020（20）：28-33.

②　罗利，周天梅. 中学生感恩与主观幸福感的关系：抗挫折能力与社会支持的中介作用[J]. 心理发展与教育，2015（4）：467-474.

③　周宵，安媛媛，伍新春，等. 汶川地震三年半后中学生的感恩对创伤后成长的影响：社会支持的中介作用[J]. 心理发展与教育，2014（1）：68-74.

④　何安明，戴贤伟，惠秋平. 高中生感恩与亲社会行为状况的实证调查[J]. 中国德育，2017（10）：34-38.

的探究，对于儿童德育工作，特别是对于儿童感恩教育的开展具有重要的意义和价值。

二、儿童家庭感恩回报行为的动态发展特征

（一）儿童家庭感恩回报行为水平显著下降

两次调查中，儿童家庭感恩回报行为呈现出较大的差异。在 2017 年的报告中，儿童家庭感恩回报行为的表现仅稍逊于儿童诚信行为，呈现出较高水平，且随着年龄的增长，儿童家庭感恩回报行为水平虽然也会出现波动，但波动幅度较小。本次调查中，儿童家庭感恩回报行为水平虽然随着年龄的增长并未出现明显的波动变化，但均值却排在末位。两次调查中，处于 15～18 岁的儿童的家庭感恩回报行为水平相对较低。具体情况如图 5-4 所示。

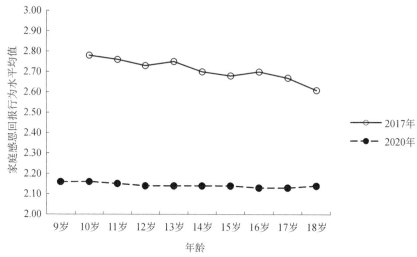

图 5-4　两次调查中儿童家庭感恩回报行为水平均值的年龄变化趋势对照图

（二）儿童家庭感恩回报行为的多维分析

我们通过 SPSS22.0 对 5 大类 12 个人口学变量与儿童家庭感恩回报行为之间的相关性进行分析发现（表 5-18），除"性别""最关心我的人""最了

解我的人"以外的 9 个变量均与儿童家庭感恩回报行为呈显著相关关系。

表 5-18 儿童家庭感恩回报行为与各人口学变量间的相关性分析表

项目	皮尔逊相关性	项目	皮尔逊相关性
性别	0.005	母亲受教育程度	0.046***
年龄	−0.020***	学业成绩	0.081***
学段	−0.108***	生活满意度	−0.111***
区域	0.032***	家庭生活方式	−0.021***
城乡	−0.047***	最关心我的人	−0.001
父亲受教育程度	0.048***	最了解我的人	−0.001

1. 生理类因素对儿童家庭感恩回报行为的影响程度微弱

"性别"与儿童家庭感恩回报行为之间不存在显著性相关,故在生理类因素中,仅对儿童家庭感恩回报行为在"年龄"上的差异进行分析。数据分析发现(表 5-19、表 5-20),儿童家庭感恩回报行为在年龄上虽呈现出显著性差异,但差异程度均较微弱($p<0.05$,$d<0.2$),即儿童家庭感恩回报行为并没有随着年龄的增长而呈现出程度较大的变化。

表 5-19 年龄与儿童家庭感恩回报行为的差异性检验表

年龄/岁	n	M	SD	F	p
9	4 836	2.161	0.531		
10	10 840	2.159	0.515		
11	12 266	2.152	0.511		
12	12 768	2.142	0.517		
13	10 729	2.142	0.529	2.369**	0.011
14	8 547	2.140	0.556		
15	7 695	2.140	0.565		
16	4 930	2.135	0.553		
17	3 407	2.129	0.550		
18	1 349	2.142	0.547		

表 5-20 年龄与儿童家庭感恩回报行为的差异性检验及效应量表

年龄/岁		p	d	年龄/岁		p	d
9	11	0.005	0.034	11	18	0.040	0.053
	12	0.005	0.034	12	14	<0.001	0.066
	15	0.016	0.031		15	<0.001	0.083
10	14	<0.001	0.054		16	<0.001	0.055

年龄/岁		p	d	年龄/岁		p	d
10	15	<0.001	0.071	12	17	0.010	0.045
	16	0.008	0.043		18	0.042	0.053
11	14	<0.001	0.067	13	14	<0.001	0.046
	15	<0.001	0.083		15	<0.001	0.063
	16	<0.001	0.056		16	0.020	0.036
	17	0.009	0.046	15	17	0.043	0.037

2. "生活满意度"对儿童家庭感恩回报行为有中等程度影响

"最关心我的人""最了解我的人"与儿童家庭感恩回报行为之间不存在显著性相关,故在心理类因素中,仅对儿童家庭感恩回报行为在"生活满意度"上的差异进行分析。数据分析显示(表 5-21),儿童家庭感恩回报行为在"生活满意度"上呈现出显著性差异($p<0.001$),且"对生活很满意"与"对生活不满意"($0.2<d=0.241<0.4$)、"对生活基本满意"与"对生活不满意"($0.2<d=0.213<0.4$)的儿童之间的差异程度一般,"对生活很满意"与"对生活基本满意"($d=0.028<0.2$)的儿童之间的差异程度较弱。也就是说,"对生活很满意""对生活基本满意"的儿童的家庭感恩回报行为水平($M_1=2.159$、$M_2=2.144$)优于"对生活不满意"儿童($M=2.031$),但"对生活很满意"的儿童与"对生活基本满意"的儿童之间的家庭感恩回报行为水平无统计学意义上的差异。

表 5-21　生活满意度与儿童家庭感恩回报行为的差异性检验及效应量表

项目		n	M	SD	F	p	交叉分析		d
生活满意度	很满意	39 878	2.159	0.465	105.430***	<0.001	很满意	基本满意	0.028
	基本满意	33 512	2.144	0.582			很满意	不满意	0.241*
	不满意	3 977	2.031	0.682			基本满意	不满意	0.213*

3. 儿童家庭感恩回报行为在家庭类因素上无统计学意义上的差异

数据分析显示(表 5-22),儿童家庭感恩回报行为在"家庭生活方式"($p<0.05$)和"父受教育程度""母亲受教育程度"($p<0.001$)上呈现出显著性差异,但差异程度较微弱($d<0.2$)。

表 5-22　家庭类因素与儿童家庭感恩回报行为的差异性检验及效应量表

项目		n	M	SD	F	p	交叉分析		d
父亲受教育程度	小学及以下	8 775	2.165	0.561	28.925***	<0.001	小学及以下	中学	0.025
	中学	46 424	2.152	0.537			小学及以下	大学及以上	0.079
	大学及以上	22 168	2.123	0.508			中学	大学及以上	0.053
母亲受教育程度	小学及以下	11 749	2.158	0.557	27.950***	0.005	小学及以下	中学	0.009
	中学	45 287	2.153	0.536			小学及以下	大学及以上	0.068
	大学及以上	20 331	2.122	0.506			中学	大学及以上	0.058
家庭生活方式	和家人一起生活	70 649	2.146	0.528	2.455***	<0.001	和家人一起生活	住校生	0.009
	住校生	5 927	2.141	0.561			和家人一起生活	和亲戚一起生活	0.075
	和亲戚一起生活	791	2.106	0.617			住校生	和亲戚一起生活	0.066

4. 儿童家庭感恩回报行为在教育类因素上无统计学意义上的差异

数据分析显示（表 5-23），儿童家庭感恩回报行为在"学段""学业成绩"上虽然呈现出显著性差异（$p<0.001$），但差异程度较弱（$d<0.2$），即"学段""学业成绩"对儿童家庭感恩回报行为的影响程度不大。

表 5-23　教育类因素与儿童家庭感恩回报行为的差异性检验及效应量表

项目		n	M	SD	F	p	交叉分析		d
学段	小学	35 187	2.152	0.515	7.911***	<0.001	小学	初中	0.015
	初中	28 566	2.144	0.543			小学	高中	0.039
	高中	13 614	2.131	0.549			初中	高中	0.023
学业成绩	有待提高	8 659	2.126	0.621	47.343***	<0.001	有待提高	一般	0.060
	一般	50 848	2.159	0.532			有待提高	优良	0.018
	优良	17 860	2.117	0.482			一般	优良	0.078

5. 空间类因素"区域""城乡"对儿童家庭感恩回报行为的影响程度较小

数据分析显示（表 5-24），儿童家庭感恩回报行为虽然在"区域""城乡"上呈现出显著性差异（$p<0.001$），但差异程度较微弱（$d<0.2$）。

表 5-24 空间类因素与儿童家庭感恩回报行为的差异性检验及效应量表

项目		n	M	SD	F	p	交叉分析		d
区域	东部	47 229	2.150	0.546	8.980***	<0.001	东部	中部	0.034
	中部	20 795	2.132	0.503			东部	西部	0.002
	西部	9 343	2.149	0.521			中部	西部	0.031
城乡	大中城市	28 026	2.135	0.516	13.835***	<0.001	大中城市	小城市	0.010
	小城市	17 868	2.140	0.521			大中城市	县城	0.024
	县城	15 299	2.148	0.540			大中城市	农村乡镇	0.061
							小城市	县城	0.014
	农村乡镇	16 174	2.167	0.562			小城市	农村乡镇	0.051
							县城	农村乡镇	0.037

第四节　儿童同伴错误提醒行为动态

　　一直以来，朋友作为人伦关系中较为重要的维度之一，得到了人们的重视。朋友伦理作为五伦之一，是儒家伦理思想不可或缺的内容。朋友以其特殊的人伦特性，不仅形象而直接地体现了儒家哲学的伦理性品格，同时也折射出了其思想中"仁者爱人"的仁学精神。[①] 依据樊和平的调查，在当前社会转型中，朋友作为新五伦之一依然保持着其在中国伦理空间中的地位。[②] 因此，研究朋友伦理既有益于理解儒家文化的"人文"特色，也有利于我们继承这份经千百年积淀而成的宝贵历史文化遗产。

一、儿童同伴错误提醒行为研究的状况

　　当前的研究多是从理论视角对朋友伦理进行思考。单虹泽指出，在中国

---

① 胡发贵. 儒家朋友伦理研究[M]. 北京：光明日报出版社，2008：28..
② 樊和平. 当前中国伦理道德状况及其精神哲学分析[J]. 社会科学，2009（4）：27-42，204-205.

两千多年的思想传统中，朋友伦理始终与政治实践密切相关，而且友伦与自然伦理不同，其完全依赖于主体间的平等交往，在政治参与中拓展为明道、辅仁和责善三个向度。[①]沈宝钢指出，儒家传统文化一直在努力建构以爱为基础，以守信、诚实、平等为内涵的朋友伦理。然而，时代更迭使国人的伦理意识正在慢慢失落，朋友伦理在内涵上渗入了"个人利益"的因子，在确证方式上，网络沟通早已取代了传统的结拜形式。[②]揭芳对传统社会出现的由"朋友"演变成"朋党"的"朋而成党"现象进行了批判，这一演变直接导致了朋友伦理由私人性的社会关系变异为团体内具有一定公共性的政治关系、由以道义为最高原则和目标变异为以团体私利为最高原则和目标。[③]

那么，儿童的朋友关系到底如何呢？在现代转型中是否有一些变化？又受到哪些因素的影响？同伴错误提醒行为作为朋友情义中"义"的一种内涵，也是朋友间的责任与义务，更是对朋友伦理的践行方式之一。本次调查通过对朋友间"义"的行为进行调查，了解儿童中朋友伦理的状况及其影响因素，以期为儿童德育中的友谊培育提供有益参考。

二、儿童同伴错误提醒行为的动态发展特征

（一）儿童同伴错误提醒行为水平在纵向上先升高后降低

两次调查中，儿童的同伴错误提醒行为水平整体上均呈现出随年龄的增长而下降的趋势，峰值均为 11 岁。除此之外，通过两次调查的年龄变化趋势的对照图可以明晰地了解到，三年间，儿童同伴错误提醒行为水平在各个年龄段均得到了提高，且本次调查结果的曲线的波动略显平滑。具体情况如图 5-5 所示。

---

① 单虹泽. 以友辅仁：论儒家的友伦与政治传统[J]. 理论与现代化，2018（6）：85-93.

② 沈宝钢. 试论朋友伦理的古今之变[J]. 山东农业大学学报（社会科学版），2018（3）：138-143，150.

③ 揭芳. 朋而成党：传统社会朋友交往的伦理变异分析[J]. 伦理学研究，2016（3）：48-53.

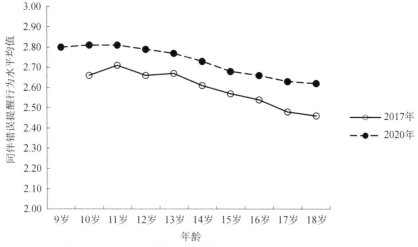

图 5-5　两次调查中儿童同伴错误提醒行为水平均值变化图

（二）儿童同伴错误提醒行为的多维分析

通过 SPSS22.0 对 5 大类 12 个人口学变量与同伴错误提醒行为之间的相关性进行分析，结果发现，除"城乡""父亲受教育程度""母亲受教育程度""最关心我的人""最了解我的人"，其他 7 个变量均与儿童同伴错误提醒行为之间呈显著相关关系（表 5-25）。

表 5-25　儿童同伴错误提醒行为与各人口学变量间的相关性分析表

项目	皮尔逊相关性	项目	皮尔逊相关性
性别	0.015***	母亲受教育程度	0.002
年龄	−0.113***	学业成绩	0.053***
学段	−0.110***	生活满意度	−0.182***
区域	0.055***	家庭生活方式	−0.046***
城乡	0.002	最关心我的人	−0.007
父亲受教育程度	0.030	最了解我的人	−0.002

1. 生理类因素"年龄"对儿童同伴错误提醒行为的影响达到中等程度

数据分析发现（表 5-26、表 5-27），儿童同伴错误提醒行为在年龄上呈现出显著性差异（$p < 0.001$）。进一步进行多重检验发现，儿童同伴错误提醒行为水平在年龄跨度为 3～9 岁的儿童间的差异达到了可接受程度（$d >$ 0.2），出现较大程度差异的最大年龄跨度为 9 年，在 9 岁与 18 岁儿童群体间；最小年龄跨度为 3 年，在 12 岁与 15 岁、13 岁与 16 岁儿童群体间。整体上看，低年龄段的儿童同伴错误提醒行为水平高于高年龄段的儿童。

表 5-26　年龄与儿童同伴错误提醒行为的差异性检验表

年龄/岁	n	M	SD	F	p
9	4 836	2.800	0.461		
10	10 840	2.814	0.438		
11	12 266	2.813	0.447		
12	12 768	2.786	0.476		
13	10 729	2.768	0.491	123.749***	<0.001
14	8 547	2.728	0.520		
15	7 695	2.679	0.554		
16	4 930	2.662	0.555		
17	3 407	2.630	0.561		
18	1 349	2.623	0.601		

表 5-27　年龄与儿童同伴错误提醒行为的差异性检验及效应量表

年龄/岁		p	d	年龄/岁		p	d
9	13	<0.001	0.072	12	13	0.007	0.034
	14	<0.001	0.162		14	<0.001	0.114
	15	<0.001	0.272*		15	<0.001	0.211*
	16	<0.001	0.312*		16	<0.001	0.246*
	17	<0.001	0.383*		17	<0.001	0.309*
	18	<0.001	0.401**		18	<0.001	0.325*
10	12	<0.001	0.057	13	14	<0.001	0.079
	13	<0.001	0.093		15	<0.001	0.176
	14	<0.001	0.173		16	<0.001	0.212*
	15	<0.001	0.271*		17	<0.001	0.275*
	16	<0.001	0.307*		18	<0.001	0.290*
	17	<0.001	0.371*	14	15	<0.001	0.096
	18	<0.001	0.386*		16	<0.001	0.132
11	12	<0.001	0.054		17	<0.001	0.195
	13	<0.001	0.089		18	<0.001	0.211
	14	<0.001	0.168	15	16	0.047	0.035
	15	<0.001	0.265*		17	<0.001	0.098
	16	<0.001	0.301*		18	<0.001	0.114
	17	<0.001	0.364*	16	17	0.004	0.063
	18	<0.001	0.379*		18	0.009	0.078

调查结果还显示（表5-28），儿童同伴错误提醒行为在"性别"上虽然呈现出显著性差异，但差异程度较微弱（$p<0.001$，$d=0.029<0.2$），即儿童同伴错误提醒行为在"性别"上无统计学意义上的差异。

表5-28　性别与儿童同伴错误提醒行为的差异性检验及效应量表

性别	n	M	SD	t	p	d
男	39 707	2.751	0.511	4.061***	<0.001	0.029
女	37 660	2.765	0.480			

2. 心理类因素"生活满意度"对儿童同伴错误提醒行为的影响达到中等及以上程度

"最关心我的人""最了解我的人"与儿童同伴错误提醒行为之间不存在显著性相关，在心理类因素中，仅对儿童同伴错误提醒行为在"生活满意度"上的差异进行分析。结果发现（表5-29），儿童同伴错误提醒行为在"生活满意度"上呈现出显著性差异（$p<0.001$），且变量两两之间的差异程度均达到一般以上（$d>0.2$），即儿童对生活越满意，其同伴错误提醒行为水平越高。

表5-29　生活满意度与儿童同伴错误提醒行为的差异性检验及效应量表

项目		n	M	SD	F	p	交叉分析		d
生活满意度	很满意	39 878	2.836	0.423	1342.572***	<0.001	很满意	基本满意	0.288*
	基本满意	33 512	2.695	0.531			很满意	不满意	0.689***
	不满意	3 977	2.499	0.683			基本满意	不满意	0.401**

3. 家庭类因素"家庭生活方式"对儿童同伴错误提醒行为存在一定程度的影响

由于"父母受教育程度"与同伴错误提醒行为之间不存在显著性相关，在家庭类因素中，仅对儿童同伴错误提醒行为在"家庭生活方式"上的差异进行分析。数据分析发现（表5-30），儿童同伴错误提醒行为在"生活方式"上呈现出显著性差异（$p<0.001$），"和家人一起生活"与"和亲戚一起生活"的儿童之间的差异程度一般（$0.2<d<0.4$），即"和家人一起生活"的儿童的同伴错误提醒行为好于"和亲戚一起生活"的儿童，其余生活方式的儿童群体间的差异程度较微弱（$d<0.2$）。

表 5-30　家庭生活方式与儿童同伴错误提醒行为的差异性检验及效应量表

家庭生活方式	n	M	SD	F	p	交叉分析		d
和家人一起生活	70 649	2.765	0.491			和家人一起生活	住校生	0.154
住校生	5 927	2.688	0.536	83.347***	<0.001	和家人一起生活	和亲戚一起生活	0.227*
和亲戚一起生活	791	2.652	0.581			住校生	和亲戚一起生活	0.073

4. 教育类因素对儿童同伴错误提醒行为的影响程度较大

数据分析发现（表 5-31），儿童同伴错误提醒行为在"学段"上呈现出显著差异（$p<0.001$），小学生和高中生之间的差异程度一般（$0.2<d=0.308<0.4$），小学生同伴错误提醒行为表现（$M=2.808$）好于高中生（$M=2.655$），但小学生与初中生、初中生与高中生之间的差异程度较弱（$d<0.2$）。调查结果还显示（表 5-32），儿童同伴错误提醒行为在"学业成绩"上也呈现出显著性差异（$p<0.001$），且"学业成绩优良"与"学业成绩有待提高"（$0.2<d=0.236<0.4$）的儿童、"学业成绩一般"与"学业成绩有待提高"（$0.2<d=0.223<0.4$）的儿童之间的差异程度可接受，即"学业成绩优良""学业成绩一般"的儿童的同伴错误提醒行为表现（$M_1=2.775$，$M_2=2.769$）好于"学业成绩有待提高"的儿童（$M=2.658$），"学业成绩一般"与"学业成绩优良"的儿童之间无统计学意义上的显著差异（$d=0.013<0.2$）。

表 5-31　教育类因素与儿童同伴错误提醒行为的差异性检验及效应量表

项目		n	M	SD	F	p	交叉分析		d
学段	小学	35 187	2.808	0.451			小学	初中	0.127
	初中	28 566	2.745	0.510	481.823***	<0.001	小学	高中	0.308*
	高中	13 614	2.655	0.557			初中	高中	0.181
学业成绩	有待提高	8 659	2.658	0.582			有待提高	一般	0.223*
	一般	50 848	2.769	0.482	199.223***	<0.001	有待提高	优良	0.236*
	优良	17 860	2.775	0.486			一般	优良	0.013

5. 区域因素对儿童同伴错误提醒行为的影响程度微弱

由于"城乡"与同伴错误提醒行为之间不存在显著性相关，在空间类因素中，仅对儿童同伴错误提醒行为在"区域"上的差异进行分析。数据分析发现（表 5-32），儿童同伴错误提醒行为在"区域"上虽然呈现出显著性差异（$p<0.001$），但差异程度较微弱（$d<0.2$）。

表 5-32　区域与儿童同伴错误提醒行为的差异性检验及效应量表

项目		n	M	SD	F	p	交叉分析		d
区域	东部	47 229	2.730	0.515	212.459***	<0.001	东部	中部	0.168
	中部	20 795	2.813	0.441			东部	西部	0.092
	西部	9 343	2.776	0.506			中部	西部	0.076

第五节　儿童公共道德行为动态

公德与私德分别是人在公共领域与私人领域需要遵循的伦理规范。在私人领域中，血缘造就的亲情关系会对利益冲突产生调解作用，但在公共领域，陌生人之间面对利益冲突时，传统的熟人伦理就会失效。随着现代化进程的加快，公共领域逐渐成为人的主要生活场域，并呈现出日常化、丰富而复杂化的态势。公共道德是对这一新型生活领域的应对方式，强调道德主体超越个别化的"我"成为普遍性的"人"，与陌生的"他者"平等共处、相互尊重。公共道德以公共善的视角引导儿童实现由私人领域向公共领域的过渡。那么，当下儿童公共道德行为的现状如何？影响儿童公共道德行为发展的因素有哪些？对于这两个问题的解答，有助于促进儿童道德教育的开展，也有利于儿童公共道德观念的形成、公共道德情感的激发以及公共道德行为习惯的养成。

一、儿童公共道德行为研究的状况

笔者在中国知网上以"公共道德"为关键词、以 2000—2022 为时间进行检索，共检索到 351 篇"北核+南核"类别的相关主题论文。我们分别以"青少年+公共道德""儿童+公共道德""中小学生+公共道德"为关键词进行检索，仅检索到 10 篇"北核+南核"类别的相关主题论文，其中实证类研究有 3 篇，分别是纪秋发、赵丽霞、滕春燕分别于 2000 年、2010 年、2018 年开展的研究。纪秋发通过对北京市的 979 名青少年进行问卷调查发现，多数青少年的自我约束力有待加强、对公共财物既爱护又破坏、环保意识仍需加强①；赵丽霞通过对 6 个省份的 5376 名小学生进行问卷调查发现，80%的小学生具有较强的公共秩序意识，并在日常生活中自觉遵守②；本课题组的滕春燕报告了第一次调查的相关结果——儿童道德行为随私人领域向公共领域的延伸而趋弱③。另外 7 篇论文集中对儿童公共道德进行了理论探讨。叶飞认为，当前学校道德教育面临着个体化困境，新时代的道德教育无疑需要超越这种个体化困境，把青少年学生培养成为具有公共道德精神及担当意识的公共人④；吴立保认为，以公共道德为核心的幼儿家庭道德教育应成为现代家庭的主要价值取向⑤。

　　从以上对相关文献的整理可见，目前国内关于公共道德的研究，从研究方法来看，理论类研究较多，实证类研究较少；从调查取样来看，全国范围的大样本调查较少，尤其是动态追踪调查几乎没有；从研究对象来看，缺乏对儿童、中小学生或青少年公共道德的关注；从研究内容来看，对公共道德现状的描述较多，对影响公共道德发展因素的探析仍过于薄弱。本次调查期待通过对当下儿童公共道德行为状况的动态跟踪，了解他们的整体情况和变化趋势，分析影响儿童公共道德行为的因素，为儿童公共道德的养成提供有益参考。

---

① 纪秋发. 北京市青少年道德状况调查报告[J]. 青年研究，2000（2）：18-24，48.

② 赵丽霞. 全国小学生道德品质状况调查[J]. 上海教育科研，2010（8）：38-41.

③ 滕春燕. 从"由私推公"到"由公及私"——当代中国儿童公共道德行为发展状况及其对德育的启示[J]. 教育科学研究，2018（2）：20-25，41.

④ 叶飞. 当前学校道德教育的个体化困境及其超越[J]. 国家教育行政学院学报，2020（6）：51-57.

⑤ 吴立保. 从家庭伦理到公共道德：现代幼儿家庭德育的转向[J]. 学前教育研究，2006（9）：61-63.

二、儿童公共道德行为的内部结构特征

（一）小学高年级儿童的公共道德行为表现最好

本次调查以"守规则行为""制止欺负行为"作为对儿童公共道德行为的调查内容。本次调查中，小学高年级（9～12 岁）儿童的守规则行为及制止欺负行为表现均好于中学生（13～18 岁），高中生（15～18 岁）的公共道德行为水平最低。数据分析显示，儿童的制止欺负行为的表现在 9～18 岁一直优于守规则行为，这也说明儿童公共道德发展也存在内部结构的不一致性。具体情况如图 5-6 所示。

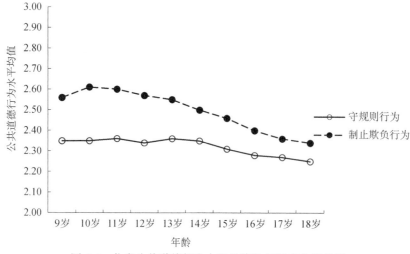

图 5-6　儿童公共道德行为水平均值的年龄变化趋势图

（二）儿童公共道德行为的多维分析

通过 SPSS22.0 对 5 大类 12 个人口学变量与公共道德行为发展之间的相关性进行分析，结果发现，12 个人口学变量均与儿童公共道德行为之间呈显著相关关系（表 5-33）。

表 5-33　儿童公共道德行为与各人口学变量的相关性分析表

项目	皮尔逊相关性	项目	皮尔逊相关性
性别	0.068***	母亲受教育程度	0.032***

续表

项目	皮尔逊相关性	项目	皮尔逊相关性
年龄	−0.087***	学业成绩	0.084***
学段	−0.085***	生活满意度	−0.157***
区域	0.060***	家庭生活方式	−0.024***
城乡	−0.033***	最关心我的人	0.015***
父亲受教育程度	0.037***	最了解我的人	0.008***

1. 生理类因素"年龄"对儿童公共道德行为有一定程度的影响

数据分析发现（表 5-34、表 5-35），儿童公共道德行为在年龄上存在显著性差异（$p < 0.001$）。进一步进行多重检验发现，儿童公共道德行为水平在年龄跨度为 4~9 岁的儿童之间的差异达到了可接受程度（$d > 0.2$），出现较大程度差异的最大年龄跨度为 9 年，在 9 岁与 18 岁儿童群体间；最低年龄跨度为 4 年，在 12 岁与 16 岁、13 岁与 17 岁、14 岁与 18 岁儿童群体间。整体上看，低年龄段的儿童公共道德行为表现好于高年龄段的儿童。

表 5-34　年龄与儿童公共道德行为的差异性检验表

年龄/岁	n	M	SD	F	p
9	4 836	2.453	0.512		
10	10 840	2.477	0.503		
11	12 266	2.482	0.515		
12	12 768	2.456	0.521		
13	10 729	2.451	0.520	76.099***	<0.001
14	8 547	2.425	0.519		
15	7 695	2.386	0.527		
16	4 930	2.343	0.529		
17	3 407	2.315	0.537		
18	1 349	2.292	0.581		

表 5-35　年龄与儿童公共道德行为的差异性检验及效应量表

年龄/岁		p	d	年龄/岁		p	d
	11	0.033	0.056		13	0.012	0.045
	15	<0.001	0.127		14	<0.001	0.092
9	16	<0.001	0.201*	10	15	<0.001	0.161
	17	<0.001	0.263*		16	<0.001	0.238*
	18	<0.001	0.331*		17	<0.001	0.288*

续表

年龄/岁		p	d	年龄/岁		p	d
10	18	<0.001	0.328*	13	14	0.020	0.047
11	12	0.004	0.046		15	<0.001	0.116
	13	<0.001	0.054		16	<0.001	0.193
	14	<0.001	0.101		17	<0.001	0.243*
	15	<0.001	0.170		18	<0.001	0.283*
	16	<0.001	0.247*	14	15	<0.001	0.069
	17	<0.001	0.297*		16	<0.001	0.146
	18	<0.001	0.337*		17	<0.001	0.195
12	14	0.001	0.055		18	<0.001	0.235*
	15	<0.001	0.124	15	16	<0.001	0.076
	16	<0.001	0.201*		17	<0.001	0.126
	17	<0.001	0.251*		18	<0.001	0.166
	18	<0.001	0.291*				

调查结果还显示（表 5-36），儿童公共道德行为在"性别"上虽然存在差异，但差异程度微弱（$p<0.001$，$d=0.1367<0.2$）。

表 5-36　性别与儿童公共道德行为的差异性检验及效应量表

性别	n	M	SD	t	p	d
男	39 707	2.401	0.545	−19.005***	<0.001	0.136
女	37 660	2.472	0.494			

2. 心理类因素对儿童公共道德行为有较大程度的影响

数据分析发现（表 5-37），儿童公共道德行为在"生活满意度"上呈现出显著性差异（$p<0.001$），变量两两之间的差异程度一般或较大（$d>0.2$），对生活越满意的儿童的公共道德行为表现越好。

表 5-37　生活满意度与儿童公共道德行为的差异性检验及效应量表

项目		n	M	SD	F	p	交叉分析		d
生活满意度	很满意	39 878	2.510	0.518	921.576***	<0.001	很满意	基本满意	0.260*
	基本满意	33 512	2.371	0.503			很满意	不满意	0.520**
	不满意	3 977	2.233	0.586			基本满意	不满意	0.259*

同时，儿童公共道德行为在"最关心我的人"上呈现出显著性差异（$p<0.001$）（表 5-38），选择有人关心的儿童与选择无人关心的儿童之间的差异程度一般或较大（$d>0.2$），即有人关心的儿童的公共道德行为表现优于无人关心的儿童，其余选择之间的差异程度较微弱（$d<0.2$）。

表 5-38 "最关心我的人""最了解我的人"与儿童公共道德行为的差异性检验及效应量表

项目		n	M	SD	F	p	交叉分析		d
最关心我的人	没有	2 301	2.118	0.680	202.675***	<0.001	没有	家人	0.526**
								老师	0.334*
	家人	64 180	2.453	0.504				朋友	0.380*
								其他	0.615***
	老师	2 937	2.331	0.612			家人	老师	0.192
								朋友	0.145
								其他	0.046
	朋友	4 597	2.360	0.558			老师	朋友	0.121
								其他	0.281*
	其他	3 352	2.510	0.509			朋友	其他	0.235*
最了解我的人	没有	5 336	2.255	0.592	183.148***	<0.001	没有	家人	0.364*
								老师	0.183
	家人	49 553	2.465	0.506				朋友	0.290*
								其他	0.337*
	老师	4 054	2.361	0.589			家人	老师	0.180
								朋友	0.074
								其他	0.027
	朋友	15 872	2.422	0.513			老师	朋友	0.106
								其他	0.153
	其他	2 552	2.449	0.517			朋友	其他	0.047

儿童公共道德行为在"最了解我的人"上也呈现出显著性差异（$p<0.001$）（表 5-38），认为除教师以外有了解自己的人的儿童与认为没有了解自己的人的儿童之间的差异程度一般（$0.2<d<0.4$），即有了解自己的人的儿童的公共道德行为表现优于没有了解自己的人的儿童，尤其是当最了解自己

的人是"家人"时，儿童公共道德行为表现最好，其余选项间的差异程度较微弱（$d<0.2$）。

3. 家庭类因素对儿童公共道德行为的影响程度微弱

数据分析发现（表 5-39），儿童公共道德行为虽然在家庭类因素"家庭生活方式""父亲受教育程度""母亲受教育程度"上存在差异（$p<0.001$），但差异程度微弱（$d<0.2$）。

表 5-39　家庭类因素与儿童公共道德行为的差异性检验及效应量表

项目		n	M	SD	F	p	交叉分析		d
父亲受教育程度	小学及以下	8 775	2.358	0.557	98.298***	<0.001	小学及以下	中学	0.159
	中学	46 424	2.446	0.513			小学及以下	大学及以上	0.158
	大学及以上	22 168	2.445	0.523			中学	大学及以上	0.001
母亲受教育程度	小学及以下	11 749	2.382	0.547	68.529***	<0.001	小学及以下	中学	0.118
	中学	45 287	2.446	0.512			小学及以下	大学及以上	0.115
	大学及以上	20 331	2.444	0.526			中学	大学及以上	0.002
家庭生活方式	和家人一起生活	70 649	2.440	0.522	27.603***	<0.001	和家人一起生活	住校生	0.098
	住校生	5 927	2.389	0.514			和家人一起生活	和亲戚一起生活	0.058
	和亲戚一起生活	791	2.410	0.546			住校生	和亲戚一起生活	0.040

4. 教育类因素对儿童公共道德行为的影响程度较大

数据分析发现（表 5-40），儿童公共道德行为在"学段"上呈现出显著性差异（$p<0.001$），小学生和高中生之间的差异程度一般（$0.2<d=0.247<0.4$），小学生公共道德行为表现（$M=2.472$）好于高中生（$M=2.341$），但小学生与初中生、初中生与高中生之间的差异程度较弱（$d<0.2$）。调查结果还显示，儿童公共道德行为整体水平在"学业成绩"上呈现出显著性差异（$p<0.001$），"学业成绩优良"与"学业成绩有待提高"（$0.2<d=0.325<0.4$）、"学业成绩一般"与"学业成绩有待提高"（$0.2<d=0.257<0.4$）的儿童之间的差异程度一般，即"学业成绩优良"及"学业成绩一般"的儿童的公共道德行为表现（$M_1=2.480$、$M_2=2.443$）好于"学业成绩有待提高"的儿童（$M=2.302$），"学业成绩一般"与"学业成绩优良"的儿童之间的差异程

度较微弱（$d=0.067<0.2$）。

表 5-40 教育类因素与儿童公共道德行为的差异性检验及效应量表

项目		n	M	SD	F	p	交叉分析		d
学段	小学	35 187	2.472	0.515	301.115***	<0.001	小学	初中	0.068
	初中	28 566	2.436	0.520			小学	高中	0.247*
	高中	13 614	2.341	0.533			初中	高中	0.179
学业成绩	有待提高	8 659	2.302	0.550	321.687***	<0.001	有待提高	一般	0.257*
	一般	50 848	2.443	0.511			有待提高	优良	0.325*
	优良	17 860	2.480	0.528			一般	优良	0.067

5. 空间类因素对儿童公共道德行为的影响程度微弱

数据分析发现（表 5-41），儿童公共道德行为在空间类因素"区域""城乡"上虽然存在差异（$p<0.001$），但差异程度较微弱（$d<0.2$）。

表 5-41 空间类因素与儿童公共道德行为的差异性检验及效应量表

项目		n	M	SD	F	p	交叉分析		d
区域	东部	47 229	2.395	0.528	241.673***	<0.001	东部	中部	0.177
	中部	20 795	2.482	0.501			东部	西部	0.115
	西部	9 343	2.452	0.545			中部	西部	0.062
城乡	大中城市	28 026	2.448	0.512	37.166***	<0.001	大中城市	小城市	0.018
	小城市	17 868	2.458	0.523			大中城市	县城	0.056
	县城	15 299	2.418	0.519			大中城市	农村乡镇	0.077
							小城市	县城	0.075
	农村乡镇	16 174	2.407	0.538			小城市	农村乡镇	0.096
							县城	农村乡镇	0.021

第六节 儿童道德行为发展特征与教育建议

前文的调查结果显示，中国儿童道德行为发展存在较为明显的三个特征：儿童道德行为发展不均衡，不稳定性特征尤为明显，以及儿童道德行为发展在心理、教育、空间类变量上存在较为明显的显著性差异。接下来，我们将针对存在的三个问题进行理论上的原因探析，并基于此提出相应的教育建议。

一、儿童道德行为特征

（一）儿童道德行为发展不均衡

多向度发展特征揭示了儿童不同道德行为水平随着年龄的增长而出现的异质化的发展特征。德国伦理学家罗萨琳德·赫斯特豪斯（R. Hursthouse）认为，美德具有"有限统一性"，即"拥有某个美德的任何人都会在一定程度上拥有其他全部美德，尽管在一些情形中，他们只是非常有限地拥有其他美德"[①]。陈乔见也持相似的观点，认为"美德有限统一性"的内涵应该是"诸种美德之间具有某种连续性、协调性、关联性或统一性，一个人拥有一种美德有利于导出其他美德，而缺乏一种美德也会有损于其他美德的践行"[②]。"美德的有限统一性"告诉我们，各类道德行为之间不存在"重–次"排序、"优–劣"比较。

在当下儿童道德行为发展的多向度中，我们看到代表中国传统美德的家庭感恩回报行为水平出现明显下降，守规则行为没有实质性变化，而诚信、公共道德及朋友间的"义"的行为水平都有一定程度的提升。整体而言，传统道德行为在现代社会转型中可能正在被解构，中国传统的家庭伦理面临着现代化的挑战，公共道德正在形成。家庭伦理式微的原因比较复杂，现代家庭在结构上走向核心家庭，现代生活方式导致亲子间相处的时间变短、沟通内容狭窄化等，都使得家庭作为伦理实体的内涵被弱化。因此，在积极推进中国社会现代化转型的同时，关注传统美德行为、保护中华民族的文化风格是我们要考虑的问题。

① 罗莎琳德·赫斯特豪斯. 美德伦理学[M]. 李义天译. 南京：译林出版社，2016：174-175.
② 陈乔见. 清末民初的"公德私德"之辩及其当代启示——从"美德统一性"的视域看[J]. 文史哲，2020（5）：26-39，165-166.

（二）儿童道德行为具有不稳定性

对于儿童而言，在日常道德生活中把握理想道德自我形象与实际道德自我知觉之间的平衡点，还是一个巨大的挑战，也是需要不断努力去实现的成长，所以波动性成为儿童道德行为发展的另一特征。道德行为的波动性源于儿童成长中的负反馈机制[①]，该机制反映了儿童道德成长中的自我调节过程。儿童总是希望自己的道德自我形象维持在一个适当的水平，即在理想自我和现实自我之间保持一个适当的张力。这个张力过大或过小都会造成个体内心的不适。当实际道德自我知觉背离了理想道德自我形象时，会产生一种道德清洁效应（moral cleansing effect），个体会通过增加道德行为或增强道德行为水平的方式来补偿受威胁的道德自我形象；当实际道德自我知觉达到或优于理想道德自我形象时，又会产生一种道德许可效应（moral licensing effect），个体会允许自己减少道德行为或降低道德行为水平，甚至允许自己出现不道德的行为。由于道德内化未完成、道德自觉未实现，儿童的道德行为主要遵从他律和不成熟的自律，他们在日常生活中无法掌握理想道德自我形象与实际道德自我知觉之间的平衡点，因此儿童道德行为水平会表现出不同程度的波动。

儿童道德行为发展中一定范围的不稳定性或波动性是正常状态，教育者在德育工作中要关注这种正常状态，使之保持在一个适当的范围，如果它突破一定范围产生波动，就要引起教育者的注意。

（三）心理、教育、空间类因素是影响儿童道德行为发展的关键

我们在探究儿童道德行为发展的相关因素时发现，儿童道德行为受空间、心理和教育类因素影响的程度较大，特别是体现在"区域""生活满意度""学业成绩"上。在"区域"上，中部地区儿童的道德行为水平最高，东部地区儿童的道德行为水平则相对较低。这可能受到了区域文化及经济的影响。中部地区是中国传统文化氛围较为浓厚的区域[②]，东部地区经济发展

---

① Sachdeva S，Iliev R，Medin D L. Sinning saints and saintly sinners：The paradox of moral self-regulation[J]. Psychological Science，2009（4）：523-528.

② 赵向阳，李海，孙川. 中国区域文化地图："大一统"抑或"多元化"[J]. 管理世界，2015（2）：101-119，187-188.

迅猛，市场经济的功利导向可能会影响儿童的道德认知与行为。同时，由于"生活满意度""学业成绩"是儿童的一种自我主观评价，会受到亲子关系、家庭生活环境、个体心理状况等因素的影响。当儿童处在较为温馨、和谐的家庭生活环境、亲子关系中时，心理状态会变得更积极；当儿童遇到一些困难与挑战时，他们愿意相信自己及父母，期待共同面对并解决此类问题，因此儿童对生活的满意度越高及对学业表现的评价越高，其道德行为水平就越高。关注儿童的积极心理环境建设，关注儿童的学业进步，引导儿童进行积极的自我评价和提高自我效能感，是促进儿童道德行为水平提升的可行途径。

二、儿童道德行为的教育建议

（一）协助儿童在生活中构建道德认同机制

有研究指出，道德认同在激发道德行为上有重要作用[1]，道德认同可能是唯一一个能够保持道德行为一致性的要素[2]，道德认同感高的人可以预测并做出更多的道德行为并保持道德行为的一致性[3]。儿童道德行为不是既定的，而是在道德生活经历中养成的，儿童生活满意度及积极心理环境对其道德行为的正向影响证明了这一点，因此教育者需要努力将道德认同与儿童积极的生活体验相结合，帮助儿童在生活中增强道德认识，并协助儿童在生活中构建道德认同机制，促进儿童道德行为的改进。这与鲁洁教授提出的"道德教育需要回归生活"的主张不谋而合。她倡导道德学习要使人学会关注生活、反思生活、改变生活。[4]"生活化"的德育认为人的生活是一种超越性的生活，每个人永远都在追求一种更幸福的生活。因此，儿童道德教育更需要从儿童的生活中来，再回到儿童的生活中去。"生活化"的德育理念意味着教育者需要关注儿童的生活体验，从儿童的现实生活情景中充分挖掘素材

① Aquino K，Reed II A. The self-importance of moral identity[J]. Journal of Personality and Social Psychology，2002（6）：1423-1440.

② Reed II A，Aquino K F. Moral identity and the expanding circle of moral regard toward out-groups[J]. Journal of Personality and Social Psychology，2003（6）：1270-1286.

③ Reed II A，Aquino K F，Levy E. Moral identity and judgments of charitable behaviors[J]. Journal of Marketing，2007（1）：178-193.

④ 鲁洁. 道德教育的根本作为：引导生活的建构[J]. 教育研究，2010（6）：3-8，29.

资源，并引导儿童对现实生活进行积极思考，从而协助儿童实现对现有生活的超越，使儿童过上内心安宁的幸福生活。

首先，教育者需要关注儿童生活，特别是要关注儿童现实生活情景及生活体验，德育内容只有与儿童的现实生活建立联系，才能便于儿童理解，这是儿童构建道德认同机制的起点；其次，教育者需要积极引导儿童对现实生活进行深入思考，儿童对现实生活的沉思是儿童对道德产生认同的首要条件及必经过程；最后，教育者需要协助儿童尝试着去改变生活，实现对现有生活的超越。过上一种内心安宁的幸福生活，是儿童构建道德认同机制的终极价值体现。

（二）在影响因素与儿童道德行为水平提升之间建立有效互动关系

"区域""生活满意度""学业成绩"作为影响儿童道德行为发展的外在结构性要素，主要反映出了优秀的区域文化、自我效能感及和谐的亲子关系对儿童道德行为的作用。优秀的区域文化蕴藏着极其丰富的道德资源、文化价值，是儿童心灵净化、人性升华、人格完善的精神养分，儿童接受文化熏陶的过程也是个人品德的自我修炼、自我建构、自我改造、自我提升和自我完善的过程。[①] 和谐的亲子关系、积极的心理状态使儿童在面对道德困境与挑战时依然充满信心，遵守道德规范，恪守道德底线。因此，教育者需要从儿童的日常生活中充分挖掘文化素材，可以通过有针对性的亲子文化实践活动帮助儿童建立良好的亲子关系，促进儿童健康心理状态的养成，提升儿童的道德自信，实现"内化于心、外化于行"的道德践履。另外，学业成绩是儿童自我效能感的重要来源，学业成绩有待提升的儿童在道德行为水平上落后，与其低自我效能感之间存在较大关联。对这部分儿童在学业上进行鼓励，或者引导儿童看到自己在学业成绩之外的优点，多方面提升其自我效能感，是提升其道德行为水平的一个桥梁。

（三）重视儿童家庭伦理行为建设

家庭对中国具有独特的文化和伦理意义，德育工作者要采取积极有效的

---

① 吴云. 优秀区域文化对青少年良好行为方式养成的意义[J]. 阜阳师范学院学报（社会科学版），2015（6）：97-99.

措施应对儿童家庭感恩行为水平的下降。

首先，要促进儿童对家庭感恩的具体化理解。家庭感恩教育内容整体上必须是小而具体的、贴近生活的，必须可以看得见、摸得着，这样才有助于儿童认识、思考、理解、掌握并执行。以"孝顺"为例，"孝"是"老"与"子"的结合，"顺"即"无违"或"顺从"，"孝顺"意味着子女、晚辈对父母、长辈的尊重与顺从，但"顺从"不是绝对"顺从"，而是子女与父母、晚辈与长辈之间在平等对话的基础上达成一种理解与共识，这就是儿童对家庭感恩的恰当方式。当然，要避免过于空洞和形式化的做法，使亲子在日常生活的点滴中领会伦理的意义，并获得提升。儿童在家里力所能及地分担家务，在学校用心学习，在社会上积极参与志愿服务活动、关爱他人，这也是儿童在恰当的场域以一种恰当的方式对家庭感恩做出的积极反馈。

其次，要注意教育方式的多样化、趣味化。多样化与趣味化并不意味着仅仅将几种教育方式进行简单的罗列，而是应该根据学生的实际需要、教学内容的需要，以某种方式为主，并在使用该方式的过程中有针对性地融合其他教育方式。以"小学生感恩父母"为例，教师可以以"说理"的教育方式为主，并结合游戏化手段。数据分析发现，小学生更期待采用以"说理"为主的德育方式，而游戏化手段在激发小学生的学习兴趣的同时，还可以将"电子教育游戏"的拟人性、拟物性、拟境性、闯关性、奖励性、娱乐性应用于儿童家庭感恩回报教育中，以游戏关卡设置细化家庭感恩回报教育目标，以虚拟生活情境体验实化家庭感恩教育回报内容，以游戏方式趣味化家庭感恩回报教育手段，以游戏过程进度记录家庭感恩教育回报效果。[①] 例如，教师可以将母亲怀胎十月及父母在照料幼儿时的细节转化成游戏情景内容，让儿童感受这些生活中的真实情景，同时教师在整个过程中需要以一种通俗易懂、诙谐幽默的言说方式与儿童进行由浅入深的对话，积极引导儿童进行符合逻辑的思考，让儿童感受到父母的艰辛、父母对子女无私的爱，进而帮助儿童认识到感恩父母的意义。

---

① 张峰峰，安哲锋. 电子教育游戏应用于中小学生感恩教育的路径探析[J]. 中国教育信息化，2021（16）：55-58.

第六章　儿童喜欢的德育方式及教育建议

　　德育方法是为了达到既定教育目标，教育者、受教育者参与德育活动时采取的各种方式的总称。[①] 以概括程度为依据，德育方法可以分为三个层次：一是作为指导思想的方法，就是通常所说的德育原则，它不指向某一次具体的活动开展，而是对各种德育活动具有普遍指导意义；二是作为德育方式总和的方法，指向更为具体的德育活动方式，如当下常见的说理教育法、榜样示范法、陶冶法等；三是作为具体操作技能的方法，是具体的德育活动方式在实践中的具体展开形式，又称为德育方式，如运用事实进行说理的教育方式等。[②]

　　毫无疑问，德育方法对德育效果有着重要的影响。采用儿童喜欢和愿意接受的德育方法，才能最大限度地提高德育实效。那么，当下的儿童喜欢什么样的德育方法呢？他们自己愿意接受什么样的德育方式呢？这是本次调查要研究的内容。

① 鲁洁，王逢贤. 德育新论[M]. 南京：江苏教育出版社，2010：308.
② 鲁洁，王逢贤. 德育新论[M]. 南京：江苏教育出版社，2010：318-319.

第一节　儿童德育方式的研究背景

为了更好地了解儿童对德育方式的态度，本次调查主要从两方面展开：一是对德育方式的已有研究进行综述，主要集中于学校德育活动的具体方式上；二是对调查设计进行介绍，包括题目的设置、数据分析方法的选择和使用等。

一、儿童德育方式的研究状况

目前，本研究对于德育方式的文献研究主要集中在具体的德育活动方式和操作程序方面。德育活动本身不局限在课堂之中，也蕴含在学校生活的各个方面，因此为实现教育目标而衍生出的德育方式（无论是从德育方式的总和还是作为具体操作技能的方式），又可以按照学校德育活动的功能分为学校整体育人活动方式和具体的德育教学活动方式。

从学校整体育人活动方式来看，研究对象具有较强的针对性，许多学者从学段、学校类型（如普通中小学、高等职业学校、大学）、学生群体（如一般学生、留守儿童、农村学生等）和学校实际等多方面考虑，对德育方式的创新和改进提出了各种针对性建议。其中，较具代表性的研究如下：刘昊通过对"珍珠班"学生的教学实践体验和调查，提出通过构建平台、开展主题活动、坚持鼓励教育、言传身教、强化学生自我管理，以及整合各方教育力量等方式来提升"珍珠班"特殊孩子群体的品德教育水平[1]；黄启明等基于广西贺州市农村小学德育课程方法单一、陈旧的现状，结合关于《三字经》成功的德育实践，认为复归人性的德育内容只有饱含人性的德育方法才能产生促进人性健康发展的德育效果。[2]

---

[1]　刘昊. 树人必先立德——珍珠班德育方法刍议[J]. 中学政治教学参考，2013（7）：70-71.
[2]　黄启明，扈中平. 农村小学生人性化德育的构建——基于广西贺州市的调查及《三字经》德育实践的启示[J]. 教学与管理，2017（9）：49-51.

　　具体德育教学方式的相关研究视角也较为多样。一是在传统文化背景下，通过汲取先贤论著中关于德育方法的精华来以古启今。刘奕等提出董仲舒儒学体现了注重身教言教相结合、严己宽人相结合、学校教育与社会教育相结合的德育方法对当下仍具有较高参考性①；王丹认为传统家训中严爱殷责、知行结合、榜样示范和环境濡染等方法在增强德育方法的体验性与实践性具有极强的现实启示价值②。二是在五育（德育、智育、体育、美育、劳动教育）融合的视野下探究各学科德育渗透的方式方法。多项数据分析显示，在学科教学中，适当的德育方法能更有效地实现教学目标，达成教育育人的根本目的。三是在时代发展视域下，谈中小学德育方法及指导理念的创新。随着数字化时代的到来，中小学传统的德育方法的局限性显现，加之教育领域的新拓展，导致传统的中小学德育方法已经无法满足数字化时代的德育需要。对此，杜尚荣表示德育方法要兼顾理论创新（即伦理导向、道德价值导向、文化导向）和路径创新（即"虚拟实验法""自我关涉法"）③；郦平提出了一种新的德育方法——虚拟内疚法，即基于心理换位的"设身处地"的理解方式，它使个体意识中的道德观念与当前问题有关的道德准则相碰撞，通过对比促使大学生更明确地选择良好的道德行为，进而有可能把它内化为今后思考道德问题并形成良好道德行为的准则。④四是对各种具体的德育方式如榜样示范、说理教育、实践锻炼等从使用现状、问题反思和有效实现路径等方面进行再探究。林丹通过对普通中小学德育方法进行研究发现，一些在学校普遍采用的德育方法都具有明显的"说理"倾向，没有体现出方法本身的特色，是导致学校德育方法虚效性的主要根源，因而他提出了"内化式"学生体验和"外铄式"教师说理相结合的学校德育方法变革路径。⑤孙瑞玉从教育者应该如何通过榜样教育引导学习者生活的伦理反思出发，用舍勒的价值伦理学解读了"榜样追随"，并提出学校榜样教育实践可以通过审慎思考榜样、教师、学生三者的关系，悉心呵护学生爱的能力，躬

　　① 刘奕，刘晓波. 董仲舒的德育方法及其现代价值[J]. 中学政治教学参考，2018（36）：58-59.

　　③ 王丹. 传统家训文化中的德育思想及其现代意蕴[J]. 思想政治教育研究，2018（1）：135-140.

　　③ 杜尚荣. 数字化时代中小学德育方法创新策略研究[J]. 教育探索，2016（2）：95-98.

　　④ 郦平. 虚拟内疚：一种德育方法的探索[J]. 教育学术月刊，2011（11）：30-32.

　　⑤ 林丹. 学校德育实践的合理路径：方法的视角[J]. 东北师大学报（哲学社会科学版），2015（1）：15-19.

亲引领学生达到与榜样同思同构的状态，敏于体察师生的人格生成进程来构建一条现象学伦理学的榜样教育路径。①

综上所述，目前国内对德育方式的研究整体上呈现为多层次、多视角的状况，从研究主体来看，多从教育工作者和学者的视角出发，为德育方式的整体理念、具体德育方法的改进与创新提供了理论建构意见，或为教育教学提供实操参考意见。但是，从受教育者的视角来探究学校德育活动中儿童对于具体德育方式态度的相关研究较少，尤其是多群体、大样本的实证研究基本没有。虽然德育教学方式的选择受多方面因素的影响，如德育目标、德育内容、学生情况、具体情境等，但是要想真正了解德育方式的实际运用，就必然需要俯下身来听一听儿童的声音。因此，针对这一情况，本次调查试图从"儿童"的视角出发，通过设置两种角色——儿童的"学生角色"和体验"教师角色"，分为"儿童愿意接受的德育方式"和"儿童想采取的德育方式"两个层面，以期了解不同群体的儿童对当下学校德育方式的认识以及喜爱情况，为学校德育中教师选择更贴切的德育方式提供参考。

二、儿童喜欢的德育方式的研究设计

作为学校德育的实施途径，德育方式是否恰当、合理对学校德育的实效性具有重要影响。本次调查以常见的德育方式类型为切入点，以说理教育法、实践锻炼法、榜样示范法、陶冶教育法、讨论法、协商法等为基本框架，采用封闭式和开放式相结合的问卷设计方法，以了解儿童愿意接受的德育方式以及儿童想采取的德育方式，并分析其在生理、心理、家庭、教育和空间类因素上的差异，以期更好地了解不同儿童群体在德育方式选择上的态度，为学校道德教育的实施提供意见。

对于儿童愿意接受的德育方式的情况调查，采用封闭式单选题的设计，通过各选项被选择的频数分析体现其在儿童群体中被看重的程度，对于不同儿童群体选择德育方式的差异，以其看重德育方式的差异作为基础值，通过卡方检验分析其差异的显著程度，辅以效应量中的 v 及 φ 说明其差异程度大

---

① 孙瑞玉. 舍勒价值伦理学中的"榜样追随"及其教育意蕴[J]. 教育研究，2020（5）：39-48.

小。各因素的影响程度如表 6-1 所示。

表 6-1 德育方式的影响因素排序表

排序	变量	变量类别	v	φ
1	学段	教育	0.088*	0.124
2	性别	生理	0.076*	0.076
3	生活满意度	心理	0.067*	0.095
4	年龄	生理	0.060*	0.134
5	区域	空间	0.051*	0.072
6	学业成绩	教育	0.050*	0.070
7	父亲受教育程度	家庭	0.041	0.058
8	城乡	空间	0.041	0.072
9	母亲受教育程度	家庭	0.040	0.056
10	家庭生活方式	家庭	0.037	0.052

对于儿童想采取的德育方式的情况调查，设置开放式问题，根据儿童填答的情况进行关键词频数分析，得出排名前十位的德育方式，并通过差异分析的方式调查儿童在性别特征和年段特征上的突出特点。

第二节　儿童喜欢的德育方式的选择特征

儿童德育方式的选择特征主要包括三个方面：一是依托愿意接受和想要采取的德育方式的调查题目，分析儿童选择不同德育方式的比例；二是通过对比 2017 年调查报告，分析儿童喜欢的德育方式的动态变化；三是结合人口学特征，分析不同儿童群体（如学段、年龄、性别、区域等）在德育方式选择上的特征。

一、儿童喜欢说理的德育方式

儿童愿意接受的德育方式呈现出既集中又多样的特征。首先，儿童比较喜欢说理教育法、实践锻炼法和榜样示范法三种德育方式，其中选择说理教育法的比例最高。数据显示，有35.57%的儿童选择了"通过讲故事、寓言或真实事例来让自己明白道理"（说理教育法），31.38%的儿童选择了"组织一些有主题的实践活动"（实践锻炼法），13.91%的儿童选择了"观看榜样人物的纪录片"（榜样示范法）。其次，儿童乐于接受其他德育方式，如协商法、陶冶教育法和讨论法。数据显示，有7.49%的儿童选择了"班里的事，大家商量着办"（协商法），5.83%的儿童选择了"老师自己做得让人称赞"（陶冶教育法），5.82%的儿童选择了"举办讨论会或辩论赛"（讨论法）（图6-1）。从影响儿童选择德育方式的人口学特征上来看，教育类因素、生理类因素和心理类因素对儿童选择德育方式的影响较大，其中教育类因素中的"学段""学业成绩"的影响较为明显，生理类因素中的"性别""年龄"的影响较为明显，心理类因素中的"生活满意度"以及空间类因素中的"区域"都对儿童喜欢的德育方式产生了一定的影响。

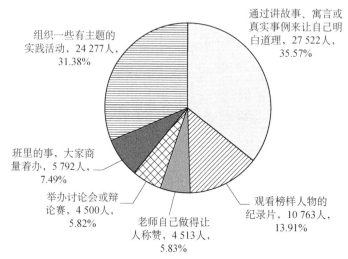

图6-1 儿童愿意接受的德育方式频次图

儿童最想采用的德育方式也表现出多样性和集中性并存的特征。首先，儿童对德育方式的偏爱集中于"以身作则、言传身教、从我做起""言语说服、告诉、提醒""实际行动、实践活动"三种。数据显示，在 56 756 名填写此题的被试中，近 1/5（19.58%）的儿童选择采取"以身作则、言传身教、从我做起"（榜样示范）的方式；1/6（14.48%）的儿童选择了"言语说服、告诉、提醒"（说理教育），3.32% 的儿童选择了"实际行动、实践活动"（实践锻炼）的方式。其次，儿童也乐于采取其他德育方式，如协商法（主题班会）、情感陶冶法（榜样的积极影响；播放纪录片、宣传短片等视频形式）和品德评价法（奖励或惩罚的方式进行）等（图 6-2）。从影响儿童选择德育方式的因素来看，不同性别的儿童在前三位的德育方式的选择上表现出较强的一致性，即依次为以身作则的德育方式、说理教育方式和以宣传、口号和禁令为主的德育方式。另外，不同年段的儿童在首选的德育方式上略有差异。

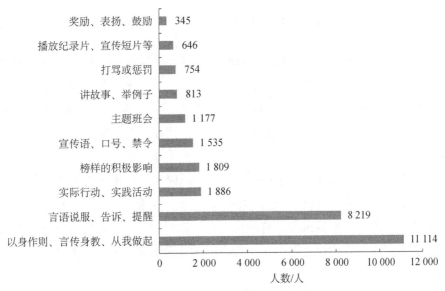

图 6-2　儿童最想采用的德育方式排序图

二、儿童喜欢的德育方式的动态特征

（一）儿童愿意接受的德育方式

在 2017 年调查报告中，儿童最愿意接受的德育方式排在前三位的分别是实践锻炼法（33.34%）、说理教育法（24.80%）、榜样示范法（14.08%）。在本次调查中，儿童最愿意接受的德育方式排在前三位的分别是说理教育法（35.57%）、实践锻炼法（31.38%）、榜样示范法（13.92%）。与 2017 年报告相比，从整体上看，说理教育、实践锻炼和榜样示范仍然是儿童最愿意接受的德育方式，但三者的排序发生了变化。选择说理教育法的儿童比例有所上升，而选择实践锻炼法的儿童比例有所下降，说理教育法成为儿童选择的第一位的德育方式。与此同时，选择协商法、陶冶教育法、讨论法的儿童比例相比 2017 年报告都有不同程度的下降（2017 年报告中相应的数据如下：协商法为 10.01%，陶冶教育法为 8.87%，讨论法为 8.90%），绝大多数儿童仍然愿意接受以说理教育法、实践锻炼法和榜样示范法为主的德育方式。

（二）儿童最想采用的德育方式

在 2017 年报告中，儿童最想采取的德育方式排在前三位的分别是说理教育法（23.13%）、"讲故事、举例子"（8.87%）、"以身作则、言传身教、从我做起"（8.63%）。与 2017 年报告相比，首先，从整体来看，说理教育法和"以身作则、言传身教、从我做起"的方法依然在儿童想采用的德育方式中居于前列。具体来看，选择"以身作则、言传身教、从我做起"的儿童比例有所提升（从 8.63% 上升为 19.58%），与此同时，选择说理教育方式的儿童比例有所下降（从 23.13% 降为 14.48%）。其次，从学段来看，初中儿童最期待的德育方式由原来的说理教育法转变为"以身作则和、言传身教、从我做起"的德育方法，相比之下，小学和高中儿童最想采取的德育方式没有发生明显的改变。

三、儿童喜欢德育方式观念的多维分析

本部分结合人口学特征对儿童德育方式观念进行多维分析，分析不同学段、年龄、性别、区域的儿童在德育方式选择上的不同表现。

（一）儿童愿意接受的德育方式

1. 随着学段的升高，儿童愿意接受的德育方式发生了从说理到实践的变化

教育类因素"学段"是影响儿童选择德育方式的首要因素（$p < 0.001$，$v = 0.088 > 0.05$）（表 6-1）。数据显示，小学生和初中生愿意接受的德育方式是说理教育法，而高中生愿意接受的是实践锻炼法。其中，小学生选择说理教育法的占比为 40.25%，初中生选择说理教育法的占比为 33.06%，高中生选择说理教育法的占比为 28.74%。小学生选择实践锻炼法和榜样示范法的占比分别为 30.51% 和 11.15%，高中生选择实践锻炼法和榜样示范法的占比分别为 32.13% 和 18.88%（表 6-2）。由此可见，低学段儿童更倾向于接受讲故事、讲道理或事例的德育方式，特别是小学生更愿意接受这种德育方式。随着学段的增高，选择说理教育法的儿童比例在不断下降，高学段儿童更愿意通过参加实践活动接受道德教育，同时随着学段的升高，更多儿童开始看重榜样人物的作用。

表 6-2　不同学段儿童愿意接受的德育方式的差异性检验表

项目		通过讲故事、寓言或真实事例来让自己明白道理	观看榜样人物的纪录片	老师自己做得让人称赞	举办讨论会或辩论赛	班里的事，大家商量着办	组织一些有主题的实践活动	x^2	p	φ	v
小学	人数/人	14 164	3 922	1 783	1 710	2 874	10 734				
	占比/%	40.25	11.15	5.07	4.86	8.17	30.51				
初中	人数/人	9 445	4 270	1 686	1 954	2 042	9 169	1 188.897***	<0.001	0.124	0.088*
	占比/%	33.06	14.95	5.90	6.84	7.15	32.10				
高中	人数/人	3 913	2 571	1 044	836	876	4 374				
	占比/%	28.74	18.88	7.67	6.14	6.43	32.13				

2. 男生更喜欢说理教育法，女生更喜欢实践锻炼法

生理类因素"性别"是影响儿童选择德育方式的次要因素（$p < 0.001$，$v = 0.076 > 0.05$）（表 6-1）。数据显示，男生选择说理教育法的占比为 37.32%，选择实践锻炼法的占比为 28.05%，而女生选择实践锻炼法的占比为 34.89%，选择说理教育法的占比为 33.73%（表 6-3）。本研究反映出男女

生在前三位德育方式的选择上具有一致性，都喜欢说理教育法、实践锻炼法和榜样示范法，但是在最愿意接受的德育方式上略有不同，其中男生更愿意接受说理式德育方式，而女生更愿意接受实践式德育方式。

表 6-3　不同性别儿童最愿意接受的德育方式的差异性检验表

项目		通过讲故事、寓言或真实事例来让自己明白道理	观看榜样人物的纪录片	老师自己做得让人称赞	举办讨论会或辩论赛	班里的事，大家商量着办	组织一些有主题的实践活动	χ^2	p	φ	v
男	人数/人	14 818	5 630	2 544	2 447	3 131	11 137	442.635***	<0.001	0.076	0.076*
	比例/%	37.32	14.18	6.41	6.16	7.89	28.05				
女	人数/人	12 704	5 133	1 969	2 053	2 661	13 140				
	比例/%	33.73	13.63	5.23	5.45	7.07	34.89				

3. 对生活感到满意的儿童更喜欢说理教育法和实践锻炼法

心理类因素"生活满意度"是影响儿童选择德育方式的第三个因素（$p<0.001$，$v=0.067>0.05$）（表 6-1）。数据显示，大部分儿童都将说理教育法作为他们最愿意接受的德育方式，其次是实践锻炼法和榜样示范法。其中，"对生活很满意"的儿童选择说理教育法和实践锻炼法的占比分别为37.73% 和 32.29%，而"对生活不满意"的儿童选择说理教育法和实践锻炼法的占比分别为 28.54% 和 26.13%。"对生活不满意"的儿童选择榜样示范法的占比为 18.20%，而"对生活很满意"的儿童选择榜样示范法的比例为12.25%（表 6-4）。由此可见，当儿童对生活感到满意时，他们更愿意接受长辈的说理和教导，也更愿意参加多种多样的实践活动；当儿童对生活感到不满意时，相较于其他儿童群体，他们更看重他人的榜样和示范作用。

表 6-4　生活满意度与儿童愿意接受的德育方式的差异性检验表

项目		通过讲故事、寓言或真实事例来让自己明白道理	观看榜样人物的纪录片	老师自己做得让人称赞	举办讨论会或辩论赛	班里的事，大家商量着办	组织一些有主题的实践活动	χ^2	p	φ	v
很满意	人数/人	15 044	4 887	1 944	2 087	3 038	12 878	698.340***	<0.001	0.095	0.067*
	占比/%	37.73	12.25	4.87	5.23	7.62	32.29				

续表

项目		通过讲故事、寓言或真实事例来让自己明白道理	观看榜样人物的纪录片	老师自己做得让人称赞	举办讨论会或辩论赛	班里的事，大家商量着办	组织一些有主题的实践活动	χ^2	p	φ	v
基本满意	人数/人	11 343	5 152	2 129	2 116	2 412	10 360				
	占比/%	33.85	15.37	6.35	6.31	7.20	30.91				
不满意	人数/人	1 135	724	440	297	342	1 039				
	占比/%	28.54	18.20	11.06	7.47	8.60	26.13				

4. 儿童选择说理教育法的比例随着年龄的增长而降低

生理类因素"年龄"是影响儿童选择德育方式的第四个因素（$p <$ 0.001，$v=0.060 > 0.05$）。通过不同年龄儿童在德育方式选择上的折线图（图6-3），我们可以直观地看到整体发展变化。首先，各年龄段的儿童选择说理教育法的占比总体呈下降趋势，其中在9～13岁、15～16岁两个年龄段下降趋势明显。各年龄段的儿童选择实践锻炼法的占比虽然中间略有起伏，但整体呈上升趋势，其中9～12岁、15～17岁上升趋势明显。选择榜样示范法的儿童占比在9～16岁呈现不断上升趋势，16～18岁趋缓并略有下降。由此可见，在儿童最愿意选择的三种德育方式中，说理教育法占比较高，但随着年龄的增长，儿童选择说理教育法的占比在不断降低，越来越多的儿童会选择实践锻炼法和榜样示范法。

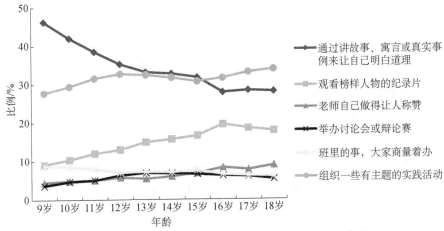

图 6-3　儿童愿意接受的德育方式的年龄变化趋势分布图

5. 东部地区儿童更加重视实践锻炼法，西部地区儿童更加重视说理教育法

空间类因素中的区域是影响儿童选择德育方式的第五个因素（$p <$ 0.001，$v = 0.051 > 0.05$）。数据显示（表 6-5），无论是西部、东部还是中部地区的儿童，选择"说理教育"的比例都是最高的，分别为 36.74%、35.70%、32.76%。次于说理教育法的是实际锻炼法，东部、中部和西部地区儿童选择这一方式的比例分别为 31.59%、28.98%、30.82%。由此可见，不同区域儿童都愿意接受说理教育法和实践锻炼法，但东部地区儿童对于"实践锻炼"的重视程度要高于中部和西部地区儿童，而西部地区儿童要比东部和中部地区儿童更加看重"说理教育"的方式。

表 6-5　不同区域儿童愿意接受的德育方式的差异性检验表

项目		通过讲故事、寓言或真实事例来让自己明白道理	观看榜样人物的纪录片	老师自己做得让人称赞	举办讨论会或辩论赛	班里的事，大家商量着办	组织一些有主题的实践活动	χ^2	p	φ	v
东部	人数/人	24 283	9 453	3 905	3 848	5 048	21 487				
	占比/%	35.70	13.90	5.74	5.66	7.42	31.59				
中部	人数/人	1 594	762	331	345	424	1 410	88.427***	<0.001	0.072	0.051*
	占比/%	32.76	15.66	6.80	7.09	8.71	28.98				
西部	人数/人	1 645	548	277	307	320	1 380				
	占比/%	36.74	12.24	6.19	6.86	7.15	30.82				

6. 学业成绩优良的儿童更加重视实践锻炼法

教育类因素中的"学业成绩"是影响儿童选择德育方式的第六个因素（$p < 0.001$，$v = 0.051 > 0.05$）。数据显示（表 6-6），无论学业成绩是优良、一般还是有待提高，说理教育法都是儿童最愿意接受的德育方式，其次是实践锻炼法，再次是榜样示范法。其中，学业成绩优良的儿童选择说理教育法的占比为 33.92%，选择实践锻炼法的占比为 33.06%，而学业成绩有待提高的儿童选择说理教育法的占比为 35.20%，选择实践锻炼法的占比为 25.96%。由此可见，学业成绩优良的儿童对实践活动的重视程度要高于其他群体，而学业成绩有待提高的儿童相对来说更愿意接受说理式的德育方式。

表 6-6　学业成绩不同儿童愿意接受的德育方式的差异性检验表

项目		通过讲故事、寓言或真实事例来让自己明白道理	观看榜样人物的纪录片	老师自己做得让人称赞	举办讨论会或辩论赛	班里的事，大家商量着办	组织一些有主题的实践活动	χ^2	p	φ	v
有待提高	人数/人	3 048	1 331	727	517	788	2 248				
	占比/%	35.20	15.37	8.40	5.97	9.10	25.96				
一般	人数/人	18 415	6 887	2 748	2 752	3 922	16 124	384.454***	<0.001	0.07	0.050*
	占比/%	36.22	13.54	5.40	5.41	7.71	31.71				
优良	人数/人	6 059	2 545	1 038	1 231	1 082	5 905				
	占比/%	33.92	14.25	5.81	6.89	6.06	33.06				

7. 父母受教育程度等对儿童德育方式选择的影响程度不大

差异性检验发现，"父亲受教育程度""母亲受教育程度""城乡""家庭生活方式" 4 个变量对儿童选择德育方式的影响程度不大（$\varphi<0.1$，$v<0.05$）。在父母受教育程度不同的儿童群体中，无论父亲和母亲的受教育程度是小学及以下、中学还是大学及以上，说理教育法都是他们最愿意接受的德育方式，其次是实践锻炼法和榜样示范法。在城乡类别不同的儿童群体中，无论是大中城市、小城市、县镇还是乡村的儿童都最愿意接受说理教育法，其次是实践锻炼法和榜样示范法。在家庭生活方式不同的儿童群体中，"和家人一起生活""和亲戚一起生活"的儿童最愿意接受说理式的德育方式，而住校生更喜欢组织实践活动的德育方式。

（二）儿童最想采用的德育方式

1. 性别差异

数据显示，男女生在最想采取的德育方式上有较强的一致性，排在前三位的依次是"以身作则、言传身教、从我做起"（榜样示范法）、"言语说服、告诉、提醒"（说理教育法）、"宣传、口号、禁令"（宣传教育法）的德育方式（图 6-4）。

2. 学段差异

数据显示（图 6-5），如果自己有机会开展德育工作，不同学段的儿童最想采取的德育方式略有不同，小学生最愿意采用"言语说服、告诉、提醒"

（说理教育法）的方式，初中生和高中生最想采取的是"以身作则、言传身教、从我做起"的方式。由此可见，低学段儿童更倾向于选择说理教育法，随着龄的增长，中高学段的儿童不再满足于仅在认知方面的了解，转向追求通过"我"的实际作为来影响他人的以身作则的方式进行德育教育。

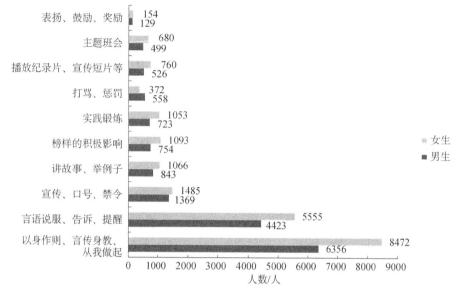

图 6-4　儿童最想采取的德育方式性别排序图

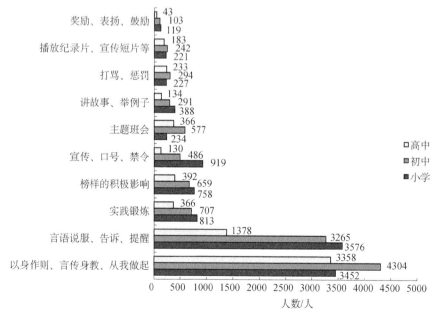

图 6-5　儿童最想采取的德育方式学段排序图

第三节　德育方式的选择与教育建议

教育者了解儿童选择德育方式的偏好，可以使德育课堂更加贴近儿童的实际经验，使德育活动更加契合儿童的内心世界，以提升德育活动的实效性。课题组针对目前儿童喜欢的德育方式的调查结果，提出以下需要注意的问题和教育建议。

一、重视俯下身的"说理教育法"——倾听儿童的声音

无论在日常生活还是教育教学中，说理的教育方式都较为常见。日常生活中的公共说理以理性交流、表达看法、解释主张为代表，主要存在于人的各种社会互动中，强调通过不同声音的表达，从而达到"说理、辩理、明理"的效果。与公共说理不同，教育教学中的说理教育法的使用侧重点在教育，说理是辅助教育活动的重要手段。它在教学中有其特殊性，一方面，说理的对象是身心尚在发展中的儿童而非成年人；另一方面，说理的主要目的是帮助学生形成正确的思想道德认识方法。那么，在此情况下，教师应该如何把握说理教育的方式？

（一）从低学段开始逐步尝试对学生进行说理

调查发现，"学段"是影响儿童选择德育方式的首要因素（$p<0.001$，$v=0.088>0.05$）。在儿童愿意接受的德育方式上（表6-2），说理教育法成为小学生（40.25%）和初中生（33.06%）的首选德育方式，也是高中生（28.74%）愿意接受的第二位德育方式，仅略低于实践锻炼法（32.13%）。说理教育法是各年段儿童普遍愿意接受的德育方式，因而用说理的方式进行教育应该从小学就开始。洛克（Locke）在《教育片论》中提到，"谈到与幼童讲理，兴许有人会觉得奇怪，但我不能不认为讲理是对付幼童的真正办法。

其实，他们在懂得别人说话的时候便懂得道理了……他们还喜欢被人看作理性的动物，其时间比我们想象的还早"①。似乎在一些常识中，小学的孩子由于年龄小，道德教育就是告诉他们是什么、要做什么就够了，而不重视"为什么是这样""为什么这么做"的解释。其实，未进入学校前，儿童就已经在探索世界和生活的过程中形成了自己对世界的一些认识和经验，而说理能更好地帮助教师与儿童自身已有的经验对话。

（二）以学生能够接受的方式进行说理

说理的方式能更好地帮助教师与儿童对话，但并不意味着所有的说理方式都能起到这样的效果，根本在于其是否能够遵循儿童自身发展的规律和特点。教师要选择儿童能够听明白的方式进行说理。说理要适合学生的理解能力，"没有人会把一个三岁或七岁的小孩当作成人来对他讲理。长篇大论、哲学式的说理，最多是让他们眼花缭乱、玄乎其玄，却不能起到教导他们的作用"②。因此，说理教育法的使用要综合考虑学生的年龄、认知基础、心理发展水平、生活经验等多方面的因素，并且说理的内容也要与具体的社会现实相结合。

二、让"做中学"成为儿童生活与德性成长之间的桥梁

数据分析发现，实践锻炼法受到儿童的普遍关注和喜爱。实践锻炼法是"组织受教育者通过各种实践活动接受锻炼、训练，从而培养优良思想品德的方法，包括日常学习生活实践和社会实践以及专门组织的行为训练"③。美国教育家杜威提出了"做中学"的教育理论，认为真正的教育是从儿童的经验中产生，真正的学习来自学习者与周遭环境的体验和互动。在"做中学"中，知识的获得过程成为经验的改组和重组过程，每个儿童都可能自由思考，充分发挥聪明才智，成为学习的主人。④实践锻炼法即道德教育通过

---

① 约翰·洛克. 教育片论[M]. 熊春文译. 上海：上海人民出版社，2005：154.
② 约翰·洛克. 教育片论[M]. 熊春文译. 上海：上海人民出版社，2005：154-155.
③ 鲁洁，王逢贤. 德育新论[M]. 南京：江苏教育出版社，2010：325-326.
④ 常攀攀，罗丹丹. 杜威"做中学"的系统阐释及教改启示[J]. 当代教育科学，2017（2）：77-79.

体验和行动的"做中学"来实现。如何发挥实践活动在道德教育中的作用，使儿童真正通过"做"实现德性成长？

实践锻炼是一种面向儿童直接经验的德育方式，它以活动为依托，必须符合儿童的实际经验，贴近儿童的真实生活。首先，儿童经验并非主观的、私有的，而是与人所处的环境、人在环境中的经历和遭受密切相关。组织实践活动要以儿童生活作为德育素材，提供鲜活的、生动的、丰富的活动环境，使儿童置身于真实生活的道德体验之中。其次，儿童经验具有连续性，实践活动要关注儿童现有经验的生长点，不仅要指向儿童的现实生活，更要指向儿童的未来生活；既要基于儿童当下的道德生活，又要面向儿童未来的道德发展。再次，儿童经验具有阶段性，根据调查结果，高年段儿童相比低年段儿童更喜欢活动型的德育方式，随着年段的增高，教育者应当逐渐提高实践锻炼在道德教育中的比例。最后，儿童经验是感性和理性的统一，要重视道德思维在实践活动中的作用，"做中学"不仅仅是体验和行动，更包含着对行动的理性思考和反思，要使其真正成为连接儿童生活与德性成长的桥梁。

三、让道德榜样引领儿童道德成长

数据分析发现，榜样示范法是儿童比较喜爱的德育方式。榜样示范法是"以他人高尚思想、模范行为、优异的成就教育影响受教育者的一种方法"，包括教育者的示范、伟人典型以及优秀学生典型等。[①]为什么榜样会受到儿童的普遍喜欢？

首先，儿童具有好模仿的天性。社会心理学家的数据分析显示，人具有与生俱来的模仿能力，对于儿童来说，爱模仿是他们的心理需要。其次，榜样是最具感染力的道德教育方法。儿童通过模仿榜样人物的言行来习得德性，因为榜样人物是活生生的，他们将抽象的、笼统的、模糊的道德要求现实化、具象化、人格化[②]，生动形象地展现在儿童面前。因此，道德教育要重视道德榜样的价值引领作用，正确的、优良的、积极的道德榜样对于促进儿童道德成长有着十分重要的意义。一方面，要树立英雄人物和模范榜样，

---

① 鲁洁，王逢贤. 德育新论[M]. 南京：江苏教育出版社，2010：324-325.

② 王海明. 论道德榜样[J]. 贵州社会科学，2007（3）：4-7.

展现具有崇高道德境界和道德人格的人物典范，让道德模范的精神品格对儿童的心灵产生震撼和感化。另一方面，要重视树立儿童身边的道德榜样，让儿童感到榜样不是高不可攀的，他们常常在我们身边，是"可亲、可敬、可学的"①。对于儿童来说，最具感染力的道德榜样就是生活中的教师、家长、同伴。作为教师，尤其要提高自身的品德素养，重视身正为范、以身作则的示范作用。

四、综合考虑各种德育因素，树立整体的方法观

每种德育方式都各有特点，选择具有针对性的德育方式能更好地促进教师教学，但并不意味着要以分散的方式去看待德育方法的选择，而是从更高层次上要求我们着眼整个德育过程的实现来把握德育方式。作为实现德育活动既定教育目标而衍生出来的德育方法，直接或间接地影响着整个德育活动效果。

因此，教师在教学中要审慎地选择德育方式。首先，要综合考虑各种德育因素，从教学实际出发。"德育方法的优劣，只有在与德育过程诸要素相互联系、相互作用中才能呈现和被确认。"②也就是说，德育方式是否真正有效，要综合考虑是否有助于德育目标的实现，是否与德育内容相匹配，是否符合受教育者的心理年龄特点、思想品德发展状况、知识结构，是否有合适的德育活动条件的支持以及符合教育者个人特征。虽然是同样的德育方式，教师不同、学生不同，会产生不同的教育效果。其次，要树立系统整体的德育方法观，从发挥"方法合力"出发。"我们要取得预期教育效果，最重要的不是通过某一种方法的选择，而是通过方法的组合，通过它们相互关系的安排，形成体系。"③所以在对德育过程中各因素进行综合分析后，不是从若干方式中简单地挑选出某一种方式，而是有针对性地进行方法组合，通过方法体系的建立，实现部分之和大于整体的效果。

① 廖小平. 论道德榜样——对现代社会道德榜样的检视[J]. 道德与文明, 2007（2）：71-75.
② 鲁洁，王逢贤. 德育新论[M]. 南京：江苏教育出版社, 2010：332.
③ 鲁洁，王逢贤. 德育新论[M]. 南京：江苏教育出版社, 2010：333.

第七章　儿童道德成长的心理环境

　　良好的心理环境可以助力儿童的道德成长。生活满意度被普遍看作是儿童心理环境最直接的衡量指标。生活满意度是个体对自己一定时期内生活状况的总体性评估，这种评估是在各种因素的综合作用下产生的，是衡量个体生活质量的重要参数。低幸福感容易让人产生焦虑、厌倦、抑郁等心理问题，会影响个体对生活的态度，包括生活的方向、目标等，幸福感与成功有密切的关系。[①] 2015 年的《世界幸福报告》提出："如果学校不考察学生的幸福感，而只考察他们智力的发展，那么后者将永远占据先导。"[②] 个体幸福感对个人乃至社会的重要性不言而喻。

　　人对幸福的感受来自生活的三大领域——私人生活领域、公共生活领域和职业领域，其中私人生活领域是幸福的主要生发之所。儿童生活尚不涉及职业领域，所以家庭生活和学校生活成了儿童幸福的主要来源，如果儿童在成长过程中能够感受到来自家长、老师、同学和朋友的关心，就会对生活感到满意，从而为其道德成长提供积极的心理环境。那么，当下儿童的心理环境状况如何呢？儿童的心理环境究竟是如何影响其道德成长的？这是次调查要探索的问题。

　　① 张佳慧，辛涛. 15 岁学生幸福感的影响机制探讨——来自中国四省市 PISA2018 的证据[J]. 清华大学教育研究，2020（5）：11-19.

　　② 转引自：朱雁. 学业成就与学生幸福可否兼得？——基于 PISA2018 中国四省市学生的实证分析[J]. 中国教育学刊，2020（1）：21-27.

第一节 儿童道德成长心理环境的研究背景

为了更好地分析儿童道德成长心理环境，必须进行背景调查，主要从两方面展开：一方面是对生活满意度的已有研究进行综述，主要聚焦于教育领域中生活满意度的研究状况；另一方面是对研究设计的开展情况进行介绍，包括题目的设置、数据分析方法的选择和使用。

一、当代对生活满意度的研究状况

西方关于生活满意度的研究开始于 20 世纪 60 年代，最早集中在社会学领域，研究者主要关注工资水平、家庭状况以及社会环境对个体生活质量的影响。中国关于生活满意度的研究开始于 20 世纪 90 年代初期，同样从社会学的角度展开研究，但是 90 年代中期便进入了心理学研究领域。心理学早期对生活满意度的研究主要聚焦于运用科学的研究方法探寻影响不同人群（例如，飞行员、护士，癌症患者、神经症患者等）生活满意度的因素，但是相当长一段时间内，心理学领域关于生活满意度的研究对象多集中于成年人群体，儿童和青少年没有成为心理学的关注对象。21 世纪，青少年的幸福感逐渐成为积极心理学研究中的一个热点问题，一些研究者开始将儿童、小学生、中学生等作为研究对象，对其生活满意度的现状、影响因素等展开了研究。

随着心理学领域对生活满意度研究的不断丰富，教育学领域开始关注学生的学校生活满意度的内涵及其影响因素，考察学业成就、教师不公正对待、校园欺凌、课业负担、班级环境、学校适应性、学校归属感等对学生生活满意度的影响。在家庭领域中，相关研究主要集中在父母教养方式、亲子沟通方式两个方面。早期关于生活满意度或主观幸福感的调查研究多采用国外量表进行测量，例如，邢占军等使用 Ryff 心理幸福感量表对城市居民幸福感进行了调查[1]，但是由于文化、价值观等方面的差异，造成结构效度并不理想。随着研究的深入，有些学者开始自编中小学生主观幸福感问卷开展研究，刘旺等改编了美国学者霍伯纳（Huebner）编制的学生生活满意度量表，研制出更适合中国学生使用的多维学生生活满意度量表[2]，并用该量表对西安市 3 所小学共计 475 名学生展开了关于家庭、朋友、学校、生活环境、自我 5 个维度的调查。[3] 张兴贵等编制了青少年学生生活满意度量表[4]，杨进等对长春市 3 所中学共计 998 名学生的生活满意度状况进行了调查，将生活满意度量表分为友谊、家庭、学校、环境、自由和学业满意度。[5] 中国加入国际学生评估项目（The Program for International Student Assessment，PISA） 测验后，有学者开始使用 PISA 问卷调查中涉及学生生活满意度的相关数据展开国际比较研究。孟万金团队基于 PISA 问卷，把幸福感分为道德、健康、社会、学业、心理幸福感五个维度，研发了中国中小学生幸福感通用量表，目前使用率较高。[6]

目前，已有的学生生活满意度的调查，多以小样本研究为主，缺乏大样本、有代表性的全国性调查。虽然孟万金团队、孟四清团队的调查研究样本量较大，但是研究视角还主要集中在心理学领域，真正从教育视角和学生道德心理环境视角展开的研究尚付阙如。

二、儿童道德成长心理环境的研究设计

本次调查设计主要从学校和家庭两方面展开，设置了三类题目，分别是儿童的生活满意度、道德成长心理环境的阻力和动力。其中，阻力部分设置

---

① 邢占军，黄立清. Ryff 心理幸福感量表在我国城市居民中的试用研究[J]. 健康心理学杂志，2004（3）：223，231-233.

② 田丽丽，刘旺. 多维学生生活满意度量表中文版的初步测试报告[J]. 中国心理卫生杂志，2005（5）：301-303.

③ 刘旺，田丽丽. 小学生生活满意度现状研究[J]. 上海教育科研，2005（11）：42-44.

④ 张兴贵，何立国，郑雪. 青少年学生生活满意度的结构和量表编制[J]. 心理科学，2004（5）：1257-1260.

⑤ 杨进，周建立. 中学生生活满意度调查研究[J]. 教育研究与实验，2007（2）：56-59.

⑥ 张冲，官群，孟万金. 中国中小学生综合幸福感量表的编制研究[J]. 心理学探新，2020（3）：269-276.

了两道题目，分别是儿童私人生活领域中的家庭生活困扰和公共生活领域的学校生活困扰。动力部分设置了两道题目，分别是儿童心中"最关心我的人"和"最了解我的人"。

本研究采用半开放式题目，通过频数来表征儿童的道德成长心理环境状况，另外设计有教育类因素、心理类因素、生理类因素、空间类因素和家庭类因素共计 12 个人口学变量，通过卡方检验分析每道题目在各人口学变量上的差异状况，并以效应量 v 及 φ 作为辅助来说明其差异程度的大小。

第二节　儿童生活满意度状况

儿童生活满意度状况的分析主要分为三个方面：一是依托于儿童生活满意度情况的调查题目，分析影响儿童生活满意度的因素；二是从儿童道德成长的阻力方面分析影响儿童家庭生活困扰和学校生活困扰的因素；三是从儿童道德成长的动力方面分析影响儿童心中"最关心我的人""最了解我的人"的因素。对三个方面的综合分析，可以明晰儿童的生活满意度状况。

一、儿童生活满意度的发展特征

不同群体儿童在生活满意度上的差异情况及其各因素的影响程度如表 7-1 所示。由表 7-1 的数据可以发现，儿童生活满意度受教育类因素、家庭类因素的影响显著，同时在空间类因素"区域"上的差异也达到了可接受程度，下文将进行详细分析。

表 7-1　儿童生活满意度的影响因素排序表

排序	变量	变量类别	v	φ
1	学段	教育	0.203**	0.287
2	学业成绩	教育	0.142**	0.200
3	家庭生活方式	家庭	0.110**	0.156
4	父亲受教育程度	家庭	0.085*	0.120
5	母亲受教育程度	家庭	0.092*	0.130
6	区域	空间	0.070*	0.099
7	城乡	空间	0.048	0.068
8	性别	生理	0.029	0.029

（一）半数以上儿童对生活感到非常满意

本次调查数据显示，51.54%的儿童对生活感到非常满意，43.32%的儿童对生活感到基本满意，5.14%的儿童对生活不满意。相比 2017 年报告的数据（表 7-2），可以发现，中国儿童感觉生活很满意的比例下降，而基本满意和不满意的比例上升。这说明虽然中国儿童整体上对生活感到满意，但是随着经济的发展和社会的进步，他们的幸福感不仅没有上升，反而有下降。

表 7-2　两次调查儿童生活满意度对比表　　　　　单位：%

生活满意度	2020 年	2017 年	变化率
很满意	51.54	54.49	−2.95
基本满意	43.32	41.29	2.03
不满意	5.14	4.22	0.92

（二）随着学段的升高，生活满意度下降，且 13 岁之后"基本满意"成为多数儿童的生活感受

学段是影响儿童生活满意度的首要因素（$p < 0.001$，$v = 0.203 > 0.05$）（表 7-3）。数据分析发现，在小学高年段的儿童中，有 65.64%的儿童对生活感到非常满意，而到初中阶段，学生的幸福感下降，对生活很满意和基本满意的儿童各占一半左右，并且对生活基本满意的儿童占比略高于对生活很满意的儿童。令人惊讶的是，到了高中阶段，61.19%的儿童对生活基本满意，对生活的很满意的儿童占比仅为 28.65%，并且对生活不满意的儿童占比也

远远高于中小学生。有学者对 2018 PISA 数据的分析发现，中国初中学生的生活满意度和对生活意义的认同要显著高于高中学生。[①] 从这一研究结果可以看出，随着年龄的增长，儿童的生活幸福感呈下降趋势。孟万金团队采用自编的中国中小学生幸福感通用量表对 8 个城市的 5029 名中小学生综合幸福感的调查也同样发现，综合幸福感存在显著的年级差异，表现为低年级学生的幸福感得分显著高于高年级学生的得分。[②] 孟四清团队的调查结果表明，随着年级的升高，学生生活得越来越不愉快。[③] 王鑫强等关于初中生生活满意度的研究表明，初中生的生活满意度从初一下学期到初三下学期这 2 年时间内存在着显著下降的发展趋势[④]，这与本研究中初中生的生活满意度样态较为一致。陆彩霞等学者对 862 名青少年生活满意度发展趋势的数据分析显示，从发展趋势上来看，青少年的整体生活满意度及其各维度呈稳步下降态势，尤其在友谊、家庭、学业和学校满意度方面。[⑤] 学界上述已有研究从侧面印证了儿童生活满意度随年龄的增长而下降的结论。

表 7-3　学段与生活满意度的差异性检验及效应量表

项目		很满意	基本满意	不满意	χ^2	p	φ	v
小学	人数/人	23 097	11 110	980				
	占比/%	65.64	31.57	2.79				
初中	人数/人	12 880	14 071	1 615	6 388.140***	<0.001	0.287	0.203**
	占比/%	45.09	49.26	5.65				
高中	人数/人	3 901	8 331	1 382				
	占比/%	28.65	61.19	10.15				

本研究分析了儿童生活满意度在年龄上的发展变化状况。为了更清楚地看到这一变化趋势，绘制了不同年龄儿童生活满意度的变化趋势图（图 7-1）。

---

① 朱雁. 学业成就与学生幸福可否兼得？——基于 PISA2018 中国四省市学生的实证分析[J]. 中国教育学刊，2020（1）：21-27.

② 张冲，孟万金. 中小学生综合幸福感发展现状和教育建议[J]. 中国特殊教育，2018（9）：72-79.

③ 孟四清. 中小学生生活满意度的调查与分析[J]. 心理与行为研究，2014（5）：660-664，687.

④ 王鑫强，张大均. 初中生生活满意度的发展趋势及心理韧性的影响：2 年追踪研究[J]. 心理发展与教育，2012（1）：91-98.

⑤ 陆彩霞，边玉芳，姜媛，等. 青少年生活满意度的发展趋势及其提升路径的实证研究[J]. 中国卫生事业管理，2019（8）：632-636.

可以看出，随着年龄的增长，选择"很满意"的儿童占比在 9～11 岁保持较高值，但是 11～16 岁呈明显下降的趋势，16～18 岁保持在低值。选择"基本满意"的儿童占比随年龄的增长不断上升，其中 11～16 岁的上升趋势明显。选择"不满意"的儿童随年龄的增长呈缓慢上升趋势。整体而言，随着年龄的增长，儿童的幸福感不断下降，其中 11～15 岁的初中阶段是变化趋势比较明显的时期，尤其需要注意。

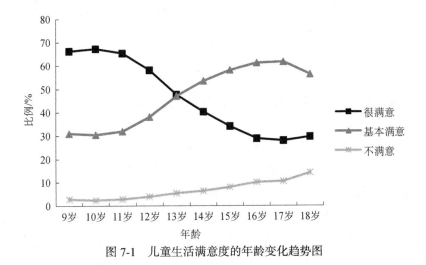

图 7-1　儿童生活满意度的年龄变化趋势图

（三）学业成绩越好的儿童生活满意度越高

"学业成绩"是影响儿童生活满意度的次要因素（$p<0.001$，$v=0.142>0.05$）（表 7-4）。在学业成绩优良的儿童中，有 64.01% 的人对生活感到很满意。在学业成绩一般的儿童中，仅有 49.94% 的人对生活感到很满意。在成绩有待提高的儿童中，只有 35.22% 的人对生活感到满意，并且有一半以上的儿童处在基本满意状态，有 13.59% 的儿童对生活不满意，这一比例远超学业成绩优良的儿童。该研究结果反映出成绩越好的儿童对生活感到越满意。有学者用 PISA2018 中国四省市数据研究了幸福感对青少年学业素养的影响，结果发现学生幸福感对阅读、数学和科学素养均有显著的积极影响[①]，并且学业焦虑和学生的生活满意度呈负相关，学业焦虑会影响学生的自信并

---

① 赵宇阳，胡娜. 幸福感对青少年学业素养的影响——基于 PISA 2018 中国四省市数据的实证研究[J]. 教育发展研究，2021（6）：74-84.

导致更严重的焦虑感和不幸福感。因此，学业焦虑降低了学生的幸福感[①]。这些研究共同表明，"学业成绩"对儿童的生活幸福感有较大影响。

表 7-4　学业成绩与生活满意度的差异性检验表

项目		很满意	基本满意	不满意	χ^2	p	φ	v
优良	人数/人	11 432	5 714	714	3 100.415***	<0.001	0.200	0.142**
	占比/%	64.01	31.99	4.00				
一般	人数/人	25 396	23 366	2 086				
	占比/%	49.94	45.95	4.10				
有待提高	人数/人	3 050	4 432	1 177				
	占比/%	35.22	51.18	13.59				

（四）跟家人一起生活的儿童幸福感最高

"家庭生活方式"是影响儿童生活满意度的第三因素（$p<0.001$，$v=0.110>0.05$）（表 7-5），"和家人一起生活"的儿童对生活"很满意"的占比最高。住校生对生活的幸福感受以"基本满意"为主，并且在"不满意"选项上的占比明显高于"和家人一起生活"的儿童，"和亲戚一起生活"的儿童对生活的幸福感受同样以"基本满意"为主，但是需要注意的是其对生活的不满意度最高，占比达到 18.08%。这一研究结果表明，"家庭生活方式"显著影响了儿童对生活的幸福感受，并且"和家人一起生活"的儿童幸福感最高。

表 7-5　家庭生活方式与生活满意度的差异性检验表

项目		很满意	基本满意	不满意	χ^2	p	φ	v
和家人一起生活	人数/人	37 884	29 608	3 157	1 872.343***	<0.001	0.156	0.110**
	占比/%	53.62	41.91	4.47				
住校生	人数/人	1 703	3 547	677				
	占比/%	28.73	59.84	11.42				
和亲戚一起生活	人数/人	291	357	143				
	占比/%	36.79	45.13	18.08				

（五）父母受教育程度为大学及以上的儿童的生活满意度高

"父母受教育程度"是影响儿童生活满意度的第四因素（父亲受教育程

---

① 李新. 学生的幸福感——来自PISA2015的测评结果及启示[J]. 世界教育信息，2017（15）：23-29.

度：$p < 0.001$，$v=0.085 > 0.05$；母亲受教育程度：$p < 0.001$，$v=0.092 > 0.05$）（表 7-6）。数据显示，相比之下，"父母受教育程度"为小学和中学的儿童的生活满意度较低。"父母受教育程度"为大学及以上的儿童在"很满意"选项上的占比明显高于"父母受教育程度"为小学及以下和中学的儿童。这一研究结果表明，"父母受教育程度"会影响其教养方式，进而影响儿童的幸福感。孟万金团队的调查结果同样表明，父母受教育水平高的学生得分显著高于父母受教育水平低的学生得分。[①]

表 7-6　父母受教育程度与生活满意度的差异性检验表

项目			很满意	基本满意	不满意	χ^2	p	φ	v
父亲受教育程度	小学及以下	人数/人	4 052	4 070	653	1 116.168***	<0.001	0.120	0.085*
		占比/%	46.18	46.38	7.44				
	中学	人数/人	22 376	21 643	2 405				
		占比/%	48.20	46.62	5.18				
	大学及以上	人数/人	13 450	7 799	919				
		占比/%	60.67	35.18	4.15				
母亲受教育程度	小学及以下	人数/人	5 151	5 698	900	1 306.752***	<0.001	0.130	0.092*
		占比/%	43.84	48.50	7.66				
	中学	人数/人	22 203	20 811	2 273				
		占比/%	49.03	45.95	5.02				
	大学及以上	人数/人	12 524	7 003	804				
		占比/%	61.60	34.44	3.95				

（六）中部地区儿童的生活满意度高于东部和西部地区儿童

"区域"是影响儿童生活满意度的第五因素（$p < 0.001$，$v=0.070 > 0.05$、表 7-7）。数据分析显示，中部地区儿童对生活很满意的占比（59.18%）高于西部（51.41%）和东部（48.21%）地区儿童。西部地区儿童对生活不满意的占比（6.50%）高于东部（4.47%）和中部（3.51%）地区儿童。

---

① 张冲，孟万金. 中小学生综合幸福感发展现状和教育建议[J]. 中国特殊教育，2018（9）：72-79.

表 7-7　区域与生活满意度差异性检验表

项目		很满意	基本满意	不满意	χ^2	p	φ	v
东部	人数/人	22 769	21 820	2 640				
	占比/%	48.21	46.20	5.59				
中部	人数/人	12 306	7 759	730	763.462***	<0.001	0.099	0.070*
	占比/%	59.18	37.31	3.51				
西部	人数/人	4 803	3 933	607				
	占比/%	51.41	42.10	6.50				

（七）性别和城乡对儿童生活满意度的影响程度微弱

通过对"性别""城乡"两个变量的差异性检验发现，p 均小于 0.01，从统计学意义上看整体存在显著差异，这与已有研究结论是一致的。孟四清通过对生活满意度与人口学变量的差异性进行检验发现，学生的生活满意度在性别、城乡区域上的差异非常显著，男生不如女生生活得愉快，城市和县镇的学生比农村的学生生活得愉快。[1]孟万金团队的调查同样表明，女生的综合幸福感得分显著高于男生，城市学生的综合幸福感得分显著高于农村学生。[2]刘旺对中学生生活满意度城乡差异的数据分析显示，城市学生在所有维度的满意度均高于农村学生，差异有统计学意义。[3]但考虑到本次调查的样本量巨大，会影响差异检验的结果，所以本次数据分析同时采用了效应量作为差异性检验的参照值。从这两个变量的效应量值来看，尽管存在统计学意义上的差异，但差异程度微弱（$v<0.05$，表 7-8）。

表 7-8　性别、城乡与儿童生活满意度的差异性检验及效应量表

项目			很满意	基本满意	不满意	χ^2	p	φ	v
性别	男	人数/人	20 983	16 636	2 088				
		占比/%	52.84	41.90	5.26	66.89***	<0.001	0.029	0.029
	女	人数/人	18 895	16 876	1 889				
		占比/%	50.17	44.81	5.02				

① 孟四清. 中小学生生活满意度的调查与分析[J]. 心理与行为研究，2014（5）：660-664，687.

② 张冲，孟万金. 中小学生综合幸福感发展现状和教育建议[J]. 中国特殊教育，2018（9）：72-79.

③ 刘旺. 中学生生活满意度的城乡差异[J]. 中国心理卫生杂志，2006（10）：647-649.

续表

项目			很满意	基本满意	不满意	χ^2	p	φ	v
城乡	大中城市	人数/人	15 375	11 484	1 167				
		占比/%	54.86	40.98	4.16				
	小城市	人数/人	9 448	7 533	887	360.358***	<0.001	0.068	0.048
		占比/%	52.88	42.16	4.96				
	县镇	人数/人	7 383	6 960	956				
		占比/%	48.26	45.49	6.25				
	乡村	人数/人	7 672	7 535	967				
		占比/%	47.43	46.59	5.98				

二、儿童道德成长的心理阻力

家庭生活困扰和学校生活困扰构成了儿童道德成长的心理阻力，通过对这两部分的分析，可以明晰儿童困扰的主要构成内容和影响儿童困扰的主要因素，从而可以有针对性地完善儿童道德成长的心理环境。

（一）家庭生活困扰集中于家人给予的学习压力，学段和生活满意度是其重要影响因素

家庭是儿童的情感的依托之所，如果儿童能够从中获得情感滋养，便可以为其向善向上发展提供稳固的动力支撑。儿童家庭生活的现实状况到底如何，是否存在着困扰，这些困扰主要集中在哪些方面，又受到哪些因素的影响呢？数据分析发现，家人给予的学习压力和家人关系不和谐是儿童家庭生活困扰产生的主要原因，并且通过差异性检验和效应量计算可以发现（表7-9），儿童家庭生活困扰受到"生活满意度""学段"的影响。以下将详细分析儿童家庭生活困扰的影响因素。

表 7-9　儿童家庭生活困扰的影响因素排序表

排序	变量	变量类别	v	φ
1	生活满意度	心理	0.171**	0.242
2	学段	教育	0.106**	0.150

续表

排序	变量	变量类别	v	φ
3	父亲受教育程度	家庭	0.089*	0.126
4	母亲受教育程度	家庭	0.084*	0.119
5	学业成绩	教育	0.083*	0.118
6	家庭生活方式	家庭	0.063*	0.089
7	性别	生理	0.062*	0.062
8	城乡	空间	0.057*	0.099
9	区域	空间	0.040	0.056

1. 儿童的家庭生活困扰集中在家人给予的学习压力上

对儿童家庭生活困扰的调查发现（图 7-2），有将近一半（49.22%）的儿童表示没有遇到来自家庭生活的困扰，对家庭生活比较满意。但是，有50.78%的儿童报告存在家庭生活困扰，其中家长在学习方面施予的压力（26.42%）是儿童心中位列第一位的困扰，位列第二的是家人关系不和谐（9.85%）。另外，有 7.13%的儿童表示家里缺钱用，经济问题依然是困扰部分儿童的重要生活问题。在管理方式上，虽然素质教育已经广受认可，但是家庭管理方式仍然存在着粗暴简单的问题，有 5.28%的儿童深受困扰。对"其他"家庭生活困扰的补充答案按照出现频次进行数据整理发现，补习班、成绩、作业等学习上的困扰和压力位列第一，其次是家人身体健康问题，位列第三的是父母的陪伴较少给儿童带来的家庭生活困扰。从调查结果可以看出，儿童的家庭生活困扰主要集中在父母给予的学习压力上。

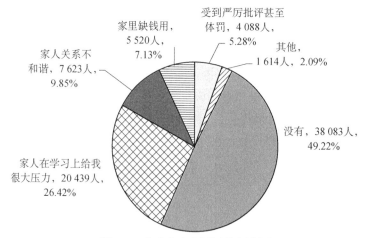

图 7-2　儿童家庭生活困扰频次图

与 2017 年报告对比分析可以发现（表 7-10），中国儿童的家庭生活困扰下降了 2.65 个百分点，这表明中国儿童的家庭生活满意度整体有所提升，主要表现在家庭关系更为和谐。但是，与 2017 年报告中的数据相对照，所有困扰中唯一一个占比增加的选项是"家人在学习上给予我很大压力"，虽然仅上升了 0.88 个百分点，但也表明家长给予儿童学习方面的压力只增不减，并且这种关心不仅没有成为儿童情感上的动力，反而成了儿童家庭生活中最大的困扰。国内外学者做了很多关于儿童学习压力问题的研究，北京大学社会研究中心任强团队 2010 年开展了中国家庭追踪调查（China Family Panel Studies，CFPS），对中国 10～15 岁儿童的父母对儿童考试低分反应进行的调查发现，76.5% 的家长面对儿童考试低分的情况，不仅缺少支持和帮助，还在无形中给了孩子更多的学习压力。[①] 贾瑜通过对 PISA2018 中国 4 省市关于学生幸福感的数据分析发现，我国 4 省市学生幸福感之所以不高，最主要的是来自学业压力[②]，但是其研究尚未明确压力源。本研究对儿童生活困扰问题的关注，旨在探寻儿童压力或者生活困扰的来源，以尝试纾解儿童道德心理成长环境中存在的问题。父母在学习上给予的压力已经成为儿童家庭生活中最大的困扰。儿童在父母"成绩越好越有前途"的价值预设下，逐渐形成一套意义解释系统："父母关心的只是我的成绩，只有成绩好，父母才会开心。"在这种错位的关心下，缺乏情感支持的儿童很容易深陷生活的孤单、无意义的漩涡中。

表 7-10 两次调查儿童家庭生活困扰对比表 单位：%

家庭生活困扰	2020 年	2017 年	变化率
没有	49.22	46.57	2.65
家人在学习上给我很大压力	26.42	25.54	0.88
家人间的关系不和谐	9.85	12.53	−2.68
家庭经济上有问题	7.13	7.15	−0.02
在家受到严厉的批评甚至体罚	5.28	5.57	−0.29
其他	2.09	2.63	−0.54

① 陈立钧，杨大力，任强. 中国儿童现状调查[M]. 北京：社会科学文献出版社，2016：41.
② 贾瑜. 学生幸福感：现状、影响因素及启示——基于 PISA2018 中国四省市数据的分析[J]. 教育发展研究，2020（6）：36-42.

2. 生活满意度越高的儿童家庭生活困扰越少

"生活满意度"是影响儿童家庭生活困扰的首要因素（$p < 0.001$，$v = 0.171 > 0.05$）。数据显示（图 7-3），生活满意度越高，在家庭困扰选项上，儿童选择"没有"的占比越高。对生活很满意的儿童在"家人在学习上给我很大压力"选项上的占比（22.12%）明显低于对生活基本满意（31.00%）和不满意（30.85%）的儿童。生活满意度越高，"家人间的关系不和谐"给儿童造成的困扰越小，或者也可以说家庭关系越和谐，儿童的生活满意度越高。另外，更多对生活不满意的儿童报告"在家受到严厉的批评甚至体罚"，并备受困扰，这也是双向的影响，越是遭受体罚，越是对生活不满意，进而会遭受更多的批评甚至体罚。

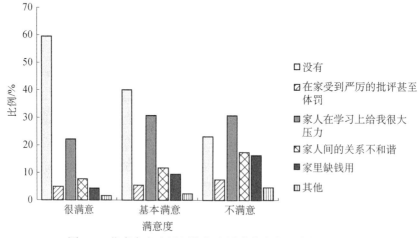

图 7-3　儿童家庭生活困扰与生活满意度交叉分析柱状图

3. 小学生的家庭生活困扰最少，初中生面临的家长给予的学习压力的困扰最为明显

"学段"是影响儿童家庭生活困扰的次要因素（$p < 0.001$，$v = 0.106 > 0.05$）。数据分析显示（图 7-4），在没有家庭困扰的儿童中，小学生占比最高（51.20%），而初中生占比最低（47.39%）。初中阶段也是家人给予的学习压力最令儿童困扰的阶段，也就是说学生进入初中阶段，学习成了主要任务，并且面临着升学考试，种种因素的综合作用导致初中生面临的家庭生活困扰最大，并且突出表现在家长给予的学习压力上。高中生报告有经济困扰的儿童占比（13.81%）明显高于初中生（6.53%）和小学生

（5.04%），但是这很难说是高中生的家庭的经济条件低于中小学生，而只能说明随着年龄的增长，相比中小学生，高中生开始关注家庭经济状况，或高中教育带给受教育者更大的经济压力，这也可能是高中的非义务教育属性导致的。

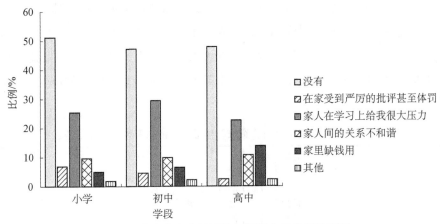

图 7-4　儿童家庭生活困扰与学段交叉分析柱状图

通过不同年龄儿童在家庭生活困扰上的折线图（图 7-5），我们可以更直观地看到整个发展变化。起伏变动较大的困扰集中在"家里缺钱用""家人在学习上给我很大学习压力"两个方面。原因可能如下：首先，随着年龄的增长，更多高中生开始关注家庭的经济状况；其次，进入初中阶段，学生的学习压力开始上升，初中生在学习压力上的困扰明显多于小学生和高中生。

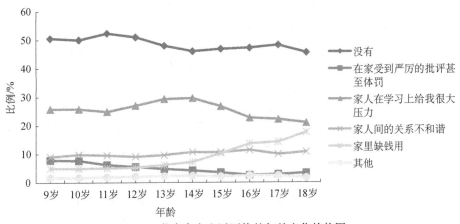

图 7-5　儿童家庭生活困扰的年龄变化趋势图

4. 父母受教育程度低的儿童报告的家庭生活困扰多

"父母受教育程度"是影响儿童家庭生活困扰的第三因素（$p < 0.001$，$v > 0.05$）（表 7-11），从父母受教育程度来看，父母受教育程度为小学及以下的儿童在家庭管理方式、家庭氛围和家庭经济状况上感受到的困扰多于其他儿童。父母受教育程度为大学及以上的儿童选择没有困扰的占比最高。另外，无论父母的受教育程度如何，家人给予的学习压力都让儿童感受到了困扰，但是从占比上看，父母受教育程度为大学及以上的儿童生活困扰较少，而困扰最多的不是父母受教育程度为小学及以下的儿童，而是父母受教育程度为中学的儿童。

表 7-11 父母受教育程度与儿童家庭生活困扰的差异性检验及效应量表

项目			没有	在家受到严厉的批评甚至体罚	家人在学习上给我很大压力	家人间的关系不和谐	家里缺钱用	其他	χ^2	p	φ	v
父亲受教育程度	小学及以下	人数/人	3 352	650	2 287	1 237	1 044	205				
		占比/%	38.20	7.41	26.06	14.10	11.90	2.34				
	中学	人数/人	22 644	2 309	12 530	4 499	3 546	896	1 225.104***	<0.001	0.126	0.089*
		占比/%	48.78	4.97	26.99	9.69	7.64	1.93				
	大学及以上	人数/人	12 087	1 129	5 622	1 887	930	513				
		占比/%	54.52	5.09	25.36	8.51	4.20	2.31				
母亲受教育程度	小学及以下	人数/人	4 708	745	3 129	1 516	1 364	287				
		占比/%	40.07	6.34	26.63	12.90	11.61	2.44				
	中学	人数/人	22 285	2 272	12 179	4 378	3 294	879	1 095.654***	<0.001	0.119	0.084*
		占比/%	49.21	5.02	26.89	9.67	7.27	1.94				
	大学及以上	人数/人	11 090	1 071	5 131	1 729	862	448				
		占比/%	54.55	5.27	25.24	8.50	4.24	2.20				

5. 学业成绩越好的儿童家庭生活困扰越少，家人给予的学习压力困扰越少

"学业成绩"是影响儿童家庭生活困扰的第四因素（$p < 0.001$，$v = 0.083 > 0.05$）。学业成绩和家庭生活困扰是相互影响的关系，从频数上看（图 7-6），

"学业成绩优良"的儿童中有一半以上（57.07%）在家庭生活中没有困扰，而"学业成绩有待提升"的儿童中仅只有36.94%的人在家庭生活中没有困扰，他们在家人给予的学习压力上的困扰更多，并且更多人报告受到严厉的批评甚至体罚，另外他们认为家人关系不和谐和家庭经济困难的占比都比较高。各种家庭问题会影响儿童的学业成绩，儿童学业成绩不好，又会遭遇更多的家庭困扰。面对这样一个恶性循环，教育者需要关注儿童的学业成绩，以改善其心理健康状况。

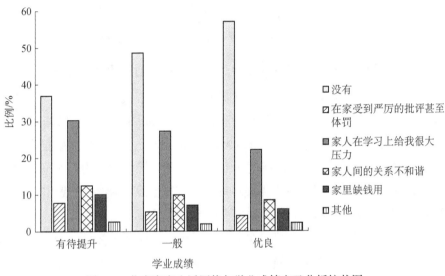

图7-6 儿童家庭生活困扰与学业成绩交叉分析柱状图

6. "和家人一起生活"的儿童家庭生活困扰最少，"和亲戚一起生活"的儿童家庭生活困扰最多

"家庭生活方式"是影响儿童家庭生活困扰的第五因素（$p < 0.001$，$v=0.063 > 0.05$）。通过数据分析发现（图7-7），49.81%的"和家人一起生活"的儿童表示在家庭生活上没有困扰，占比明显高于住校生（43.60%）以及"和亲戚一起生活"的儿童（38.69%），其中"和亲戚一起生活"的儿童家庭生活困扰最多。在家庭生活困扰中，儿童面临的最大困扰都是家人施予的学习压力，另外是家人间的关系问题和家庭经济问题，其中，相比其他儿童，住校生更为关注经济状况。相比其他儿童而言，"和亲戚一起生活"的儿童更容易被家人关系不和谐和简单粗暴的家庭管理方式所困扰。

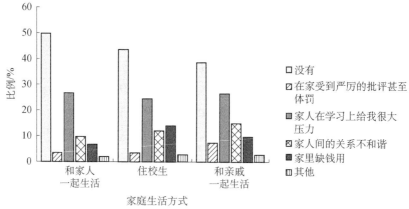

图 7-7　儿童家庭生活困扰与家庭生活方式交叉分析柱状图

7. 男生的家庭生活困扰多于女生，且集中在学习压力和管教方式上

"性别"是影响儿童家庭生活困扰的第六因素（$p < 0.001$，$v = 0.062 >$ 0.05）。通过对比男生、女生在没有家庭困扰问题上的占比发现（图 7-8），男生占比（47.14%）明显低于女生（51.42%），即相比女生，更多男生报告有家庭生活困扰。在有家庭生活困扰的男女生中，各困扰的占比由高至低依次是"家人在学习上给我很大压力""家人间的关系不和谐""家里缺钱用""在家受到严厉的批评甚至体罚"。但是，男女生在不同选项上存在差异，男生在"家人在学习上给我很大压力""在家受到严厉的批评甚至体罚"上的占比和均高于女生，而在"家里缺钱用"这一选项上，女生占比低于男生。男女生之间的差异表明，男生在家庭生活上的困扰明显多于女生，并且多是集中在学习压力和家庭管教方面。相比女生，男生更容易关注家庭的经济状况。

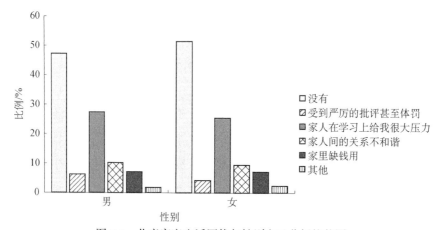

图 7-8　儿童家庭生活困扰与性别交叉分析柱状图

8. 大中城市儿童的家庭生活困扰少于其他区域儿童

"城乡"是影响儿童家庭生活困扰的第七因素（$p < 0.001$，$v = 0.057 > 0.05$）。数据显示（图 7-9），53.89% 的大中城市儿童表示没有家庭生活困扰，占比明显高于其他儿童群体。不同城乡的儿童面临的普遍困扰都是家人给予的学习压力。大中城市儿童在"在家受到严厉的批评甚至体罚"上的占比最低（4.56%），农村乡镇儿童占比最高（6.36%）。这从侧面表明，大中城市的父母在家庭管教方面更加注意方式方法，而农村家庭的管教方式更倾向于简单粗暴。另外，大中城市的儿童在"家人间的关系不和谐""家里缺钱用"上的困扰都明显少于其他区域的儿童，而县城儿童在这两个选项上的占比最高。

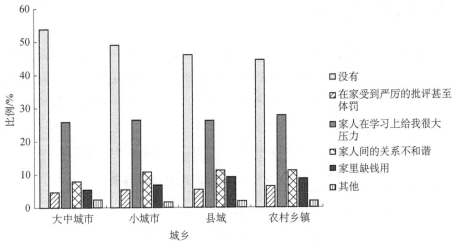

图 7-9　儿童家庭生活困扰与城乡交叉分析柱状图

9. 区域对儿童家庭生活困扰的影响程度不大

从效应量上看，"区域"对儿童家庭生活困扰的影响程度微弱（$v < 0.05$）（表 7-12）。

表 7-12　区域与儿童家庭生活困扰的差异性检验及效应量表

项目		没有	在家受到严厉的批评甚至体罚	家人在学习上给我很大压力	家人间的关系不和谐	家里缺钱用	其他	χ^2	p	φ	v
东部	人数/人	23 318	2 352	12 566	4 459	3 466	1 068	241.705***	<0.001	0.056	0.04
	占比/%	49.37	4.98	26.61	9.44	7.34	2.26				

续表

项目		没有	在家受到严厉的批评甚至体罚	家人在学习上给我很大压力	家人间的关系不和谐	家里缺钱用	其他	χ^2	p	φ	v
中部	人数/人	10 583	1 135	5 430	2 072	1 213	362	241.705***	<0.001	0.056	0.04
	占比/%	50.89	5.46	26.11	9.96	5.83	1.74				
西部	人数/人	4 182	601	2 443	1 092	841	184				
	占比/%	44.76	6.43	26.15	11.69	9.00	1.97				

（二）儿童的学校生活困扰集中于"老师上课无趣"，生活满意度和学段是重要影响因素

学校是儿童除家庭之外的重要学习场所，会影响儿童的心理状态。但是其现实状况到底如何，又受到哪些因素的影响？数据分析发现，老师上课无趣和同学关系成了儿童的主要学校生活困扰，并且通过差异性检验和效应量计算可以发现（表 7-13），"生活满意度""学段"是影响儿童学校生活困扰的两个重要因素。以下将详细分析儿童学校生活困扰的影响因素。

表 7-13　儿童学校生活困扰的影响因素排序表

排序	变量	变量类别	v	φ
1	生活满意度	心理	0.166**	0.235
2	学段	教育	0.105**	0.149
3	家庭生活方式	家庭	0.069*	0.097
4	学业成绩	教育	0.066*	0.093
5	母亲受教育程度	家庭	0.066*	0.093
6	城乡	空间	0.065*	0.112
7	父亲受教育程度	家庭	0.064*	0.091
8	性别	生理	0.056*	0.056
9	区域	空间	0.053*	0.074

1. 儿童的学校生活困扰集中于"老师上课无趣"

学校是儿童除家庭之外最重要的活动场所，是儿童幸福感受的主要来源。数据分析发现（图 7-10），有 60.86%的儿童存在学校生活困扰，比有家

庭生活困扰的儿童高出 10.08 个百分点。在学校生活中，最困扰儿童的问题是"老师上课无趣"，占比为 19.88%（占学校困扰报告者的近 1/3），其次是"同学关系问题"，有 15.72% 的儿童因为同学关系不和谐而感到苦恼（占学校困扰报告者的 1/4）。排在第三和第四位的分别是"学校处理事情不公平"（10.91%）、"学习环境问题"（10.83%）。通过对"其他"学校生活困扰的补充答案按照出现频次进行数据整理发现，其他选项主要聚焦于学习问题。学业成绩问题的困扰位列第一，位列第二的是学习氛围、学习方法、心态以及对老师上课中出现的拖堂、占课、听不懂等的困扰，作业太多、压力大方面的困扰位列第三。

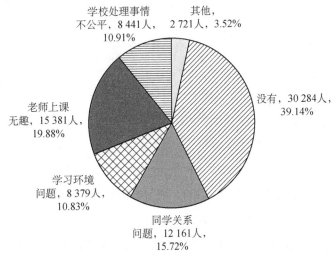

图 7-10　儿童学校生活困扰的频次图

对比 2017 年调查报告（表 7-14），报告有学校生活困扰的儿童下降了 4.30 个百分点，这一变化主要体现在学习环境问题的减少上，说明儿童的学习环境有所改善。但是，在各困扰中唯一一个不减反增的选项是"老师上课无趣"，这一选项的设置是为了反映儿童对课堂生活的满意情况，因为课堂生活状况在一定程度上反映了儿童对学校生活的满意度。为什么儿童会觉得老师上课无趣？有学者认为课堂生活中的所有问题都是师生关系问题，若学生在老师那里感受不到关心，感受不到老师的情感投入，那么便会认为这样的课堂是无趣的，任凭老师采用多少技巧或者借用多么先进的技术都是无用的，因为师生眼中没有彼此。国内学者的相关研究得出了类似结论。包克冰等从心理学的角度出发，认为师生关系和同伴关系对学校归属感有重要影响，是学校归属感显著的预测变量。[①]最近一项关于学校因素对中学生学习态度的影响调查研究表明，与硬件设施相比，师生关系、学校归属感等学校层面的情感因素更能促进学生积极的学习态度。[②]上述两项调查结果共同说明在学校生活中，和谐的关系等情感因素更容易影响儿童的生活满意度。本次调查结果也显示，目前无趣的课堂生活和同学关系问题是对儿童学校生活影响最大的两个方面，这说明学校生活中对儿童影响最大的师生关系和同学关系问题仍然较为棘手。

表 7-14　两次调查儿童学校生活困扰对比表　　　　　单位：%

学校生活困扰	2020 年	2017 年	变化率
没有	39.14	34.84	4.30
老师上课无趣	19.88	19.01	0.87
同学关系问题	15.72	16.36	−0.64
学校处理事情不公平	10.91	11.49	−0.58
学习环境问题	10.83	14.25	−3.42
其他	3.52	4.05	−0.53

2. 生活满意度越高的儿童报告的学校生活困扰越少

"生活满意度"是影响儿童学校生活困扰的首要因素（$p < 0.001$，$v = 0.166 > 0.05$）。数据分析发现（图 7-11），生活满意度越高，儿童选择"没有学校生活困扰"选项的占比越高（49.02%），且明显高于对生活基本满意（30.09%）和不满意（16.39%）的儿童。可以说学校生活困扰影响了儿童的整体生活满意度，所以下面主要分析学校生活的哪些方面影响了儿童的生活满意度。对学校生活很满意的儿童，在"老师上课无趣"上的困扰和"学习环境问题"造成的困扰占比明显低于对学校生活"基本满意""不满意"的儿童。对生活"基本满意"的儿童在"老师上课无趣"问题上的占比高于其他儿童。对生活"不满意"的儿童在"同学关系问题""学习环境问题""学校处理事情不公平"上的困扰占比明显高于对生活"非常满意""基本满

① 包克冰，徐琴美. 学校归属感与学生发展的探索研究[J]. 心理学探新，2006（2）：51-54.
② 夏雪，魏星. 学校因素对中学生学习态度的影响——基于上海地区 PISA 测试的数据分析[J]. 教育科学研究，2020（10）：46-53，61.

意"的儿童。

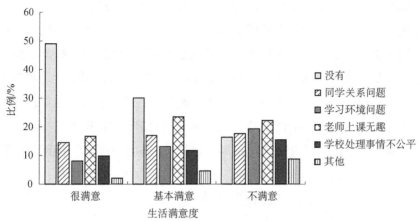

图 7-11　儿童学校生活困扰与生活满意度交叉分析柱状图

3. 小学生的学校生活困扰最少，高中生的学校生活困扰最多

"学段"是影响儿童学校生活困扰的次要因素（$p < 0.001$，$v=0.105 > 0.05$）。数据分析发现（图 7-12），小学生的学校生活困扰最少（42.24%），而高中阶段是学校生活困扰问题最多的阶段，并且高中阶段相比其他阶段的儿童更关注"学习环境问题"。刚入学的小学生较为关注"同学关系问题"，而到了初中，儿童较为关注老师上课是否有趣。各学段的学生最为关注且也是备受困扰的问题都是"老师上课无趣"的问题，这个问题严重影响了学生的学校生活满意度。小学生对"学校处理事情不公平"问题更为敏感。

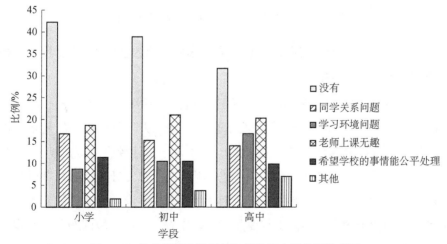

图 7-12　儿童学校生活困扰与学段的交叉分析柱状图

通过分析不同年龄的儿童在学校生活困扰上的折线图（图 7-13），可以更直观地看到整体发展变化。首先，各年龄段的儿童选择没有学校生活困扰的变化较大，整体上表现出随年龄的增长而下降的趋势。各年龄段的儿童选择"同学关系问题"的占比整体呈现出随年龄的增长而缓慢下降的趋势。儿童选择"学习环境问题"的占比整体呈现出随年龄的增长明显上升的趋势，在 17 岁达到最高点。选择"老师上课无趣"的儿童占比在 15 岁达到最高点。总体上看，随着年龄的增长，儿童感受到的学校生活困扰越来越多，选择"老师上课无趣"的儿童占比最高，也是所有学段儿童共同的困扰。随着年龄的增长，报告"同学关系问题"困扰的儿童占比呈下降趋势，而"学习环境问题"开始日益受到儿童的关注。

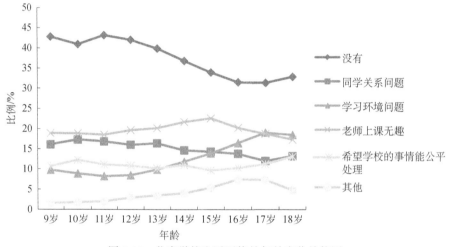

图 7-13　儿童学校生活困扰的年龄变化趋势图

4. "和家人一起生活"的儿童报告的学校生活困扰最少，"住校生"报告的学校生活困扰最多

"家庭生活方式"是影响儿童学校生活困扰的第三因素（$p < 0.001$，$v = 0.069 > 0.05$）。数据分析发现（图 7-14），"和家人一起生活"的儿童，没有学校生活困扰的占比最高（40.23%），明显高于"住校生"（27.30%）、"和亲戚一起生活"的儿童（30.97%），这从侧面表明有父母陪伴的儿童对学校生活更为满意。另外，在有学校生活困扰的儿童中，有父母陪伴的儿童在其他各学校困扰中的占比均低于其他儿童，其中在"学习环境问题"上表现得较为明显。"住校生"更加关注学校是否能够公平处理事情，因为对于"住校生"而言，这可能关乎着自身的利益，所以尤为关注并也受其困扰。另外，"住校生"更为在意"同学关系问题"，而"和亲戚一起生活"的儿童对老师上课是否有趣的问题尤为关注。

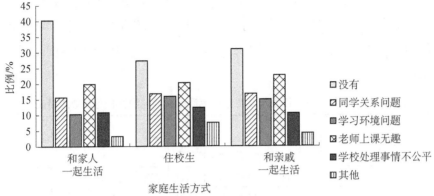

图 7-14 儿童学校生活困扰与家庭生活方式交叉分析柱状图

5. 学业成绩越好的儿童报告的学校生活困扰越少

学业成绩是影响儿童学校生活困扰的第四因素（$p < 0.001$，$v=0.066 > 0.05$）。数据分析发现（图 7-15），学业成绩越好的儿童选择没有学校生活困扰的占比越高，而成绩有待提升的儿童有更多的学校生活困扰，这些困扰集中在"老师上课无趣""同学关系问题"等方面。

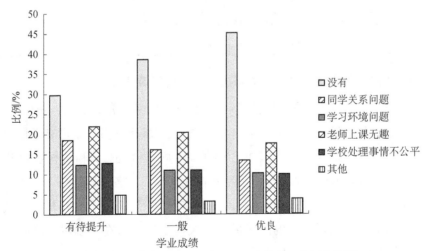

图 7-15 儿童学校生活困扰与学业成绩交叉分析柱状图

6. 父母受教育程度越高的儿童报告的学校生活困扰越少

母亲受教育程度是影响儿童学校生活困扰的第五因素（$p<0.001$，$v>0.05$）（表 7-15）。调查显示，父母受教育程度越高，儿童选择没有学校生活困扰的占比越高，在"同学关系问题""学习环境问题""学校处理事情不公平"上的占比越低。在"老师上课无趣"这一学校生活困扰上，父母受教育程度为中学的儿童在这个选项上的占比最高，高于父母受教育程度是其他的儿童。

表 7-15　父母受教育程度与儿童学校生活困扰的差异性检验及效应量表

项目			没有	同学关系问题	学习环境问题	老师上课无趣	学校处理事情不公平	其他	x^2	p	φ	v
父亲受教育程度	小学及以下	人数/人	2 620	1 703	1 210	1 723	1 221	298	635.669***	<0.001	0.091	0.064*
		占比/%	29.86	19.41	13.79	19.64	13.91	3.40				
	中学	人数/人	18 028	7 255	5 136	9 312	5 075	1 618				
		占比/%	38.83	15.63	11.06	20.06	10.93	3.49				
	大学及以上	人数/人	9 636	3 203	2 033	4 346	2 145	805				
		占比/%	43.47	14.45	9.17	19.60	9.68	3.63				
母亲受教育程度	小学及以下	人数/人	3 581	2 227	1 590	2 326	1 547	478	673.656***	<0.001	0.093	0.066*
		占比/%	30.48	18.95	13.53	19.80	13.17	4.07				
	中学	人数/人	17 831	7 047	4 973	9 030	4 874	1 532				
		占比/%	39.37	15.56	10.98	19.94	10.76	3.38				
	大学及以上	人数/人	8 872	2 887	1 816	4 025	2 020	711				
		占比/%	43.64	14.20	8.93	19.80	9.94	3.50				

7. 大中城市儿童的学校生活困扰少于其他区域儿童

"城乡"是影响儿童学校生活困扰的第六因素（$p<0.001$，$v=0.065>0.05$）。数据分析发现（图 7-16），44.06%的大中城市儿童表示没有学校生活困扰，占比明显高于小城市（39.50%）、县城（33.86%）和农村乡镇儿童（35.22%），而县城儿童的学校生活困扰占比最高。在各项困扰中，对于"老师上课无趣"的困扰，小城市儿童占比最高。另外，相比其他区域，县城儿童在"同学关系问题"上的困扰最多。农村乡镇儿童在"学习环境问题""学校处理事情不公平"上的困扰占比高于大中城市和小城市的儿童。总之，大中城市的儿童对学校生活较为满意，各方面的困扰都少于其他区域的儿童，而县城和乡镇儿童的学校生活困扰占比较高。

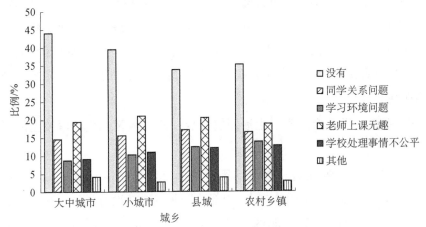

图 7-16 儿童学校生活困扰与城乡交叉分析柱状图

8. 女生的学校生活困扰少于男生

"性别"是影响儿童学校生活困扰的第八因素（$p < 0.001$，$v = 0.056 > 0.05$）。数据分析发现（图 7-17），在"没有学校生活困扰"的选项上，女生的占比（40.22%）明显高于男生（38.12%），即男生的学校生活满意度低于女生。在有学校生活困扰的学生中，各困扰的占比由高至低依次是"老师上课无趣""同学关系问题""学校处理事情不公平""学习环境问题"。但是，

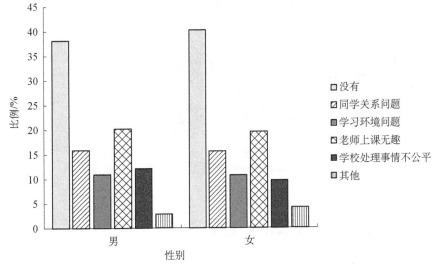

图 7-17 儿童学校生活困扰与性别交叉分析柱状图

男女生在不同选项上存在差异，男生选择"学校处理事情不公平"的占比（12.10%）明显高于女生（9.66%）。在"同学关系问题""学习环境问题""老师上课无趣"上，男生的占比同样高于女生，但是差别较小。总体上而言，在学校生活困扰上，男生的占比普遍高于女生，并且在各个困扰问题内部，同样是男生占比高于女生，在学校是否能公平处理事情的问题上表现得较为明显。

9. 中部地区儿童的学校生活困扰最少，西部地区儿童的学校生活困扰最多

"区域"是影响儿童学校生活困扰的第九因素（$p < 0.001$，$v = 0.053 > 0.05$）。数据分析发现（图 7-18），中部地区儿童选择没有学校生活困扰的占比最高（42.01%），东部地区儿童次之（38.62%），西部地区儿童最低（35.43%）。"老师上课无趣""同学关系问题"这两项困扰在东、中、西部地区儿童的困扰中始终位列第一位，"学习环境问题""学校处理事情不公平"在不同的区域排序出现交错。相比其他区域，西部地区儿童在"学习环境问题""同学关系问题"上的困扰占比最高。

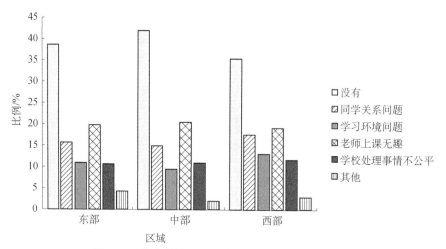

图 7-18　儿童学校生活困扰与区域交叉分析柱状图

三、儿童道德成长的心理动力

如果儿童在日常生活中能够感受到真正的关心和了解，就会给他们提供向善向上的支持力量，所以本研究将"最关心我的人""最了解我的人"作为测量儿童道德成长的心理动力的题目，通过差异性检验分析影响儿童道德成长心理动力的主要因素。

（一）家人最关心自己，且受到生活满意度和学段的影响

通过差异性检验和效应量计算可以发现，"生活满意度""学段"是影响儿童心中"最关心我的人"的主要因素（表 7-16），下文将展开详细分析。

表 7-16　儿童心中"最关心我的人"影响因素排序表

排序	变量	变量类别	v	φ
1	生活满意度	心理	0.133**	0.188
2	学段	教育	0.056*	0.079
3	区域	空间	0.046	0.065
4	学业成绩	教育	0.043	0.061
5	城乡	空间	0.032	0.056
6	家庭生活方式	家庭	0.035	0.05
7	父亲受教育程度	家庭	0.034	0.048
8	母亲受教育程度	家庭	0.030	0.043
9	性别	生理	0.042	0.042

1. 家人是儿童心中最大的情感依托和精神支柱

数据分析发现，儿童心中"最关心我的人"依次是家人（82.96%）、朋友（5.94%）和老师（3.80%）（图 7-19），家人在儿童心中占有绝对优势，

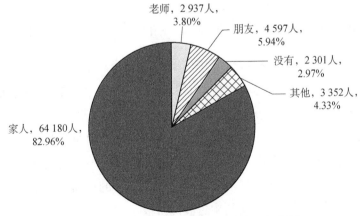

老师，2 937人，3.80%

朋友，4 597人，5.94%

没有，2 301人，2.97%

其他，3 352人，4.33%

家人，64 180人，82.96%

图 7-19　儿童心中"最关心我的人"频次图

是儿童心中最大的情感依托和精神支柱。除家人之外,其他的选项占比较低,其中选择"朋友"的占比高于"老师",这说明相对于传道授业的老师而言,朋友是儿童心理上除家人之外较为亲近的知心对象。

2. 生活满意度越高的儿童越能感受到家人的关心

"生活满意度"是影响儿童心中"最关心我的人"的首要因素($p<0.001$,$v=0.133>0.05$)。数据分析发现(图 7-20),生活满意度越高的儿童选择"家人"的占比越高。对生活不满意的儿童更倾向于认为家人不关心自己,并且他们选择"朋友""老师"的占比明显高于对生活很满意和基本满意的儿童。同时,对生活不满意的儿童也更倾向于认为没有人关心自己。在一定程度上也可以看出,生活满意度和儿童心中"最关心我的人"是相互影响的,认为家人更关心自己的儿童,对生活的满意度越高。这说明家人的关怀是儿童生活满意的重要来源,家人的关心在儿童成长中是无法替代的。

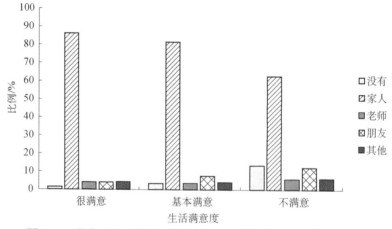

图 7-20 儿童心中"最关心我的人"与生活满意度交叉分析柱状图

3. 小学生对家人更为依赖,初中生开始向朋友寻求慰藉

"学段"是影响儿童心中"最关心我的人"的第二因素($p<0.001$,$v=0.056>0.05$)。数据分析发现(图 7-21),小学生对家人更为依赖(84.94%),初中生感受到家人关心的比例最低(80.67%),感受到朋友关心的比例最高(7.19%)。随着学段的升高,把老师当作最关心自己的人的儿童占比呈下降趋势。另外,需要注意的是,在"没有人关心我"的选项上,学段越高的儿童占比越高,尤其是在小学向初中过渡的阶段。

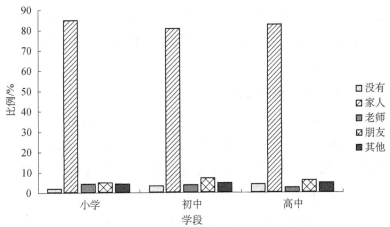

图 7-21 儿童心中"最关心我的人"与学段的交叉分析柱状图

为了更全面地了解儿童心中"最关心我的人"在年龄上的变化趋势，我们特意绘制了儿童心中"最关心我的人"的年龄变化趋势图（图 7-22）。由于"家人"选项占绝对优势，为了更好地呈现其他选项的变化趋势，我们在图 7-22 中去掉了"家人"选项。如图 7-22 所示，随着年龄的增长，认为"没有"人关心自己的儿童占比整体呈上升趋势，并且在 9～14 岁呈直线上升，14 岁之后变化平稳。随着年龄的增长，儿童选择"老师"的占比整体呈下降趋势。儿童选择"朋友"的占比整体呈倒 V 形，14 岁是最高点。总体来看，随着年龄的增长，儿童逐渐离开父母的怀抱，进入了心理断乳阶段。在这个过程中，儿童会觉得没有人关心自己，会向身边的人寻找慰藉，

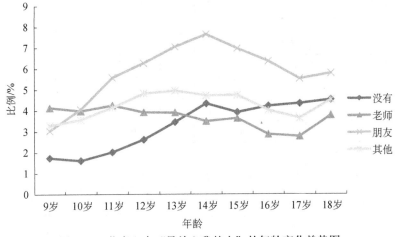

图 7-22 儿童心中"最关心我的人"的年龄变化趋势图

朋友成为最佳选择。因此，随着年龄的增长，选择"朋友"选项的儿童占比呈上升趋势，但是 14 岁之后开始呈下降趋势，到高中阶段，儿童对家人关心的认可度再次回升。

4. 其他因素的影响程度微弱

对"性别""区域""城乡""家庭生活方式""父亲受教育程度""母亲受教育程度""学业成绩" 7 个变量进行差异性检验发现，$p < 0.001$，即它们与儿童心中"最关心我的人"选项之间整体上存在显著差异，但影响程度微弱（$\varphi < 0.1$，$v < 0.05$）（表 7-17）。

表 7-17　诸因素与儿童心中"最关心我的人"的差异性检验及效应量表

项目			没有	家人	老师	朋友	其他	χ^2	p	φ	v
性别	男	人数/人	1 232	32 854	1 775	2 290	1 556	139.052***	<0.001	0.042	0.042
		占比/%	3.10	82.74	4.47	5.77	3.92				
	女	人数/人	1 069	31 326	1 162	2 307	1 796				
		占比/%	2.84	83.18	3.09	6.13	4.77				
区域	东部	人数/人	1 491	39 223	1 584	2 876	2 055	322.428***	<0.001	0.065	0.046
		占比/%	3.16	83.05	3.35	6.09	4.35				
	中部	人数/人	430	17 611	839	1 003	912				
		占比/%	2.07	84.69	4.03	4.82	4.39				
	西部	人数/人	380	7 346	514	718	385				
		占比/%	4.07	78.63	5.50	7.68	4.12				
城乡	大中城市	人数/人	791	23 442	806	1 757	1 230	245.154***	<0.001	0.056	0.032
		占比/%	2.82	83.64	2.88	6.27	4.39				
	小城市	人数/人	530	14 801	683	1 149	705				
		占比/%	2.97	82.84	3.82	6.43	3.95				
	县镇	人数/人	466	12 711	553	873	696				
		占比/%	3.05	83.08	3.61	5.71	4.55				
	乡村	人数/人	514	13 226	895	818	721				
		占比/%	3.18	81.77	5.53	5.06	4.46				
家庭生活方式	和家人一起生活	人数/人	1 971	58 837	2 702	4 129	3 010	192.664***	<0.001	0.05	0.035
		占比/%	2.79	83.28	3.82	5.84	4.26				
	住校生	人数/人	271	4 778	177	401	300				
		占比/%	4.57	80.61	2.99	6.77	5.06				

续表

	项目		没有	家人	老师	朋友	其他	χ^2	p	φ	v
家庭生活方式	和亲戚一起生活	人数/人	59	565	58	67	42				
		占比/%	7.46	71.43	7.33	8.47	5.31				
父亲受教育程度	小学及以下	人数/人	378	6 945	441	601	410				
		占比/%	4.13	79.15	5.03	6.85	4.67				
	中学	人数/人	1 304	38 622	1 787	2 606	2 105	180.912***	<0.001	0.048	0.034
		占比/%	2.81	83.19	3.85	5.61	4.53				
	大学及以上	人数/人	619	18 613	709	1 390	837				
		占比/%	2.79	83.96	3.20	6.27	3.78				
母亲受教育程度	小学及以下	人数/人	487	9 453	549	725	535				
		占比/%	4.15	80.46	4.67	6.17	4.55				
	中学	人数/人	1 276	37 659	1 693	2 599	2 060	139.838***	<0.001	0.043	0.030
		占比/%	2.82	83.16	3.74	5.74	4.55				
	大学及以上	人数/人	538	17 068	695	1 273	757				
		占比/%	2.65	83.95	3.42	6.26	3.72				
学业成绩	优良	人数/人	541	14 855	648	1 072	744				
		占比/%	3.03	83.17	3.63	6.00	4.17				
	一般	人数/人	1 288	42 535	1 874	2 914	2 237	285.996***	<0.001	0.061	0.043
		占比/%	2.53	83.65	3.69	5.73	4.40				
	有待提升	人数/人	472	6 790	415	611	371				
		占比/%	5.45	78.42	4.79	7.06	4.28				

（二）家人、朋友是儿童心目中"最了解我的人"

通过差异性检验和效应量计算可以发现，"生活满意度""学段""性别""家庭生活方式""区域"是影响儿童心中"最了解我的人"的主要因素（表 7-18），下文将展开详细分析。

表 7-18　儿童心中"最了解我的人"影响因素排序表

排序	变量	变量类别	v	φ
1	生活满意度	心理	0.174**	0.247
2	学段	教育	0.167**	0.237
3	性别	生理	0.079*	0.079

续表

排序	变量	变量类别	v	φ
4	家庭生活方式	家庭	0.071*	0.100
5	区域	空间	0.063*	0.089
6	学业成绩	教育	0.049	0.070
7	母亲受教育程度	家庭	0.047	0.066
8	城乡	空间	0.033	0.057
9	父亲受教育程度	家庭	0.037	0.052

1. 家人、朋友是儿童心中"最了解我的人"

数据分析发现（图 7-23），相对于在"最关心自己的人"选项中家人的绝对优势，仅半数以上的儿童（64.05%）认为家人最了解自己，其次是朋友（20.52%），然后是老师（5.24%）。这表明在儿童心中最关心自己的人并不一定是最了解自己的人。更多儿童把朋友看作最了解自己的人，明显高于在"最关心我的人"中选择"朋友"的儿童占比（5.94%）。有 6.90%的儿童认为没有人了解自己，排在第三位。这说明儿童虽然心理上最为亲近、信任家人，但是却越来越认为家人不能了解自己，反而认为作为同辈群体的朋友（相同的经历和年龄）与他们有更多的共同话语，认为彼此更为了解。另外，需要注意的是，认为没有人了解自己的儿童占有一定比例，甚至高出把老师（5.24%）当作"最了解我的人"的儿童占比。"没有人了解自己"背后隐含的意思是孤单、寂寞、没有可以交心的人，这些儿童的心理问题亟须得到关注。

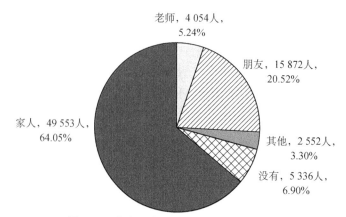

图 7-23　儿童心中"最了解我的人"频次图

2. 生活满意度越高的儿童越倾向于认为家人更了解自己

"生活满意度"是影响儿童心中"最了解我的人"的首要因素（$p<$ 0.001，$v=0.174>0.05$）。数据分析发现（图 7-24），生活满意度越高，选择 "家人"选项的儿童占比越高。对生活不满意的儿童更倾向于认为家人不了解自己，而选择"朋友""老师"选项的占比明显高于对生活很满意和基本满意的儿童。同时，对生活不满意的儿童也更倾向于认为"没有人了解我"。生活满意度和"最了解我的人"在一定程度上是相互影响的，儿童越是认为有人了解自己，其生活满意度就越高，如果其感觉没有人了解自己，那么生活满意度就会下降。

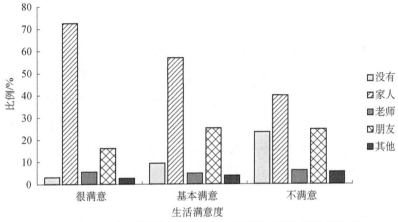

图 7-24　儿童心中"最了解我的人"与生活满意度交叉分析柱状图

3. "学段"是影响儿童心中"最了解我的人"的次要因素

学段是影响儿童心中"最了解我的人"的次要因素（$p<0.001$，$v=0.167>$ 0.05）。数据分析显示（图 7-25），家人仍然是大多数儿童心中"最了解我的人"，但是在学段上存在差异。相比初中生、高中生，更多小学生（74.04%）认同家人是最了解自己的人，并且选择"老师"的占比也高于初中生、高中生。初中生、高中生选择"家人""老师"的占比呈下降趋势，在"朋友"选项上的占比呈上升趋势，并且选择没有人了解自己的占比也是随学段的升高呈上升趋势。这表明随着学段的升高，儿童越来越认同朋友是最了解自己的人。

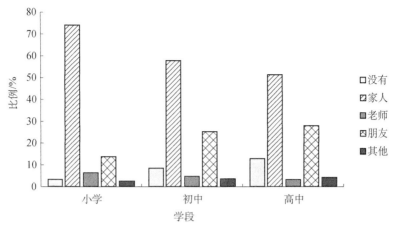

图 7-25　儿童心中的"最了解我的人"与学段的交叉分析柱状图

通过"最了解我的人"在儿童年龄上的折线图（图 7-26），我们可以更直观地看到整个发展变化。首先，随着年龄的增长，儿童选择"家人"的占比呈下降趋势，说明儿童越来越不认同家长对自己的了解，选择"朋友""没有"的儿童占比上升。另外，选择"老师"的儿童占比整体呈下降趋势。总体来看，随着年龄的增长，儿童开始有了自己的主见和想法，在这个过程中儿童越来越会觉得没有人了解自己，感觉到一种孤独，这时候尤为需要引导。另外，相比家人和老师，朋友越来越成为儿童彼此了解的对象。

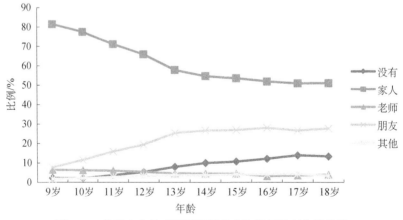

图 7-26　儿童心中的"最了解我的人"的年龄变化趋势图

4."性别"是影响儿童心中"最了解我的人"的第三因素

"性别"是影响儿童心中"最了解我的人"的第三因素（$p < 0.001$，

v=0.079＞0.05）。通过男女在各选项上的占比发现（图7-27），无论是男生还是女生，儿童心中"最了解我的人"依次是家人、朋友、老师，但是内部又存在着差异。男生选择"家人""老师"的占比明显高于女生，女生选择"朋友""没有"的占比高于男生。这在一定程度上表明，男生更倾向于认为父母和老师了解自己，而女生更倾向于认为朋友更了解自己，更多女生也认为"没有人了解自己"，这可能与女生通常更看重情感交流，情感更细腻、敏感有关。

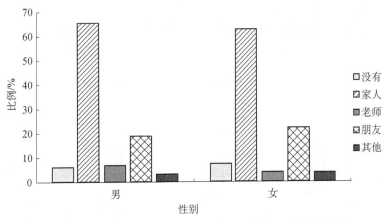

图 7-27　儿童心中"最了解我的人"与性别交叉分析柱状图

5. "家庭生活方式"是影响儿童心中"最了解我的人"的第四因素

"家庭生活方式"是影响儿童心中"最了解我的人"的第四因素（$p<$0.001，v=0.071＞0.05）。调查数据显示（图7-28），更多"和家人一起生活"的儿童认同"家人"是最了解自己的人（65.24%），明显高于其他家庭生活方式的儿童，并且其选择"没有"的占比最低（6.30%）。更多"和亲戚一起生活"的儿童认为没有人了解自己。另外，需要注意的是，住校生选择"老师"的占比明显低于其他生活方式的儿童，而是更倾向于认为朋友更了解自己。

6. 更多中部地区儿童认同家人了解自己

"区域"是影响儿童心中"最了解我的人"的第五因素（$p<0.001$，v=0.063＞0.05）。数据分析发现（图7-29），中部地区儿童认为家人最了解自己的占比（69.49%）高于东部（62.37%）和西部（60.41%）地区儿童。西部地区儿童相比其他区域儿童更倾向于认为朋友、老师最了解自己，选择

"没有"的占比高于其他区域儿童。

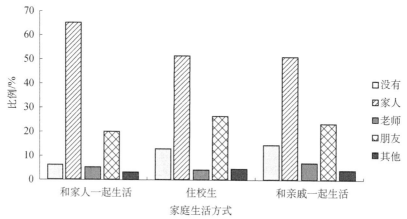

图 7-28 儿童心中"最了解我的人"与家庭生活方式的交叉分析柱状图

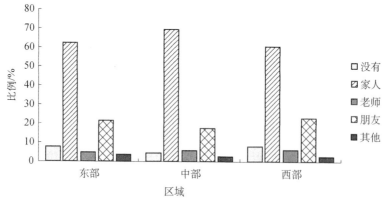

图 7-29 儿童心中"最了解我的人"与区域交叉分析柱状图

7. 其他因素的影响程度较小

差异性检验发现，"城乡""父亲受教育程度""母亲受教育程度""学业成绩" 4 个变量与"最了解我的人"存在统计学意义上的显著差异，即 $p < 0.001$，但是从 v 上看，$v<0.05$，所以差异程度微弱（表 7-19）。

表 7-19 诸因素与儿童心中"最了解我的人"的差异性检验及效应量表

项目			没有	家人	老师	朋友	其他	χ^2	p	φ	v
城乡	大中城市	人数/人	1 946	17 677	1 299	6 048	1 056	249.304***	<0.001	0.057	0.033
		占比/%	6.94	63.07	4.63	21.58	3.77				
	小城市	人数/人	1 198	11 504	914	3 720	532				
		占比/%	6.70	64.38	5.12	20.82	2.98				

续表

项目			没有	家人	老师	朋友	其他	χ^2	p	φ	v
城乡	县镇	人数/人	1 184	9 645	752	3 234	484				
		占比/%	7.74	63.04	4.92	21.14	3.16				
	乡村	人数/人	1 008	10 727	1 089	2 870	480				
		占比/%	6.23	66.32	6.73	17.74	2.97				
父亲受教育程度	小学及以下	人数/人	796	5 232	587	1 868	292				
		占比/%	9.07	59.62	6.69	21.29	3.33				
	中学	人数/人	3 219	29 561	2 471	9 636	1 537	209.076***	<0.001	0.052	0.037
		占比/%	6.93	63.68	5.32	20.76	3.31				
	大学及以上	人数/人	1 321	14 760	996	4 368	723				
		占比/%	5.96	66.58	4.49	19.70	3.26				
母亲受教育程度	小学及以下	人数/人	1 124	6 858	729	2 623	415				
		占比/%	9.57	58.37	6.20	22.33	3.53				
	中学	人数/人	3 093	29 013	2 366	9 318	1 497	399.044***	<0.001	0.066	0.047
		占比/%	6.83	64.06	5.22	20.58	3.31				
	大学及以上	人数/人	1 119	13 682	959	3 931	640				
		占比/%	5.50	67.30	4.72	19.34	3.15				
学业成绩	优良	人数/人	1 154	11 204	910	3 941	651				
		占比/%	6.46	62.73	5.10	22.07	3.65				
	一般	人数/人	3 223	33 321	2 669	10 039	1 596	374.427***	<0.001	0.070	0.049
		占比/%	6.34	65.53	5.25	19.74	3.14				
	有待提升	人数/人	959	5 028	475	1 892	305				
		占比/%	11.08	58.07	5.49	21.85	3.52				

第三节 儿童道德成长心理环境的结论与教育建议

儿童的生活幸福感是助力儿童道德成长的重要因素。本研究通过探索儿童道德成长的心理环境，分析了儿童道德成长的内在动力与阻力系统及其影响因素，助力儿童成长为一个心怀温暖、关怀他者的人。

从道德成长的角度对儿童的生活满意度的调查发现，虽然儿童整体生活满意度较高，但是从动态发展的视角来看，中国儿童的生活满意度没有随着经济的发展呈现出增长趋势，这是需要关注的问题。从影响因素来看，儿童的生活满意度受到很多因素的影响，包括"学段""学业成绩""家庭生活方式""父母受教育程度""最关心我的人""最了解我的人"。

为了对生活满意度有更丰富、更深入的认识，我们对儿童生活满意度的阻力系统和动力系统做了初步探索。结果发现，在阻力系统中，家人给予的学习压力和家人关系使儿童备受困扰，并且与"学段""父亲受教育程度""母亲受教育程度""学业成绩"存在显著相关，在较大程度上影响了儿童的生活满意度。"老师上课无趣""同学关系问题"是儿童面临的最大学校生活困扰，并受到"学段"的显著影响。在动力系统中，家人是儿童心中最大的情感依托和精神支柱，家人的关心、了解、陪伴能让儿童感受到幸福感，同时随着年龄的增长，朋友越来越成为儿童相互倾诉、彼此了解的对象。需要注意的是，随着年龄的增长，越来越多的儿童认为没有人关心、了解自己，越来越孤独。

基于上述结论，有两点教育启示。

第一，真正地爱孩子。儿童的生活满意度之所以随年龄的增长呈下降趋势，父母给予学业压力的增加、父母的高期望、教师课堂教学的无趣等是重要影响因素。纵观这些影响因素可以发现，父母和教师都在"爱"着孩子，但是这种"爱"却没有使儿童感受到幸福，反而使其产生了无尽的烦恼。原因何在？他们的爱只是旗号，早已丧失了爱的本质。所以，要想使儿童拥有丰盈的道德成长心理环境，除了父母减少给予孩子的学习压力、教师上课更有趣些、改善家庭关系和同学关系等类似的解决单一问题式的策略，最关键的是父母和教师要转变观念，真正地爱孩子。

第二，真正关心儿童的情感需要。当前，社会中无论是家长还是教师都对儿童投入了很大的精力。但是，为什么儿童最大的家庭生活困扰却来自父母，最大的学校生活困扰来自教师？这一问题不得不引起我们的反思。毫无疑问，家长和教师是关心孩子的，但家长和教师关心的是什么呢？一项研究显示，教师认为对学生应该关怀的排名前三位的内容是学科知识和技能的掌握、课堂行为规范意识的养成、考试成绩的提高①，可以发现这三项内容都不涉及儿童的情感和心理需要。家长和教师往往以自己的想象或推论去规划对儿童的教育，最终导致我们的教育越来越疏离当下的儿童②，如此儿童根本感受不到父母和老师温暖的爱。教育的真正目的是让儿童成长为一个内心丰盈、心怀他者的人，要实现这一教育目的，需要让儿童在生活中感受到关爱和幸福，需要父母和教师设身处地去感受和辨识儿童的情感需要，放弃从自己角度出发的"都是为了你好"的观念，让儿童在被关心和被了解的感受中成长，而不只是一个为家人和老师获得好成绩的"工具"。

---

① 吴园园. 小学低年级教师课堂关怀行为的现状研究——以上海市 Y 小学为例[D]. 上海：上海师范大学硕士学位论文，2020：33.

② 阎亚军. 教育口号背后的观念与思维方式审视——以"……从娃娃抓起为例"为例[J]. 中国教育学刊，2021（1）：66-70.

参 考 文 献

一、中文文献

（一）著作

阿尔弗雷德·冯·舒茨. 社会世界的意义构成[M]. 游淙祺译. 北京：商务印书馆，2012.

陈来. 古代思想文化的世界——春秋时代的宗教、伦理与社会思想[M]. 北京：生活·读书·新知三联书店，2009.

丁继成. 未成年人思想道德建设研究——以哈尔滨市为例[M]. 北京：中央编译出版社，2017.

郭本禹. 道德认知发展与道德教育——科尔伯格的理论与实践[M]. 福州：福建教育出版社，2000.

弗朗索瓦·于连. 道德奠基：孟子与启蒙哲人的对话[M]. 宋刚译. 北京：北京大学出版社，2002.

弗里德里希·奥古斯特·冯·哈耶克. 通往奴役之路[M]. 王明毅，冯兴元，马雪芹等译. 北京：中国社会科学出版社，1997.

何怀宏. 良心论：传统良知的社会转化[M]. 北京：北京大学出版社，2017.

何怀宏. 伦理学是什么[M]. 北京：北京大学出版社，2002.

胡发贵. 儒家朋友伦理研究[M]. 北京：光明日报出版社，2008.

胡塞尔. 欧洲科学的危机与超越论的现象学[M]. 王炳文译. 北京：商务印书馆，2017.

黄希庭. 探究人格奥秘[M]. 北京：商务印书馆，2014.

金生鈜. 教育研究的逻辑[M]. 北京：教育科学出版社，2015.

荆其诚. 简明心理学百科全书[M]. 长沙：湖南教育出版社，1991.

康德. 纯粹理性批判[M]. 邓晓芒译，杨祖陶校. 北京：人民出版社，2017.

科尔伯格. 道德发展心理学：道德阶段的本质与确证[M]. 郭本禹等译. 上海：华东师范
    大学出版社，2004.

雷云. 教育知识的社会镜像[M]. 北京：中国社会科学出版社，2017.

林崇德. 发展心理学[M]. 杭州：浙江教育出版社，2002.

林崇德，杨治良，黄希庭. 心理学大辞典[M]. 上海：上海教育出版社，2003.

鲁洁，王逢贤. 德育新论[M]. 南京：江苏教育出版社，2010.

罗莎琳德·赫斯特豪斯. 美德伦理学[M]. 李义天译. 南京：译林出版社，2016.

马丁·海德格尔. 存在与时间[M]. 陈嘉映，王庆节译. 北京：生活·读书·新知三联书
    店，2012.

米歇尔·福柯. 词与物：人文科学考古学[M]. 莫伟民译. 上海：上海三联书店，2002.

米歇尔·福柯. 主体解释学[M]. 佘碧平译. 上海：上海人民出版社，2005.

皮亚杰. 发生认识论原理[M]. 王宪钿等译，胡世襄等校. 北京：商务印书馆，1981.

孙彩平. 中国儿童道德发展报告（2017）[M]. 福州：福建教育出版社，2018.

孙中山. 三民主义[M]. 北京：九州出版社，2011.

托克维尔. 论美国的民主[M]. 董果良译. 北京：商务印书馆，2017.

谢圣明，黄立平. 中国青年百科全书[M]. 北京：华夏出版社，1992.

亚里士多德. 尼各马科伦理学[M]. 廖申白译. 北京：商务印书馆，2012.

约翰·杜威. 杜威全集·晚期著作（1925—1953）·第四卷[M]. 傅统先译，童世骏译校.
    上海：华东师范大学出版社，2013.

约翰·洛克. 教育片论[M]. 熊春文译. 上海：上海人民出版社，2005.

曾钊新，李建华. 道德心理学（上卷）[M]. 北京：商务印书馆，2017.

朱小蔓. 情感德育论[M]. 北京：人民教育出版社，2005.

朱智贤. 心理学大词典[M]. 北京：北京师范大学出版社，1989.

（二）学位论文

白鹏. 中学生道德判断能力、同情心发展特点及教育对策[D]. 呼和浩特：内蒙古师范大

学硕士学位论文，2014.

毕国营. 中学生网络道德判断现状调查与对策研究[D]. 南充：西华师范大学硕士学位论文，2015.

胡金生. 儿童同情心的结构及发展特点研究[D]. 大连：辽宁师范大学博士学位论文，2004.

刘建茂. 当代中国集体主义研究[D]. 北京：中共中央党校博士学位论文，2018.

彭蕾. 中小学生道德判断与道德行为的发展现状及二者的相关研究[D]. 昆明：云南师范大学硕士学位论文，2004.

徐玉玲. 初中生集体责任心研究[D]. 南京：南京师范大学硕士学位论文，2008.

荀陶. 少年儿童羞耻感养成研究[D]. 开封：河南大学硕士学位论文，2020.

杨英. 当代青少年羞耻观的特征及成因研究[D]. 上海：华东师范大学博士学位论文，2014.

张林. 青少年自尊结构、发展特点及其影响因素的研究[D]. 长春：东北师范大学博士学位论文，2004.

张琪. 青少年道德耻感的初步研究[D]. 重庆：重庆大学硕士学位论文，2017.

（三）期刊

柏路. 社会主义核心价值观引领网络舆论治理制度化建设[J]. 探索，2021（1）：164-175.

包克冰，徐琴美. 学校归属感与学生发展的探索研究[J]. 心理学探新，2006（2）：51-54.

陈红英，戴孝悌. 奥克肖特对集体主义的文本解读[J]. 社会科学辑刊，2009（6）：28-30.

陈来. 中国近代以来重公德轻私德的偏向与流弊[J]. 文史哲，2020（1）：5-23，165.

陈乔见. 清末民初的"公德私德"之辩及其当代启示——从"美德统一性"的视域看[J]. 文史哲，2020（5）：26-39，165-166.

陈庆国. 大学生培育和践行社会主义核心价值观实效评价体系研究[J]. 江苏高教，2021（2）：103-107.

陈小菊. 小学生诚信教育现状的调查研究[J]. 教学与管理，2016（6）：74-76.

陈艳飞. "基础"课讲清社会主义核心价值观的逻辑构思及实践路向[J]. 湖北社会科学，2021（4）：163-168.

邓安庆. 现象学伦理学对于我们为什么如此重要？[J]. 现代哲学，2016（6）：55-61.

邓旭阳. 试论先秦儒家仁爱道德情感培养机制[J]. 东南大学学报（哲学社会科学版），2013（2）：38-43，134-135.

丁芳，刘鋆莹，陈甜甜. 儿童道德义愤的发展及其对第三方公正行为的影响[J]. 心理科学，2020（3）：652-658.

杜鸿林，赵壮道. 国内外集体主义思想研究综述[J]. 道德与文明，2011（3）：147-151.

杜尚荣. 数字化时代中小学德育方法创新策略研究[J]. 教育探索，2016（2）：95-98.

儿童道德发展研究协作组. 国内 81 个地区 5—11 岁儿童道德判断发展调查[J]. 心理科学通讯，1982（1）：22-26.

儿童品德心理研究协作组. 中小学生道德情感发展研究[J]. 心理发展与教育，1989（3）：1-6.

樊浩. 当前中国伦理道德状况及其精神哲学分析[J]. 中国社会科学，2009（4）：27-42，204-205.

樊浩. 教育的伦理本性与伦理精神前提[J]. 教育研究，2001（1）：20-25.

冯建军. 公共人及其培育：公共领域的视角[J]. 教育研究，2020（6）：27-37.

冯永刚，高斐. 返本开新：传统道德向现代转型的逻辑理路[J]. 思想理论教育，2018（3）：52-57.

付子堂，李东. 社会主义核心价值观融入地方立法的优化路径——基于 299 部地方性法规的实证分析[J]. 山东大学学报（哲学社会科学版），2021（2）：35-42.

甘筱青，柯镇昌. 中国民间道德与儒家思想的公共性[J]. 深圳大学学报（人文社会科学版），2016（4）：47-51.

高德胜. 羞耻教育：可为与不可为[J]. 教育研究，2018（3）：35-45.

高维. 基于优秀传统文化教育的中小学生国家认同建构[J]. 教育科学研究，2021（4）：5-11.

龚秀勇. 集体主义与个人主义之关系再省思[J]. 理论与改革，2012（1）：44-48.

顾海根. 中小学生爱国情感的发展[J]. 上海师范大学学报（哲学社会科学版），1999（10）：34-37.

管晓婧，任志锋. 社会主义核心价值观的本质意涵与培育路径——基于马克思主义"三种规定"的分析[J]. 湖南农业大学学报（社会科学版），2020（6）：8-14，28.

郭曰铎，张荣华. 大学生社会主义核心价值观认同度与践行意愿影响因素调研[J]. 理论学刊，2016（1）：108-114.

郭震，赵宇迪，姚小喃，等. 生活目标对青少年不道德行为的影响：道德推脱的中介作用[J]. 青年研究，2020（6）：35-42，92.

韩延明. 中小学生思想品德现状调查与德育对策研究[J]. 教育研究，1995（6）：32-39.

何安明，戴贤伟，惠秋平. 高中生感恩与亲社会行为状况的实证调查[J]. 中国德育，2017

（10）：34-38.

何良艳，周辉林，湛杰良. 汨罗市区高中生道德情感的调查与思考[J]. 中国德育，2006
（12）：73-74.

何艺，檀传宝. 诺丁斯的关怀伦理学与关怀教育思想[J]. 伦理学研究，2004（1）：81-84.

侯松涛. 中国共产党百年历程与社会价值观的历史演进[J]. 北京联合大学学报（人文社会
科学版），2021（1）：39-45.

黄明理，宣云凤. 当前我国公民社会公德信仰状况研究——以江苏为例的抽样调查分析[J].
东南大学学报（哲学社会科学版），2008（4）：35-41，126.

黄启明，扈中平. 农村小学生人性化德育的构建——基于广西贺州市的调查及《三字经》
德育实践的启示[J]. 教学与管理，2017（9）：49-51.

纪秋发. 北京市青少年道德状况调查报告[J]. 青年研究，2000（2）：18-24，48.

贾瑜. 学生幸福感：现状、影响因素及启示——基于 PISA2018 中国四省市数据的分析[J].
教育发展研究，2020（6）：36-42.

江申，傅建明. 小学生学业诚信现状及应对策略[J]. 上海教育科研，2014（4）：52-55.

姜勇，陈琴. 中班幼儿责任心水平影响因素的协方差结构模型分析[J]. 心理发展与教育，
1997（2）：24-28，35.

姜勇，庞丽娟. 幼儿责任心维度构成的探索性与验证性因子分析[J]. 心理科学，2000
（4）：417-420，389-510.

蒋艳艳. 当前我国社会道德生活的影响因子研究[J]. 道德与文明，2019（4）：114-121.

揭芳. 朋而成党：传统社会朋友交往的伦理变异分析[J]. 伦理学研究，2016（3）：48-53.

金生鈜. 作为生命自觉的"努力"——对"努力"的教育现象学诠释[J]. 宁波大学学报
（教育科学版），2020（5）：1-9.

康永久. 超主体的教育认识论[J]. 教育研究与实验，2005（3）：1-4.

康永久. 教育研究的认识论视野[J]. 教育学报，2005（5）：29-33.

赖尚清. 论儒家的道德律：普遍公共利益原则[J]. 中国哲学史，2021（4）：13-19.

雷云. 教育认识论的危机——论雅斯贝尔斯的"生存论"教育哲学[J]. 四川师范大学学报
（社会科学版），2011（5）：72-76.

李春迪，唐爱民. 儿童道德行为发生的时间逻辑及其教育遵循[J]. 中国德育，2020（5）：
20-24.

李德显，邸燕鸣. 我国儿童、青少年诚信观发展研究[J]. 全球教育展望，2014（10）：
105-117.

李明珠. 重大社会事件背景下青少年爱国情感的特征、归因及引导[J]. 中学政治教学参考, 2021（27）: 5-7.

李炜. 青年社会主义核心价值观认同变化和差异[J]. 青年研究, 2021（3）: 16-30, 94.

李新. 学生的幸福感——来自 PISA2015 的测评结果及启示[J]. 世界教育信息, 2017（15）: 23-29.

郦平. 虚拟内疚: 一种德育方法的探索[J]. 教育学术月刊, 2011（11）: 30-32.

梁丹丹, 李春华. 新时代中华传统美德创造性转化的三重维度[J]. 学术论坛, 2020（4）: 126-132.

梁凤华. 江西省青少年道德现状调查及教育建议[J]. 上饶师范学院学报, 2019（4）: 87-92.

廖小平. 论道德榜样——对现代社会道德榜样的检视[J]. 道德与文明, 2007（2）: 71-75.

林丹. 学校德育实践的合理路径: 方法的视角[J]. 东北师大学报（哲学社会科学版）, 2015（1）: 15-19.

刘昊. 树人必先立德——珍珠班德育方法刍议[J]. 中学政治教学参考, 2013（7）: 70-71.

刘磊. 发现"我"与认同"我们"——公民诞生视角下的公民教育[J]. 教育研究, 2016（5）: 54-59, 104.

刘蕊, 方雷. 社会主义核心价值观融入基层社会治理的机制创新[J]. 学习与探索, 2021（8）: 68-72.

刘铁芳. 教育研究的中国立场[J]. 湖南师范大学教育科学学报, 2020（1）: 1-7.

刘铁芳, 李明达. 发现"中国教育学"的"文化逻辑"——全国教育基本理论第十七届学术年会综述[J]. 中国教育科学, 2021（2）: 142-143.

刘旺. 中学生生活满意度的城乡差异[J]. 中国心理卫生杂志, 2006（10）: 647-649.

刘旺, 田丽丽. 小学生生活满意度现状研究[J]. 上海教育科研, 2005（11）: 42-44.

刘奕, 刘晓波. 董仲舒的德育方法及其现代价值[J]. 中学政治教学参考, 2018（36）: 58-59.

刘影, 张小山. 城市居民社会公德意识调查[J]. 统计与决策, 2006（6）: 84-87.

柳礼泉, 黄艳. 爱国情感与理性爱国相统一的辩证思考[J]. 科学社会主义, 2010（1）: 85-87.

卢家楣, 袁军, 王俊山, 等. 我国青少年道德情感现状调查研究[J]. 教育研究, 2010（12）: 83-89.

卢谢峰, 唐源鸿, 曾凡梅. 效应量: 估计、报告和解释[J]. 心理学探新, 2011（3）: 260-264.

鲁洁. 边缘化 外在化 知识化——道德教育的现代综合症[J]. 教育研究, 2005（12）: 11-14, 42.

鲁洁. 道德教育的根本作为：引导生活的建构[J]. 教育研究，2010（6）：3-8，29.

鲁洁. 道德危机：一个现代化的悖论[J]. 中国教育学刊，2001（4）：7-13.

鲁洁. 试论中国教育学的本土化[J]. 高等教育研究，1993（1）：35-37.

鲁洁，班华. 德育理论在科学化轨道上前进[J]. 教育研究，1988（12）：31-37.

陆彩霞，边玉芳，姜媛，等. 青少年生活满意度的发展趋势及其提升路径的实证研究[J]. 中国卫生事业管理，2019（8）：632-636.

罗利，周天梅. 中学生感恩与主观幸福感的关系：抗挫折能力与社会支持的中介作用[J]. 心理发展与教育，2015（4）：467-474.

罗石，郭敬和. 试析道德情感主导下的道德行为[J]. 伦理学研究，2012（1）：14-19.

骆艳萍. 试论同情心教育的价值与途径[J]. 湖南师范大学教育科学学报，2009（4）：41-45.

马嘉言. 高中生对不同国家的认同感和价值观的现状[J]. 现代教育，2017（4）：63-64.

马林芳，王建平. 青少年的自尊感及其培养[J]. 教育探索，2000（10）：39.

马璐. 道德行为发生的演进规律及实践突破[J]. 中国教育学刊，2017（8）：90-93.

梅仲荪，高洁敏，顾海根，等. 上海市中小学爱国主义教育现状调查综合报告[J]. 上海教育科研，1994（7）：7-10.

梅仲荪，顾海根. 爱国情感心理成份的三维结构和中学生爱国情感的调查[J]. 上海教育科研，1994（7）：1-6.

孟四清. 中小学生生活满意度的调查与分析[J]. 心理与行为研究，2014（5）：660-664，687.

明旭军. 青少年学生品德现状的调查分析[J]. 胜利油田师范专科学校学报，2000（2）：51-53.

潘颖秋. 初中青少年自尊发展趋势及影响因素的追踪分析[J]. 心理学报，2015（6）：787-796.

戚万学. 论公共精神的培育[J]. 教育研究，2017（11）：28-32.

邱宁. 论情感在道德教育中的作用[J]. 教育发展研究，2001（5）：37-40.

单虹泽. 以友辅仁：论儒家的友伦与政治传统[J]. 理论与现代化，2018（6）：85-93.

邵龙宝. "活着的儒学"传统在中国社会百姓生活中的影响调查分析报告[J]. 孔子研究，2018（5）：110-118.

沈宝钢. 试论朋友伦理的古今之变[J]. 山东农业大学学报（社会科学版），2018（3）：138-143，150.

沈丽巍. 论我国集体主义的践行与发展[J]. 学理论，2010（34）：58-59.

宋惠昌. 论集体主义的历史特征及其生命力——从集体主义与个人主义的关系说起[J]. 伦理学研究，2007（5）：31-35.

孙彩平. 传统与意义建构——一个时间哲学的视角[J]. 教育研究与实验, 2005（3）: 1-6.

孙彩平. 分层与分叉——当代中国儿童道德发展调查报告（2017）[J]. 教育科学研究, 2018（2）: 10-19.

孙彩平. 回顾与前瞻: 意义世界的时间现象及其德育意涵[J]. 高等教育研究, 2019（8）: 18-26.

孙彩平, 周亚文. 追寻格局: 中国文化伦理图式敞开与德育路向[J]. 教育研究, 2021（8）: 69-77.

孙丽华. 论家庭教育中儿童道德情感的培养[J]. 江苏社会科学, 2012（5）: 241-245.

孙瑞玉. 舍勒价值伦理学中的"榜样追随"及其教育意蕴[J]. 教育研究, 2020（5）: 39-48.

腾春燕. 从"由私推公"到"由公及私"——当代中国儿童公共道德行为发展状况及其对德育的启示[J]. 教育科学研究, 2018（2）: 20-25, 41.

滕瀚, 黄洪雷. 城镇化进程中青年农民道德意识的变化——以安徽省颍上县为例[J]. 城市问题, 2013（12）: 89-93.

田丰. 优秀文化记忆与大学生社会主义核心价值观培育[J]. 中国青年社会科学, 2020（3）: 79-86.

田丽丽, 刘旺. 多维学生生活满意度量表中文版的初步测试报告[J]. 中国心理卫生杂志, 2005（5）: 301-303.

田志杰, 周亮. 农村家庭诚信教育缺失对儿童成长的影响及改善策略[J]. 现代教育科学, 2018（S1）: 30-31.

万俊人. 传统美德伦理的当代境遇与意义[J]. 南京大学学报（哲学·人文科学·社会科学）, 2017（3）: 137-146, 159-160.

汪波. 童谣与小学生诚信教育研究[J]. 教学与管理, 2010（32）: 27-29.

汪凤炎. 论羞耻心的心理机制、特点与功能[J]. 江西教育科研, 2006（10）: 34-37.

汪凤炎, 许智濛, 孙月姣, 等. 中国人孝道心理的现状与变迁[J]. 心理学探新, 2014（6）: 529-535.

汪海彬, 田晶晶, 王刚, 等. 留守儿童道德情感的现状调查研究[J]. 集美大学学报（教育科学版）, 2016, 17（3）: 30-36.

王丹. 传统家训文化中的德育思想及其现代意蕴[J]. 思想政治教育研究, 2018（1）: 135-140.

王海明. 论道德榜样[J]. 贵州社会科学, 2007（3）: 4-7.

王洪, 岳童, 符明秋. 从情感认同到自我认同: 价值观认同的内隐实验研究[J]. 广东社会科学, 2021（5）: 64-73.

王美芳. 6—17 岁儿童亲社会道德判断的研究[J]. 山东师大学报（社会科学版），1996（2）：58-62.

王美萍，张坤，张文新，等. 青少年家庭义务感的研究[J]. 心理发展与教育，2001（3）：28-32，39.

王淑芹. 论社会主义核心价值观建设的原则[J]. 哲学研究，2019（5）：26-32.

王淑芹，张起. 首都农村社会公德研究[J]. 北京社会科学，2010（3）：66-72.

王晓广. 知耻是道德重建的起点[J]. 中国德育，2017（17）：9-10.

王新玲. 关于北京市一所中学学生的价值系统与道德判断的调查报告[J]. 心理学报，1987（4）：365-374.

王鑫强，张大均. 初中生生活满意度的发展趋势及心理韧性的影响：2 年追踪研究[J]. 心理发展与教育，2012（1）：91-98.

王旭涛，田进晓，黄颖. 教师信任如何影响青少年集体责任感——道德认同的中介作用与学生干部身份的调节作用[J]. 教育测量与评价，2020（6）：56-64.

王学. 统编语文教科书中民俗知识的育人价值及其实现[J]. 课程·教材·教法，2021（4）：81-87.

王雅丽，鞠玉翠. 社会主义核心价值观融入中小学德育课程的隐性视角探索[J]. 中国电化教育，2021（3）：58-63.

王燕. 当代大学生责任观的调查报告[J]. 青年研究，2003（1）：17-22.

王易，黄刚. 探求中华传统美德的创造性转化[J]. 思想理论教育导刊，2015（5）：42-45.

王玥，赵丽娟，许志星. 课业负担对学校生活满意度的影响：学校氛围的多水平调节作用[J]. 心理发展与教育，2016（2）：205-213.

魏莉莉，马和民. "90 后"责任教育问题探究[J]. 当代青年研究，2011（8）：7，45-48.

魏晓文，修新路. 大学生社会主义核心价值观认同的影响因素与培育对策[J]. 大连理工大学学报（社会科学版），2018（5）：96-104.

吴立保. 从家庭伦理到公共道德：现代幼儿家庭德育的转向[J]. 学前教育研究，2006（9）：61-63.

吴旻，刘争光，梁丽婵. 亲子关系对儿童青少年心理发展的影响[J]. 北京师范大学学报（社会科学版），2016（5）：55-63.

吴湘. 习作教学中优秀传统文化元素的体验与表达[J]. 教学与管理，2020（23）：32-33.

吴云. 优秀区域文化对青少年良好行为方式养成的意义[J]. 阜阳师范学院学报（社会科学版），2015（6）：97-99.

夏雪，魏星. 学校因素对中学生学习态度的影响——基于上海地区 PISA 测试的数据分析[J].
　　教育科学研究，2020（10）：46-53，61.

肖群忠. 论中华传统美德的当代地位与作用——兼论传统美德与社会主义道德的关系[J].
　　中国特色社会主义研究，2021（1）：58-64.

邢占军，黄立清. Ryff 心理幸福感量表在我国城市居民中的试用研究[J]. 健康心理学杂
　　志，2004（3）：223，231-233.

徐俊，任旭. 十八大以来大学生精神家园现状调查研究[J]. 中国青年研究，2016（3）：
　　56-62.

徐明华，李丹妮. 从"外显自尊"到"真实自豪"：新时代青年群体的爱国情感表征与价
　　值认同生成[J]. 现代传播（中国传媒大学学报），2020（6）：51-57.

徐浙宁. "90 后"对社会主义核心价值观的认同及其影响因素[J]. 当代青年研究，2017
　　（2）：24-30.

许建良. 中华传统美德的核心精神论[J]. 东南大学学报（哲学社会科学版），2016（2）：
　　29-41，146.

薛晓阳. 从希望哲学看道德教育的超验本质——基于对经验主义道德哲学的批判[J]. 陕西
　　师范大学学报（哲学社会科学版），2018（4）：147-156.

阎亚军. 教育口号背后的观念与思维方式审视——以"……从娃娃抓起为例"为例[J]. 中
　　国教育学刊，2021（1）：66-70.

杨彩霞，张立波. 社会主义核心价值观融入刑事裁判文书的适用研究——基于 2014—
　　2019 年刑事裁判文书的实证分析[J]. 法律适用，2020（16）：105-117.

杨帆，夏之晨，陈贝贝，等. 中国人诚实-谦虚人格的特点及其内隐外显关系[J]. 心理科
　　学，2015，38（5）：1162-1169.

杨进，周建立. 中学生生活满意度调查研究[J]. 教育研究与实验，2007（2）：56-59.

杨韶刚，吴慧红. 青少年道德判断能力的研究[J]. 心理学探新，2006（2）：55-60.

杨秀婷，邱吉. 社会主义核心价值观的包容性研究[J]. 社会主义核心价值观研究，2020
　　（4）：31-38.

杨逸，王婉玲. 阐旧邦以辅新命：高校中华优秀传统文化教育体系述论[J]. 高教探索，
　　2020（7）：5-12.

叶飞. 当代道德教育与"公共人"的培育[J]. 南京社会科学，2020（8）：146-151.

叶飞. 当前学校道德教育的个体化困境及其超越[J]. 国家教育行政学院学报，2020（6）：
　　51-57.

叶松庆. 当代青少年道德变异的现状、特点及趋向[J]. 青年探索，2005（3）：35-37.

叶松庆. 当代青少年社会公德的现状、特点与发展趋向[J]. 青年研究，2008（12）：28-34.

叶松庆，王良欢，荣梅. 当代青少年道德观发展变化的现状、特点与趋向研究[J]. 中国青
　　年研究，2014（3）：103-109.

于伟. 天性、理性与自由——洛克儿童自由教育思想论析[J]. 教育研究，2021，（11）：
　　48-58.

宇文利. 论新时代中华传统美德的赓续与创新[J]. 中国社会科学院研究生院学报，2020
　　（5）：2，28-35.

禹旭才. 论诚信品质培养的外部德育环境[J]. 湖南师范大学教育科学学报，2003（3）：
　　13-16.

袁振国. 实证研究是教育学走向科学的必要途径[J]. 华东师范大学学报（教育科学版），
　　2017（3）：4-17，168.

岳童，黄希庭，吴娜. 价值观的认知神经研究对社会主义核心价值观培育的启示[J]. 苏州
　　大学学报（教育科学版），2021（3）：65-72.

曾燕波. 上海未成年人思想品德现状调查[J]. 当代青年研究，2006（9）：13-22.

张冲，孟万金. 中小学生综合幸福感发展现状和教育建议[J]. 中国特殊教育，2018（9）：
　　72-79.

张峰峰. 人需要感恩——基于人的属性视角分析[J]. 中国德育，2020（20）：28-33.

张峰峰，安哲锋. 电子教育游戏应用于中小学生感恩教育的路径探析[J]. 中国教育信息
　　化，2021（16）：55-58.

张峰峰，邹文娜. 新时代家庭教育的内涵、价值及实施方法[J]. 中国德育，2021（12）：
　　19-22.

张佳慧，辛涛. 15 岁学生幸福感的影响机制探讨——来自中国四省市 PISA2018 的证据[J].
　　清华大学教育研究，2020（5）：11-19.

张静. 自尊问题研究综述[J]. 南京航空航天大学学报（社会科学版），2002（2）：82-86.

张立文. 中华伦理范畴与中华伦理精神的价值合理性[J]. 齐鲁学刊，2008（2）：4-17.

张良才，孙继红. 山东省高中生责任心现状的调查研究[J]. 教育学报，2006（4）：82-90.

张兴贵，何立国，郑雪. 青少年学生生活满意度的结构和量表编制[J]. 心理科学，2004
　　（5）：1257-1260.

章秀英. 网络时代的爱国情感与爱国理性[J]. 探索，2003（6）：114-116.

赵丽霞. 全国小学生道德品质状况调查[J]. 上海教育科研，2010（8）：38-41.

赵向阳，李海，孙川. 中国区域文化地图："大一统"抑或"多元化"[J]. 管理世界，2015（2）：101-119，187-188.

赵宇阳. 胡娜. 幸福感对青少年学业素养的影响——基于 PISA2018 中国四省市数据的实证研究[J]. 教育发展研究，2021（6）：74-84.

周碧薇，黎文静，刘源. 少年儿童自尊发展影响因素综述[J]. 中国健康心理学杂志，2008（7）：759-761.

周飞舟. 一本与一体：中国社会理论的基础[J]. 社会，2021（4）：1-29.

周宵，安媛媛，伍新春，等. 汶川地震三年半后中学生的感恩对创伤后成长的影响：社会支持的中介作用[J]. 心理发展与教育，2014（1）：68-74.

朱新卓. 知识与生存——教育认识论新论[J]. 高等教育研究，2015（9）：26-35.

朱雁. 学业成就与学生幸福可否兼得？——基于 PISA2018 中国四省市学生的实证分析[J]. 中国教育学刊，2020（1）：21-27.

二、英文文献

（一）著作

Barad K. Meeting the Universe Halfway：Quantum Physics and the Entanglement of Matter and Meaning[M]. Durham：Duke University Press，2007.

Chen L J，Yang D L，Ren Q. Report on the State of Children in China[M]. Chicago：Chapin Hall at the University of Chicago，2015.

Dewey J. Democracy and Education[M]. State College：The Pennsylvania State University，2001.

James W. The Principles of Psychology [M]. Cambridge：Harvard University Press，1983.

Mruk C J. Self-esteem：Research，Theory and Practice（2nd）[M]. New York：Springer，1999.

Rosenberg M. Society and the Adolescent Self-image[M]. Princeton：Princeton University Press，1965.

Zhao W. China's Education，Curriculum Knowledge and Cultural Inscriptions：Dancing with the Wind[M]. New York：Routledge，2019.

Zimmerman A. Moral Epistemology（New Problems of Philosophy）[M]. London：Routledge，2010.

Zimmerman A. The Routledge Handbook of Moral Epistemology[M]. London：Routledge，2018.

（二）期刊

Aquino K，Reed II A. The self-importance of moral identity[J]. Journal of Personality and Social Psychology，2002（6）：1423-1440.

Briggs C，Lumsdon D. Practical wisdom：How do personal virtue beliefs and contextual factors interact in adolescents' moral decision-making[J]. Journal of Moral Education，2021（2）：1-19.

Chou Y J，Hu B Y，Roberts S K. Features of Taiwanese parents' moral discourse in shared storybook reading：Exploring associations related to preschoolers'cognitive and affective moral attribution[J]. Early Childhood Education Journal，2020（2）：1-13.

Dearing R L，Stuewig J，Tangney J P. On the importance of distinguishing shame from guilt：Relations to problematic alcohol and drug use[J]. Addictive Behaviors，2005，30（7）：1392-1404.

Fesnbach D R，Roe A M. Empathy and aggression revisited—The effects of context[J]. Aggressive Behavior，1991，（17）：93-94.

Goodnow J J. Children's household work：Its nature and functions[J]. Psychological Bulletin. 1988，103（1）：5-26.

Greene J，Haidt J. How（and where）does moral judgment work? [J]. Trends in Cognitive Sciences，2002，6（12）：517-523.

Gruen R，Mendelsohn G. Emotional responses to affective displays in others：The distinction between empathy and sympathy[J]. Journal of Personality and Social Psychology，1986，51（3）：609-614.

Hogan R. Development of an Empathy Scale[J]. Journal of Consulting and Clinical Psychology，1969，33（3）：307-316.

Kingsford J M，Hawes D J，de Rosnay M. The development of moral shame indicates the emergence of moral identity in middle-childhood[J]. Journal of Moral Education，2021（4）：330-345.

Krettenauer T. Moral identity as a goal of moral action：A self-determination theory perspective[J]. Journal of Moral Education，2020（5）：1-16.

Lee W O，Ho C H. Ideopolitical shifts and changes in moral education policy in China[J]. Journal of Moral Education，2005（44）：413-431.

Li M S. Changing ideological-political orientations in Chinese moral education：Some personal and professional reflections[J]. Journal of Moral Education，2011（40）：387-395.

Mancini T. An extention of the school moral atmosphere construct，and its association with aggressive behaviour in secondary school[J]. European Journal of Psychology of Education，2006（2）：209-228.

Reed II A，Aquino K，Levy E. Moral identity and judgments of charitable behaviors[J]. Journal of Marketing，2007（1）：178-193.

Ulrich O，Robins R W，Soto C J. Tracking the trajectory of shame，guilt，and pride across the life span [J]. Journal of Personality and Social Psychology，2010，99（6）：1061-1071.

Zhao W. Problematizing "epistemicide" in transnational curriculum knowledge production：China's Suyang curriculum reform as an example[J]. Curriculum Inquiry，2020（16）：105-125.

后　　记

　　从博士毕业进入高校工作算起至今已经 20 年，其间虽然也尝试着做过青少年网络生活的调查研究，但深切认识到经验研究对于中国教育研究的重要性，还是在 2012—2016 年有幸跟随鲁洁老师编写小学德育教材期间。教材编写是在两条线间的探索，上线是体现国家和社会要求的课程标准，下线是儿童精神的现实状况。在无数次的讨论中，上线清晰明确，可以呈现与学术思维对话的可能，下线却一直模糊不定，只能依靠有限的个别事件、有限的生活和课堂经验拼凑出一些碎片。儿童的精神状况究竟如何？什么是他们成长中的精神与意义问题？不同年龄儿童面临的困难是什么？儿童世界的哪些因素对其精神产生了影响？这些影响又是如何发生的？在没有对这些问题的可靠回答的情况下，教材的"儿童立场"与"回归生活"理论的落实就缺少了坚实的根基。

　　于是，在完成教材的编写任务后，我转入了自己并不擅长的经验研究。起步是艰难的，除了前言提及的各合作单位及学院的支持与协助，本课题得以陆续开展起来，更得益于我的研究生团队成员。经验研究的方法论及方法在整个教/德育领域是相对薄弱的，课题组初建的定位是边做边学，一起努力，除了阅读相关文献和其他团队的优秀成果，也积极向身边的"高手"请教。欣慰的是，6 年后课题组的数据分析水平实现了质的飞跃，获得心理学同事的肯定与认可，整个团队的成长方式实现了由"写论文"到"做研究"的转变，由补课式成长进入创新型突破的阶段。

　　本书实际上是整个团队共同努力的结晶，我作为整个项目的负责人，除联系协调外在合作单位、争取学院及研究所的支持外，主要负责带领大家一起完成问卷的修订与完善、确定数据分析的整体框架和思路以及书稿的最终呈现体例，完成第一章总论部分的主体内容，对其他各章做了最终的审校修改。其他各章由课题组成员分工负责。第二章由李占彪和刘伟杰合作完成，最终由李占彪合成修改；第三章由司马合强负责，张峰峰提供了技术指导；第四章由张亚琦和查晓青合作完成；第五章由张峰峰负责；第六章由邹文娜和王永祺合作完成，两位初入课题组的新成员的认真态度和扎实的文字功底惊艳到了我；第七章由周亚文负责。在数据分析的过程中，张峰峰做了大量的工作，并与周亚文一起负责整个稿件的合成和初步校对。

　　做研究是辛苦的，但在各界朋友的支持下，看到经由我们的努力，当下儿童的精神面貌的轮廓日渐浮现时，我确实感觉到了一丝欣慰！

　　遇见，是一种幸运！

孙彩平

南京清江花苑

2022 年 1 月 22 日